TERRA MAXIMA

Die Rekorde der Menschheit

Weltbild

Shanghai hat viele Gesichter. Hier zeigt es mit dem Wirtschafts- und High-Tech-Bezirk Pudong seine futuristische Seite. Erst 1990 wurde mit dem Bau dieses modernen Stadtbezirks östlich des Huangpu-Flusses begonnen.

TERRA MAXIMA

Die Rekorde der Menschheit

ZU DIESEM BUCH

Längst haben ausgeklügelte Technik und der Forschergeist des Menschen den Weltraum erobert. Die 1977 in das All geschossene Raumsonde »Voyager« gilt als einer der größten Erfolge der NASA (kleines Bild) und sendet noch heute Daten zur Erde. Großes Bild: Oberfläche des Jupiter mit einem seiner Monde.

Seit jeher lassen sich Menschen von herausragenden Erzeugnissen ihrer Kultur faszinieren. Viele der großen kulturellen Leistungen, die die menschliche Zivilisation hervorgebracht hat und hervorbringt, ziehen die Gemüter immer wieder aufs Neue in ihren Bann. Für TERRA MAXIMA wurden die wichtigsten Rekorde der Menschheit zusammengestellt.

Angefangen bei den größten staatlichen und religiösen Gemeinschaften über die Riesenstädte des Planeten bis hin zu den gigantischen Bauten und technologischen Errungenschaften der Moderne – das vorliegende Buch bietet einen faszinierenden Überblick über die Superlative der Menschheit und stellt sie in ihrer ganzen Vielfältigkeit vor.

Anhand einer Fülle außergewöhnlicher Aufnahmen international renommierter Spitzenfotografen präsentiert TERRA MAXIMA die großartigsten Sakralbauten, die überall auf der Welt zur Ehre Gottes errichtet wurden. Der Band zeigt die prunkvollen Residenzen, die säkulare Herrscher über die Jahrhunderte als Zeichen ihrer Macht errichten ließen, ebenso wie die himmelstürmenden Monumente der zeitgenössischen Architektur oder die großartigen Leistungen moderner Ingenieurbaukunst. Groß angelegte Bildkapitel informieren über wirtschaftliche Entwicklungen und das Bevölkerungswachstum in den großen Metropolregionen der Welt ebenso wie über Pionierleistungen in Wissenschaft und Technik oder Entwicklungen im Museums-, Theater-, Bibliotheks- und Sportstättenbau. Zahlreiche Ranglisten verschaffen einen raschen Überblick, kurze und prägnante Texte liefern nützliche Hintergrundinformationen zu jedem Thema.

Wolfgang Kunth

In der weiten Ebene von San Agustin in New Mexico richten 27 Radioteleskope ihre Empfangsschüsseln auf das Weltall aus. Das Very Large Array ist ein Interferometer und dient astronomischen Beobachtungen.

Den Eingang zur Bucht von San Francisco überspannt die Golden Gate Bridge. Seit ihrer Fertigstellung 1937 ist die aus Stahl gefertigte Hängebrücke das Wahrzeichen der Stadt.

LÄNDER UND VÖLKER

Die politische Geografie der Erde ist einem ständigen Wandel unterworfen. Allein in der kurzen Zeitspanne zwischen dem Ende des Zweiten Welt-

193 Staaten sind Mitglied der UNO.

kriegs und der Jahrtausendwende gingen so bedeutende Imperien wie das British Empire oder die Sowjetunion zugrunde. Neue Staaten bildeten sich. Die UNO, die bei ihrer Gründung 51 Mitglieder zählte, umfasst heute 193 Nationen. Der Vielfalt der modernen Staatenwelt steht eine Tendenz zur Verstärkung der internationalen Zusammenarbeit gegenüber. Immer mehr Staaten schließen Bündnisse oder Kooperationsverträge. Die Mitgliedsstaaten der EU haben sogar Souveränitätsrechte auf supranationale Institutionen übertragen.

DIE GRÖSSTEN STAATEN DER WELT
(Fläche)

❶	Russland	17.075.800 km²
❷	Kanada	9.984.670 km²
❸	VR China	9.640.821 km²
❹	USA	9.629.091 km²
❺	Brasilien	8.511.965 km²
❻	Australien	7.686.850 km²
❼	Indien	3.287.263 km²
❽	Argentinien	2.766.890 km²
❿	Algerien	2.381.740 km²
⓫	Dem. Rep. Kongo	2.345.410 km²
⓬	Mexiko	1.964.375 km²
⓭	Saudi-Arabien	1.960.582 km²
⓮	Indonesien	1.919.440 km²
⓯	Sudan	1.861.484 km²
⓰	Libyen	1.759.400 km²
⓰	Tschad	1.284.000 km²

DIE GRÖSSTEN STAATEN DER WELT
(Bevölkerung) (Bezugsjahr 2010)

❶	VR China	1,35 Mrd.
❷	Indien	1,21 Mrd.
❸	USA	317,2 Mio.
❹	Indonesien	237,6 Mio.
❺	Brasilien	192,3 Mio.
❻	Pakistan	179, 0 Mio.
❼	Nigeria	162,5 Mio.
❽	Russland	143,0 Mio.
❾	Bangladesch	142,3 Mio.
❿	Japan	127,8 Mio.
⓫	Mexiko	112,3 Mio.
⓬	Philippinen	92,3 Mio.
⓭	Äthiopien	84,3 Mio.
⓮	Deutschland	81,8 Mio.
⓯	Ägypten	81,7 Mio.
⓰	Türkei	74,8 Mio.

Die Weltkugel am Palais des Nations in Genf. In dem Gebäude residierte von 1933 bis zu seiner Auflösung im Jahr 1946 der Völkerbund. Heute beherbergt er das »Büro der Vereinten Nationen in Genf«, die nach dem New Yorker Hauptquartier wichtigste Einrichtung der Staatengemeinschaft. Auch der UN-Kommissar für Menschenrechte hat hier seinen Sitz.

DIE GRÖSSTEN STAATEN DER WELT (FLÄCHE/BEVÖLKERUNG)

Im Zuge der großen Entdeckungen des 15. und 16. Jahrhunderts wurden weite Gebiete der Erde von Europäern kolonisiert. Nach dem Zweiten Weltkrieg erlangten die meisten Kolonien die Unabhängigkeit. Die Zahl der Staaten vervielfachte sich.

Einschließlich der Vatikanstadt, die einen besonderen politischen Status genießt, gibt es derzeit 194 souveräne Staaten, die von der UNO anerkannt und Mitglied der Weltgemeinschaft sind. Die fünf flächenmäßig größten von ihnen, nämlich Russland, Kanada, die USA, China und Brasilien, herrschen über rund ein Drittel der Landmasse des Planeten, die folgenden fünf – Australien, Indien, Argentinien, Kasachstan und der Sudan – über nur knapp 15 Prozent. Auch die Weltbevölkerung ist nicht gleichmäßig über die Erde verteilt. Auf allen Kontinenten sind weite Regionen fast unzugänglich und daher nur dünn besiedelt. Die weitaus meisten der mittlerweile 7 Milliarden Menschen leben in Küstengebieten und an großen Flüssen. Fast 90 Prozent der Einwohner der Volksrepublik China etwa, des bevölkerungsreichsten Staats der Erde, drängen sich in den Küstenregionen im Südosten des Landes. Hier ist die Bevölkerungsdichte hoch, im gebirgigen Westen Chinas hingegen extrem niedrig. In der Volksrepublik zieht es ebenso wie in den bevölkerungsreichen Staaten Südasiens, Afrikas und Lateinamerikas immer mehr Menschen in die großen

DIE GRÖSSTEN STAATEN EUROPAS

FLÄCHE

❶ **Russland,** Europa	3.952.800 km²
❷ **Ukraine**	603.700 km²
❸ **Frankreich**	547.030 km²
❹ **Spanien**	504.851 km²
❺ **Schweden**	449.964 km²
❻ **Deutschland**	357.021 km²

BEVÖLKERUNG (Bezugsjahr 2010)

❶ **Russland,** Eur.	104,0 Mio.
❷ **Deutschland**	81,8 Mio.
❸ **Frankreich**	65,3 Mio.
❹ **Großbritan.**	62,3 Mio.
❺ **Italien**	60,8 Mio.
❻ **Spanien**	47,2 Mio.

DIE GRÖSSTEN STAATEN ASIENS

FLÄCHE

❶ **Russland,** Asien	13.123.400 km²
❷ **VR China**	9.640.821 km²
❸ **Indien**	3.287.263 km²
❹ **Kasachstan**	2.724.927 km²
❺ **Saudi-Arabien**	1.960.582 km²
❻ **Indonesien**	1.919.440 km²

BEVÖLKERUNG (Bezugsjahr 2010)

❶ **VR China**	1,3 Mrd.
❷ **Indien**	1,2 Mrd.
❸ **Indonesien**	237,6 Mio.
❹ **Pakistan**	179,0 Mio.
❺ **Bangladesch**	142,3 Mio.
❻ **Japan**	127,8 Mio.

DIE GRÖSSTEN STAATEN OZEANIENS

FLÄCHE

❶ **Australien**	7.686.850 km²
❷ **Papua-Neuguinea**	462.840 km²
❸ **Neuseeland**	268.680 km²
❹ **Salomonen**	28.450 km²
❺ **Fidschi-Inseln**	18.280 km²
❻ **Vanuatu**	12.200 km²

BEVÖLKERUNG (Bezugsjahr 2010)

❶ **Australien**	22,9 Mio.
❷ **Papua-Neuguinea**	7,0 Mio.
❸ **Neuseeland**	4,5 Mio.
❹ **Fidschi-Inseln**	0,7 Mio.
❺ **Salomonen**	0,5 Mio.
❻ **Vanuatu**	0,2 Mio.

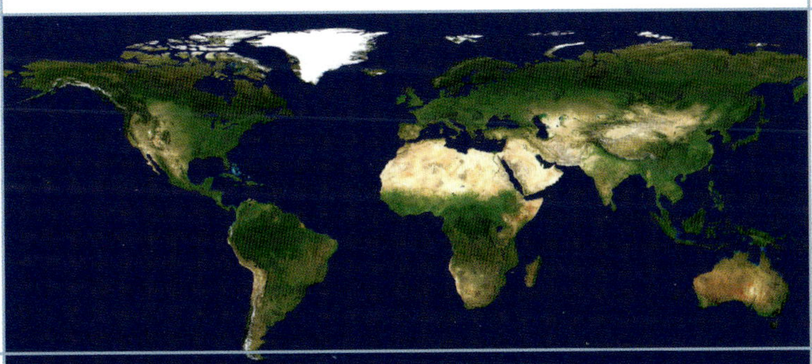

Metropolen. Die Ballungszentren auf dem indischen Subkontinent, in Indonesien oder Brasilien platzen aus allen Nähten. Nach Schätzungen von Experten der UNO lebten bereits 2007 rund 50 Prozent der Weltbevölkerung in Städten, 2050 sollen es sogar 70 Prozent sein. Mittlerweile leben auf der Erde 7 Milliarden Menschen, 2025 werden es rund 8 Milliarden sein.

Das Satellitenbild der Erde wurde aus vielen Hundert Einzelaufnahmen zusammengesetzt. Die meisten Menschen drängen sich in den grünen Zonen unseres Planeten (links).

DIE GRÖSSTEN STAATEN AFRIKAS

FLÄCHE	
❶ Algerien	2.381.740 km²
❷ Kongo	2.345.410 km²
❸ Sudan	1.861.484 km²
❹ Libyen	1.759.400 km²
❺ Tschad	1.284.000 km²
❻ Niger	1.267.000 km²

BEVÖLKERUNG	(Bezugsjahr 2010)
❶ Nigeria	162,5 Mio.
❷ Äthiopien	84,3 Mio.
❸ Ägypten	81,7 Mio.
❹ Dem. Rep. Kongo	67,8 Mio.
❺ Südafrika	50,6 Mio.
❻ Tansania	43,2 Mio.

DIE GRÖSSTEN STAATEN NORD-/MITTELAMERIKAS

FLÄCHE	
❶ Kanada	9.984.670 km²
❷ USA	9.629.091 km²
❸ Mexiko	1.964.375 km²
❹ Nicaragua	130.773 km²
❺ Honduras	112.492 km²
❻ Kuba	109.886 km²

BEVÖLKERUNG	(Bezugsjahr 2010)
❶ USA	317,2 Mio.
❷ Mexiko	112,3 Mio.
❸ Kanada	34,7 Mio.
❹ Guatemala	14,7 Mio.
❺ Kuba	11,2 Mio.
❻ Haiti	10,1 Mio.

DIE GRÖSSTEN STAATEN SÜDAMERIKAS

FLÄCHE	
❶ Brasilien	8.511.965 km²
❷ Argentinien	2.766.890 km²
❸ Peru	1.285.220 km²
❹ Kolumbien	1.138.910 km²
❺ Bolivien	1.098.580 km²
❻ Venezuela	912.050 km²

BEVÖLKERUNG	(Bezugsjahr 2010)
❶ Brasilien	192,3 Mio.
❷ Kolumbien	46,4 Mio.
❸ Argentinien	40,1 Mio.
❹ Peru	29,8 Mio.
❺ Venezuela	27,1 Mio.
❻ Chile	17,2 Mio.

RUSSLAND
DER GRÖSSTE STAAT DER WELT (FLÄCHE)

Der Baikalsee in Sibirien ist mit 1642 Metern der tiefste See der Erde und zugleich das größte Süßwasserreservoir des Planeten. Sein Einzugsgebiet ist viermal so groß wie Deutschland (großes Bild).

Mit einer Fläche von 17.075.800 Quadratkilometern ist die Russische Föderation das flächenmäßig größte Land der Erde. Das Staatsgebiet dehnt sich über zwei Kontinente aus und nimmt den ganzen Norden Asiens sowie weite Teile der Osteuropäischen Ebene ein. Es erstreckt sich von der Ostsee im Westen über 9000 Kilometer bis zum Pazifischen Ozean im Osten. Die Entfernung zwischen den Polarregionen im Norden und den Grenzen im Süden beträgt bis zu 4000 Kilometer. Obwohl der europäische Teil Russlands nur etwas mehr als ein Viertel des gesamten Territoriums umfasst, leben hier 104 Millionen der 143 Millionen Einwohner. Die Gebiete jenseits des Uralgebirges, das die Grenze zwischen Europa und Asien bildet, hingegen sind nur dünn besiedelt. Sibirien, wie der asiatische Teil Russlands genannt wird, bedeckt eine Fläche von 13.123.400 Quadratkilometern und ist damit so groß wie China und Indien zusammen. Hier leben 38 Millionen Menschen. Mit der Taiga, einem Teil des erdumspannenden borealen Nadelwaldes, besitzt Russland das größte zusammenhängende Waldgebiet des Planeten.

Moskau, die Hauptstadt Russlands, zählt zu den bevölkerungsreichsten Metropolen Europas. Mehr als elf Millionen Menschen drängen sich hier auf engstem Raum (links).

VOLKSREPUBLIK CHINA
DER BEVÖLKERUNGSREICHSTE STAAT DER WELT

Die legendäre Hafenstadt Shanghai ist die bedeutendste Wirtschaftsmetropole Chinas. Der Boom zieht Menschen aus allen Teilen der Volksrepublik an. Mittlerweile hat der Ballungsraum Shanghai 25 Millionen Einwohner (großes Bild).

Mit 1,35 Milliarden Einwohnern ist die Volksrepublik China das bevölkerungsreichste Land der Erde und ein Vielvölkerstaat, in dem verschiedene Nationalitäten leben. Die Han-Chinesen stellen mit 1,189 Milliarden Menschen die große Mehrheit der Bevölkerung. 6,2 Prozent bzw. 106 Millionen Menschen gehören einer der 55 ethnischen Minderheiten an. Zwar wurde ihnen eine beschränkte politische Autonomie zugestanden, und ihre Sprachen sind offiziell als Amtssprachen anerkannt. Gleichwohl formieren sich vielerorts Unabhängigkeitsbewegungen. Besonders die Proteste der Tibeter und Uiguren haben in letzter Zeit weltweit für Aufmerksamkeit gesorgt und den Widerstand der Pekinger Zentralregierung herausgefordert. Das Gros der Minderheiten ist in den unzugänglichen Wüsten- und Gebirgsregionen des Westens zu Hause. Östlich einer imaginären Linie zwischen den Städten Heihe im Norden und Tengchong im Süden, die bereits 1935 von dem Demografen Hu Huangyong gezogen wurde, um die ungleiche Verteilung der Bevölkerung im Reich der Mitte anschaulich zu machen, leben mehr als

90 Prozent der Einwohner des Landes. Obwohl die chinesische Regierung die wirtschaftliche Entwicklung der dünn besiedelten Gebiete fördert, strömen immer mehr Menschen in die wirtschaftlich boomenden Regionen des Ostens. Die Bevölkerung Chinas wächst kontinuierlich und wird vermutlich um 2040 1,6 Milliarden Menschen umfassen.

In Shanghai, der größten Stadt der Volksrepublik China, drängen sich über 15 000 Einwohner auf einem Quadratkilometer (links).

DIE KLEINSTEN STAATEN DER WELT (FLÄCHE/BEVÖLKERUNG)

Monaco ist ein europäischer Miniaturstaat und zugleich einer der am dichtesten besiedelten Flecken Erde: Mehr als 16.000 Einwohner leben hier auf einem Quadratkilometer (großes Bild).

Tuvalu, Nauru, Palau und die Marshallinseln im Südpazifik sowie die europäischen Zwergstaaten Vatikanstadt, Monaco, San Marino, Liechtenstein und die Karibikinseln St. Kitts & Nevis und Dominica führen die Liste der kleinsten Staaten der Welt an. Obwohl sie zusammen auf eine Bevölkerungszahl von nur rund 325.000 kommen und damit insgesamt nicht mehr Einwohner als eine mittelgroße europäische Stadt haben, sind sie gleichberechtigte Mitglieder der internationalen Staatengemeinschaft. In der UNO-Generalversammlung genießen sie bis auf Vatikanstadt, das durch den Heiligen Stuhl vertreten wird, das volle Stimmrecht. Sie sind nach innen wie nach außen völlig unabhängig und unterhalten diplomatische Beziehungen zu vielen Ländern der Erde. Die meisten haben ihre Landesverteidigung allerdings anderen Staaten übertragen. Nur Vatikanstadt und San Marino unterhalten eigene kleine Armeen. Die berühmte Schweizer Garde des Vatikans und die san-marinesischen Streitkräfte werden allerdings nur zu Repräsentationszwecken eingesetzt. In den europäischen Zwerg-

DIE KLEINSTEN STAATEN EUROPAS

FLÄCHE

❶ **Vatikanstadt**	0,44 km²
❷ **Monaco**	2,02 km²
❸ **San Marino**	61 km²
❹ **Liechtenstein**	160 km²
❺ **Malta**	316 km²
❻ **Andorra**	468 km²

BEVÖLKERUNG

❶ **Vatikanstadt**	800 Einw.
❷ **San Marino**	32.250 Einw.
❸ **Monaco**	35.880 Einw.
❹ **Liechtenstein**	36.150 Einw.
❺ **Andorra**	85.000 Einw.
❻ **Island**	319.570 Einw.

DIE KLEINSTEN STAATEN ASIENS

FLÄCHE

❶ **Malediven**	300 km²
❷ **Bahrain**	665 km²
❸ **Singapur**	704 km²
❹ **Brunei**	5770 km²
❺ **Libanon**	10.452 km²
❻ **Katar**	11.437 km²

BEVÖLKERUNG

❶ **Malediven**	317.280 Einw.
❷ **Brunei**	422.700 Einw.
❸ **Bhutan**	708.260 Einw.
❹ **Timor-Leste**	1.066.000 Einw.
❺ **Bahrain**	1.234.570 Einw.
❻ **Katar**	1.699.000 Einw.

DIE KLEINSTEN STAATEN OZEANIENS

FLÄCHE

❶ **Nauru**	21 km²
❷ **Tuvalu**	26 km²
❸ **Marshallinseln**	181 km²
❹ **Palau**	458 km²
❺ **Mikronesien**	702 km²
❻ **Tongainseln**	748 km²

BEVÖLKERUNG

❶ **Tuvalu**	10.000 Einw.
❷ **Nauru**	10.000 Einw.
❸ **Palau**	21.000 Einw.
❹ **Marshallinseln**	54.300 Einw.
❺ **Kiribati**	101.000 Einw.
❻ **Mikronesien**	102.600 Einw.

staaten ist der Euro gültiges Zahlungsmittel, auf den Inseln des Südpazifik der US- bzw. der australische Dollar. Dominica und St. Kitts & Nevis sind Mitglieder der Ostkaribischen Währungsunion. Hier ist der an den US-Dollar gekoppelte Ostkaribische Dollar offizielles Zahlungsmittel. Alle Zwergstaaten verfügen über eigene Telefonvorwahlen und Top-Level-Domains.

Der europäische Zwergstaat San Marino ist ganz von italienischem Staatsgebiet umgeben und doch seit vielen Jahrhunderten unabhängig (links).

DIE KLEINSTEN STAATEN AFRIKAS

FLÄCHE

❶ Seychellen	455 km²
❷ São Tomé & Príncipe	1001 km²
❸ Komoren	1862 km²
❹ Mauritius	2040 km²
❺ Gambia	11.300 km²
❻ Swasiland	17.363 km²

BEVÖLKERUNG

❶ Seychellen	91.000 Einw.
❷ S. Tomé & Príncipe	169.000 Einw.
❸ Kapverden	492.000 Einw.
❹ Äquatorialguinea	720.000 Einw.
❺ Komoren	754.000 Einw.
❻ Djibouti	906.000 Einw.

DIE KLEINSTEN STAATEN MITTEL-/NORDAMERIKAS

FLÄCHE

❶ St. Kitts & Nevis	261 km²
❷ Grenada	344 km²
❸ St. Vincent & die Grenadinen	389 km²
❹ Antigua & Barbuda	442 km²
❺ St. Lucia	539 km²

BEVÖLKERUNG

❶ Saint Kitts & Nevis	51.970 Einw.
❷ Dominica	71.680 Einw.
❸ Antigua & Barbuda	89.140 Einw.
❹ St. Vincent & die Grenadinen	100.890 Einw.
❺ Grenada	110.820 Einw.

DIE KLEINSTEN STAATEN SÜDAMERIKAS

FLÄCHE

❶ Surinam	163.270 km²
❷ Uruguay	176.220 km²
❸ Guayana	214.970 km²
❹ Ecuador	283.560 km²
❺ Paraguay	406.750 km²
❻ Chile	756.950 km²

BEVÖLKERUNG

❶ Surinam	529.000 Einw.
❷ Guayana	784.900 Einw.
❸ Uruguay	3.203.800 Einw.
❹ Paraguay	6.337.100 Einw.
❺ Bolivien	10.426.200 Einw.
❻ Ecuador	14.483.500 Einw.

VATIKANSTADT
DER KLEINSTE STAAT DER WELT

Der Petersdom ist Wahrzeichen und Zentrum der Vatikanstadt. In unmittelbarer Nachbarschaft der Kathedrale befindet sich der Apostolische Palast, in dem der Papst, das Oberhaupt von Vatikanstadt, residiert (großes Bild).

Mit einer Fläche von 0,44 Quadratkilometern und rund 800 Einwohnern ist Vatikanstadt der kleinste Staat der Erde. Obwohl er nichts als eine winzige Enklave in der italienischen Hauptstadt Rom ist, gestehen ihm die 1929 noch mit dem Königreich Italien geschlossenen Lateranverträge vollständige territoriale und politische Souveränität zu. Unumschränkter Herrscher ist der Papst, der von der Kardinalsversammlung auf Lebenszeit gewählt wird und alle legislative, exekutive und judikative Gewalt in Händen hält. Zwar reicht die weltliche Macht des Papstes nicht weiter als bis an die Grenzen von Vatikanstadt. Dennoch repräsentiert er auch in politischer Hinsicht mehr als nur einen Zwergstaat. Als Oberhaupt der katholischen Kirche vertritt er zusammen mit der römischen Kurie den »Heiligen Stuhl« – eine kirchliche Instanz, die nicht mit dem Staat Vatikanstadt zu verwechseln ist, die ihn dennoch in außenpolitischen Angelegenheiten vertritt und als Völkerrechtssubjekt anerkannt ist. Als souveräner Staat verfügt Vatikanstadt natürlich über eine eigene Flagge, ein Wappen, einen besonderen Nationalfeiertag

und nicht zuletzt über eigene Streitkräfte. Die kleinste Armee der Welt, die berühmte Schweizer Garde, ist für die Sicherheit des Papstes zuständig und bewacht seine Residenzen. Vatikanstadt besteht nicht nur aus Petersdom und Petersplatz. Auf dem Staatsterritorium befinden sich außerdem berühmte Museen, Bibliotheken und Gartenanlagen.

Der Petersplatz vor dem Petersdom umfasst eine Fläche von 35 300 Quadratmetern und damit fast ein Zehntel des Staatsgebiets von Vatikanstadt (links).

DIE GRÖSSTEN MILITÄRMÄCHTE DER WELT (VERTEIDIGUNGSBUDGET)

Der sogenannte »Kalte Krieg« wurde 1990 in einer feierlichen Erklärung der NATO und des Warschauer Paktes für beendet erklärt. Dennoch rüsten die Staaten dieser Welt weiter massiv auf. Nach Berechnungen des Stockholmer Friedensfor-

Schiffe der US Navy.

schungsinstituts SIPRI wurden 2010 für militärische Zwecke weltweit 1,6 Billionen US-Dollar und damit 1,3 Prozent mehr als im Vorjahr ausgegeben. Allein der Verteidigungshaushalt der USA, der bei Weitem größte des Planeten, stieg um mehr als 20 Milliarden auf 687 Milliarden US-Dollar. Auf Platz zwei folgt die Volksrepublik China mit 114,30 Milliarden Dollar. In vielen Ländern unterliegen Militärausgaben der Geheimhaltung. Die Zahlen sind deshalb nicht immer zuverlässig.

DIE MÄCHTIGSTEN STAATEN DER WELT
(Militärbudget 2010 in US-Dollar)

❶ USA	687,00 Mrd.
❷ China	114,30 Mrd.
❸ Frankreich	61,28 Mrd.
❹ Großbritannien	57,42 Mrd.
❺ Russland	52,58 Mrd.
❻ Japan	51,42 Mrd.
❼ Deutschland	46,84 Mrd.
❽ Saudi-Arabien	42,91 Mrd.
❾ Italien	38,19 Mrd.
❿ Indien	34,81 Mrd.
⓫ Brasilien	28,09 Mrd.

DIE MÄCHTIGSTEN STAATEN EUROPAS
(Militärbudget 2010 in US-Dollar)

❶ Frankreich	61,28 Mrd.
❷ Großbritannien	57,42 Mrd.
❸ Russland	52,58 Mrd.
❹ Deutschland	46,84 Mrd.
❺ Italien	38,19 Mrd.
❻ Spanien	15,80 Mrd.
❼ Niederlande	11,60 Mrd.
❽ Griechenland	9,36 Mrd.
❾ Polen	8,38 Mrd.
❿ Norwegen	6,32 Mrd.
⓫ Belgien	5,38 Mrd.

DIE MÄCHTIGSTEN STAATEN ASIENS
(Militärbudget 2010 in US-Dollar)

❶ China	114,3 Mrd.
❷ Japan	51,42 Mrd.
❸ Saudi-Arabien	42,91 Mrd.
❹ Indien	34,81 Mrd.
❺ Südkorea	24,27 Mrd.
❻ V.A.E.	15,75 Mrd.
❼ Türkei	15,64 Mrd.
❽ Israel	13,00 Mrd.
❾ China (Taiwan)	8,53 Mrd.
❿ Singapur	7,65 Mrd.

DIE MÄCHTIGSTEN STAATEN OZEANIENS
(Militärbudget 2010 in US-Dollar)

❶ Australien	19,79 Mrd.
❷ Neuseeland	1,35 Mrd.

DIE MÄCHTIGSTEN STAATEN AFRIKAS
(Militärbudget 2010 in US-Dollar)

❶ Algerien	5,59 Mrd.
❷ Ägypten	3,91 Mrd.
❸ Angola	3,77 Mrd.
❹ Südafrika	3,74 Mrd.
❺ Marokko	3,25 Mrd.
❻ Sudan	1,99 Mrd.
❼ Nigeria	1,72 Mrd.
❽ Libyen	1,10 Mrd.
❾ Kenia	594 Mio.
❿ Tunesien	548 Mio.
⓫ Eritrea	469 Mio.

DIE MÄCHTIGSTEN STAATEN AMERIKAS
(Militärbudget 2010 in US-Dollar)

1	USA	687,00 Mrd.
2	Brasilien	28,06 Mrd.
3	Kanada	20,16 Mrd.
4	Kolumbien	9,19 Mrd.
5	Chile	6,19 Mrd.
6	Mexiko	4,85 Mrd.
7	Argentinien	3,17 Mrd.
8	Venezuela	3,10 Mrd.
9	Peru	1,99 Mrd.
10	Uruguay	491 Mio.
11	Dom. Republik	322 Mio.

Soldaten der chinesischen Volksbefreiungsarmee, der mit schätzungsweise 2,1 Millionen aktiven Soldaten größten Streitmacht der Welt. Ihr Auftrag ist es, das Territorium der Volksrepublik China gegen Angriffe zu schützen. Wie andere Staaten strebt China eine Verkleinerung seiner Armee an. Statt auf große Truppen setzen auch chinesische Militärs heute auf bewegliche und gut ausgerüstete kleine Einheiten.

VEREINIGTE STAATEN VON AMERIKA
DIE GRÖSSTE MILITÄRMACHT DER WELT

US-Soldaten suchen bei einem Einsatz im Irak den Horizont ab. Die USA und ihre Verbündeten marschierten 2003 in das Land ein. Im Dezember 2011 verließen die letzten Militärberater den Irak (großes Bild).

Dank eines riesigen Arsenals ständig weiterentwickelter Hightechwaffen und einer ausgeklügelten Logistik, die es erlaubt, blitzschnell große Truppenkontingente zu mobilisieren und in alle Teile der Welt zu schicken, sind die Streitkräfte der USA die weitaus stärkste Militärmacht des Globus. Zurzeit stehen bei Army, Navy und Air Force insgesamt mehr als 1,5 Millionen Soldaten unter Waffen. Die 662.000 bestens ausgerüsteten Angehörigen des Heeres verfügen über mehr als 19.000 Mannschaftswagen, 5850 Kampfpanzer, 300 Flugzeuge, 4000 Hubschrauber und die unterschiedlichsten Systeme zur Raketen- und Panzerabwehr. Die zehn Flotten der US Navy mit insgesamt 71 U-Booten, elf Flugzeugträgern, 22 Kreuzern, 56 Zerstörern, 21 Fregatten, 16 Küstenwach- und neun Minen- sowie 300 amphibischen Schiffen operieren auf allen Weltmeeren. Die US Air Force verfügt über ca. 3500 Kampfflugzeuge. Diese riesige mit konventionellen Waffen operierende Streitmacht wird ergänzt durch strategische Waffensysteme, die mit Atomsprengköpfen ausgestattet sind. Das United States Strategic Com-

mand kontrolliert 500 Interkontinentalraketen, 95 B-52- und B-2-Bomber sowie 750 auf U-Booten stationierte Atomraketen. Zu den strategischen Waffensystemen gehören auch satellitengestützte Frühwarnsysteme. Aufgrund der Kriege, die die USA nach 9/11 führten, sind die Ausgaben für den Unterhalt der Streitmacht 2010 auf 687 Milliarden Dollar gestiegen.

An der Valiant-Shield-Übung der US-Streitkräfte im Jahr 2006 nahmen 30 Schiffe der Navy, darunter die im Bild abgebildeten Zerstörer, teil (links).

NATO – DAS GRÖSSTE MILITÄRBÜNDNIS DER WELT

Mit derzeit 28 Mitgliedsländern, die alle über mit modernster Waffentechnik ausgerüstete Armeen verfügen, ist die NATO das größte Militärbündnis der Welt. Ihre Anfänge gehen auf die nach dem Zweiten Weltkrieg einsetzende Ost-West-Konfrontation zurück, als die Staaten Westeuropas sich durch die militärische Präsenz der Sowjetunion in Mitteleuropa bedroht zu fühlen begannen und nach einem Gegengewicht suchten. In dem 1949 in Washington geschlossenen Nordatlantikvertrag verpflichteten sich die zunächst zwölf Unterzeichnerstaaten (Belgien, Kanada, Dänemark, Frankreich, Italien, Island, Luxemburg, Niederlande, Norwegen, Portugal, Großbritannien, USA) in Fällen, in denen Sicherheit und Unabhängigkeit eines Vertragspartners bedroht sind, einander notfalls auch mit militärischen Mitteln beizustehen. Diese dem Prinzip der kollektiven Selbstverteidigung gehorchende Beistandsverpflichtung erforderte den Aufbau einer Organisation, die die Kommunikation der Alliierten untereinander auch in Friedenszeiten sicherte und im »Bündnisfall« den Einsatz der nationalen Streitkräfte koordinierte. Die NATO, der in den 1950er-Jahren die Türkei, Griechenland und die Bundesrepublik Deutschland beitraten, war geboren. In ihrem wichtigsten politischem Gremium, dem 1949 gegründeten Nordatlantikrat, beraten sich die Außenminister der Mitgliedstaaten zweimal jährlich. Diese Konsultationen werden durch allwöchentliche regelmäßige Treffen der »ständigen Vertreter« der nationalen Regierungen ergänzt.

Der Zerstörer »USS Roosevelt« wird bei einer NATO-Übung aufgetankt.

Die NATO hat derzeit 28 Mitglieder.

PENTAGON
DAS GRÖSSTE BÜROGEBÄUDE DER WELT

Das Pentagon, ein riesiges fünfeckiges Bürogebäude, ist der Hauptsitz des Verteidigungsministeriums der USA. Es liegt am Potomac River in Arlington (Virginia) einige Kilometer südlich von der Hauptstadt Washington.

Mit einer Gesamtnutzfläche von über 600.000 Quadratmetern und einer effektiven Bürofläche von 340.000 Quadratmetern gilt das Pentagon als größtes Bürogebäude der Welt. Es hat ein Volumen von etwa zwei Millionen Kubikmetern und zählt damit auch zu den zehn bis 15 größten Bauwerken der Welt (je nach Berechnungsart) überhaupt.

Die Außenseiten des Gebäudefünfecks sind jeweils 280 Meter lang, der Durchmesser beträgt fast 500 Meter. Das Bauwerk besteht aus fünf um einen zentralen Hof angelegten Gebäuderingen, zwischen denen es Querriegel gibt. Die Gebäude sind jeweils fünf Stockwerke hoch. Ein wichtiger Zweck der Bauform besteht darin, dass man in weniger als sieben Minuten von jedem Standort im Gebäude zu einem beliebigen anderen Punkt gelangen kann. Jeder Bereich ist somit in kurzer Zeit erreichbar, obwohl die Gesamtlänge aller Korridore fast 30 Kilometer beträgt. Um die 23.000 Personen arbeiten heute in dem Gebäudekomplex. Er wurde 1943 eröffnet – nach einer Bauzeit von nur 16 Monaten. Etwa 14.000 Bauarbeiter und 1000 Architekten arbeiteten

in drei Schichten rund um die Uhr daran. Das Pentagon war auch ein Ziel des Terroranschlags vom 11. September 2001, bei dem allein hier fast 200 Menschen starben. Es wurde damals gerade umfassend renoviert (seit 1994). Wegen des Anschlags dauerte die Renovierung bis 2011, weil Gebäudeteile vollständig neu gebaut werden mussten.

Links und großes Bild: Aus der Luft leicht zu identifizieren ist das Pentagon unweit von Washington D.C. Seinen Namen leitet es von der griechischen Bezeichnung für Fünfeck ab.

DIE GRÖSSTEN WIRTSCHAFTSMÄCHTE DER WELT (BIP)

Seit 1976 treffen sich die Regierungschefs der weltweit führenden Wirtschaftsmächte einmal im Jahr zu Gesprächen über die globale Ökonomie. Abgesehen von Russland, das 1998 in den exklusiven Kreis aufgenommen wurde, hat sich an der Zusammensetzung der sogenannten G7 bzw. G8 bis heute nichts geändert. Nach wie vor nehmen nur die klassischen Industrienationen USA, Kanada, Japan, Großbritannien, Frankreich, Italien und Deutschland sowie Russland an den Treffen teil. Obwohl diese Staaten immer noch 60 Prozent der Weltwirtschaftsleistung erbringen, spiegelt die Zusammensetzung der Runde nach Meinung vieler Beobachter nicht die realen wirtschaftlichen Kräfteverhältnisse auf dem Globus wider. Bereits 2009 war die Volksrepublik China auf Platz 2 der Staaten mit dem höchsten Bruttoinlandsprodukt vorgerückt. 2010 ist Brasilien an Großbritannien und Indien an Kanada vorbeigezogen. Experten schätzen, dass sich diese Tendenz in Zukunft verstetigen wird. So soll Indien einer Prognose des Internationalen Währungsfonds zufolge in naher Zukunft Japan von Platz 3 der weltweit führenden Wirtschaftsnationen verdrängen.

DIE GRÖSSTEN WIRTSCHAFTSMÄCHTE DER WELT
(BIP in Mio. US-Dollar 2010)

❶ USA	15.064.816
❷ China	6.988.470
❸ Japan	5.855.383
❹ Deutschland	3.628.623
❺ Frankreich	2.808.265
❻ Brasilien	2.517.927
❼ Großbritannien	2.480.978
❽ Russland	1.884.903
❾ Indien	1.843.382
❿ Kanada	1.758.680
⓫ Spanien	1.536.479
⓬ Australien	1.507.402
⓭ Mexiko	1.185.215

Industrieanlage in Grangemouth, Großbritannien: Rauchende Schornsteine sind Symbol wirtschaftlicher Kraft.

Aluminiumfabrik in Yichuan in der ostchinesischen Provinz Henan. Seit den 1978 unter Deng Xiaoping eingeleiteten Reformen wächst die Wirtschaft der Volksrepublik mit einer ungeheuren Dynamik. Während das Bruttoinlandsprodukt 1980 noch bei 309,3 Milliarden US-Dollar lag, betrug es 2010 bereits fast 7 Billionen US-Dollar. In vielen Bereichen der industriellen Produktion besetzt China mittlerweile Spitzenpositionen.

VEREINIGTE STAATEN VON AMERIKA
DIE GRÖSSTE WIRTSCHAFTSMACHT DER WELT

Obwohl er mit dem Euro eine Konkurrenz bekommen hat, ist der US-Dollar die wichtigste Leitwährung des Planeten geblieben. 60 Prozent der weltweiten Devisenreserven sind in Dollar angelegt (großes Bild).

Trotz des beispiellosen Einbruchs, den die amerikanische Volkswirtschaft während der Finanz- und Wirtschaftskrise 2008/2009 erlebte, ist sie die mit Abstand produktivste der Welt. Im Jahr 2011 erwirtschafteten die 317 Millionen Amerikaner ein Bruttoinlandsprodukt von mehr als 14 Billionen US-Dollar und erbrachten damit ein Fünftel der Weltwirtschaftsleistung. Dank dieser Stärke übt die amerikanische Wirtschaft großen Einfluss auf die globale Ökonomie aus. Amerikanische Unternehmen operieren in der ganzen Welt. Der Dollar ist die wichtigste Leitwährung des Planeten. Für den Erfolg der amerikanischen Wirtschaft gibt es viele Gründe. Das Land ist reich an Bodenschätzen, fruchtbaren Böden und Wasserkraft. Die Amerikaner selbst sind für ihre Innovationsfreude bekannt. Viele der technischen Erfindungen, die im 20. Jahrhundert die Arbeits- und Lebenswelt der Menschen revolutionierten, wurden in Amerika gemacht. Nach dem Zweiten Weltkrieg begünstigten die massenhafte Nachfrage nach Konsumgütern, das Wettrüsten und das Weltraumprogramm das wirtschafliche Wachstum.

Die Wall Street in New Yorks Financial District ist zum Synonym für den internationalen Finanzkapitalismus geworden. Hier residieren viele große Banken und die wichtigste Börse der Welt (links).

PIONIERE DES INFORMATIONSZEITALTERS

Wie kein anderer Konzern repräsentieren Microsoft und Apple die Innovationskraft der amerikanischen Wirtschaft. Seit Ende der 1970er-Jahre haben die beiden Softwaregiganten das Leben der Menschen revolutioniert. Nicht nur große Konzerne, sondern auch Klein- und Kleinstbetriebe arbeiten heute mit Computern, auf denen eine Variante des von Microsoft entwickelten Betriebssystem Windows und die dazugehörigen Anwendungsprogramme laufen. Aufgrund seiner marktbeherrschenden Stellung steht das 1975 gegründete Unternehmen immer wieder in der Kritik. Der größte Konkurrent Apple bietet Hardware und speziell dafür entwickelte Software an. »Apple« gilt als wertvollste Marke der Welt und genießt Kultstatus.

Microsoft-Gründer Bill Gates.

Apple-Gründer Steve Jobs.

DIE GRÖSSTEN EXPORTNATIONEN DER WELT

Den Titel »Exportweltmeister« trägt immer die Volkswirtschaft mit dem höchsten Ausfuhrvolumen innerhalb eines Jahres. Das Verhältnis zwischen In- und Exporten wird nicht berücksichtigt. So ist die Handelsbilanz der USA aufgrund der hohen Importe chronisch defizitär, dennoch steht das Land auf der Liste der Exportnationen ganz weit oben.

DIE GRÖSSTEN EXPORTNATIONEN DER WELT

(Exportvolumen 2010 in US-Dollar)

1 China	1,897 Bill.
2 Deutschland	1,543 Bill.
3 USA	1,511 Bill.
4 Japan	800,8 Mrd.
5 Frankreich	578,4 Mrd.
6 Niederlande	576,9 Mrd.
7 Südkorea	558,8 Mrd.
8 Italien	508,9 Mrd.
9 Russland	498,6 Mrd.

CHINA – GRÖSSTE EXPORTNATION DER WELT

Die Handelsmetropole Hongkong trägt nicht unwesentlich zum chinesischen Wirtschaftswachstum bei.

DEUTSCHLAND – ZWEITGRÖSSTE EXPORTNATION DER WELT

Zwar musste Deutschland den Titel »Exportweltmeister«, den es von 2003 bis 2008 innehatte, an die Volksrepublik China abgeben, dennoch belegt es immer noch einen Spitzenplatz im Exportnationenranking. Im Jahr 2010 führte es Waren im Wert von 959,5 Milliarden Euro aus. Obwohl die USA 2011 zweitgrößte Exportnation waren, prognostizieren Ökonomen, dass Deutschland 2012 wieder auf Platz 2 vorrücken wird. Mehr als 60 Prozent seiner Exporte gehen in die Europäische Union, nur 6,8 Prozent in die USA und 5,9 Prozent nach China. Autos sind gefragte Exportwaren.

Drei deutsche Exportschlager: BMW …

… Porsche …

… Mercedes.

Mit jährlichen Wachstumraten von durchschnittlich 7 bis 9 Prozent hat sich die Volksrepublik China zur dynamischsten Volkswirtschaft des Planeten entwickelt und Japan von Platz 2 der größten Volkswirtschaften der Welt verdrängt. Bereits 2009 löste China Deutschland als »Exportweltmeister« ab. In dem Jahr verkaufte das Land Waren im Wert von 840 Milliarden Dollar ins Ausland, die Bundesrepublik kam nur auf einen Wert von 816 Milliarden US-Dollar. China, das lange Zeit als »Werkbank der Welt« galt, exportiert mittlerweile auch hochwertige Elektronik und IT-Produkte.

Chinesische Exportschlager: Draht …

… Textilien …

… Stofftiere.

Der Hamburger Hafen zählt zu den umschlagstärksten Häfen Europas und ist Deutschlands Tor zur Welt. Die Erzeugnisse der deutschen Industrie werden von hier aus in alle Welt verschifft.

DIE REICHSTEN STAATEN DER WELT

Das Bruttoinlandsprodukt und das daraus ermittelte Pro-Kopf-Einkommen gilt unter Ökonomen als guter Indikator für den Wohlstand eines Staats.

Drei Wohlstandssymbole: Gold …

… Luxuslimousine …

… Luxusjacht.

Es bezeichnet den Gesamtwert der Waren und Dienstleistungen, die innerhalb eines Landes hergestellt bzw. erbracht wurden. Bei der Berechnung des Pro-Kopf-Einkommens wird das Bruttoinlandsprodukt eines Landes durch die Anzahl seiner Bewohner geteilt.

DIE REICHSTEN STAATEN DER WELT
(Human Development Index 2010)

1	Norwegen	0,943
2	Australien	0,929
3	Niederlande	0,910
4	USA	0,910
5	Neuseeland	0,908
6	Kanada	0,908
7	Irland	0,908
8	Liechtenstein	0,905
9	Deutschland	0,905
10	Schweden	0,904

DIE REICHSTEN STAATEN DER WELT
(BIP pro Kopf, kaufkraftbereinigt 2010)

1	Katar	102.891 $
2	Luxemburg	84.829 $
3	Singapur	59.937 $
4	Norwegen	53.370 $
5	Brunei	49.518 $
6	Hongkong	49.342 $
7	Ver. Arab. Emirate	48.590 $
8	USA	48.140 $
9	Schweiz	43.509 $
10	Niederlande	42.331 $

NORWEGEN – DER REICHSTE STAAT DER WELT

Während Institutionen wie die Weltbank den Wohlstand eines Landes ausschließlich mittels ökonomischer Kennzahlen messen, fließen in den Human Development Index der UNO Faktoren wie Lebenserwartung und Bildungsniveau mit ein. Seit Jahren führt Norwegen die Liste der Länder mit dem höchsten Human Development Index an. Das skandinavische Land zählt zu den Ländern mit den höchsten Pro-Kopf-Einkommen und verfügt auch über ein vorbildliches Gesundheits- und Ausbildungssystem.

Oslo, die Hauptstadt Norwegens, zählt zu den lebenswertesten Städten der Welt.

Norwegen verdankt seinen Reichtum den großen Ölvorkommen vor der Küste.

Das Austernmonument in Doha, der Hauptstadt von Katar, erinnert an die Tradition der Perlentaucherei. Einst war sie eine Haupterwerbsquelle der Bevölkerung am Persischen Golf. Heute ist es die Ölförderung. Sie hat Katar zum reichsten Land der Welt gemacht. Nirgendwo sonst ist das kaufkraftbereinigte Brutto-pro-Kopf-Einkommen so hoch wie in dem Emirat.

Ökonomen kennen verschiedene Formen der Armut. In den hoch entwickelten Industrienationen gilt als arm, wer nur über ein Einkommen, das weit unter dem Durchschnittseinkommen eines Landes liegt, verfügt. Die Entwicklungsorganisation der Weltbank hinge-

Slumbewohner in Bihar, Indien.

Aidskranke Mutter in Sambia.

gen bezeichnet Menschen, die weniger als 1,25 US-Dollar pro Tag ausgeben können, als arm. Sie können sich nicht ausreichend ernähren, und der Zugang zu medizinischer Versorgung ist ihnen verschlossen. Experten der Weltbank schätzen, dass rund ein Sechstel der Menschheit unterhalb dieser absoluten Armutsgrenze lebt.

DIE ÄRMSTEN STAATEN DER WELT
(Human Development Index 2010)

1	Dem. Rep. Kongo	0,286
2	Niger	0,295
3	Mosambik	0,322
4	Tschad	0,328
5	Liberia	0,329
6	Burkina Faso	0,331
7	Sierra Leone	0,336
8	Zentralafrikan. Republik	0,343
9	Guinea	0,344
10	Guinea-Bissau	0,353

DIE ÄRMSTEN STAATEN DER WELT
(BIP pro Kopf, kaufkraftbereinigt 2010)

1	Dem. Rep. Kongo	348 $
2	Liberia	417 $
3	Burundi	430 $
4	Simbabwe	472 $
5	Eritrea	732 $
6	Zentralafrikan. Republik	775 $
7	Niger	795 $
8	Sierra Leone	847 $
9	Malawi	853 $
10	Togo	893 $

Ein kleines Mädchen in einem Slum in Antananarivo, der Hauptstadt Madagaskars. Der Inselstaat an der Ostküste Afrikas zählt zu den ärmsten der Welt. Mehr als die Hälfte der Bevölkerung lebt unterhalb der absoluten Armutsgrenze und hat weniger als 1,25 US-Dollar pro Tag zur Verfügung. 50 Prozent der Menschen haben keinen Zugang zu sauberem Trinkwasser und medizinischer Versorgung. Der Anteil der Analphabeten an der Bevölkerung ist extrem hoch.

GLAUBE UND RELIGION

Religionen haben seit Jahrtausenden die Geschichte der Menschheit mitbestimmt. Religion als Bewusstsein, von einer übermenschlichen Macht, einem Absoluten, abhängig zu sein, verleiht dem Leben des Gläubigen Sinn und Würde, sie inspiriert aber auch zu außergewöhnlichen Leistungen. So wurden einige der großartigsten, faszinierendsten Bauwerke der Menschheit im Dienste der Religion errichtet: Kathedralen, Synagogen, Moscheen, Pagoden, Tempel, Schreine. In beeindruckender Weise verkörpern die himmelwärts strebenden Sakralbauten von Christentum, Judentum, Islam, Hinduismus, Buddhismus, Taoismus, Jainismus und Shintoismus die Hinwendung der Gläubigen zur göttlichen Sphäre.

Hinduismus: Kind als Shiva geschminkt.

DIE GRÖSSTEN RELIGIONEN DER WELT

1	Christentum	2200 Mio.
2	Islam	1400 Mio.
3	Hinduismus	875 Mio.
5	Buddhismus	385 Mio.
6	Sikhismus	23 Mio.
7	Judentum	15 Mio.
10	Jainismus	5 Mio.

Farbenprächtige Wandmalereien und riesige Buddha-Statuen verbergen sich in den Mogao-Grotten bei Dunhuang in der chinesischen Provinz Gansu. Vom 4. bis zum 14. Jahrhundert wurde hier an der alten Seidenstraße ein weitläufiges System von rund 1000 Höhlen angelegt, um einen der größten Schätze buddhistischer Kunst vor Eroberern zu schützen.

GLAUBE UND RELIGION

Papst Benedikt XVI. unter römisch-katholischen Würdenträgern.

Priester der Äthiopisch-Orthodoxen Kirche in der Felsenkirche Lalibela.

Ökumenischer Patriarch von Konstantinopel, Bartholomäus I., beim Osterfest.

DIE GRÖSSTE GLAUBENSGEMEINSCHAFT DER WELT

Die mit rund 2,2 Milliarden Anhängern größte der drei monotheistischen Weltreligionen ist das Christentum. Vor rund 2000 Jahren in Palästina als Erneuerungsbewegung innerhalb des Judentums entstanden, löste es sich bald von diesem ab und wurde im 4. Jahrhundert Staatsreligion im Römischen Reich. Durch Mission wurde es in Asien, Europa, Amerika und Afrika verbreitet.

Die Christen berufen sich auf Jesus von Nazareth; in dem Prediger und Wunderheiler sehen sie den im Alten Testament prophezeiten Messias und den Sohn Gottes; Vater, Sohn und Heiliger Geist bilden die heilige Dreifaltigkeit. Die Bibel mit Altem und Neuem Testament ist das heilige Buch der Christen.

»Kirche« bezeichnet nicht nur das Gotteshaus für Gottesdienst und Gebet, sondern auch die christliche Glaubensgemeinschaft. Seit dem 4. Jahrhundert wurden Klöster gegründet, in denen Gläubige in einer Kult- und Wirtschaftsgemeinschaft zusammenleben. In den Städten ließ man prächtige Kathedralen und Dome nach herrschendem Baustil errichten.

Das Christentum ist allerdings gespalten. Von der katholischen Kirche, der größten Konfession, spaltete sich 1054 die Ostkirche mit der russisch-orthodoxen und der griechisch-orthodoxen Kirche ab. Aus der Reformation im 16. Jahrhundert gingen die evangelische Kirche sowie weitere protestantische Richtungen hervor.

CHRISTENTUM

DIE GRÖSSTEN KONFESSIONEN

1 Katholiken	1.200 Mio.
2 Protestanten	700 Mio.
3 Orthodoxe Kirchen	260 Mio.
4 Altorientalische Kirchen	80 Mio.
5 Anglikanische Kirche	80 Mio.
6 Nichttrinitarische Gemeinschaften (Zeugen Jehovas, Mormonen)	35 Mio.

Prozession zu Ehren der Jungfrau Maria vor der Kathedrale Notre-Dame in Paris. Das Christentum bezieht seine Kraft zu einem nicht unwesentlichen Teil aus dem Volksglauben, in den auch nichtchristliche Traditionen eingegangen sind. Dazu gehört etwa die große Verehrung, die viele Anhänger der römisch-katholischen Kirche Maria, der Mutter Jesu, entgegenbringen.

DIE BEDEUTENDSTEN PILGERSTÄTTEN DES CHRISTENTUMS

GUADALUPE, MEXIKO

Am 9. Dezember 1531 erschien dem Bauern Juan Diego auf dem Hügel Tepeyac im heutigen Mexiko-Stadt die Jungfrau von Guadalupe in indianischer Ge-

stalt und forderte zum Bau einer Kapelle auf. Heute wird »La Morenita« als Nationalheilige verehrt; zu dem Marienheiligtum mit dem auf einem Umhang eingeprägten Gnadenbild, Alter und Neuer Basilika strömen jährlich rund 20 Millionen Pilger, ein Gutteil davon allein am 9. Dezember.

FÁTIMA, PORTUGAL

Am 13. Mai 1917 war in Fátima drei Kindern beim Schafehüten eine Madonna erschienen und hatte ihnen die drei Geheimnisse von Fátima verkündet. Zur Erinnerung wurde am Erscheinungsort eine Kapelle mit der Statue der Jungfrau von Fátima errichtet, Ziel von rund 4 Millionen Pilgern jährlich. Heute bildet sie den Mittelpunkt eines riesigen Kirchenvorplatzes, der von der Basilika Unserer Lieben Frau von Fátima (1928–1953) und der Rundkirche Santissima Trindade (2007) flankiert wird.

Die Herz-Jesu-Statue bildet den Mittelpunkt des Pilgerplatzes von Fátima.

GRABESKIRCHE, JERUSALEM

Die Grabeskirche am Hügel Golgatha in Jerusalem befindet sich an der überlieferten Stelle der Kreuzigung und des Grabes Jesu. Der Komplex aus über- und aneinandergebauten Kapellen sechs christlicher Konfessionen (römisch-katholische, griechisch-orthodoxe, armenisch-apostolische, syrisch-orthodoxe, äthiopisch-orthodoxe Kirche, Kopten) gilt als eines der größten Heiligtümer des Christentums. Am Salbungsstein neben dem Eingang soll der Leichnam Jesu gesalbt worden sein. Zur rechten Seite erhebt sich die Golgathakapelle auf dem Golgathafelsen, dem Ort der Kreuzigung. Die Rotunde linker Hand beherbergt in der Grabeskapelle das Heilige Grab.

PETERSDOM, ROM

»Du bist Petrus, und auf diesen Felsen will ich bauen« – aus diesen Worten des Matthäus-Evangeliums bezieht der Petersdom als Grabstätte von Petrus, dem ersten römischen Bischof, seine überragende Bedeutung für die Christenheit. In Petrus' Nachfolge stehen die Päpste, vom Mittelbalkon des Petersdoms spenden sie an Ostern und Weihnachten den Segen »Urbi et orbi«. Durchschnittlich rund 20 000 Gläubige besuchen täglich diesen Ort – um seine Aura, die Papstgräber, den Papst oder seine kunstgeschichtlichen Schätze zu erleben.

SAN PAOLO FUORI LE MURA, ROM

Sankt Paul vor den Mauern – so genannt, weil es außerhalb der Aurelianischen Stadtmauer liegt – ist wie der Petersdom ebenfalls Papstbasilika und Begräbnisstätte eines Apostels, in diesem Fall von Paulus. Sein Grab wurde schon bald nach seinem Tod zu einem Ort der Verehrung, zu dem auch heute noch viele Pilger strömen. Die Säulenbasilika wurde, nachdem ein frühchristlicher Vorgängerbau abgebrannt war, 1854 historisierend wieder aufgebaut. Das Apostelgrab wird bekrönt von einem Ziborium von Arnolfo di Cambio.

SANTIAGO DE COMPOSTELA, SPANIEN

Fromme Christen sollen im 8. Jahrhundert die Gebeine des Apostels Jakob (der Ältere) aus dem Katharinenkloster auf der Sinaihalbinsel vor den Sarazenen gerettet und nach Galicien gebracht haben. Dort wurden sie in einer eigens hierfür errichteten Kirche beigesetzt, um die herum die Altstadt von Santiago de Compostela entstand. Jakob wurde zum Patron der Christen und Santiago zu einem wichtigen Wallfahrtsort, zu dem Tausende (oft zu Fuß) auf dem berühmten Jakobsweg pilgern (150.000 bis 300.000 pro Jahr). Die Kathedrale hat eine spätgotische Fassade, besonders wertvoll ist der »Pórtico de la Gloria« von 1188, eine Vorhalle von Meister Mateo mit romanischem Skulpturenensemble.

LOURDES, FRANKREICH

Lourdes, wohin jährlich bis zu 6 Millionen Pilger strömen, verdankt seine Berühmtheit einer Marienerscheinung, die sich hier Bernadette Soubirous 1858 offenbart hatte. Auf Wunsch der »Dame«, wie Bernadette sie nannte, wurde ab 1862 eine Krypta über der Grotte von Massabielle und der hier entsprungenen Quelle mit heilkräftigem Wasser erbaut. 1864 bzw. 1883 kamen die Basilika der Unbefleckten Empfängnis und die Rosenkranzbasilika (Obere bzw. Untere Kirche) hinzu. Letztere orientiert sich historisierend an romanisch-byzantinischen Bautraditionen und ist reich mit Mosaiken ausgestattet.

CZĘSTOCHOWA, POLEN

Bis zu 4 Millionen Pilger strömen jährlich zur Wallfahrtsstätte Jasna Góra (Heller Berg), einem Kloster in Częstochowa (Tschenstochau), um das bedeutendste Marienheiligtum Mittel- und Osteuropas zu ehren. Das einst von Paulinermönchen aus Ungarn hierher gebrachte Gnadenbild der Schwarzen Madonna mit dem Jesuskind auf dem Arm hat byzantinische Ursprünge, im 15. Jahrhundert wurde es nach seiner Zerstörung neu übermalt. Seit Jasna Góra 1655 eine Belagerung durch die Schweden überstanden hat, ist das Bildnis Nationalheiligtum und Symbol für den Freiheitskampf Polens.

DIE GRÖSSTEN KIRCHEN DER WELT

Der bauliche Wettstreit um den Lobpreis Gottes hat im Laufe der Jahrhunderte Kirchengebäude von gigantischen Ausmaßen entstehen lassen. Die meisten davon sind Bauten der römisch-katholischen Kirche. Sinnbild kirchenbaulicher Monumentalität ist die gotische Kathedrale. Unter den größten Kirchenbauten der Welt finden sich allerdings nur wenige davon, dafür erstaunlicherweise umso mehr Kirchengebäude aus dem 20. und 21. Jahrhundert. Gemessen werden kann die Größe von Kirchenbauten am Fassungsvermögen (Zahl der Menschen), am umschlossenen Volumen oder an der überbauten Grundfläche – je nachdem ergeben sich verschiedene Rangfolgen. Bei den hier vorgestellten Kirchen wurde die überbaute Grundfläche (ohne Höfe und Vorplätze) zugrunde gelegt.

Petersplatz mit Obelisk und Petersdom

DIE GRÖSSTEN KIRCHEN DER WELT
(überbaute Grundfläche)

1	Petersdom, Rom	15.160 m²
2	Mezquita-Catedral von Córdoba	15.000 m²
3	Igreja da Santíssima Trindade, Fátima	12.300 m²
4	Basílica de Nossa Senhora Aparecida	12.000 m²
5	Dom von Mailand	11.700 m²
6	Kathedrale von Sevilla	11.500 m²
7	Kathedrale St. John the Divine, New York	11.200 m²
8	Isaakskathedrale, St. Petersburg	10.800 m²
9	Basilika von Licheń	10.100 m²
10	Liverpool Cathedral	9.700 m²
11	Basilica del Pilar, Zaragoza	8.300 m²
12	Sacre-Cœur, Brüssel	8.000 m²
12	Basilika von Guadalupe, Mexiko-Stadt	8.000 m²
12	Basilika Notre-Dame de la Paix, Yamoussoukro	8.000 m²
15	Kölner Dom	7.900 m²
16	St. Paul's Cathedral, London	7.875 m²

Unter der Kuppel des Petersdoms erhebt sich der Papstaltar mit dem Bronzebaldachin von Gian Lorenzo Bernini. Mit seinen wuchtigen gedrechselten Säulen gilt der knapp 30 Meter hohe Baldachin als das größte Bronzekunstwerk der Welt. Unter dem Altar befindet sich das angebliche Grab des Apostels Simon Petrus.

PETERSDOM

Rom **15.160 m²**

Über die Dächer Roms erhebt sich die Peterskirche (San Pietro in Vaticano), das Zentrum der Christenheit. Sie war ursprünglich unter Kaiser Konstantin dem Großen um 324 als fünfschiffige Basilika über dem mutmaßlichen Grab des Apostels Petrus angelegt worden. Der Grundstein zum heutigen, unter Papst Julius II. begonnenen Kirchenbau wurde 1506

Von Gian Lorenzo Bernini geplant wurde der Petersplatz mit seinen beiden halbkreisförmigen Kolonnadenreihen.

gelegt. Zunächst vom ersten Bauleiter Donato Bramante als Zentralbau in Form eines griechischen Kreuzes geplant, wurde der Petersdom nach Bramantes Tod jedoch als Längsbau in Form eines lateinischen Kreuzes realisiert, mit einer zentralen Kuppel über der Vierung, durch die das Licht einfällt. Die von Michelangelo entworfene Kuppel ist das größte freitragende Ziegelbauwerk der Welt. Die Dimensionen der Peterskirche sind enorm: Mit der Vorhalle ist sie 211 Meter lang, die Höhe beträgt 132 Meter, der Kuppeldurchmesser 42 Meter. Auf einer überbauten Fläche von 15.160 Quadratmetern finden hier rund 60.000 Gläubige Platz.
Bei Planung und Ausgestaltung des Petersdoms wirkten die besten Renaissance- und Barockkünstler ihrer Zeit mit, neben Bramante und Michelangelo etwa Raffael und Bernini. Unter der Kuppel, direkt über dem Petrusgrab, befindet sich der von Bernini 1623 mit einem barocken Bronzebaldachin bekrönte Papstaltar.

Der Blick auf das Mittelschiff des Petersdoms verdeutlicht die riesigen Dimensionen dieses Kirchenbauwerks. Rund 800 Säulen, eine gewaltige Hauptkuppel, acht kleinere Nebenkuppeln und 45 Altäre gliedern den Innenraum der Papstbasilika. Vor der Apsis zeichnen sich die Umrisse von Berninis Bronzebaldachin mit dem Papstaltar ab.

KATHEDRALE VON CÓRDOBA (MEZQUITA)

MEZQUITA-CATEDRAL
Córdoba **15.000 m²**

Mezquita-Catedral, Puente Romano.

Die Mezquita-Catedral aus maurischer Zeit, mit 179 Meter Länge und 134 Meter Breite einer der größten Sakralbauten der Welt, ist ein religionsgeschichtlicher und architektonischer Zwitter. Ab 785 als Moschee errichtet und als solche mehrfach erweitert, unterteilt sich der Bau in Vorhof mit Waschraum, Haram (Gebetsraum) und

Kuppel des Mihrab.

Blick über den Choraltar zur Decke.

Mihrab (Gebetsnische). Künstlerischer Höhepunkt ist der Mihrab, ein mit Mosaiken aus kalligrafischen und ornamentalen Elementen geschmückter Achteckraum mit muschelförmigem Gewölbe. Innen verliert sich der Blick in einem wahren Säulenwald aus rot-weiß gestreiften Doppelbögen in Hufeisenform. Nach der Reconquista wurde die Moschee 1236 zur christlichen Kirche geweiht. Ab 1523 mussten die Säulen im mittleren Teil der Innenausstattung einer römisch-katholischen Kathedrale weichen. 1999 wurde die Mezquita-Catedral zum UNESCO-Weltkulturerbe erklärt.

DIE ZWEITGRÖSSTE KIRCHE DER WELT

Die Mezquita-Catedral wirkt von außen eher schlicht, beeindruckt aber innen mit einem regelrechten Wald von 860 Säulen aus Jaspis, Onyx, Marmor und Granit, die in Doppelarkaden angeordnet sind und zweifarbige Hufeisenbögen tragen.

DIE GRÖSSTEN KIRCHEN DER WELT

Fátima ist nicht nur einer der berühmtesten Wallfahrtsorte weltweit, sondern seit der Vollendung der Igreja da Santissima Trindade im Jahr 2007 auch Standort einer der größten Kirchenbauten der Welt.

IGREJA DA SANTISSIMA TRINDADE

Fátima, Portugal **12.300 m²**

Ab 1928, elf Jahre nach der Marienerscheinung von Fátima, wurde in dem portugiesischen Ort die von mächtigen Säulenkolonnaden flankierte Basilika Unserer Lieben Frau von Fátima im neoklassizistischen Stil erbaut. Die 61 Glocken im Turm der 1953 vollendeten Kirche läuten stündlich das Fátima-Lied. Innen kann man den Klängen einer Orgel lauschen, die mit ihren 12 000 Pfeifen eine der größten Europas ist.
Zur Bewältigung des Pilgeransturms wurde 2007 die Neue Dreifaltigkeitskirche (Igreja da Santissima Trindade) direkt gegenüber eingeweiht. Die vom griechischen Architekten Alexandros Tombazis entworfene Rundkirche mit trägerlosem Flachdach hat einen Durchmesser von fast 130 Metern und fasst 9000 Besucher. Damit ist sie der bisher größte Kirchenbau des 21. Jahrhunderts. Zusammen begrenzen die beiden Sakralbauten den mit 750 Meter Länge und 200 Meter Breite größten Kirchenvorplatz der Welt.

BASILICA DE NOSSA SENHORA APARECIDA

Aparecida, Brasilien **12.000 m²**

Die Basilika von Aparecida im Bundesstaat São Paulo verdankt ihre Existenz einer wundertätigen Marienstatue, die 1717 von drei Fischern aus dem Wasser gezogen wurde und ihnen einen reichen Fang bescherte. Die Marienfigur wurde erst in einer kleinen Kapelle verehrt, 1834 wurde für sie eine Basilika errichtet. Ihre heutige Gestalt als Schutzmantelmadonna erhielt die Liebe Frau von Aparecida, als ihr 1888 Prinzessin Isabella von Brasilien einen blauen Umhang und eine Krone spendierte.

Außenansicht des kreuzförmigen Baus.

Wallfahrer im Konfettiregen.

Als die dunkle Marienstatue 1929 zur Schutzpatronin Brasiliens erklärt wurde, war auch die alte Basilika dem Ansturm der Pilger nicht mehr gewachsen, und so wurde ab 1955 nach Plänen von Benedito Calixto die moderne Basilika errichtet. Die Vierung des in Form eines griechischen Kreuzes angelegten Sakralbaus wird von einer 70 Meter hohen Kuppel überwölbt, seitlich wacht ein 100 Meter hoher Turm. Auch die übrigen Maße des größten Marientempels der Welt sind beeindruckend: 173 Meter Länge, 168 Meter Breite, 45 000 Menschen Fassungsvermögen. Dem Ansturm der rund 8 Millionen Pilger jährlich dient ein fast 30 Hektar großer Parkplatz für rund 4000 Busse und 6000 Autos.

Die Igreja Santissima Trindade ist in ihrer Gestaltung auf die Bewältigung des Massenandrangs von Tausenden von Pilgern abgestellt. So verfügt sie über 13 Eingänge (ganz links); der Hauptaltar ist relativ einfach gestaltet und wird von einem riesigen Kruzifix dominiert (links).

Trotz der riesigen Dimensionen des Mailänder Doms wirkt seine Fassade mit den Dutzenden von Türmen und Figuren sehr filigran (links). Im Vordergrund das Reiterdenkmal Giuseppe Garibaldis.

DOM VON MAILAND

Mailand, Italien 11.700 m²

»Welches Wunder er ist! So großartig, so ernst, so riesengroß! Und doch so fein, so luftig, so anmutig! Eine Welt des festen Gewichts, und doch scheint das ... eine Wahnvorstellung einer Eisskulptur.« Worüber der amerikanische Schrifsteller Mark Twain hier 1867 so staunte, erklärt, warum der Dom von Mailand eines der bekanntesten Bauwerke Italiens ist. Die fünfschiffige Kathedrale mit einem dreischiffigen Querhaus und einem polygonalen Chor, mächtigen Strebepfeilern und Kreuzrippengewölben über Spitzbögen übernimmt und variiert die gotische Formensprache nördlich der Alpen. Aufgrund der langen Bauzeit von 1386 bis zur endgültigen Fertigstellung im Jahr 1858 sind allerdings vielfältige Formen in das Bauwerk eingeflossen. So mischt die Fassade neogotische und neobarocke Details. Dennoch wirkt der helle Marmorbau, der außen durch Strebepfeiler mit unzähligen Fialen und durch rund 4000 Statuen gegliedert ist, harmonisch und einheitlich.

Hauptschiff des Mailänder Doms mit Blick auf den Altar.

KATHEDRALE VON SEVILLA

CATEDRAL DE SANTA MARÍA DE LA SEDE

Sevilla **11.500 m²**

Als man sich 1401 in Sevilla entschloss, eine Kathedrale zu errichten, wo im 12. Jahrhundert noch die Große Moschee gestanden hatte, soll der – zutreffende – Satz gefallen sein: »Bauen wir eine Kirche, damit sie uns für verrückt halten.« Herausgekommen ist dabei mit 115 Meter Länge, 76 Meter Breite und 42 Meter Höhe einer der größten Sakralbauten überhaupt und die größte gotische Kirche der Welt. Das Minarett des maurischen Baus wurde, zum Glockenturm aufgestockt, in den Kirchenkomplex integriert und ist als Giralda bis heute das Wahrzeichen Sevillas. Bis 1519 wurde die Kathedrale mit ihren fünf – zum Teil mit Netzgewölben geschlossenen – Schiffen samt imposantem Pfeilerwald und zweiKapellenreihen vollendet. Das Altarretabel der Capilla Mayor ist ein Hauptwerk der gotischen Holzschnitzkunst in Spanien.

Chorraum mit prachtvollem Chorgestühl aus Ebenholz.

Blick auf die Chorwand.

Eine der beiden Or

DIE GRÖSSTE GOTISCHE KIRCHE DER WELT

Von der einstigen Moschee in Sevilla blieb nur das Minarett Giralda erhalten. Durch einen Aufsatz im Stil der Renaissance, der die ursprüngliche Spitze ersetzte, wurde es zum Glockenturm der Kathedrale umfunktioniert.

DIE GRÖSSTEN KIRCHEN DER WELT

Selbst im profanen New York gibt es einen Kirchenbau der Superlative zu bewundern – und das, obwohl er angeblich erst zu zwei Dritteln fertiggestellt ist: die anglikanische Kathedrale St. John the Divine.

KATHEDRALE ST. JOHN THE DIVINE

New York, USA **11.200 m²**

1892 wurde in der Upper Westside von Manhattan der Grundstein für St. John the Divine gelegt. Ursprünglich im byzantinisch-romanischen Stil geplant, wurde der Bau dann im neugotischen Stil ausgeführt und zitiert vor allem Elemente der französischen Hochgotik. Die radial am Chorumgang angelegten sieben Kapellen sind den Nationalheiligen der Haupteinwanderungsnationen geweiht. Einer der Altäre wurde von Keith Haring gestaltet.
Ausmaße von 182 Meter Länge und 70 Meter Breite machen St. John the Divine zum größten Sakralbau der anglikanischen Kirche. Immer wieder wurden die Arbeiten an der Kirche für mehrere Jahre unterbrochen. Zurückgeworfen – und vorläufig auf Eis gelegt – wurde der ursprüngliche Plan, den künftig zweitgrößten Kirchenbau der Welt zu errichten, durch einen Brand 2001 im nördlichen Querschiff. Erst nach siebenjährigen Restaurierungsarbeiten waren die schweren Zerstörungen 2008 behoben.

ISAAKSKATHEDRALE

St. Petersburg, Russland 10.800 qm

Die Isaakskathedrale ist die wohl prächtigste Kirche St. Petersburgs, zudem einer der größten Sakralkuppelbauten der Welt. Nach dem Sieg über Napoleon ließ Zar Alexander I. sie anstelle eines Vorgängerbaus

Mächtige Kuppel der Isaakskathedrale.

Prachtvolle Ikonostase.

Blick von unten auf die Kuppel.

errichten und zu einem Nationaldenkmal umgestalten. Von 1818 bis 1858 wurde an dem vom neoklassizistischen Architekten Auguste de Montferrand entworfenen Bau gearbeitet. Die aus rotem Granit und grauem Marmor prunkvoll ausgeführte Kathedrale hat eine monumentale vergoldete Hauptkuppel (Höhe: 101 Meter; Durchmesser: 26 Meter) sowie vier mächtige Säulenportiken, deren Giebelfelder Szenen aus der Vita des hl. Isaak und der Heilsgeschichte zeigen. Innen ist die Kirche mit unterschiedlichen Marmorarten, Edelsteinen und Mosaiken (7000 Quadratmeter) geschmückt – ein »Museum der russischen Geologie«.

Großer Andrang herrschte bei den Feierlichkeiten zum Abschluss der Renovierungsarbeiten von St. John the Divine 2008 (ganz links und großes Bild). Im Jahr 2001 war das Gotteshaus bei einem Brand schwer beschädigt worden. Auch die Orgel mit über 8000 Pfeifen wurde wieder instand gesetzt (links).

BASILIKA VON LICHEŃ

Licheń Stary, Polen 10.100 m²

Die Basilika der Muttergottes in Polens zweitwichtigstem Wallfahrtsort Licheń Stary ist gleich in mehrfacher Hinsicht nationale Rekordhalterin: größte Kirche, höchster Kirchturm, größte Glocke und größte Orgel des Landes. Der Monumentalbau in Form eines Kreuzes mit

Basilika von Licheń mit Glockenturm.

einer zentralen Kuppel wurde erst von 1994 bis 2004 in Anlehnung an den frühchristlichen Stil erbaut. Er beherbergt das rund 200 Jahre alte Bild der Muttergottes von Licheń, das alljährlich Ziel von rund 1,5 Millionen Pilgern ist.

LIVERPOOL CATHEDRAL

Liverpool, Großbritannien 9.700 m²

Neben St. John the Divine in New York ist die Liverpool Cathedral der größte Kirchenbau der anglikanischen Kirche. Auch sie blickt auf eine lange Bauzeit zurück – Grundsteinlegung 1904, Vollendung erst 1978 – und wurde in neugotischem Stil errichtet, nach Plänen von Giles Gilbert Scott. Mit einer Länge von 189 Metern ist die Liverpool Cathedral einer der längsten Kirchenbauten überhaupt, der Glockenturm der höchste seiner Art weltweit.

Liverpool Cathedral mit wuchtigem Vierungsturm.

DIE GRÖSSTEN KIRCHEN DER WELT

Ein imposantes Ensemble mit insgesamt vier Türmen und elf Kuppeln bildet die Basílica del Pilar in Zaragoza, die sich auf dieser Aufnahme im Fluss Ebro spiegelt. Mit ihren Ausmaßen von 130 Meter Länge, 76 Meter Breite und 80 Meter (Kuppel-)Höhe vermag sie Tausende von Gläubigen aufzunehmen, die die hier aufbewahrte Madonna del Pilar verehren.

BASÍLICA DEL PILAR

Zaragoza, Spanien **8.300 m²**

Wo der Legende nach die Jungfrau Maria dem Apostel Jakob dem Älteren auf einer Säule erschienen sein soll, steht heute in Zaragoza die Basílica del Pilar, einer der größten Sakralbauten der Welt und größte Barockkirche Spaniens. Mit nicht weniger als elf Kuppeln und vier Ecktürmen mutet das im 15. Jahrhundert errichtete und 1681 bis 1754 umgebaute majestätische Gotteshaus fast schon byzantinisch an. Ein Höhepunkt der Barockkunst ist die Capilla del Pilar mit ihrem geschwungenen Grundriss. Dieser »Pavillon« ist wie ein orientalischer Baldachin innerhalb der Kirche konzipiert und beherbergt das Haupttheiligtum: eine spätgotische Madonnenstatue auf einer Jaspissäule – die Madonna del Pilar.

Hauptaltar der Basílica del Pilar.

SACRÉ-CŒUR

Brüssel, Belgien **ca. 8.000 m²**

Im für einen Sakralbau ungewöhnlichen Art-déco-Stil prunkt die Nationalbasilika des Heiligen Herzens im Brüsseler Stadtteil Koekelberg. Der 141 Meter lange und 107 Meter breite Sakralbau ist damit auch das größte Art-déco-Gebäude der Welt. Das äußere Erscheinungsbild der von 1905 bis 1970 errichteten Kirche in Form eines griechischen Kreuzes wird geprägt von einer mächtigen Zentralkuppel und zwei sehr schlanken Türmen. Von einer Plattform am Kuppelansatz bietet sich ein schöner Panoramablick über die belgische Hauptstadt.

Art-déco-Bau Sacré-Cœur mit Zentralkuppel. Links im Hintergrund das Atomium.

BASILIKA VON GUADALUPE

Mexiko-Stadt, Mexiko **ca. 8.000 m²**

Neben der Alten Basilika von Guadalupe, dem berühmten Marienheiligtum in Mexiko-Stadt, wurde 1974 nach Plänen des mexikanischen Architekten Pedro Ramírez Vázquez die Neue Basilika errichtet. Der moderne Rundbau mit einem Durchmesser von 100 Metern trägt ein zeltförmiges Dach, das auch den Mantel der Jungfrau symbolisiert. Die Kirche fasst bis zu 20.000 Menschen, die hier das Gnadenbild von Guadalupe verehren können.

Pilger aus aller Welt in Guadalupe.

DIE GRÖSSTEN KIRCHEN DER WELT

Obwohl der Katholizismus in der Elfenbeinküste nur eine Minderheitenreligion und das wirtschaftliche Potenzial des Landes beschänkt ist, steht dort seit 1988 einer der größten Kirchenbauten der Welt.

NOTRE-DAME DE LA PAIX

Yamoussoukro, Elfenbeinküste **8.000 m²**

Zählt man die Außenanlagen (Kolonnaden, Pfarrhaus) hinzu, ist die Basilika Notre-Dame de la Paix (Unsere Liebe Frau des Friedens) mit einer Grundfläche von 30.000 Quadratmetern die größte Kirche der Christenheit. In Länge, Breite und Höhe übertrumpft die stark dem Petersdom nachempfundene Gesamtanlage ihr Vorbild, der eigentliche Kirchenraum ist mit einer Kapazität von 18.000 Menschen und einer Fläche von 8000 Quadratmetern jedoch kleiner. Den 158 Meter hohen Kuppelbau ließ Präsident Félix Houphouët-Boigny 1985 bis 1988 in Yamoussoukro, der neuen Hauptstadt der Elfenbeinküste, errichten. Die Basilika wurde aus italienischem Marmor erbaut und mit 7.000 Quadratmeter in Frankreich hergestellten Glasmosaikfenstern versehen. Der Monumentalbau war wegen der Gesamtkosten von 250 Millionen Euro, die offiziell aus dem Privatvermögen des Präsidenten bestritten wurden, umstritten.

SAN PETRONIO

Bologna, Italien **7800 m²**

Die gotische Basilica di San Petronio – übrigens nicht vom Bistum, sondern von den Bürgern Bolognas finanziert – wurde ab 1390 erbaut. Ihre uneinheitliche Fassade verrät, dass sie unvollendet ist: Nur der untere Teil ist mit Marmor verziert, darüber zeigt sich die nackte Backsteinfassade. Viele Meister ihres Fachs wirkten an den Planungsarbeiten mit (u. a. Baldassare Peruzzi und Andrea Palladio), das Hauptportal wurde von Jacopo della Quercia gestaltet. Die um 1470 erbaute Orgel ist die älteste ihrer Art, die noch in Gebrauch ist. Eine besondere Attraktion ist der in den Fußboden eingelassene 66 Meter lange Meridian von Cassini.

Die wuchtige unvollendete Fassade von San Petronio dominiert die Piazza Maggiore in Bologna.

KÖLNER DOM

Köln, Deutschland **7.900 m²**

Der Kölner Dom St. Peter und Maria ist der größte Sakralbau Deutschlands und eine der größten Kirchen im gotischen Baustil, sein Kirchturm der fünfthöchste der Welt. Die fünfschiffige, 1880 vollendete Basilika wurde nach dem Vorbild französischer Kathedralen entworfen. Ihre Hauptschätze sind der Dreikönigsschrein von Nikolaus von Verdun, das Dombild von Stephan Lochner und das romanische Gerokreuz.

Ansichten vom Kölner Dom: Ostfassade (rechts), Messe am Vierungsaltar.

Fast etwas unwirklich wirkt die gigantische Anlage von Notre-Dame de la Paix in Yamoussoukro, der Hauptstadt der Elfenbeinküste (ganz links). In dem riesigen Zentralraum finden bis zu 18 000 Gläubige Platz.

ST. PAUL'S CATHEDRAL

London, Großbritannien   7.875 m²

Stolz und unübersehbar thront die prachtvolle Kuppel der St. Paul's Cathedral – neben der Kathedrale von Liverpool der größte Kirchenbau des Vereinigten Königreichs – inmitten des Finanzdistrikts der Londoner City. 1677 wurde, nachdem ein Vorgängerbau abgebrannt war, nach Plänen Sir Christopher Wrens der Grundstein für den heutigen englisch-barocken Sakralbau mit kreuzförmigem Grundriss und 111 Meter hoher Vierungskuppel gelegt.

Mächtiger Kuppelbau mit barocker Innenausstattung: St. Paul's Cathedral.

DIE HÖCHSTEN KIRCHEN DER WELT

Anders als die Größe einer Kirche, die nach unterschiedlichen Kriterien bestimmt werden kann, ist die Höhe eindeutig zu ermitteln – und zwar nach der Höhe des Turmes. Diese ist unabhängig von der Größe der Kirche, und so finden sich unter den höchsten Kirchen der Welt auch einige verhältnismäßig kleine Bauten. Gleichwohl waren dem Höhendrang statische Grenzen gesetzt: Im Laufe der

Kölner Dom mit Hohenzollernbrücke.

Straßburger Münster, Westfassade.

Jahrhunderte sind einige sehr hohe Kirchtürme – wie etwa diejenigen von Lincoln Cathedral, St. Olaf in Tallinn oder St. Marien in Stralsund – zum Teil kollabiert und mussten bei der Restaurierung in ihrer Höhe reduziert werden. Heutiger Rekordhalter ist seit 1890 das 161 Meter hohe Ulmer Münster.

DIE HÖCHSTEN KIRCHEN DER WELT

1	Ulmer Münster	161 m
2	Basilika Notre-Dame de la Paix, Yamoussoukro	158 m
3	Kölner Dom	157 m
4	Kathedrale von Rouen	151 m
5	St. Nikolai, Hamburg	148 m
6	Straßburger Münster	142 m
7	Basilika von Licheń	141 m
8	Stephansdom, Wien	136 m
9	Neuer Dom, Linz	135 m
10	Petersdom, Rom	133 m
11	St. Petri, Hamburg	132 m
12	St. Michaelis, Hamburg	132 m

ULMER MÜNSTER – DIE HÖCHSTE KIRCHE DER WELT

Das Ulmer Münster ist das größte protestantische Gotteshaus der Welt. Und wartet gleich noch mit einem Rekord auf: dem 161 Meter hohen Kirchturm, dem höchsten der Welt. Ab dem 14. Jahrhundert entstand diese ungewöhnlich große fünfschiffige Basilika, in der 30.000 Menschen Platz finden. In den folgenden 200 Jahren wurde sie unter der Leitung diverser Baumeister im Stil der Prager und Straßburger Hochgotik erweitert. In der Reformation traten die Ulmer Bürger zum evangelischen Glauben über. Nach längerem Baustopp wurde die »Bürgerkathedrale« erst 1890 vollendet. Höhepunkte der Innenausstattung sind die spätgotischen Werke von Künstlern der Ulmer Schule, etwa das Chorgestühl von Jörg Syrlin d. Ä. und Michel Erhart.

Turm des Ulmer Münsters.

Ein Wahrzeichen Wiens ist der gotische Stephansdom mit seinem steilen Satteldach, dem 136 Meter hohen Südturm und den beiden an der Westfassade erhaltenen Heidentürmen. Im Vordergrund die Barockkuppel der Peterskirche.

ST. MARTIN, LANDSHUT – DER HÖCHSTE BACKSTEIN-KIRCHTURM DER WELT

Mit ihrem schlanken, hohen Turm beherrscht die St.-Martins-Kirche von Landshut die Silhouette der Stadt. Die ab 1389 aus Ziegeln errichtete dreischiffige Hallenkirche ist einer der bedeutendsten Sakralbauten der Spätgotik in Süddeutschland. Um 1500 wurde der Turm vollendet, seine sich nach oben hin verjüngende Form sowie der Wechsel von viereckigem zu oktogonalem Grundriss verleihen ihm ein elegantes Erscheinungsbild. Mit seiner Höhe von 130 Metern zählte er bei Erbauung zu den zehn höchsten Kirchtürmen der Welt überhaupt.

Turm von St. Martin in Landshut.

GLAUBE UND RELIGION

DIE ERSTE MONOTHEISTISCHE RELIGION DER WELT

Obwohl das Judentum mit weltweit sieben Millionen Anhängern zu den eher kleinen Glaubensgemeinschaften zählt, hat es in der geschichtlichen Entwicklung der Religionen eine überragende Rolle gespielt. Zwei der großen Weltreligionen, nämlich Christentum und Islam, sind aus dem Judentum hervorgegangen und teilen viele Überzeugungen mit ihm. Der Glaube an den einen und einzigen Gott, die Hoffnung auf ein ewiges Leben und die Vorstellung, dass ein göttliches Gericht am Ende aller Zeiten über die Lebenden wie die Toten urteilen wird, sind jüdischen Ursprungs. Das Leben der Gläubigen wird bestimmt durch Gesetze, die auf der Thora, der die fünf Bücher Moses umfassenden Heiligen Schrift der Juden, fußen. Vermutlich im Zuge ihrer schriftlichen Fixierung um 200 v. Chr. entwickelte sich eine Tradition der Thora-Auslegung, die im Laufe der Zeit kanonische Bedeutung gewann und Talmud genannt wird. Der Talmud enthält eine Fülle von Lehren, Kommentaren und Anmerkungen zur Thora und leitet daraus Rechtsvorschriften ab, die für gläubige Juden verbindlich sind.

Blick auf die Klagemauer von Westen, mit Tempelberg und Felsendo in der Abenddämmerung.

KLAGEMAUER – DAS BEDEUTENDSTE HEILIGTUM DES JUDENTUMS

Das bedeutendste Heiligtum der Juden ist das einzige Relikt des zweiten Jerusalemer Tempels, der 70 n. Chr. im Zuge der brutalen Niederschlagung des jüdischen Aufstandes gegen die Römer durch Titus zerstört wurde. Die Niederlage markiert einen Wendepunkt in der jüdischen Geschichte. Die Juden wurden aus Jerusalem vertrieben, die Überreste des Tempels ihr wichtigster Wallfahrtsort. Nach der Teilung Jerusalems im Zuge des Israelisch-Arabischen Krieges von 1948 war der Zugang zur Klagemauer Juden versperrt. Erst seit dem Ende des Sechstagekriegs steht sie wieder offen.

Orthodoxe Juden in Jerusalem.

Juden mit Gebetsschal.

Jude mit Shofarhorn.

Betende Juden vor der Klagemauer. Nur 60 Meter des bedeutendsten jüdischen Heiligtums verlaufen über der Erde. Der größte Teil wurde nach der Zerstörung des Tempels 70 n. Chr. überbaut und ist nur durch einen 483 Meter langen Tunnel über den Vorplatz zugänglich.

DIE GRÖSSTEN SYNAGOGEN DER WELT

Ein jüdisches Gotteshaus ist nicht nur ein Ort des Gebets, sondern ein Treffpunkt, an dem die ganze Gemeinde zusammenkommen und über ihre Angelegenheiten diskutieren kann. Die meisten Synagogen verfügen über Versammlungsräume und Bibliotheken zum Studium der Heiligen Schriften. Der Gebetsraum wird vor allen Dingen für die Gottesdienste genutzt. Während der Feiern zu Beginn des Schabbat wird die Thora nach alter Tradition aus ihrem Schrein geholt und auf ein Bima genanntes Lesepult gelegt. Der Vorbeter liest in jeder Woche des jüdischen Kalenderjahrs einen anderen Abschnitt aus der Thora vor.

BELZ-SYNAGOGE, JERUSALEM – DIE GRÖSSTE SYNAGOGE DER WELT

Die Belz-Synagoge in Jerusalem.

Dieses riesige Gotteshaus wurde auf Initiative von Rabbi Yissachar Dov Rokeach, dem Spross einer chassidischen Rabbiner-Dynastie aus Belz in der Ukraine, errichtet und im Jahr 2000 eingeweiht. Es ist der von den Nazis zerstörten Belzer Synagoge nachempfunden und wie diese ein Ort jüdischer Gelehrsamkeit. Der ganze Komplex umfasst nicht nur mehrere Gebetsräume, sondern auch Bibliotheken, Lese- und Veranstaltungssäle. Allein im großen Hauptgebetsraum haben 6000 Gläubige Platz. Der Schrein zur Aufbewahrung der Thora-Rollen ist 18 Meter hoch und wiegt mehrere Tonnen. Zur Erinnerung an den Onkel von Yissachar Dov Rokeach, den Rabbi Aharon Rokeach, dem 1944 die Flucht nach Palästina gelang, wird sein Lesepult in einer Vitrine im Hauptraum aufbewahrt.

TEMPLE EMANU-EL, NEW YORK – DIE ZWEITGRÖSSTE SYNAGOGE DER WELT

Hauptportal des Temple Emanu-El.

In New Yorks Upper East Side, in prominenter Lage an der Ecke 5th Avenue/65th Street, befindet sich eine der größten Synagogen der Welt: Der 1928/29 erbaute Temple Emanu-el bietet 2.500 Gläubigen Platz. Das von außen schlichte und doch imposante Gotteshaus ist Sitz der ältesten jüdischen Reformgemeinde New Yorks, die 1845 gegründet wurde. Der aus Kalkstein errichtete, mächtige Sakralbau verbindet auf gekonnte Weise neoromanisch-neobyzantinische Stilelemente mit maurischen und Art-déco-Ornamenten. Den Thora-Schrein zieren wunderbar detailliert gearbeitete Mosaiken. In der Synagoge, die auch ein Museum beherbergt, finden neben Gottesdiensten und religiösen Feiern auch Vorträge, Konzerte, Symposien, Ausstellungen und andere kulturelle Veranstaltungen statt.

Der prachtvolle Gebetsraum der großen Synagoge von Budapest ist von beeindruckender Dimension. Die Sitzbänke im Saal sind Männern vorbehalten. Die Frauen finden in den beiden Seitengalerien Platz.

GROSSE SYNAGOGE, BUDAPEST

Die vom Wiener Baumeister Ludwig Förster in Zusammenarbeit mit den beiden ungarischen Architekten Frigyes Feszl und József Hild 1854 bis 1859 im maurisch-orientalischen Stil erbaute Synagoge in der Budapester Elisabethstadt hat eine weiß-rote Ziegelfassade und zwei jeweils 44 Meter hohe Zwiebeltürme. Ihr überbordend ausgestatteter Innenraum mit den beiden prachtvollen Leuchtern und den kunstvoll verzierten Holzgalerien zu beiden Seiten erstreckt sich über zwei Stockwerke und verfügt über insgesamt 3.000 Sitzplätze.

Gebetsraum der Großen Synagoge von Budapest.

GROSSE SYNAGOGE, PILSEN

Zwiebeltürme der Großen Synagoge.

Innenraum mit Mosaikgewölbe.

Die zweitgrößte sephardische Synagoge Europas wurde 1893 eingeweiht. Ihr Erscheinungsbild ist das Ergebnis eines Kompromisses, den die jüdische Gemeinde Pilsens eingehen musste. Ursprünglich waren 65 Meter hohe Türme im gotischen Stil geplant. Nach Protesten des Pilsener Magistrats, der fürchtete, dass die Synagoge die christliche Kathedrale in den Schatten stellen könnte, entschieden sich die Architekten für eine Kombination aus romanischem und Renaissancestil. Die Türme erhielten Zwiebeldächer, ihre Höhe wurde um 20 Meter gestutzt. Dem Furor der Nazis entkam das Bauwerk, weil es im Krieg als Lagerhalle genutzt wurde. Nach 1945 verfiel es. In den 1990er-Jahren wurde es restauriert.

GLAUBE UND RELIGION

Muslime beim allabendlichen Fastenbrechen während des Ramadans vor der Prophetenmoschee von Medina. Die Gläubigen sind gehalten , im Fastenmonat tagsüber auf Essen und Trinken zu verzichten. Bei Einbruch der Dämmerung wird das Fasten traditionell durch eine große gemeinschaftliche Mahlzeit unterbrochen.

ISLAM

DIE ZWEITGRÖSSTE GLAUBENSGEMEINSCHAFT DER WELT

Mit ca. 1,2 Milliarden Gläubigen ist der Islam die zweitgrößte und zugleich die jüngste Weltreligion.

Felsendom in Jerusalem.

Er begreift sich als Vollendung des Monotheismus von Judentum und Christentum. Von seinen Anhängern fordert er die unbedingte Ergebung – und nichts anderes bedeutet der Ausdruck »Islam« in den Willen Gottes. Kein Geringerer als der Erzengel Gabriel soll um 610 n. Chr. dem Stifter des Islam, dem Propheten Mohammed aus Mekka, auf dem Berg Hira den Auftrag gegeben haben, die Menschen seiner Heimat zum Glauben an Gott als den alleinigen Herrn der Welt zu bekehren und ihn als alleinigen Richter über die Lebenden wie die Toten anzuerkennen. Obwohl Mohammeds Missionierungsversuche bei den Einwohnern Mekkas zunächst auf starken Widerstand stießen und der Prophet 622 n. Chr. nach Medina flüchten musste, war die neue Lehre bei seinem Tod im ganzen Westen der Arabischen Halbinsel verbreitet. Der Prophet hatte eine starke religiöse Gemeinschaft geschaffen, die durch die Überzeugung, den einzigen wahren Glauben zu vertreten, zusammengeschweißt wurde. Im Zuge der Eroberungszüge seiner Nachfolger, der Kalifen, breitete sich seine Lehre im Westen über Nordafrika bis nach Spanien und im Osten über die Levante, das Zweistromland und Persien bis nach Indien aus. Auch heute ist der Islam in vielen Ländern Afrikas und Asiens Staatsreligion.

Der Islam kennt zwei große Glaubensrichtungen, die sich nach dem Tod Mohammeds im Zuge eines Streits um seine Nachfolge bildeten. Während die Sunniten glauben, dass ihr Führer von den Gläubigen gewählt werden könne, gestehen die Schiiten nur einem leiblichen Nachkommen des Propheten dies Recht zu. Die kleinen Gemeinschaften sind aus den beiden großen hervorgegangen.

DIE BEDEUTENDSTEN ISLAMISCHEN GLAUBENSRICHTUNGEN

1	Sunniten	1, 2 Mrd.
2	Schiiten	300 Mio.
3	Aleviten	20 Mio.
4	Ismaeliten	18 Mio.
5	Ahmadiyya	10 Mio.
6	Ibaditen	2 Mio.

DIE BEDEUTENDSTEN PILGERSTÄTTEN DES ISLAM

Muslime beim Umrunden der Kaaba. Das von einem schwarzen, mit Goldbrokat verzierten Tuch eingehüllte Gebäude in der Al-Haram-Moschee in Mekka ist das zentrale Heiligtum des Islam und wird alljährlich von 2,5 Millionen Pilgern aufgesucht. Der Koran schreibt vor, die Kaaba siebenmal zu umschreiten und dabei den »schwarzen Stein«, der an ihrer Ostecke angebracht ist, zu küssen oder doch zumindest zu berühren.

MEKKA, SAUDI-ARABIEN – DIE WICHTIGSTE PILGERSTÄTTE DES ISLAM

Der Geburtsort des Propheten Mohammed ist die heiligste Pilgerstätte der islamischen Welt. Die Hadsch, wie die Wallfahrt nach Mekka genannt wird, gehört zu den fünf Säulen des Islam, und jeder gläubige Muslim sollte die Reise möglichst einmal in seinem Leben unternehmen. Mohammed selbst pilgerte 629 trotz der Vorbehalte der Mekkaner gegen die neue Religion mit vielen Tausend Anhängern von Medina in seine Heimatstadt und nahm sie dabei ein. Die Kaaba, in vorislamischer Zeit eine Naturgottheiten geweihte Pilgerstätte, wurde von ihm in ein muslimisches Heiligtum umgewandelt.

Die Kaaba im Innenhof der Al-Haram-Moschee.

DIE BEDEUTENDSTEN PILGERSTÄTTEN DES ISLAM

Moulay Idris, Marokko.

Außer Mekka kennt der Islam zwei weitere Pilgerstätten, die mit dem Leben des Religionsstifters verbunden und deshalb allen Muslimen heilig sind: Das Grab Mohammeds in der Prophetenmoschee von Medina suchen alljährlich Hunderttausende von Gläubigen auf. Auch der Ort seiner »Himmelfahrt« auf dem Tempelberg in Jerusalem ist eine panislamische Weihestätte. In den Wallfahrtsorten im Irak und Iran werden die Imame, die nach Überzeugung der Schiiten als Nachfahren des Propheten seine einzig rechtmäßigen Nachfolger waren, verehrt. Die Pilgerstätten in Nordafrika sind herausragenden Persönlichkeiten, die den Islam zu verbreiten halfen, geweiht.

Der Schrein der Fatima bint Musa in Qom. Die Schwester des achten Imam wird von den Schiiten wie eine Heilige verehrt. Sie starb 818 n. Chr. vermutlich an der Folgen einer Vergiftung. Das Mausoleum wurde erst 50 Jahre später errichtet.

MEDINA, SAUDI-ARABIEN

Die Prophetenmoschee in Medina.

Medina, der Ort, in dem Mohammed im Jahr 622 die erste muslimische Gemeinde gründete und in dem er starb, ist die nach Mekka heiligste Stadt des Islam. Alljährlich pilgern fast eine Million Gläubige hierher und suchen das Grab des Propheten in der Al-Masjid al-Nabawi auf. Nichtmuslimen ist der Zutritt zu den heiligen Stätten verwehrt.

JERUSALEM, ISRAEL/PALÄSTINA

Der Felsendom in Jerusalem.

Der Felsendom auf dem Tempelberg in Jerusalem zählt zu den ältesten islamischen Sakralbauten und ist eines der wichtigsten muslimischen Heiligtümer. Er wurde um 690 n. Chr. als Schrein genau über dem Felsen errichtet, von dem aus Mohammed auf seinem Pferd Al-Buraq in den Himmel geritten sein soll. Der Prachtbau gilt als Meisterwerk des frühen Omaijadenstils.

KAIROUAN, TUNESIEN

Innenraum der Sidi-Oqba-Moschee.

Die viertheiligste aller islamischen Städte wurde 670 n. Chr. im Zuge der Eroberung Nordafrikas durch die Araber gegründet. Mit der Sidi-Oqba-Moschee beherbergt sie das älteste islamische Gotteshaus Afrikas. Bis in das 11. Jahrhundert war Kairouan ein Zentrum der arabisch-islamischen Kultur. Außerhalb der Altstadt ist die Barbiermoschee, die das Grab eines Freundes von Mohammed beherbergen soll, ein wichtiges Pilgerziel.

SANLIURFA, TÜRKEI

Die heiligen Stätten von Sanliurfa.

Als Geburtsort Abrahams, des Stammvaters nicht nur Israels, sondern auch der Araber, ist diese Stadt die fünftheiligste des Islam.

MOULAY IDRIS, MAROKKO

Der Ort zählt zu den wichtigsten islamischen Pilgerstätten und ist die heiligste Stadt Marokkos. Es heißt, dass sieben Wallfahrten zum Grab des Stadtgründers Moulay Idris eine Reise nach Mekka aufwiegen. Moulay Idris (reg. 788–761 n. Chr.) war ein Nachfahre des Kalifen Ali ibn Abi Talib. Er führte den Islam in Marokko ein.

QOM, IRAK

Schrein der Fatima bint Musa.

Diese Stadt ist ein wichtiger schiitischer Wallfahrtsort. Sie beherbergt das Grab der Fatima bint Musa, die als Schwester des achten Imam eine direkte Nachfahrin Mohammeds war. Die Schia gesteht nur leiblichen Nachkommen des Propheten seine Nachfolge zu.

KERBELA, IRAK

Imam-Husain-Schrein.

Die Stadt birgt das Grab des Imam Husain ibn Ali, eines Enkels Mohammeds, der 680 n. Chr. in der berühmten Schlacht von Kerbela fiel, und seither von den Schiiten als Märtyrer verehrt wird. In der Schlacht wurden sie von den Sunniten besiegt und ihre Hoffnung, einem Nachfahren Mohammeds das Kalifat übertragen zu können, zerstört.

MASHHAD, IRAN

Imam-Reza-Schrein.

Die Stadt ist der bedeutendste Wallfahrtsort des Iran. Zum Grab des Imam Reza pilgern alljährlich zwölf Millionen Gläubige. Der Gottesmann wird von den Schiiten als Märtyrer verehrt. Der Überlieferung zufolge soll er in den Auseinandersetzungen um die rechtmäßigen Nachfolger des Propheten, die die muslimische Gemeinschaft bis heute spaltet, von einem sunnitischen Gegenspieler der Schia 818 vergiftet worden sein.

DIE GRÖSSTEN MOSCHEEN DER WELT

Die islamische Sakralarchitektur hat im Laufe ihrer Geschichte eine Fülle von Formen und Stilen hervorgebracht. Dennoch ähneln sich muslimische Gotteshäuser in ihrem elementaren Aufbau sehr. Eine Moschee besteht immer aus einem zentralen Gebetsraum, in dem sich die Gläubigen zum Gottesdienst versammeln. An einer Wand des Saals weist die Gebetsnische Richtung Mekka und zeigt damit die Gebetsrichtung an. Die Kanzel wird vom Imam für Predigten genutzt. Die meisten Moscheen verfügen über Brunnen und Waschbecken für die rituelle Reinigung.

Gowharshad-Moschee in Mashhad.

DIE GRÖSSTEN MOSCHEEN DER WELT
(nach Besucherkapazitäten)

1. **Al-Haram-Moschee** Mekka, S.-Arabien 820.000
2. **Imam-Reza-Schrein** Mashhad, Iran 700.000
3. **Prophetenmoschee** Medina, S.-Arabien 600.000
4. **Taj-ul-Moschee** Bhopal, Indien 175.000
5. **Istiqlal-Moschee** Jakarta, Indonesien 120.000
6. **Hassan-II.-Moschee** Casablanca, Marokko 120.000
7. **Badshahi-Moschee** Lahore, Pakistan 100.000
8. **Freitagsmoschee (Jama Masjid)**, Alt-Delhi, Indien 85.000
9. **König-Faisal-Moschee** Islamabad, Pakistan 74.000
10. **Sheikh-Zayed-Moschee** Abu Dhabi 40.000

Der große Betsaal der Prophetenmoschee in Medina während des Freitagsgebets. Das Gotteshaus zählt zu den größten Moscheen der Welt und bietet vielen Tausend Gläubigen Platz. Es wurde bereits zu Lebzeiten Mohammeds in der Nachbarschaft seines Wohnhauses errichtet und über die Jahrhunderte immer wieder ausgebaut und verschönert.

AL-HARAM-MOSCHEE

Mekka **820.000 Pers.**

Die Al-Haram-Moschee birgt die Kaaba (arabisch »Würfel«), das wichtigste Heiligtum des Islam. Sie ist die größte und bedeutendste Moschee der muslimischen Welt. Die elf Meter hohe

Nicht nur zur Hadsch …

… ist die Kaaba von Pilgern umringt.

Kaaba, die von den Gläubigen je siebenmal umrundet wird, ist üblicherweise mit schwarzem, während der Wallfahrt (Hadsch) jedoch mit weißem Stoff verhüllt. Im Koran heißt es dazu: »Die Menschen sind Gott gegenüber verpflichtet, die Wallfahrt zur Kaaba zu vollziehen, sofern es ihnen möglich ist.« Nachdem er vorislamische Götterbilder und Symbole entfernt hatte, ließ Mohammed 630 n. Chr. um die Kaaba eine Moschee im Hoftypus errichten. Nach mehreren Vergrößerungen erhielt das Gotteshaus 1577 seine heute sichtbare Gestalt und Größe (356.800 Quadratmeter). Seine Säulengänge sind mit weißen Kuppeln versehen. Derzeit wird die Moschee von neun Minaretten gerahmt.

DIE GRÖSSTE MOSCHEE DER WELT
DER GRÖSSTE SAKRALBAU DER WELT

Die Al-Haram-Moschee (Masjid al-Haram) in Mekka ist Hüterin des bedeutendsten islamischen Heiligtums, der Kaaba. Das in ein schwarzes Tuch eingehüllte, quaderförmige Gebäude war bereits in vorislamischer Zeit ein Naturgottheiten geweihtes Heiligtum. Der berühmte schwarze Stein, der an der Ostecke der Kaaba angebracht ist, stammt aus dieser Zeit. Die Vermutung, dass es sich bei dem Brocken um einen Meteoriten handelt, konnte bis heute nicht bestätigt werden.

IMAM-REZA-SCHREIN, MASHHAD

IMAM-REZA-SCHREIN

Mashhad 700.000 Pers.

Die Ruhestätte des Ali-ibn-Musa-ar-Rida in der ostiranischen Metropole Mashhad ist der wohl bedeutendste Wallfahrtsort des schiitischen Islam

Alter Hof des Imam-Reza-Schreins.

und wird alljährlich von Millionen von Gläubigen aufgesucht. Die Schiiten verehren den Imam als rechtmäßigen, von Gott selbst eingesetzten Nachfolger des Propheten und als Märtyrer, der von dem Kalifen Ma'mum

Eine der 21 Vorhallen der Grabkammer.

818 n. Chr. vergiftet worden sein soll. Dennoch gilt als sicher, dass der Kalif ihn hier, im Mausoleum seines Vaters Harun al-Rashid, bestatten ließ. Das Grab entwickelte sich schon früh zu einem bedeutenden Heiligtum, das über die Jahrhunderte immer wieder erweitert wurde. Es ist von mehreren, von Arkadenbauten gesäumten Innenhöfen umgeben und durch einen mit prächtigen Mosaiken ausgeschmückten nach oben hin offenen Iwan zugänglich. Zu der Anlage, die eine Gesamtfläche von nicht weniger als 33 Hektar bedeckt, gehören weitere Grabbauten, Medresen, und zwei Moscheen. Die Gowharshad-Moschee aus dem 15. Jahrhundert besticht durch ihre doppelschalige Kuppel, ein Juwel persisch-timuridischer Baukunst in Türkis- und Kobaltblau. Sie ist von einem ummauerten Innenhof umgeben, der an jeder seiner Seiten durch Iwane zugänglich ist. Die Karawansereien des Schreins beherbergen heute bedeutende Museen. Das Areal des Imam-Reza-Schreins ist von freien Rasenflächen und einer Ringstraße umgeben, die die Profanbauten der Stadt auf Abstand zum Heiligtum halten.

Schiitische Gläubige beim abendlichen Gebet im Hof des Gowharshad-Moschee des Imam-Reza-Schreins. Im Bildhintergrund rechts ist die Kuppel über dem Mausoleum, in dem der achte Imam ruht, zu sehen. Die Innenhöfe um das zentrale Heiligtum sind durch Iwane zugänglich. Diese nach einer Seite offenen Hallen sind typisch für die klassische persische und zentralasiatische islamische Architektur.

PROPHETENMOSCHEE

Medina **600.000 Pers.**

Die Prophetenmoschee (Al-Masjid al-Nabawi) gehört nach der Al-Haram-Moschee in Mekka zu den bedeutendsten islamischen Gotteshäusern weltweit. Einst befand sich an der Stelle, an der heute die Moschee steht, das Haus des Propheten Mohammed. Hier wohnte seine Familie, hier versammelte sich die muslimische Gemeinde, betete, sprach Recht und verkündete Gesetze. Die noch zu Lebzeiten des Propheten errichtete Moschee sollte Vorbild für muslimische Gotteshäuser überall auf der Welt werden. Über die Jahrhunderte wurde sie immer wieder umgebaut. Das grüne Kuppelgewölbe über dem Grab des Propheten stammt aus der Zeit des Sultan Qualawun (reg. 1279–1290).

Gebetsraum der Prophetenmoschee.

DIE DRITTGRÖSSTE MOSCHEE DER WELT

Die Prophetenmoschee diente vielen Säulenmoscheen als Vorbild, wie etwa der Mezquita in Córdoba. In Medina sind die unzähligen Kuppeln der diversen Nischen verschwenderisch mit herrlichen Mosaiken ausgeschmückt. Nach den letzten Erweiterungen bietet die Moschee zusammen mit ihren beiden großen Innenhöfen heute Platz für 600 000 Menschen.

DIE HÖCHSTEN MINARETTE DER WELT

Minarette gehören seit der Frühzeit des Islam zu jeder Moschee dazu. In vielen Metropolen der islamischen Welt dominieren diese schlanken, hoch aufragenden Türme immer noch die Skyline. Bis in die jüngste Zeit forderte der Muezzin von seinem Platz im oberen Teil des Minaretts die Gläubigen fünfmal am Tag zum Gebet auf. Heutzutage wird sein Ruf meist durch Lautsprecher übertragen, die Minarette sind aber Erkennungszeichen der Moscheen geblieben. Kein islamisches Gotteshaus sollte über mehr Minarette als die Moschee in Mekka verfügen.

Koutoubia-Moschee, Marrakesch.

DIE HÖCHSTEN MINARETTE DER WELT

1	**Hassan-II.-Moschee** Casablanca, Marokko	210 m
2	**Abdul-Aziz-Shah-Moschee** Shah Alam, Malaysia	140 m
3	**Putra-Moschee** Putrajaya, Pakistan	116 m
4	**Sheikh-Zayed-Moschee** Abu Dhabi, VAE	107 m
5	**Prophetenmoschee** Medina, Saudi-Arabien	105 m
6	**Sabanci-Zentralmoschee** Adana, Türkei	99 m
7	**Faisal-Moschee** Islamabad, Pakistan	90 m
8	**Al-Haram-Moschee** Mekka, Saudi-Arabien	89 m

HASSAN-II.-MOSCHEE – DAS HÖCHSTE MINARETT DER WELT

Mit einer Höhe von 210 Metern überragt dieses Minarett den höchsten Kirchturm der Welt, nämlich den des Ulmer Münsters, um fast 50 Meter. Es ist der derzeit höchste Sakralbau des Planeten. Bei dem Bau, der wie die Moschee ein Entwurf des französischen Architekten Michel Pinseau ist, wurde modernste Technik mit traditioneller islamischer Architektur vereint. Ein Aufzug führt auf die Aussichtsplattform hinauf, nach Einbruch der Dämmerung zeigt ein Laserstrahl an der Spitze des Turms die Richtung an, in der Mekka liegt. Jede Seite des quadratischen Minaretts ist 25 Meter lang, seine Fassaden sind mit feinstem Marmor verkleidet und mit Ornamenten im maurischen Stil reich verziert. Das Bauwerk wird von drei insgesamt 3700 Kilogramm schweren goldenen Kugeln, von denen die größte einen Durchmesser von fast vier Metern hat, gekrönt. 1993 wurde die Hassan-II.-Moschee eingeweiht.

Die Blaue Moschee von Shah Alam in Malaysia.

Die Sheich-Zayed-Moschee in Abu Dhabi.

Die Putra-Moschee von Putrajaya.

Die Sabanci-Zentralmoschee von Adana in der Türkei.

Die Muhammad-Ali-Moschee in Kairo.

Schon von Weitem sichtbar, zeigen Minarette die Nähe einer Moschee an. Wie kein zweiter Gebäudetyp symbolisieren sie den Islam und die islamische Baukunst, die im Verlaufe der Geschichte ein Vielzahl von Formen des Minaretts hervorgebracht hat. Es gibt runde Minarette und solche mit einem quadratischen oder polygonalen Grundriss. Die meisten ragen als überschlanke, grazile Türme in den Himmel empor. Einige bringen es auf eine Höhe von über 100 Metern.

MOSCHEE VON DJENNÉ

Als weltweit größtes Sakralgebäude aus Lehm ist die Große Moschee von Djenné das Wahr-

»Fête de Crépissage«.

zeichen des westafrikanischen Staates Mali und gehört als Teil der Altstadt Djennés seit 1988 zum UNESCO-Weltkulturerbe. Ihre Wurzeln reichen bis weit ins 12. Jahrhundert zurück. Das heute sichtbare Gebäude wurde jedoch erst zwischen 1907 und 1909 errichtet, sein Vorgängerbau war bereits 1834 zerstört worden. Die an der Luft getrockneten Lehmziegel und der Lehmputz leiden während der Regenzeit und müssen regelmäßig gepflegt werden. Einmal pro Jahr treffen sich die Einwohner zur »Fête de Crépissage«. Während dieses großen gemeinschaftlichen Fests werden die entstandenen Schäden repariert. Als Leitern dienen die in die Mauern eingelassenen Palmstämme, die die Lehmwände stabilisieren. Diese Arbeiten allein reichen aber nicht immer aus: Ende 2009 kollabierte nach einem besonders heftigen Regen einer der Türme.

DAS GRÖSSTE LEHMGEBÄUDE DER WELT

Mit den drei imposanten, spitz zulaufenden Minaretten und den zinnenbekrönten hohen Mauern ist die Große Moschee von Djenné das großartigste Beispiel sudanesisch-sahelischer Lehmbauarchitektur. Im Rahmen der »Fête de Crépissage« jedes Jahr zum Ende der Regenzeit bessern die Bewohner Djennés gemeinschaftlich die Wände der Moschee aus.

ULUGBEK, TILLA-KORI, SHER-DOR SAMARKAND

Der Registan, ein Platz in der usbekischen Stadt Samarkand, wird von drei einzigartigen Medresen gesäumt und gehört

Sher-Dor-Medrese.

deshalb zum UNESCO-Weltkulturerbe. Die Medrese Ulugbek, eine der ältesten der Region, wurde im 15. Jahrhundert im timuridischen Baustil errichtet und dabei mit einem 35 Meter hohen, gigantischen Eingangsportal ausgestattet. Sie war eine der besten Hochschulen des Orients. Sehr originell sind die Muster der aus farbigen Kacheln in Golden und Blau gestalteten Mosaiken an der Fassade. Spiegelbildlich wurde gegenüber im 17. Jahrhundert die Medrese Sher-Dor nach bucharischem Vorbild erbaut. Eingerahmt von beiden Medresen entstand um 1650 n. Chr. die Medrese Tilla-Kori, deren golden glänzender Innenraum auch als Freitagsmoschee diente. Eher ungewöhnlich für ein islamisches Gebäude ist das Tigerdekor samt Sonne mit menschlichem Antlitz auf dem Portal der Sher-Dor-Medrese.

Innenraum der Medrese Tilla-Kori.

Gebetsnische der Tilla-Kori-Medrese.

Reich ornamentiertes Deckengewölbe der Tilla-Kori-Medrese.

Drei Medresen, eine prunkvoller als die andere, bilden den großartigen Registan in Samarkand: Ulugbek, Tilla-Kori und Sher-Dor (von links nach rechts).

GLAUBE UND RELIGION

DIE DRITTGRÖSSTE GLAUBENSGEMEINSCHAFT DER WELT

Die mit ca. 900 Millionen Anhängern drittgrößte Weltreligion ist in ihrer Verbreitung weitgehend auf ihr Ursprungsland Indien beschränkt, hat jedoch weltweit großen Zulauf, vor allem in Südostasien, Brasilien, Nordamerika und Europa. Sie blickt auf eine lange Geschichte zurück und nahm in ihrer Entwicklung die unterschiedlichsten Traditionen auf. Der Hinduismus kennt Tausende von Göttern und unzählige Kulte. Mehr als eine einzige Religion präsentiert er eine Vielfalt von Glaubensformen, aus denen zwei herausragen: Der Vishnuismus rückt den weltschaffenden und -bewahrenden Vishnu, der Shivaismus den Zerstörer Shiva in den Vordergrund. Zusammen mit Brahma bilden sie eine trimurti genannte Dreiheit, die grundlegende Aspekte göttlichen Wirkens in der Welt – schaffen, bewahren, zerstören – in sich vereinigt. Trotz ihrer verwirrenden Vielfalt gibt es einige Gemeinsamkeiten zwischen den hinduistischen Religionen. Alle teilen den Glauben an eine Hierarchie in der Ordnung der Welt, die von der unbelebten

Krishna, eine Inkarnation Vishnus.

wie der belebten Natur über die Menschen bis zu den Göttern reicht. Auch das berüchtigte Kastensystem gehört zu dieser Dharma genannten Ordnung und gilt als gottgegeben. In engem Zusammenhang mit der Dharma-Lehre steht der Glaube, dass jedes Wesen vor seiner endgültigen Erlösung eine Reihe von Wiedergeburten durchleben muss. Gläubigen Hindus gilt die Gestalt und damit auch die Kaste, in die ein Mensch hineingeboren wird, als Lohn oder Strafe für sein Verhalten in einem vorherigen Leben. Sie ist das Resultat früherer Handlungen und wird Karma genannt. Eigentliches Lebensziel eines Hindu ist allerdings nicht, in einem neuen Leben mit besserem Karma ausgestattet zu sein, sondern einer Wiedergeburt zu entgehen und von seiner individuellen Existenz erlöst zu werden. Die Wiedergeburtslehre wurde in den um 600 v. Chr. entstandenen Upanishaden, der jüngsten Sammlung der Veden, erstmals formuliert. Zusammen mit den älteren vedischen Texten gelten sie als heilige Schriften Indiens. Für die Entwicklung des Hinduismus nicht minder wichtig sind die Epen »Ramayana« und »Mahabharata«, die ab 400 v. Chr. entstanden sind. Vishnu und Shiva drängen hier die alten vedischen Götter in den Hintergrund.

Sadhu während der Kumbh Mela des Jahres 2007 in Allahabad. Mehrere Millionen Gläubige nehmen an diesem alle drei Jahre an wechselnden Orten stattfindenden größten hinduistischen Fest teil.

DIE BEDEUTENDSTEN PILGERSTÄTTEN DES HINDUISMUS

Die hinduistischen Religionen kennen unzählige heilige Orte, die das Ziel von Pilgerfahrten sind. An vielen werden lokale

Varanasi, Pilgerboot auf dem Ganges.

Götter verehrt, andere sind mit den Namen von Hochgöttern wie Shiva, Vishnu oder Krishna verbunden. Die wichtigsten liegen an markanten Stellen im Verlauf des Ganges, dessen Wasser eine segensreiche göttliche Kraft zugeschrieben wird. Jeder Gläubige sollte deshalb mindestens einmal in seinem Leben ein spirituell reinigendes Bad in den Fluten des heiligen Flusses genommen haben.

Rituelle Waschungen in einem der heiligen Flüsse Indiens sind im Hinduismus fester Bestandteil der religiösen Praxis. Als besonders segensreich gilt ein Bad während einer Kumbh Mela, dem alle drei Jahre abwechselnd in Allahabad, Haridwar, Ujjain oder Nashik stattfindenden größten hinduistischen Fest. Das Bild zeigt einen Sadhu während der Kumbh Mela des Jahres 2007 in Allahabad am Zusammenfluss von Ganges und Yamuna.

RISHIKESH

Diese Stadt liegt nur wenige Kilometer nördlich der Stelle, an der der Ganges das Himalaja-Gebirge verlässt. Für gläubige Hindus ist sie Ausgangspunkt für Wallfahrten zu den Quellen des heiligen Flusses. Die vielen Ashrams und Tempel der Stadt werden auch von Pilgern aus dem Westen aufgesucht.

Tempel in Rishikesh.

Ganga-Aarti-Zeremonie in Rishikesh.

HARIDWAR

Die Stadt liegt an der Stelle, an der der Ganges die nach ihm benannte Ebene erreicht. Sie gehört zu den sieben heiligen Städten der Hindus und zieht alljährlich Millionen von Pilgern an. Am Hari-Ki-Pauri-Ghat versammeln sich jeden Tag viele Hundert Gläubige zu einem rituellen Bad in den Fluten des Flusses. Während der allabendlichen Ganga-Aarti-Zeremonie lassen sie Tausende von Lichtern den Ganges hinuntertreiben. Alle zwölf Jahre ist Haridwar Schauplatz einer Kumbh Mela. Die

Kumbh Mela 2010 in Haridwar.

Stadt wechselt sich mit Allahabad, Ujjain und Nashik in der Austragung dieses alle drei Jahre stattfindenden landesweit größten religiösen Festes ab. Viele Millionen Pilger strömen herbei, um an den Feierlichkeiten teilzunehmen.

VARANASI

Unter den heiligen Städten Indiens ragt die Millionenmetropole am Mittellauf des Ganges besonders hervor. Eine Wallfahrt nach Varanasi ist der Traum eines jeden Hindu. Seit vielen Hundert Jahren pilgern die Gläubigen hierher, um im heiligen Fluss zu baden und sich von allen Sünden reinzuwaschen. Viele bringen dem Tod geweihte Angehörige mit. Die Menschen glauben, dass, wer in Varanasi stirbt und am Ganges eingeäschert wird, große Aussichten hat, Erlösung aus dem Kreislauf von Tod und Wiedergeburt zu finden. Am Westufer des Ganges führen rund 80 verschiedene Steintreppen, die sogenannten Ghats, zum Fluss hinunter. Hier drängen sich vom frühen Morgen bis nach Einbruch der Dämmerung die Menschen, um sich zu reinigen, zu meditieren und zu beten. Während der jeden Abend stattfindenden Ganga-Aarti-Zeremonie lassen sie Tausende von Lichtern auf dem Fluss treiben. Einige Ghats sind ausschließlich für die Verbrennung von Leichen bestimmt. Ihre Asche wird in den Ganges gestreut.

Varanasi, Ganga-Aarti-Zeremonie.

An den Ghats von Varanasi.

Pilger bei einem rituellen Bad.

VRINDAVAN

Der Überlieferung nach soll Krishna, eine der Inkarnationen Vishnus, in einem Wald auf dem Gebiet der heutigen Stadt Vrindavan bei Kuhhirten aufgewachsen sein. Seine Liaison mit dem Hirtenmädchen Radha ist berühmt. Jedes Jahr pilgern Hindus und Krishna-Anhänger aus aller Welt in den heiligen Ort.

Pilger in Vrindavan.

Vrindavan, Sri Bhagwan Bhajan Ashram.

DIE BEDEUTENDSTEN PILGERSTÄTTEN DES HINDUISMUS

BADRINARAYAN-TEMPEL

Badrinath **Indien**

Das Heiligtum im Himalaja liegt an zwei beliebten hinduistischen Pilgerwegen und wird alljährlich von vielen Tausend Gläubigen besucht. Der Tempel wurde im 8. Jahrhundert von dem berühmten Philosophen Shankara gegründet und ist Vishnu geweiht. Er befindet sich direkt am Ufer des Alaknanda, einem der beiden Hauptquellflüsse des Ganges. Eine Wallfahrt zu den Ursprüngen des heiligen Flusses ist fast ein Muss für jeden Hindu.

Der Vishnu-Tempel in Badrinath.

DWARAKADHEESH-TEMPEL

Dwarka **Indien**

Dieser Krishna geweihte Tempel zählt zu den bedeutendsten Heiligtümern des hinduistischen Indien. Das Nationalepos Mahabharata überliefert, dass Krishna selbst Dwarka gründete und hier residierte. Jedes Jahr im August reisen Gläubige aus allen Teilen Indiens zu den Feierlichkeiten zu Krishnas Geburtstag an. Dwarka bildet eine Station auf dem berühmten Char-Dham-Pilgerweg.

Dwarka, der Krishna geweihte Tempel.

Der Jagannath-Tempel von Puri im ostindischen Bundesstaat Orissa ist eine bedeutende hinduistische Pilgerstätte und Ausgangspunkt der alljährlich im Sommer stattfindenden Ratha Yatra - einer Prozession, bei der die im Tempel aufbewahrten Bildnisse des Gottes Jagannath und seiner Geschwister auf Wagen durch die Stadt gefahren werden.

RAMANATHASWAMY-TEMPEL

Rameswaram **Indien**

Der Ramanathaswamy-Tempel.

Das indische Nationalepos Ramayana erzählt, wie Rama einst seine Frau Sita vor dem Dämonenkönig Ravana rettete und in Rameswaram haltmachte, um zu Shiva zu beten. Am Ort dieser mythischen Begebenheit wurde der Ramanathaswamy-Tempel errichtet. Er gehört zu den zwölf heiligsten Shiva-Tempel Indiens und ist eine der bedeutendsten hinduistischen Pilgerstätten des Landes. Jeder Gläubige sollte sie einmal in seinem Leben aufsuchen.

JAGANNATH-TEMPEL

Puri **Indien**

Jagannath, dem diese Pilgerstätte geweiht ist, wird von Hindus als

Der Jagannath-Tempel in Puri.

»Herr des Universums« und Inkarnation Vishnus verehrt. In seinem Tempel werden Statuen des Gottes und seiner beiden Geschwister aufbewahrt. Unzählige Priester behüten die drei und kleiden sie für die täglichen Zeremonien immer wieder neu ein. Alljährlich im Sommer werden die Statuen auf drei Prozessionswagen in Begleitung von vielen Tausend Gläubigen durch die Stadt gefahren.

AKSHARDHAM-TEMPEL – DER GRÖSSTE HINDUTEMPEL DER WELT

Der Akshardham ist die jüngste Attraktion in Indiens Hauptstadt Neu-Delhi. Als derzeit größter hinduistischer Tempelbau der Welt wurde er 2007 in das Guinnessbuch der Rekorde eingetragen.

Der weltweit größte hinduistische Tempelbau wurde im November 2005 eingeweiht und zieht seitdem nicht nur gläubige Hindus, sondern auch unzählige Touristen an. Mehr als ein Gotteshaus ist er zugleich historisches Museum und Themenpark in einem. Die Besucher werden durch Filme, Dioramen und andere Medien über alle Aspekte der indischen Kultur informiert. Bei einer zwölfminütigen Bootsfahrt können sie sich mit der vieltausendjährigen Geschichte des Subkontinents vertraut machen. Die »Hall of Values« bietet eine Einführung in die hinduistische Lebenskunst, speziell in die der Swaminarayan-Sekte an. In dem weitläufigen Park, der das zentrale Heiligtum umgibt, wurden Bronzestatuen von herausragenden Persönlichkeiten aus allen Epochen der indischen Geschichte aufgestellt. Der riesige Tempel im Mittelpunkt der Anlage gilt als wahres architektonisches Wunderwerk. Traditionelle hinduistische Baustile aus allen Regionen Indiens sind hier mit Elementen mogulzeitlicher und jainistischer Architektur zu einem harmonischen Ganzen vereint. Der Tempel wurde ganz aus rotem Sandstein und weißem Mar-

mor, Symbole der Hingabe an Gott und des Friedens bzw. der Reinheit, errichtet. Er ist über und über mit Skulpturen indischer Götter geschmückt und wird von neun Kuppeln gekrönt. Tausende von Handwerkern und Künstler waren mit dem Bau, der von Pramukh Swami Maharaj, dem Anführer der Swaminarayan-Sekte initiiert wurde, über fünf Jahre beschäftigt.

Der nach Einbruch der Dunkelheit hell erleuchtete Akshardham bietet ein grandioses Spektakel (links).

DIE BEDEUTENDSTEN TEMPELANLAGEN DES HINDUISMUS

Obwohl die hinduistische Tempelbaukunst im Laufe ihrer Geschichte eine Vielzahl von Stilen hervorgebracht hat, ähneln sich ihre Gotteshäuser in Grundriss und Aufbau sehr. Konzeption und Konstruktion sind Prinzipien unterworfen, die sich seit nunmehr fast 2000 Jahren nicht geändert haben. Hinduistische Tempel sind immer auch Wohnsitz des Gottes, dem sie geweiht sind. In ihrem Zentrum befindet sich das Allerheiligste mit seinem Kultbild. Diese Cella ist von einem Wandelgang für das Umschreitungsritual umgeben und wird von einem Turm (Shikhara), der den heiligen Berg Meru symbolisiert, gekrönt. Die größeren Gotteshäuser verfügen außerdem über Höfe, Terrassen und andere Räumlichkeiten. In Südindien wird der Eingang zum Tempelbezirk oft von riesigen Torbauten, den sogenannten Gopurams, gebildet. In hinduistischen Heiligtümern sind oft Hunderte von Priestern beschäftigt. Während der täglich stattfindenden Puja wird das Kultbild im Allerheiligsten von ihnen neu eingekleidet und mit Opfergaben versorgt.

Shiva als Fassadenschmuck.

DIE BEDEUTENDSTEN TEMPELSTÄTTEN DES HINDUISMUS

1. **Akshardham** – Indien, Neu-Delhi – 100 ha
2. **Sri-Ranganathaswamy** – Indien, Srirangam – 60 ha
3. **Nataraja-Tempel** – Indien, Chindambaram – 15 ha
4. **Arunachaleswara-Tempel** – Indien, Thiruvannamalai – 10 ha
5. **Minakshi-Sudreshvara-Tempel** – Indien, Madurai – 6 ha
6. **Jagannath-Tempel** – Indien, Puri – 3,7 ha
7. **Brihadishvara-Tempel** – Indien, Thanjavur – 2,9 ha
8. **Kumbeshvara-Tempel** – Indien, Kumbakonam – 2,8 ha
9. **Lingaraja-Tempel** – Indien, Bhubaneswar – 2,2 ha

Der im 17. Jahrhundert errichtete Minakshi-Sudareshvara-Tempel zählt zu den großartigsten Bauten der südindischen Sakralarchitektur. Der riesige Komplex bedeckt eine Fläche von nicht weniger als sechs Hektar und umfasst zahlreiche Tempel, Schreine und Säulenhallen. Die Haupttempel sind Sudareshvara und Minakshi, Erscheinungsformen Shivas und seiner Gattin Parvati, geweiht. Das große Bild zeigt einen der reich dekorierten Wandelgänge des Heiligtums.

Die Tempel von Prambanan nahe der Stadt Yogyakarta auf Java zeigen, dass der Einfluss hinduistischer Kultur im Mittelalter bis weit nach Südostasien reichte. Historiker vermuten, dass die Indisierung der Region friedlich verlief und durch Kaufleute befördert wurde. Mit den im 15. Jahrhundert beginnenden Eroberungszügen der Muslime wurde der Hinduismus zurückgedrängt.

Weithin sichtbar überragen die hohen, »Prangs« genannten Tempeltürme diese Anlage, mit deren Bau wohl bereits im 8. Jahrhundert begonnen wurde. Der Haupttempel, Lara Jonggrang, soll aber erst um das Jahr 915 vollendet worden sein. Er wurde Shiva geweiht: Der hinduistische Gott wird hier als zerstörerische, schöpferische und bewahrende Kräfte in sich vereinigende Gottheit gefeiert. Deshalb ist auch der Lingam, sein Symbol, allgegenwärtig. Brahma und Vishnu haben jeweils ihre eigenen, kleineren Tempel südlich und nördlich des mittleren Hauptturms. Die Anlage als Ganzes ist also der »Trimurti« gewidmet – der Dreiheit der hinduistischen Hauptgottheiten. Bei einem Erdbeben 1549 wurde sie weitgehend zerstört und erst 1937 rekonstruiert. Bei einem weiteren schweren Erdbeben im Mai 2006 wurden die zum UNESCO-Welterbe zählenden Tempel erneut beschädigt und danach erfolgreich wieder aufgebaut.

Die Tempeltürme von Prambanan auf Java in surrealem Licht.

DIE GRÖSSTE HINDUISTISCHE TEMPELANLAGE AUSSERHALB INDIENS

Die Tempel von Prambanan wurden unter der hinduistischen Sanajaya-Dynastie, die zwischen dem 8. und 10. Jahrhundert über das Königreich Mataram auf Java herrschte, angelegt. Obwohl die Gotteshäuser vermutlich als hinduistische Antwort auf die buddhistischen Tempelanlagen von Borobodur geplant waren, förderten die Sanajayas auch den buddhistischen Sakralbau. So wurde u.a. der Sewu-Tempel unter ihrem König Rakaitan erweitert.

Der Sewu-Tempel nahe Prambanan ist der zweite größere buddhistische Tempel auf Java nach dem Borobodur-Tempel.

SHRI VENKATESWARA BALAJI HINDU TEMPLE

Großbritannien **Tividale**

Der prachtvolle, eine Fläche von rund fünf Hektar umfassende Tempel wurde im August 2006 in einer sich über mehrere Tage hinziehenden, feierlichen Zeremonie eingeweiht. Er ist nicht nur der größte hinduistische Sakralbau in Europa, sondern überdies das erste Heiligtum auf dem Kontinent, das Shri Venkateswara, eine Inkarnation Vishnus, geweiht

Pilger am Tempel in Tividale

ist. Die Anfänge des Bauprojekts reichen in die 1970er-Jahre zurück. Da die Bauherren bei der Umsetzung ihrer Idee auf den Widerstand der Einwohner Tividales, eine rund 11.000 Einwohner zählende Kleinstadt in der Nähe von Birmingham, stießen, vergingen zwischen den ersten Planungen und der endgültigen Fertigstellung rund 30 Jahre. Heute ist der Tempel eine viel besuchte Pilgerstätte und eine Touristenattraktion.

Der Shri Swaminarayan Mandir im Londoner Bezirk Brent wird von sieben Türmchen mit goldener Spitze und fünf Kuppeln gekrönt. Unter jedem der Türme befindet sich ein Schrein für eine hinduistische Gottheit.

DIE GRÖSSTEN HINDUISTISCHEN TEMPELANLAGEN EUROPAS

SHRI SWAMINARAYAN MANDIR HINDU TEMPLE

Großbritannien **London**

Der zweitgrößte hinduistische Tempel außerhalb Indiens steht in London. Er wurde 1995 nach nur drei Jahren Bauzeit eingeweiht und hat seitdem immer wieder für Aufsehen gesorgt. Das Heiligtum ist fürwahr ein Tempel der Superlative. Beim Bau wurden 2828 Tonnen Sandstein und 2000 Tonnen italienischer Marmor verwendet. Das Material wurde in Indien von Steinmetzen zu kunstvollen Reliefs und Skulpturen verarbeitet. Innen wie außen gleicht der Tempel einem traditionellen hinduistischen Gotteshaus.

Shri Swaminarayan Mandir bei Nacht

Säulenhalle im Shri Swaminarayan Mandir

Das Innere des Shri Swaminarayan Mandir Temple besticht durch die meisterlichen Steinmetzarbeiten, die Säulen, Wände und Decken bedecken. Sie wurden in Indien von mehr als 1000 Handwerkern in traditioneller Manier gefertigt und dann nach London verschifft. Der ganze Tempelkomplex besteht aus dem eigentlichen Heiligtum, einem großen Kulturzentrum und einer ständigen Ausstellung, die umfassend über den Hinduismus informiert. Der Tempel wird von gläubigen Hindus als Ort der Andacht, des Gebets und der Meditation genutzt. Im Heiligtum finden tagtäglich die traditionellen Zeremonien statt. Dennoch steht es auch Nichthindus offen.

Der Goldene Tempel von Amritsar ist das zentrale Heiligtum der Sikhs, einer Religionsgemeinschaft, die im 15. Jahrhundert in Nordwestindien von Nanak Dev (1469–1539) gegründet wurde und weltweit rund 23 Millionen Anhänger hat. Die Sikhs, die ihren Religionsstifter als ersten Guru verehren, verbinden den Glauben an einen einzigen Gott, den die muslimischen Eroberer in Indien verbreitet hatten, mit der hinduistischen Wiedergeburtslehre. Das Kastenwesen, Askese und religiöse Rituale lehnen sie ab. Stattdessen glauben sie, dass jeder Mensch unabhängig von seiner Kastenzugehörigkeit kraft seines Wirkens in der Welt erlöst werden kann. Da der letzte Guru der Sikhs, Gobind Singh (1666–1708) keine leiblichen Nachkommen als Nachfolger hatte, verfügte er, dass das »Adi Granth«, eine Sammlung von Schriften seiner Vorgänger, kanonische Geltung habe. Es wird im Goldenen Tempel aufbewahrt.

DAS BEDEUTENDSTE TEMPELHEILIGTUM DER SIKHS

Der Goldene Tempel von Amritsar steht jedermann offen.

Seit 400 Jahren spiegelt sich der ganz mit Blattgold belegte Tempel von Amritsar im Wasser des Nektarsees. Das Hauptheiligtum der Sikhs wurde unter ihrem fünften Guru Arjan Dev (1563–1606) errichtet und steht im Zentrum einer riesigen Palastanlage.

GLAUBE UND RELIGION

Das Kloster Drepung westlich von Lhasa zählte einst mit zeitweise über 10 000 Mönchen zu den größten und bedeutendsten buddhistischen Klöstern Tibets – heute leben hier noch etwa 600 Mönche.

BUDDHISMUS

Der Buddhismus zählt mit über 400 Millionen Anhängern zu den großen Weltreligionen und prägt im ganzen ostasiatischen Raum das religiöse Leben. »Buddha« ist

Buddhistische Mönche beim Gebet.

ein Sanskrit-Wort und bedeutet so viel wie »der Erwachte« oder »der Erleuchtete«. Es bezeichnet Menschen, die vollkommene Weisheit erlangt haben, und ist Ehrenname des Religionsstifters Siddhartha Gautama. Obwohl die Lebensdaten Siddharthas, der zwischen 560 und 480 v. Chr. gelebt haben soll, in jüngster Zeit infrage gestellt wurden, kann als gesichert gelten, dass er seine Lehre in Auseinandersetzung mit der altindischen brahmanischen Priesterschaft entwickelte und dabei auch von den zu den heiligen Texten Indiens zählenden Upanishaden beeinflusst wurde. Wie viele seiner Zeitgenossen war er überzeugt davon, dass nur eine Absage an die Verlockungen der Welt aus dem Kreislauf der Wiedergeburt und damit von Leid und Tod befreien kann. Während die Anhänger Mahaviras, dem Begründer des Jainismus, ein Leben in rigoroser Askese führten, gelangte Buddha zu der Einsicht, dass eine innere Haltung, die persönlicher Maßlosigkeit Grenzen setzt, zur Erlösung führt. Zu dieser »Erleuchtung« genannten Haltung kann jeder Mensch gelangen, wenn er bestimmten Grundsätzen folgt. Diese Prinzipien, die Buddha in seiner Rede vom »Ingangsetzen des Rades« zusammenfasste, sind als »die vier edlen Wahrheiten« in die buddhistische Lehre eingegangen. Sie können als aufeinander aufbauende Ratschläge zur praktischen Lebensbewältigung gelesen werden: Der Feststellung, dass das Leben leidvoll sei und dieses Leiden durch die Begierde verursacht werde, muss die Einsicht folgen, dass nur ein Erlöschen des Begehrens oder zumindest seine Zügelung zur Erlösung vom Leiden und einer Befreiung aus dem Kreislauf der Wiedergeburt führt.

Den Weg zur Erlösung beschreitet, wer dem »achtteiligen Pfad«, einer Sammlung von Tugenden, wie rechter Glaube, rechtes Handeln oder rechtes Streben, folgt. Schon bald nach seiner ersten Predigt konnte Siddhartha viele Anhänger um sich sammeln. Sie zogen wie er als Bettelmönche durch Nordindien und wurden von einer wachsenden Schar von Laienbekennern und Befürwortern durch Almosen unterstützt. Der buddhistische Orden namens Sangha wurde gegründet. Schon bald nach dem Tod Buddhas wurden seine Lehren auf mehreren Konzilen kanonisiert. Es entstanden verschiedene Schulen und Traditionen.

DIE HAUPTRICHTUNGEN DES BUDDHISMUS

In den Jahrhunderten nach dem Tod Buddhas entstanden zwei, das religiöse Leben Asiens bis heute prägende buddhistische Schulen. Der Theravada-Buddhismus wird auch Hinayana, was so viel wie »kleines Fahrzeug« bedeutet, genannt und ist in Südostasien beheimatet. Seine Anhänger sind der Überzeugung, dass die Menschen nur durch sich und für sich selbst Erlösung finden. Die Tradition des Mahayana (großes Fahrzeug) hingegen lehrt, dass Bodhisattvas, bereits Erleuchtete, anderen den Weg zur Erlösung weisen. In dieser Schule entwickelten sich schon früh theologische Spekulationen, die die Bodhisattvas als verschiedene Inkarnationen eines göttlichen Wesens deuten. Sie gelten wie Siddhartha Gautama als sterblich und sind doch Teil einer übersinnlichen Welt. Im Nirwana sind alle Bodhisattvas sogar eins. Der Mahayana ist in China, Korea und Japan zu Hause. Auch der tibetische Buddhismus ist aus ihm entstanden. In Indien wurde der Buddhismus ganz durch Hinduismus und Islam verdrängt.

DIE BEDEUTENDSTEN (KLASSISCHEN) PILGERSTÄTTEN DES BUDDHISMUS

LUMBINI
Nepal

Seit der Wiederentdeckung des antiken Lumbini durch Archäologen im Jahr 1895 ist der Geburtsort Siddhartha Gautama Buddhas Ziel unzähliger Wallfahrten geworden. Mittlerweile

Novizen in Lumbini.

haben alle großen buddhistischen Glaubenstraditionen hier Klöster gegründet. An der Stelle, an der Siddhartha geboren worden sein soll, wurde ein Tempel errichtet. Den Mittelpunkt des antiken Lumbini bildet eine Steinsäule des indischen Herrschers Ashoka, die bei den Ausgrabungen von 1895 gefunden wurde. Ashokas (269–232 v. Chr.) politisches Wirken trug wesentlich zur Verbreitung des Buddhismus in Indien bei. Buddha wurde vermutlich um 560 v. Chr. als Sohn eines adligen Angehörigen der Krieger-Kaste geboren. Den überlieferten Texten können wir entnehmen,

Lumbini: Altar in tibetischem Tempel.

dass er eine unbeschwerte Jugend im Luxus der Zeit genoss und mit 16 Jahren seine Cousine Yahodvara heiratete. Als er an der Beständigkeit der Welt, in der er lebte, zu zweifeln begann, verließ er seine Familie und schloss sich den nordindischen Asketen an. Siddhartha war da 29 Jahre alt.

BODHGAYA
Indien

Als der Ort, an dem Siddhartha »erwachte« und einen Weg zur Erlösung vom Leiden fand, ist Bodhgaya, das einstige Uruvela, eine der vier bedeutends-

Bodhgaya, Mahabodhi-Tempel.

ten buddhistischen Pilgerstätten. Buddhistischen Texten ist zu entnehmen, dass Buddhas »Erwachen« 528 v. Chr. nach Tagen der Askese und Meditation unter einem Pappelfeigenbaum erfolgte und ihn zu einer Abwendung von der Asketenbewegung führte. Nicht permanente Selbstkasteiung – so erkannte Siddhartha nach dem »Erwachen« – befreit vom Leid,

Betender Mönch vor dem Bodhi-Baum.

sondern nur eine innere Haltung, die der Maßlosigkeit des Verlangens Grenzen setzt. Bereits Ashoka ließ am Ort von Buddhas »Erwachen« im 3. Jahrhundert v. Chr. ein Heiligtum errichten. Die Anfänge des Mahabodhi-Tempels gehen auf das 6. Jahrhundert zurück. In dem Garten des Tempels steht der berühmte Bodhi-Baum, der ein Ableger der Pappelfeige, unter der Buddha erwachte, sein soll.

SARNATH

Indien

Der Ort, an dem Siddhartha Gautama seine erste Predigt nach dem »Erwachen« hielt, ist zugleich der Ort, an dem die buddhistische Bewegung ihren Anfang nahm. Hier sammelte Buddha eine Schar von Anhängern um sich, die schnell wuchs und die neue Lehre in ganz Nordindien verbreitete. Sarnath wurde zu einem Zentrum des noch von Siddhartha begründeten buddhistischen Ordens und zog Mönche aus ganz Nordindien an. Der chinesische Pilger Xuan Zang, der das Land im 7. Jahrhundert bereiste, weiß von mehr als 1000 Mönchen, die in Sarnath in großen Klöstern lebten, zu berichten. Im 12. Jahrhundert wurde der Ort von muslimischen Eroberern zerstört und lange Zeit vergessen. Seit die antiken Stätten von Archäologen 1835 wiederentdeckt wurden, hat er sich erneut zu einem der wichtigsten buddhistischen Wallfahrtsorte entwickelt. Vor allen Dingen Gemeinden aus dem ost- und südostasiatischen Raum haben in Sarnath Klöster und Tempel im Stil ihrer Heimatländer errichtet. An die große Zeit des Buddhismus in Indien erinnern die Ruinen antiker Stupas und Klöster sowie eine Ashoka-Säule.

Stupa in Sarnath.

KUSHINAGAR

Indien

Als der Ort, in dem Siddhartha Gautama Buddha gestorben und ins Parinirwana eingegangen sein soll, ist die nordindische Stadt an der Grenze zu Nepal die – neben Sarnath, Bodhgaya und Lumbini – wichtigste buddhistische Pilgerstätte. Buddhistische Gemeinden aus ganz Ost- und Südostasien haben hier in den letzten Jahren viele neue Heiligtümer errichtet. Lange schien der Sterbeort Buddhas vergessen. Erst in der Mitte des 19. Jahrhunderts wurde er im Zuge archäologischer Ausgrabungsprojekte wiederentdeckt. Englische Forscher fanden die Überreste antiker Klöster und eines Stupa (Grabhügel), der aufwendig restauriert wurde, sowie die Statue eines liegenden Buddha, die vermutlich aus dem 5. Jahrhundert stammt. Der Stupa ist unter dem Namen »Mahaparinirwana-Stupa« bekannt geworden. Angeblich befindet er sich an der Stelle, an der Buddha das Parinirwana erlangt haben soll. Die Ruinen des Ramabhar-Stupa markieren den Ort seiner Einäscherung.

Ramabhar-Stupa.

Kushinagar, Frau bringt Opfergaben dar.

Die vergoldete Statue des meditierenden Buddha im Mahabodhi-Tempel zu Bodhgaya im indischen Bundesstaat Bihar. Der Ort, an dem Siddhartha Gautama der Überlieferung zufolge »erwachte« und einen Weg zur Erlösung vom Leiden fand, wird jedes Jahr von vielen Tausend Pilgern aus aller Welt aufgesucht.

TEMPELANLAGEN VON ANGKOR

Vor allem durch seine Gesichtertürme unterscheidet sich Bayon von den übrigen Tempelanlagen in Angkor. An den Seitenwänden der heute noch 37 Türme wurden rund 200 bis zu fünf Meter hohe Antlitze des lächelnden Avalokiteshvara – im Buddhismus der »Herrscher der Welt« – in Stein gehauen.

TEMPELANLAGEN VON ANGKOR

Angkor

Angkor, die größte Tempelstadt weltweit, nahe der Stadt Siem Reap in Kambodscha war einst ein rund 200 Quadratkilometer großer Siedlungs- und Tempelkomplex des legendären Khmer-Reichs (9. bis 15. Jahrhundert). Dieses wurde von indischen Stämmen geprägt, die nach Südostasien eingewandert waren. Angkor war zu seiner Blütezeit die größte Stadt der Welt (mit Hunderttausenden Einwohnern), auf deren Areal riesige Tempelanlagen errichtet wurden. Zu Beginn des 13. Jahrhunderts orientierten sich die Khmer-Herrscher noch am Hinduismus, später am Buddhismus. Da ein Tempel nach dem Tod des Gottkönigs auch zu dessen Grabmal wurde, musste sich jeder Khmer-König ein neues Heiligtum bauen lassen, sodass ihre Zahl in Angkor stetig wuchs. Bisher wurden rund 1000 Tempel entdeckt. Die größte Tempelanlage ist Angkor Wat, die für Suryavarman II. (reg. 1113 bis 1150) erbaut wurde. Auf drei Ebenen erheben sich fünf lotosblütenförmige Türme, die den Götterberg Meru symbolisieren. Mit umgebendem Wassergraben und Wall hat die Anlage eine Ausdehnung von 1,3 mal 1,5 Kilometern. Ein Hinweis auf den Religionswechsel findet sich im Bayon-Tempel von Angkor Thom. Dort wurden unter Jayavarman VII. (reg. 1181–1218) nicht weniger als 54 Türme errichtet, von denen aus bis zu fünf Meter hohe Monumentalgesichter des Bodhisattva Avalokiteshvara in die vier Himmelsrichtungen blicken.

Berühmteste und größte Tempelanlage des Khmer-Reichs: Angkor Wat mit seinen markanten Türmen.

Einst ein Zentrum der Khmer-Zivilisation, heute von tropischer Vegetation umwuchert: Angkor Wat.

Tempelanlage von Bayon mit den ungewöhnlichen Gesichtertürmen.

Tempelanlage Banteay Srei in Angkor.

Tempelensemble in Angkor Wat.

BAGAN

Die gigantische Tempelstadt liegt im Herzen Myanmars am Ostufer des Irrawaddy. Nicht weniger als 2000 buddhistische Sakralbauten sind hier auf einer Fläche von 36 Quadratkilometern verteilt. Bagan wurde zwischen dem 11. und 13. Jahrhundert unter dem burmesischen König Anawrahta (reg. 1044–1077) und seinen Nachfolgern angelegt. Bis heute versetzt die monumentale Pracht der Klöster, Tempel und Pagoden jeden Besucher in Erstaunen. König Anawrahta gilt als Begründer des ersten burmesischen Königreichs. Er eroberte weite Gebiete des damals in verschiedene lokale Fürstentümer zersplitterten Myanmar und schuf so ein bedeutendes Imperium. Durch einen Mönch wurde er zum Buddhismus bekehrt und zu einem großen Förderer der neuen Religion. König Kyanzittha, der Anawrahta gewaltsam vom Thron verdrängte, setzte das Werk seines Vorgängers fort. Unter ihm und seinen Nachfolgern blühte die buddhistische Kultur. Die Prachtbauten von Bagan belegen dies. Im Jahr 1287 wurde Anawrathas Reich von Kublai Khan erobert.

Stupas von Bagan.

Buddha-Statue in einem Tempel.

DIE GRÖSSTE TEMPELSTADT DES BUDDHISMUS

Historiker vermuten, dass es in der Blütezeit des Reiches von Bagan zwischen dem 11. und dem 13. Jahrhundert rund 10.000 buddhistische Sakralbauten allein in der Hauptstadt gab. Heute können immerhin noch mehr als 2000 Klöster, Tempel und Stupas besichtigt werden. Die Tempelstadt liegt in einer ausgedehnten, versteppten Ebene. Sie ist als archäologische Zone ausgewiesen und als UNESCO-Weltkulturerbe nominiert.

POTALA-PALAST
JOKHANG-TEMPEL

POTALA-PALAST
Lhasa **Tibet/China**

In dem 110 Meter über dem Tal von Lhasa aufragenden grandiosen Bauwerk (UNESCO-Weltkulturerbe) manifestiert sich eine einzigartige politisch-religiöse Kultur. Mit seinem fensterlosen Sockel setzt der Palast vor allem auf Wehrhaftigkeit. Sein Haupt-

Potala-Palast.

teil, der 320 Meter lange Weiße Palast, wurde im 17. Jahrhundert unter dem fünften Dalai-Lama erbaut, dem ersten geistlichen Oberhaupt des tibetischen Buddhismus, das auch politische Macht ausübte. Er wählte dazu den Roten Berg, auf dem schon im 7. Jahrhundert Tibets erster König Songsten Gampo seine Residenz errichtet hatte. Nach dem Tod des Dalai-Lama entstand der später von goldenen Dächern gekrönte zentrale Rote Palast, der die bedeutendsten Schätze der Palastanlage birgt. Insgesamt umfasst der majestätische Monumentalbau rund 1000 Räume auf einer Grundfläche von fast 130.000 Quadratmetern.

Dharma-Rad auf dem Dach des Jokhang.

Buddha-Statue im Jokhang.

Gemälde im Jokhang-Tempel.

JOKHANG-TEMPEL

Lhasa **Tibet/China**

Dieser Tempel im Herzen von Lhasa ist das wichtigste Heiligtum des tibetischen Buddhismus und zugleich eines der ältesten Gebäude der Stadt. Seine Anfänge gehen auf den tibetischen König Songsten Gampo zurück, der ihn um 642 vermutlich als Aufbewahrungsort für die Buddha-Statuen, die seine nepalesische und seine chinesische Frau mit in die Ehe brachten, errichten ließ. Angeblich gehörte sogar der im Jokhang aufbewahrte, berühmte Jowo Rinpoche, eine 1,5 Meter hohe vergoldete Buddha-Statue, zu der ohnehin reichlichen Mitgift dazu. Ursprünglich muss der Tempel recht klein gewesen sein. Über die Jahrhunderte wurde er aber immer wieder erweitert und zu einer riesigen Anlage aus zahlreichen Gebäuden und Kapellen ausgebaut. Der ganze Komplex ist unter dem Namen Lhasa Tsuglagkhang bekannt geworden und umfasst eine Gesamtfläche von nicht weniger als 22.500 Quadratmetern. Der Jokhang steht zusammen mit dem Potala-Palast auf der UNESCO-Welterbeliste.

Bis zur Besetzung des Landes durch Truppen der Volksrepublik China und der Flucht des Dalai-Lama im Jahre 1959 war der Potala-Palast von Lhasa Sitz der tibetischen Regierung. Seit einiger Zeit wird er wieder von Mönchen bewohnt.

Die im 8. Jahrhundert auf der indonesischen Hauptinsel Java errichtete Tempelanlage Borobodur ist das bedeutendste antike buddhistische Heiligtum außerhalb Indiens. Sie ist ein Abbild des Weltenbergs Meru, der buddhistischen Vorstellungen zufolge in drei Sphären gegliedert ist: Die erste Sphäre umfasst die Welt des Menschen

Relief am Borobodur.

als eines sinnlichen Wesens. Sie wird beim Borobodur durch die unterste quadratische Plattform symbolisiert. Die sich darüber erhebenden fünf, ebenfalls rechteckigen Terrassen entsprechen der Sphäre, in die der Mensch nach seiner Befreiung von den Begierden eintritt. Die oberen drei runden Terrassen schließlich stellen die Welt des Göttlichen und des Erwachens dar. 72 kleine Stupas mit Buddha-Statuen rahmen hier den großen Stupa an der Spitze des Bauwerks ein.

Der Borobodur auf der Insel Java ist das wohl größte buddhistische Heiligtum überhaupt. Er besteht aus mehreren übereinanderliegenden Terrassen sowie einem großen Stupa an seiner Spitze und ragt rund 40 Meter in die Höhe. Die Länge seiner Seiten beträgt an der Basis jeweils 120 Meter. Insgesamt wurden mehr als zwei Millionen Steinblöcke verbaut.

DER GRÖSSTE TEMPEL DES BUDDHISMUS

Ein meditierender Buddha auf einer der oberen Terrassen des Borobodur.

Der Borobodur beeindruckt nicht allein durch seine Ausmaße. Auch die verschwenderische Fülle an meisterlich gearbeiteten Reliefs und Buddha-Statuen, die jede seiner Terrassen schmücken, ist einzigartig. In den kleinen Stupas auf den oberen drei Terrassen des Borobodur wurden insgesamt 72 Statuen des meditierenden Buddha entdeckt. Die Reliefs befinden sich an den Innenwänden der unteren fünf Terrassen. Ihre Gesamtlänge beträgt mehr als fünf Kilometer. Sie stellen Szenen aus dem Leben Siddhartha Gautamas dar.

DIE BEDEUTENDSTEN TEMPELANLAGEN DES BUDDHISMUS

BODNATH-STUPA

Kathmandu **Nepal**

Bodnath ist das bedeutendste buddhistische Heiligtum des Kathmandu-Tales (UNESCO-Weltkulturerbe) sowie Zentrum des tibetischen Buddhismus in Nepal. Der Stupa ist mit 40 Meter Höhe der größte Sakralbau seiner Art in der gesamten Region. Der Cini Lama, dritthöchster Würdenträger der Tibeter nach dem Dalai-Lama und dem Penchen-Lama, residiert in einem Kloster des Tals. Einer Erzählung zufolge wurde der Bodnath-Stupa von einer Mätresse des Königs errichtet, die von ihm so viel Land erbat, wie sie mit einer Kuhhaut abstecken könne. Sie schnitt die Kuhhaut in dünne Streifen und erhielt so ein Areal für das Heiligtum zum Geschenk. Der Aufbau des Stupa gleicht einem Mandala – einem mythischen Kreis- oder Vieleckbild, das in konzentrischer Anordnung den Kosmos, die Götterwelt oder psychische Aspekte versinnbildlicht. In die Mauern, die den Stupa umgeben, sind Tausende von Gebetsmühlen eingelassen.

Gebetsfahnen an dem Bodnath-Stupa.

Der Stupa von Bodnath im Kathmandu-Tal wird alljährlich von vielen Tausend Pilgern aufgesucht. Der Brauch, ihn mit Gebetsfahnen zu schmücken, folgt einer alten Tradition. An vielen Orten im Himalaja-Gebiet flattern Gebetsfahnen im Wind. Sie sollen die Gebete der Gläubigen gen Himmel leiten.

DIE BEDEUTENDSTEN TEMPELANLAGEN DES BUDDHISMUS

Indien:
Rumtek-Kloster Sikkim
Hemis-Kloster Ladakh
Mahabodhi-Tempel Bodhgaya
Ajanta-Höhlen Ajanta

Sri Lanka:
Anuradhapura Anuradhapura
Goldener Tempel Dambulla
Zahntempel Kandy

Myanmar:
Shwezigon-Pagode,
Ananda-Pahto-Tempel Bagan

Thailand:
Tempelkomplex Sukhothai
Tempelkomplex Kamphaeng Phet
Tempelkomplex Ayutthaya
Wat Phra Kaeo, Wat Arun Bangkok
Wat Doi Suthep Chiang Mai

China:
Mogao-Grotten Dunhuang
Yungang-Grotten Wuzhou-Berge
Longmen-Grotten Luoyang
Emei Shan Sichuan
Wutai Shan Shanxi
Jiuhua Shan Anhui
Putuo Shan Zhejiang

Japan:
Todai-ji Nara
Higsahi-Hongan-ji Kyoto
Enryaku-ji Kyoto
Koya-San Koya

DIE HÖCHSTEN STUPAS DER WELT

Der Stupa zählt zu den wichtigsten buddhistischen Sakralbautypen. Er entwickelte sich aus altindischen Grabhügelbauten und fand schon in der Frühzeit des Buddhismus in Indien große Verbreitung. In Stupas werden Reliquien Buddhas oder berühm-

Kathmandu, Swayambhunath-Stupa.

ter buddhistischer Mönche aufbewahrt. Sie bestehen aus einem Sockel, über dem sich ein Kuppelbau erhebt. Der Reliquienschrein thront auf dem Gebäude und wird von einem Steinschirm gekrönt. Jeder Stupa ist von einem Umwandlungsweg und einer oft reliefgeschmückten Mauer mit meist vier Toren umgeben. Aus dieser Grundform entwickelten sich in Thailand der Chedi, auf Sri Lanka der Dagoba und in Myanmar die Pagode.

PHRA-PATHOM-CHEDI

Nakhom Pathom, Thailand — 127 m

Die höchste Stupa der Welt ist zugleich das älteste buddhistische Bauwerk Thailands. Archäologische

Eingang des Phra-Pathom-Chedi.

Funde belegen, dass an der Stelle des heute sichtbaren Heiligtums vermutlich bereits im 3. Jahrhundert n. Chr. ein Chedi errichtet wurde, der in den Jahrhunderten nach der Besetzung weiter Gebiete Thailands durch die Khmer zwischen dem 9. und 12. Jahrhundert von Urwald überwuchert wurde. König Rama IV. entdeckte im 19. Jahrhundert die Ruinen wieder und ließ über ihnen ein neues prachtvolles Heiligtum erbauen.

MAHASEYA-DAGOBA

Mihintale, Sri Lanka — ca. 100 m

Dieser Stupa thront weithin sichtbar auf einem Hügel in Mihintale, einer der wichtigsten buddhisti-

Ambasthale- und Mahaseya-Dagoba.

Mahaseya-Dagoba.

schen Pilgerstätten auf Sri Lanka. Er wurde im 1. Jahrhundert n. Chr. unter König Mahadathika Mahanaga errichtet und soll ein Haar des Buddha bergen. Die Anfänge des Tempels von Mihintale gehen auf das 3. Jahrhundert v. Chr. zurück. König Devanampia Tissa soll hier dem Mönch Mahinda begegnet und von ihm zum Buddhismus bekehrt worden sein.

STUPA VIPASSANA

Mumbai, Indien **96m**

Die Kuppel dieses erst 2009 eingeweihten Heiligtums zählt zu den größten der Welt. Sie erreicht eine Höhe von fast 30 Metern und überwölbt eine riesige Halle, in der rund 8000 Menschen meditieren können. Der ganze Tempelkomplex ist der Shwedagon-Pagode von Rangun in Myanmar nachempfunden. Anders als bei dem berühmten Vorbild wurde allerdings nur die Spitze der Pagode mit echtem Blattgold belegt. Alle übrigen Gebäudeteile erhielten einen goldfarbenen Anstrich. Im Schlussstein des Heiligtums werden Reliquien des Buddha aufbewahrt, die aus einem der Stupas in Sanchi stammen.

Goldene Kuppel des Stupa Vipassana.

JETAVANA-DAGOBA

Anuradhapura, Sri Lanka 71 m (112 m)

Dieses zum Jetavana-Kloster in der alten singhalesischen Hauptstadt Anuradhapura gehörende Heiligtum ist der größte antike Stupa der Welt. Seine Höhe beträgt vom Sockel bis zur Spitze 122 Meter, seine Seitenlänge an der Basis 176 Meter. Rund 90 Millionen Ziegelsteine sollen beim Bau verwendet worden sein. Der singhalesische König Mahasena (reg. 274–301 n. Chr.) ließ den monumentalen Stupa als Zeichen seiner Parteinahme für eine aus dem Mahavihara-Kloster verstoßenen Gruppe von Mönchen errichten. Als Teil der heiligen Stadt Anuradhapura gehört er zum UNESCO-Welterbe.

Die antike Jetavana-Dagoba.

OG MIN OGYEN MINDROLLING

Dehra Dhun, Indien **57 m**

Dieser Stupa beeindruckt nicht nur durch seine Größe, sondern auch durch seine elegante architektonische Form. Er ist dem Stupa des tibetischen Mindrolling-Klosters nachempfunden und wurde auf Initiative von Mönchen errichtet, die nach der Annexion Tibets durch China im Jahre 1959 nach Indien flohen und hier ein neues Kloster aufbauten. Der Stupa wurde 2002 eingeweiht. Das neue Kloster ist das größte buddhistische Meditationszentrum der Welt.

Moderner Stupa in Dehra Dun.

Der mit leuchtend orangefarbenen Ziegeln gedeckte Phra-Phatom-Chedi zählt zu den bedeutendsten buddhistischen Pilgerstätten Thailands. Eine große breite Freitreppe führt zum Südeingang des Heiligtums. An ihrem Ende empfängt die 3,8 Meter hohe Statue eines sitzenden Buddha der Unterweisung, der »Phra-Puttha-Narachet«, die Gläubigen.

Dieser hochberühmte Tempel ist ein Wahrzeichen Myanmars und Symbol für die tiefe Religiosität seiner Bewohner. Beim Bau und bei der Ausschmückung des Stupa wurden nur kostbarste Materialien verwendet. Er erhebt sich auf einer riesigen Plattform aus Marmor 100 Meter in die Höhe und ist von Dutzenden kleinen Stupas umgeben. Wie die burmesischen Stupas im allgemeinen besteht er aus einem stufenförmigen Unterbau, dem sich zwei Aufbauten, die »Glocke« und die sog. »umgekehrte Almosenschale« anschließen. Die Elemente, die die Kuppel des Stupa abschließen, werden »Lotusblüte« und »Bananenknospe« genannt. Während die Unter- und Aufbauten des Stupa mit Blattgold belegt sind, wurden bei der Verkleidung von »Lotusblüte« und »Bananenknopse« Goldplatten mit einem Gewicht von insgesamt 60 Tonnen verwendet. Der eiserne Schirm des Stupa wurde ebenso wie die Fahne mit Tausenden von Diamanten und Rubinen besetzt. Allein der Diamant an seiner Spitze hat 76 Karat.

Shwedagon-Pagode bei Einbruch der Dämmerung.

Goldener Buddha.

Der zentrale Stupa der Shwedagon-Pagode in Rangun ist vollständig mit Gold verkleidet. Das Heiligtum ist Wahrzeichen der Hauptstadt Myanmars wie des ganzen Landes und zugleich ein bedeutendes Pilgerziel. Die riesige 60.000 Quadratmeter große marmorne Plattform, auf der sich der Stupa sowie zahlreiche kleinere Schreine und Tempel erheben, wird jeden Tag von vielen Tausend Gläubigen bevölkert.

TIANNING-PAGODE – DIE HÖCHSTE PAGODE DER WELT

Changzhou, China **154 m**

Tianning-Pagode und Buddha Maitreya.

Mit ihren 154 Metern überragt diese Pagode die Cheops-Pyramide um rund 20 Meter. Das Heiligtum wurde 2007 eingeweiht und soll fast 29 Millionen Euro gekostet haben. Die Spitze und der Dekor der Dächer sind aus purem Gold. Als Baumaterial wurde wertvolles Holz verwendet, das aus Myanmar und Neuguinea importiert werden musste. Die Pagode gehört zu einem Tempel, dessen Anfänge auf die Tang-Dynastie (617–907 n. Chr.) zurückgehen. Über die Jahrhunderte wurde er immer wieder zerstört und neu aufgebaut. Der Neubau der Pagode ist Indiz für eine Renaissance des Buddhismus in der Volksrepublik China.

Rund 70 Meter ragt die Qianxun-Pagode in den Himmel empor. Das Heiligtum ist die höchste von drei Pagoden auf dem Areal des Chongchen-Klosters nahe Dali im Südwesten Chinas. Die zierliche Pagode im Bildhintergrund erreicht nur eine Höhe von 45 Metern.

LIAODI-PAGODE
Dingzhou, China **84 m**

Dieses Bauwerk ist die höchste altchinesische Pagode und zugleich die höchste Ziegelpagode der Welt. Sie wurde zur Zeit der Song-Dynastie errichtet und 1077 fertiggestellt. Der Kaiyuan-Tempel, zu dem sie einst gehörte, ist zerstört. In der Pagode wurden buddhistische Schriften aufbewahrt. Sie wurde aber auch als Wachturm genutzt.

BEISI-PAGODE
Suzhou, China **76 m**

Die Beisi- oder Nordtempelpagode.

Die Beisi- oder Nordtempelpagode stammt aus dem 12. Jahrhundert. 1570 wurde sie bei einem Brand schwer beschädigt und musste wiederaufgebaut werden. Die Wände des Turms, der sich über einem achteckigen Sockel erhebt, sind aus Stein, die Dachtraufen und das Geländer der umlaufenden Galerien aus Holz.

QIANXUN-PAGODE
Dali, China **70 m**

Die drei Pagoden des Chongsheng.

Diese Pagode ist der älteste und zugleich höchste von drei schlanken Turmbauten auf dem Gelände des Chongsheng-Tempels nahe Dali im Südwesten Chinas. Sie wurde 100 Jahre früher als ihre beiden Schwestern zur Zeit der Tang-Dynastie in der ersten Hälfte des 9. Jahrhunderts errichtet. Auf den 16 Stockwerken befindet sich an jeder der vier Seiten ein Schrein mit einem sitzenden Buddha.

YONGYOUSI-TA-PAGODE
Chengde, China **67 m**

Yongyousi-Ta-Pagode.

Die neunstöckige Pagode auf dem Gelände der kaiserlichen Sommerresidenz von Chengde (UNESCO-Weltkulturerbe) besticht durch ihre ausgewogenen Proportionen.
Sie wurde unter dem Qing-Kaiser Qianlong in der zweiten Hälfte des 18. Jahrhunderts errichtet und ist der viel gerühmten, im 19. Jahrhundert aber zerstörten Porzellanpagode von Nanjing aus dem frühen 15. Jahrhundert nachempfunden.

Die Pagode ist fester Bestandteil buddhistischer Sakralbauten in Ostasien und wird wie die indischen Stupas als Aufbewahrungsort für eine Reliquie oder ein Abbild des Buddha genutzt. Sie hat sich im Zuge der Ausbreitung des Buddhismus im Reich der Mitte aus dem traditionellen chinesischen Turmbau entwik-

Xian, Große Wildganspagode.

kelt und besteht meist aus drei oder fünf sich nach oben verjüngenden Stockwerken. In jedem Stockwerk ist der zentrale Baukörper von frei zugänglichen, begehbaren und überdachten Galerien umgeben. Die Dächer sind an den Ecken gebogen und oft mit Glocken bestückt.

DIE HÖCHSTEN PAGODEN DER WELT

1. **Tianning-Pagode** Changzhou, China 154 m
2. **Liaodi-Pagode** Dingzhou, China 84 m
3. **Beisi-Pagode** Suzhou, China 76 m
4. **Qianxun-Pagode** Dali, China 70 m
5. **Yongyousi-Ta-Pagode** Chengde, China 67 m
6. **Fogong-Tempel-Pagode** Ying, China 67 m
7. **Große Wildganspagode** Xi'an, China 64 m
8. **Kaifenger Eisenpagode** Kaifeng, China 59 m
9. **To-ji-Pagode** Kyoto, Japan 57 m
10. **Xumi-Pagode** Chengde, China 48 m

METROPOLEN UND STÄDTE

Bis zum 19. Jahrhundert zählten nur wenige Städte mehr als eine Million Einwohner. Doch seither hat sich die Lage dramatisch geändert. Die Zahl der Großstädte ist in den vergangenen 100 Jahren rasant angewachsen, und auch die Einwohnerzahlen sind stark gestiegen. Das Wachstum der großen Metropolen wird wohl zum größten Problem der Menschheit im 21. Jahrhundert werden. Denn in Zusammenhang mit der zunehmenden Zahl der Stadtbevölkerung, für die eine ausreichende Infrastruktur geschaffen werden muss, stehen weltweit steigende Luftverschmutzung durch Industrie- und Autoabgase sowie wachsende Müllmengen. Nach Schätzungen der UNO wird in zehn Jahren mehr als die Hälfte aller Menschen in Städten leben. In den Entwicklungsländern werden es 2015 mehr als drei Viertel aller Menschen sein, die, vom Glanze des Wohlstands angelockt, in die Metropolen ziehen. Doch der Zuzug führt meist zu einer Übervölkerung.

DIE GRÖSSTEN METROPOLREGIONEN (Ballungsräume) DER WELT

❶ **Tokio**	Japan	35 Mio.
❷ **Mexiko-Stadt**	Mexiko	20–25 Mio.
❸ **Seoul**	Südkorea	20–25 Mio.
❹ **New York**	USA	19–25 Mio.
❺ **São Paulo**	Brasilien	15–25 Mio.
❻ **Mumbai**	Indien	15–25 Mio.
❼ **Metro Manila**	Philippinen	15–25 Mio.
❽ **Hongkong-Shenzhen**	China	15–25 Mio.
❾ **Jakarta**	Indonesien	15–25 Mio.
❿ **Delhi**	Indien	15–25 Mio.
⓫ **Istanbul**	Türkei	15–25 Mio.
⓬ **Kairo**	Ägypten	15–20 Mio.
⓭ **Shanghai**	China	15–20 Mio.
⓮ **Kansai**	Japan	15–20 Mio.
⓯ **Kolkata**	Indien	10–20 Mio.
⓰ **Dhaka**	Bangladesch	10–20 Mio.

Wie sonst wohl nichts auf der Welt symbolisiert das Wolkenkratzergebirge von Manhattan, einer der fünf Stadtbezirke (boroughs) von New York, moderne Urbanität. Nach wie vor gilt die Glitzermetropole am Hudson River als heimliche Hauptstadt der Welt und als Großstadtdschungel par excellence.

TOKIO/YOKOHAMA
DIE GRÖSSTE METROPOLREGION DER WELT

Tokio gleicht wie viele ostasiatische Metropolen nordamerikanischen Großstädten. Große Teile der Stadt wurden bei dem großen Kanto-Beben von 1923 zerstört und nach westlichem Vorbild wiederaufgebaut.

Die größte Metropolregion des Planeten umfasst nicht nur die japanische Kapitale, sondern mit Kawasaki, Saitama und Yokohama drei weitere Megacitys sowie 20 Gemeinden mit mehr als 200.000 Einwohnern. Insgesamt leben in dem über 13.500 Quadratkilometer umfassenden Ballungsraum Tokios rund 35 Millionen Menschen. In Greater Tokyo schlägt das politische, kulturelle und wirtschaftliche Herz der drittgrößten Volkswirtschaft der Erde. Rund ein Drittel des japanischen Bruttoinlandsprodukts werden hier erwirtschaftet, 44 Prozent der japanischen und zahlreiche internationale Unternehmen haben in Tokio ihren Sitz. Die beiden internationalen Flughäfen zählen zu den größten der Welt. Das ausgeklügelte Nahverkehrssystem ist auf modernstem Stand, Hochgeschwindigkeitszüge verbinden die großen Städte der Region. Den Mittelpunkt bildet Tokio, das 1943 als administrative Einheit aufgelöst und in 23 eigenständige Stadtbezirke aufgeteilt wurde. Bereits in der Ära der Shogun, die zwischen 1603 und 1868 über Japan herrschten, gehörte die Megalopolis zu den größten Städten der Welt.

Der Bezirk Shinjuku weist die größte Dichte an Wolkenkratzern im Großraum Tokio auf.

Die Skyline von Tokio mit dem Tokyo Tower als Blickfang (links, Bildmitte). Der Bezirk Shibuya im südwestlichen Zentrum gilt als Einkaufsparadies der Luxusklasse (unten).

DIE GRÖSSTEN METROPOLREGIONEN EUROPAS

Die bevölkerungsreichsten Metropolen Europas liegen am Rand des Kontinents. Dank eines enormen Wirtschaftswachstums steigen die Einwohnerzahlen im Großraum Moskau und in Istanbul beständig.

ISTANBUL

Türkei **15–22 Mio.**

Die legendäre Metropole an der Nahtstelle zwischen Asien und Europa zählt zu den schnell wachsenden Megastädten der Welt. Lag ihre Einwohnerzahl 1955 noch bei rund 2,5 Millionen, so hat sie in der Metropolregion heute die 15-Millionen-Grenze weit überschritten. Besonders auf Menschen aus den ländlichen Gebieten der Türkei wirkt Istanbul wie ein Magnet. 84 Prozent der Bevölkerung sind auf der Suche nach Arbeit und mehr Lebensqualität aus den anatolischen Provinzen zugezogen. Lange Zeit galt Istanbul als Dritte-Welt-Metropole, im Zuge der wirtschaftlichen Liberalisierung in der Türkei seit den 1980er-Jahren hat es sich zu einer der dynamischsten Städte Europas entwickelt. Fast 30 Prozent der türkischen Wirtschaftsleistung werden in der Boomtown am Bosporus erbracht. Moderne Technologie- und Dienstleistungsunternehmen schießen wie Pilze aus dem Boden. Die historischen Sehenswürdigkeiten in der 2600 Jahre alten Stadt ziehen alljährlich Millionen Touristen an.

MOSKAU

Russland **10–20 Mio.**

Die – abgesehen von Istanbul – bevölkerungsreichste Stadt Europas hat sich im letzten Jahrzehnt zu einer der teuersten Metropolen der Welt entwickelt. Mittlerweile gilt sie als Einkaufsparadies für Millionäre, das mit zur Schau gestelltem Luxus lockt. Während die Bevölkerung Russlands insgesamt schrumpft, wächst die Moskaus kontinuierlich. Die überdurchschnittlich hohen Löhne locken viele Menschen aus den verarmten Regionen des Riesenlands an. Die Wirtschaft verzeichnet hohe Wachstumsraten, die Arbeitslosenquote liegt offiziell bei einem Prozent. Die pulsierende Metropole ist nicht nur das politische und wirtschaftliche, sondern auch das kulturelle Zentrum Russlands. Die Museen- und Theaterlandschaft ist äußerst facettenreich.

Der Kreml ist Amtssitz des russischen Präsidenten (rechts).

LONDON

Großbritannien **10–20 Mio.**

Die 1965 als Verwaltungseinheit geschaffene Greater London Area umfasst die City of London und 32 weitere Bezirke. Obwohl die Einwohnerzahl seit Ende der 1930er-Jahre leicht zurückgeht, ist die Metropolregion nach wie vor die bevölkerungsreichste innerhalb der Europäischen Union. Als Handels- und Finanzplatz spielt London eine überragende Rolle in der globalen Ökonomie. In den vom »Globalization and World Cities Research Network« erstellten Listen der weltweit bedeutendsten Metropolen belegt die Hauptstadt des Vereinigten Königreichs hinter New York regelmäßig Platz zwei. Auch im kulturellen Bereich setzt London immer wieder neue Maßstäbe. Londoner Künstler und Modeschöpfer gelten als besonders innovationsfreudig.

St. Paul's Chathedral und moderne Bankgebäude in der City (rechts).

Die bekannte Galatabrücke überspannt das Goldene Horn an seiner Einmündung in den Bosporus. Die Neue Moschee stammt aus dem 17. Jahrhundert (links).

DIE GRÖSSTEN METROPOLREGIONEN EUROPAS

Auch wenn die Metropolregionen Mitteleuropas hinsichtlich ihrer Einwohnerzahl im weltweiten Vergleich eher klein erscheinen, so zählen sie doch zu den wirtschaftlich leistungsstärksten des Planeten.

ÎLE DE FRANCE (PARIS)

Frankreich **10–15 Mio.**

Die Hauptstadt Frankreichs ist das unbestrittene politische, administrative wie kulturelle Zentrum des Landes und bildet den Mittelpunkt einer boomenden Wirtschaftsregion. In dem riesigen Ballungsraum rund um Paris, der Île-de France, wird ein Drittel des französischen Bruttoinlandsprodukts erwirtschaftet. Die wichtigsten französischen und große internationale Unternehmen sind hier ansässig, viele internationale Organisationen haben in Paris ihren Sitz. Die Metropole ist die Modehauptstadt der Welt und wirkt überdies als Impulsgeber für kulturelle Entwicklungen rund um den Globus. Von hier gingen und gehen viele künstlerische Revolutionen aus. Paris verfügt über einige der bedeutendsten Museen und Theater der Welt. Obwohl die Stadt nach wie vor Menschen aus aller Welt anzieht, ist die Einwohnerentwicklung in ihrem Kernbereich rückläufig. Aufgrund der hohen Lebenshaltungskosten zieht es viele Menschen in das Umland.

RHEIN-RUHR (KÖLN, DÜSSELDORF, ESSEN, DORTMUND)

Deutschland **10–15 Mio.**

Dieser urbane Ballungsraum umfasst das Ruhrgebiet sowie die Region entlang der Rheinschiene bis nach Bonn. Er zählt zu den größten Metropolregionen Europas und ist der bevölkerungsreichste der Bundesrepublik. Rhein-Ruhr verfügt über kein urbanes Zentrum, sondern besteht aus einer dichten Ansammlung von Städten und Gemeinden, die durch ein eng gefasstes Verkehrswegenetz miteinander verbunden sind. Trotz des Strukturwandels in der Montanindustrie, von dem besonders das Ruhrgebiet betroffen war, ist die Region eine der wirtschaftlich leistungsstärksten Europas geblieben. Rund 15 Prozent des deutschen Bruttoinlandsprodukts werden hier erbracht.

Köln ist die größte Stadt der Metropolregion Rhein-Ruhr (rechts).

Der Medienhafen in der nordrhein-westfälischen Landeshauptstadt Düsseldorf.

RANDSTAD (AMSTERDAM, ROTTERDAM)

Niederlande **6–8 Mio.**

Der Ballungsraum im Westen der Niederlande dehnt sich zwischen Amsterdam im Norden sowie Rotterdam im Süden aus. Er umfasst noch einige andere Städte, die zusammen mit den beiden Metropolen einen urbanen Gürtel rund um ein ländliches Zentrum, das grüne Herz der Randstad, bilden. In der Region leben rund 40 Prozent der Niederländer. Sie ist nicht nur eine der bevölkerungsreichsten, sondern auch die nach London, Paris, Rhein-Ruhr und Mailand wirtschaftlich leistungsstärkste Metropolregion Europas. Mit dem Hafen von Rotterdam verfügt sie über den größten Seehafen, mit dem Amsterdamer Flughafen Schiphol über den viertgrößten Airport des Kontinents.

Amsterdam hat die höchste Bevölkerungsdichte in der Randstad (rechts).

Die zwischen 1162 und 1345 errichtete Kathedrale Notre-Dame auf der Île de la Cité ist ein Wahrzeichen der französischen Hauptstadt.

Kokerei im Ruhrgebiet, dem einstigen industriellen Herz der Bundesrepublik.

Die Hafenstadt Rotterdam glänzt mit vielen hypermodernen Bauten.

DIE GRÖSSTEN METROPOLREGIONEN EUROPAS

Madrid, Barcelona, St. Petersburg und Berlin haben sich aufgrund der politischen Veränderungen erneut zu Metropolen von Weltrang entwickelt. Auch Manchester und Liverpool haben sich vom wirtschaftlichen Niedergang erholt.

MADRID

Spanien **5–10 Mio.**

Die größte Metropolregion Südeuropas umfasst Spaniens Hauptstadt sowie mehr als 40 Gemeinden ihres Umlands. Sie bildet das unbestrittene kulturelle wie ökonomische Zentrum des Landes. 18 Prozent des spanischen Bruttoinlandsprodukts werden in der Region erbracht. Bis zum Beginn der Weltwirtschaftskrise von 2008 war sie eine der dynamischsten innerhalb der Europäischen Union. Mittlerweile hat die Immobilienkrise den Höhenflug gestoppt. Dennoch ist Madrid nach wie vor ein Finanzplatz von internationaler Bedeutung. Die Stadt blickt auf eine wechselvolle Geschichte zurück und ist mit prachtvollen Palästen, Kirchen sowie Museen von Weltrang reich gesegnet. Während die Metropolregion ein Bevölkerungswachstum zu verzeichnen hatte, sank die Einwohnerzahl der Stadt Madrid in den 1990er-Jahren unter die Drei-Millionen-Grenze. Nach der Jahrtausendwende stieg sie aber wieder. Das lang anhaltende Wirtschaftswachstum zog Einwanderer aus ganz Lateinamerika an.

MANCHESTER-LIVERPOOL

Großbritannien **4–6 Mio.**

Obwohl die beiden größten Städte der Region »North West England« offiziell Zentren verschiedener Metropolregionen sind, werden sie oft in einem Atemzug genannt. Sie liegen nur 54 Kilometer voneinander entfernt und bilden einen urbanen Ballungsraum, in dem vor mehr als 200 Jahren die industrielle Revolution begann. Über den Hafen von Liverpool wurden die Industriebetriebe Manchesters mit Rohstoffen versorgt und die Produkte der englischen Textil- und später der Eisenindustrie in alle Welt exportiert. Nach einer Phase des Niedergangs nach dem Zweiten Weltkrieg setzte in den 1990er-Jahren ein Aufschwung ein. Die Region ist ein attraktiver Wirtschaftsstandort und ein beliebtes Touristenziel geworden.

Oben: Salford Quays in Manchester.
Unten: Hafengebäude in Liverpool.

BARCELONA

Spanien **4–6 Mio.**

Trotz der aktuellen Krise zählt die Metropolregion um die katalanische Hauptstadt zu den wirtschaftlich leistungsfähigsten Europas. Während Madrid das Finanzzentrum Spaniens ist, kommt in Barcelona immer noch dem industriellen Sektor eine immense Bedeutung für die wirtschaftliche Entwicklung zu. In der Region sind viele Automobilhersteller ansässig, die Ansiedlung von High-Tech-Unternehmen wird staatlicherseits gefördert. Barcelonas Künstler, Modemacher und Industriedesigner wirken weltweit als Trendsetter. Die Stadt Antoni Gaudís steht in dem Ruf, ein Mekka für junge Kreative und eine unkonventionelle Metropole der Avantgarde zu sein. Barcelona gilt als hip und ist nicht zuletzt deshalb ein äußerst attraktives Reiseziel.

Barcelonas Hafen ist der größte am westlichen Mittelmeer (rechts).

Die Calle de Alcalá ist eine der vielen Boulevards in Madrid. Die spanische Hauptstadt wartet mit einer Fülle von prachtvollen Bauten verschiedener Stilepochen auf (links).

ST. PETERSBURG

Russland **4–6 Mio.**

Die nach Moskau zweitgrößte Stadt Russlands und ihr Umland sind ein bedeutender Industriestandort und dank der großen Handelshäfen Russlands Tor zur Welt. Die Wirtschaft wächst mittlerweile um durchschnittlich zehn Prozent jedes Jahr. Nicht nur große russische Industriekonzerne sind hier ansässig, auch zahlreiche internationale Unternehmen haben in St. Petersburg Dependancen errichtet. Zwischen 1712 und 1918 war die Metropole Hauptstadt des russischen Zarenreichs. Die prachtvollen Paläste und Kirchen, weitläufigen Parks und Plätze, die in dieser Zeit entstanden, locken heute Touristen aus aller Welt an. St. Petersburg verfügt mit der Eremitage über ein Museum von Weltrang und über eine facettenreiche Theaterlandschaft. Inzwischen zählt die Stadt zu den zehn beliebtesten Reisezielen der Welt.

Der Newskij-Prospekt, die bekannteste Flaniermeile von St. Petersburg (links).

BERLIN/BRANDENBURG

Deutschland **4–6 Mio.**

Die Metropolregion wurde erst 2006 geschaffen. Sie umfasst nicht nur die deutsche Hauptstadt und ihr Umland, sondern darüber hinaus das ganze Land Brandenburg und ist damit die flächenmäßig größte Metropolregion der Bundesrepublik. Während die Gebiete in Brandenburg überwiegend ländlich geprägt sind, zählt Berlin zu den bevölkerungsreichsten Metropolen Europas. Die lange geteilte Stadt ist als Kunst- und Wissenschaftsstandort bekannt. Mehrere Universitäten und zahlreiche Forschungseinrichtungen sowie Museen, Theater und Orchester von Weltrang sind hier ansässig. Die niedrigen Lebenshaltungskosten ziehen Kunstschaffende und junge Leute aus aller Welt an. Nicht zuletzt dank eines schillernden Nachtlebens hat sich Berlin zu einem der beliebtestes Reiseziele in Europa entwickelt.

Oben: Skulpturen am Kurfürstendamm.
Unten: Potsdamer Platz mit Sony-Center.

DIE GRÖSSTEN METROPOLREGIONEN ASIENS

Die Metropolregionen der asiatischen Schwellenländer kämpfen immer noch mit einem hohen Bevölkerungswachstum. In Seoul, einer Metropole der ersten Welt, hingegen zieht es die Menschen vermehrt in die Städte des Umlands.

SEOUL

Südkorea **20–25 Mio.**

Seit dem Ende des Koreakriegs 1951 hat sich die südkoreanische Hauptstadt am Hangang-Fluss zu einer der bevölkerungsreichsten und wirtschaftlich dynamischsten Metropolen der Welt entwickelt. Längst ist sie mit der 28 Kilometer weiter westlich gelegenen Hafenstadt Incheon und anderen Städten der Provinz Gyenggi-do zu einem einzigen urbanen Ballungsraum zusammengewachsen. Jeder zweite Koreaner lebt in der Metropolregion, deren Städte und Gemeinden durch ein engmaschiges Straßen- und Autobahnnetz sowie ein gut ausgebautes öffentliches Nahverkehrssystem miteinander verbunden sind. Seoul ist das politische, kulturelle und ökonomische Zentrum Südkoreas. Rund ein Viertel des koreanischen Bruttoinlandsprodukts wird hier erwirtschaftet. Seouls Wolkenkratzer-Skyline ist ein Wahrzeichen des modernen Korea, viele historische Sehenswürdigkeiten erinnern an die wechselvolle Geschichte des Landes. Seoul verfügt über ein breitgefächertes Kulturangebot.

MUMBAI

Indien **15–25 Mio.**

Wie keine zweite Stadt Indiens symbolisiert die am Arabischen Meer gelegene Riesenmetropole den wirtschaftlichen Aufschwung des Landes. In der Millionenstadt Mumbai schlägt zweifellos das ökonomische Herz der Nation. Die wichtigsten indischen Börsen und Banken sowie zahlreiche internationale Unternehmen residieren hier. Mumbais Filmindustrie ist unter dem Namen »Bollywood« weltbekannt geworden. Der Anteil der Metropolregion am indischen Steueraufkommen liegt bei 30 Prozent. In Mumbai sollen nicht nur mehr Multimillionäre als in Manhattan leben, die Stadt hat auch mehr Slums als jede andere indische Metropole. Nach wie vor leben rund 30 Prozent der Einwohner in über die ganze Stadt verstreuten Elendsquartieren.

Abends verwandelt sich Mumbai in einer Glitzermetropole (rechts).

METRO MANILA

Philippinen **15–25 Mio.**

Neben der philippinischen Hauptstadt gehören zu der Metropolregion noch 16 andere große und kleine Städte. Während Manila selbst mit einer Einwohnerzahl von zurzeit 1,6 Millionen nur wenig größer als München ist, zählt der ganze Ballungsraum, in dem nach Schätzungen von Experten mittlerweile über 20 Millionen Menschen leben, zu den bevölkerungsreichsten der Welt. Mit einem Bruttoinlandsprodukt von zuletzt 74 Milliarden US-Dollar hat sich die Metropolregion Manila im PricewaterhouseCoopers-Ranking der weltweit wirtschaftlich leistungsstärksten und reichsten Ballungsräume einen Platz unter den ersten 50 erobert. Nur eine kleine Oberschicht profitiert vom wirtschaftlichen Erfolg. Die Mehrheit der Bevölkerung haust in Slums.

Makati ist eine der 17 Städte, die Metro Manila bilden (rechts).

Mit rund 18.000 Einwohnern pro Quadratkilometer zählt die koreanische Hauptstadt Seoul zu den dichtbesiedeltesten Orten der Welt (links).

HONGKONG-SHENZHEN

China **15–25 Mio.**

Obwohl die beiden Schwesterstädte am Perlfluss-Delta keine administrative Einheit bilden, werden sie meist in einem Atemzug genannt. Shenzhen ist von Hongkong nur durch zwei kleine Flüsse getrennt und wie die ehemalige britische Kronkolonie als Sonderwirtschaftszone ausgewiesen. Beide profitieren von ihrer Nachbarschaft. Das Engagement Hongkonger Investoren trug zum Aufbau einer modernen Industrie in Shenzhen bei. Vor nicht mehr als 30 Jahren hatte die Stadt 30.000 Einwohner, heute leben hier zwölf Millionen Menschen. Hongkong und Shenzhen zählen zu den wirtschaftlich leistungsstärksten Metropolen Chinas. Experten vermuten, dass beide in naher Zukunft mit anderen Städten der Region zu einem gigantischen Wirtschaftsraum mit 120 Millionen Einwohnern verschmelzen werden.

Die Finanzmetropole Hongkong gehört zu den teuersten Städten der Welt (links).

JAKARTA

Indonesien **15–25 Mio.**

Die auf der Insel Java gelegene Hauptstadt Indonesiens zählt zu den explosionsartig wachsenden Megacitys der Welt. Trotz der Anstrengungen seitens der Regierung, den Zuzug von Menschen aus den ländlichen Regionen Indonesiens zu unterbinden, zieht Jakarta als wirtschaftliches Zentrum des bevölkerungsreichsten Landes Südostasiens immer noch zahllose Armutsflüchtlinge an. Längst ist die Metropole mit den Nachbarstädten Bogor, Tangerang und Behasi zu einem gigantischen Ballungsraum zusammengewachsen. Wie andere Megacitys kämpft Jakarta mit den Problemen der Übervölkerung. Weite Teile des Stadtgebiets sind verslumt. Die Gesundheitsversorgung ist mehr als mangelhaft und das Trinkwasser oft knapp. Aufgrund der hohen Verkehrsdichte ist die Luftverschmutzung unerträglich groß.

Die Skyline des modernen Jakarta ist von Wolkenkratzern geprägt (links).

DIE GRÖSSTEN METROPOLREGIONEN ASIENS

Während die Einwohnerzahl der Städte in der Kansai-Region nur unwesentlich steigt, haben Shanghai und Delhi mit einem enormen Bevölkerungswachstum zu kämpfen.

DELHI

Indien **15–25 Mio.**

Die nach Mumbai größte indische Metropolregion besteht aus den beiden Kommunen Delhi und Neu-Delhi. Während Delhi auf eine Jahrhunderte alte Geschichte zurückblicken kann, ist Neu-Dehli eine vergleichsweise junge Stadt, die zu Beginn des 20. Jahrhunderts von den britischen Kolonialherren planvoll angelegt und 1947 Hauptstadt des unabhängigen Indien wurde. Trotz aller Gegensätze bilden beide Städte einen einzigen urbanen Großraum, der Menschen aus allen Teilen Indiens anzieht. Delhi ist nicht nur das administrative und politische Zentrum des Landes, sondern auch ein wichtiger Industriestandort. Obwohl sich im Zuge der wirtschaftlichen Entwicklung Indiens eine schnell wachsende Mittelschicht ausbildet, leben immer noch 20 Prozent der Einwohner in Armut. Wie andere Metropolregionen in den Schwellen – und Entwicklungsländern hat Delhi mit einem hohen Bevölkerungswachstum, einem enormen Verkehrsaufkommen und gravierenden Umweltproblemen zu kämpfen.

SHANGHAI

China **15–20 Mio.**

Die Hafenstadt an der Mündung des Yangtse in das Ostchinesische Meer symbolisiert wie keine andere chinesische Metropole den rasanten Wandel des Reichs der Mitte von einem Entwicklungsland zu einer der dynamischsten Volkswirtschaften des Planeten. In nur 20 Jahren hat sich die Metropolregion zu einem Wirtschaftszentrum von globaler Bedeutung entwickelt. Wichtige Industrien, eine der weltweit umsatzstärksten Börsen und große Finazdienstleister sind hier ansässig. Ihren sinnfälligen Ausdruck findet die wirtschaftliche Dynamik in einer regen Bautätigkeit. Futuristische Wolkenkratzer schießen wie Pilze aus dem Boden und verändern das Gesicht der Stadt. Trotz einer strengen Zuwanderungskontrolle steigt die Einwohnerzahl ständig.

Die Retortenstadt Pudong, ein Symbol des modernen Shanghai (rechts).

KANSAI (OSAKA/KOBE/KYOTO)

Japan **15–20 Mio.**

Die Metropolregion ist die nach Tokio bevölkerungsreichste und wirtschaftlich leistungsstärkste Japans. Das Bruttoinlandsprodukt, das in dem Großraum um Osaka, Kyoto und Kobe alljährlich erwirtschaftet wird, reicht an das Australiens heran. Obwohl die drei Städte und ihr Umland mittlerweile zu einem einzigen urbanen Ballungsraum verschmolzen sind, hat jede ihre Eigentümlichkeiten bewahrt. Während die alte Kaiserstadt Kyoto mit einem reichen historischen Erbe punktet, sind Osaka und Kobe als moderne Handels- bzw. Industriezentren bekannt. 2006 schlossen sich sieben Präfekturen in dem Gebiet mit dem Ziel, die Verwaltung zu koordinieren, zu einem Zweckband zusammen.

Kobe ist Standort eines international bedeutenden Handelshafens (rechts).

Das alte Delhi wartet mit einem reichen historischen Erbe auf. Die Großmoguln, die rund drei Jahrhunderte in Indien herrschten, hinterließen prachtvolle Moscheen und Paläste (links).

DIE GRÖSSTEN METROPOLREGIONEN ASIENS

KOLKATA

Indien **10–20 Mio.**

Zu der nach Mumbai und Delhi bevölkerungsreichsten Metropolregion Indiens gehören viele Hundert Städte, Gemeinden und Dörfer. Kalkutta bzw. Kolkata, das unbestrittene Zentrum die-

Brücke über den Hugli bei Kolkata.

ses gigantischen Ballungsraums, war lange Zeit als »Armenhaus« der Welt verschrien. Mittlerweile hingegen gilt die Megapolis als Boom-Town. Dennoch lebt immer noch ein Drittel der Einwohner in Slums. Ein hoher Prozentsatz arbeitet in der Schattenwirtschaft.

DHAKA

Bangladesch **10–20 Mio.**

Die Kapitale von Bangladesch zählt zu den unkontrolliert wachsenden Riesenstädten dieser Welt. Wohl keine andere Metropolregion in Asien hat mit einer vergleichbaren Bevölkerungsexplosion zu kämpfen. Alljährlich zieht es Hunderttausende von Armutsflüchtlingen aus den ländlichen Gebieten in die übervölkerte Hauptstadt. Allein zwischen 1990 und 2005 stieg die Einwohnerzahl nach Expertenschätzungen von 6,5 auf 12,5 Millionen an. Wie viele Menschen heute in der Metropolregion leben, weiß niemand so genau. Zwischen 30 und 40 Prozent der Bevölkerung lebt in Slums. Die Lebensbedingungen hier bilden einen scharfen Kontrast zu dem Luxus in den modernen Geschäftszentren Dhakas.

TEHERAN

Iran **10–20 Mio.**

Die Kapitale des Iran ist die bei Weitem größte Stadt des Mittleren Ostens, im Ranking der bevölkerungsreichsten Megacitys der Welt belegt sie den 19. Platz. Die Metropolregion hat ein enormes Bevölkerungswachstum zu verzeichnen. Obwohl im Zuge der islamischen Revolution und dem Iran-Irak-Krieg zwischen 1980 und 1988 viele Menschen das Land verlassen hatten, verdreifachte sich die Einwohnerzahl Teherans in den letzten drei Jahrzehnten. Ausgezeichnete Ausbildungs- und Berufschancen führten und führen immer noch zum Zuzug Hunderttausender junger Iraner aus allen Teilen des Landes. Viele lassen sich in den schnell wachsenden Städten im Umland der Kapitale nieder.

KARATSCHI

Pakistan **10–20 Mio.**

Bis zur Unabhängigkeit war die Hafenstadt am Arabischen Meer eine mittlere Großstadt innerhalb des British Empire. Nach der Teilung des Subkontinents 1947 in das islamische Pakistan und das hinduistische Indien ließen sich hier Hunderttausende von muslimischen Flüchtlingen nieder und ließen die Einwohnerzahl explodieren. Karatschi entwickelte sich zu einer der bevölkerungsreichsten Metropolen im südasiatischen Raum. Obwohl es nicht mehr Hauptstadt Pakistans ist, bildet es nach wie vor das wirtschaftliche Zentrum des Landes.

BEIJING

China **10–20 Mio.**

Im Zuge der unter Deng Xiaoping Ende der 1970er-Jahre einsetzenden Reformen hat sich die Kapitale der Volksrepublik China zu einer geschäftigen Weltstadt entwickelt, die oft mit Metropolen wie New York City oder London verglichen wird. Beijing ist nicht nur das administrative wie politische Zentrum einer Weltmacht, sondern auch Sitz vieler global operierender Unternehmen. Seit dem Beginn der 1980er-Jahre wurde das Stadtgebiet systematisch durch die Eingemeindung von Landkreisen erweitert. Die neuen Bezirke legen sich wie Ringe um die Kernstadt und bilden zusammen mit dieser eine administrative Einheit, die direkt der chinesischen Regierung untersteht. Der Großraum Beijing umfasst eine Fläche von rund 16.000 Quadratkilometern und ist dicht besiedelt.

Das Geschäftszentrum von Beijing mit dem höchsten Gebäude der Stadt, dem »China World Trade Center-Tower«. Die chinesische Hauptstadt hat sich in den letzten 20 Jahren in eine Metropole nach westlichem Muster verwandelt.

DIE GRÖSSTEN METROPOLREGIONEN AUSTRALIENS

Die drei australischen Metropolen bieten ein hohes Maß an Lebensqualität. Sie belegen im Ranking der lebenswertesten Städte der Welt regelmäßig vordere Plätze.

SYDNEY

Australien **4–6 Mio.**

Die größte Stadt Australiens zählt mit knapp vier Millionen Einwohnern sicherlich zu den kleineren Metropolen der Welt. Dennoch hat sie eine überragende globale Bedeutung und wird vom »Globalization and World Cities Network« in einem Atemzug mit Städten wie Singapur oder Hongkong genannt. In Sydney schlägt das ökonomische Herz des Roten Kontinents. Hier werden 25 Prozent des australischen Bruttoinlandsprodukts erwirtschaftet, die größten australischen und mehr als 500 internationale Unternehmen residieren in der Stadt. Sydneys Museen und Theater verfügen über internationales Renommee. Nicht zuletzt dank der großen Zahl von Einwanderern entwickelte sich die Bevölkerung rasant. 1935 erreichte die Einwohnerzahl der Metropolregion die Millionengrenze, bereits 1962 lag sie bei zwei Millionen und 2006 bei vier Millionen. Die Immigranten haben das Gesicht der Stadt geprägt. Sydney ist eine multikulturelle Metropole und wirkt wohl auch deshalb weltstädtisch.

MELBOURNE

Australien **3–5 Mio.**

Die Kapitale des südaustralischen Bundesstaats Victoria ist die zweitgrößte Stadt auf dem Roten Kontinent. In der Metropolregion leben heute rund vier Millionen Menschen und damit doppelt so viele wie noch in den 1950er-Jahren. 36 Prozent der Einwohner Melbournes wurden außerhalb Australiens geboren, ein nicht geringer Prozentsatz ist aus anderen australischen Bundesstaaten zugezogen. Die Lebensqualität ist dank vergleichsweise geringer Lebenshaltungskosten und unzähliger Freizeitangebote höher als anderswo in Australien. Die Stadt wurde zuletzt 2011 zur lebenswertesten Stadt des Planeten gewählt. Melbourne ist Sitz des größten Hafens Australiens. Er ist ein bedeutender Wirtschaftsfaktor und gilt als ein Tor Australiens zur Welt.

Abends verwandelt sich Melbourne in eine Lichterstadt (rechts).

BRISBANE

Australien **2 Mio.**

Die Kapitale des Bundesstaats Queensland ist die drittgrößte Stadt auf dem Roten Kontinent und das wirtschaftliche Zentrum Nordostaustraliens. Zahlreiche australische und internationale Unternehmen haben hier Dependancen errichtet. Zwischen Sydney im Süden und Singapur im Norden findet sich keine Stadt mit einer vergleichbaren Wirtschaftskraft. Die Anfänge Brisbanes gehen auf eine 1824 gegründete Strafkolonie zurück, 1842 wurde das Gebiet freien Siedlern zur Landnahme überlassen und Brisbane 1859 Hauptstadt des neu gegründeten Bundesstaats New South Wales. Die heutige City of Brisbane ist 1925 aus dem Zusammenschluss von 25 Gemeinden entstanden. Sie bildet das Zentrum der Metropolregion South East Queensland.

Die Story Bridge, ein weltbekanntes Wahrzeichen Brisbanes (rechts).

Sydney wartet mit einer modernen Skyline auf. Die Harbour Bridge und das Sydney Opera House sind weltbekannte Wahrzeichen der Stadt (links).

DIE GRÖSSTEN METROPOLREGIONEN AFRIKAS

Die Bevölkerung der großen Metropolregionen Afrikas wächst aufgrund hoher Geburtenraten und zunehmender Landflucht als unvermeidliche Folge nicht endender Bürgerkriege explosionsartig.

KAIRO

Ägypten **15–25 Mio.**

Die ägyptische Hauptstadt steht in dem Ruf, ein urbaner Moloch zu sein, und wird oft in einem Atemzug mit Mexico-City, Delhi oder Jakarta genannt. In der Tat leidet Kairo unter einem enormen Bevölkerungswachstum. Die hohe Geburtenrate und eine bis heute anhaltende Landflucht haben zu einer Verdoppelung der Einwohnerzahl in nur 40 Jahren geführt. Innerhalb der Grenzen der Stadt, die mit einer Gesamtfläche von 214 Quadratkilometern eher klein ist, leben heute acht Millionen, in der Metropolregion nach Expertenschätzungen sogar bis zu 25 Millionen Menschen. Ein Großteil von ihnen haust in Slums und provisorischen Siedlungen wie der sogenannten Totenstadt – ein riesiger Friedhof mit Mausoleen aus allen Epochen der islamischen Geschichte Kairos, der in ein Wohngebiet umgewandelt wurde. Trotz der immensen sozialen Probleme, des tagtäglich drohenden Verkehrsinfarkts und einer hohen Luftverschmutzung übt Kairo eine große Faszination auf Menschen aus aller Welt aus. Nicht nur die Pyra-

LAGOS

Nigeria **10–20 Mio.**

Die größte Metropolregion des bevölkerungsreichsten Landes in Afrika wächst schneller als jede andere Megacity dieser Welt. Lag die Einwohnerzahl von Lagos 1960 noch bei 700.000, so hatte sie im Jahr 2011 die Zehn-Millionen-Grenze erreicht. Bis 2020 wird sie sich wohl noch einmal verdoppeln. Mehr als die Hälfte der Bevölkerung lebt in den Slums und improvisierten Siedlungen von Greater Lagos. Das pulsierende moderne Zentrum der City erstreckt sich über drei Inseln im Golf von Guinea.

KINSHASA

Dem. Rep. Kongo **8–12 Mio.**

Die Hauptstadt der Demokratischen Republik Kongo verzeichnet wie viele Metropolen in den Entwicklungsländern ein rasantes Bevölkerungswachstum. Während 1960, dem Jahr der Unabhängigkeit des Kongo, nur 400.000 Menschen in Kinshasa lebten, sind es heute über neun Millionen. Obwohl Kinshasa das ökonomische Zentrum eines der rohstoffreichsten Länder Afrikas ist, liegt die Wirtschaft, bedingt durch die nicht enden wollende Bürgerkriege und eine grassierende Korruption, darnieder.

KHARTUM

Sudan **8–12 Mio.**

Die Hauptstadt der Republik Sudan hat zwar nur 2,6 Millionen Einwohner, in der Metropolregion aber ist die Bevölkerungszahl in den letzten Jahren auf heute schätzungsweise acht bis zwölf Millionen angestiegen. Groß-Khartum zählt damit zu den bevölkerungsreichsten Ballungsräumen Afrikas. Die meisten Menschen kamen als Flüchtlinge aus den Kriesengebieten im Tschad, in Uganda, Darfur oder dem Südsudan und ließen sich in den schnell wachsenden Elendsvierteln außerhalb der City nieder.

JOHANNESBURG

Rep. Südafrika **9–12 Mio.**

Die Metropole ist zwar nicht das politische und kulturelle, wohl aber das wirtschaftliche Zentrum Südafrikas. Die Wolkenkratzer des Business District sind ihr Wahrzeichen. In Johannesburg leben heute fast vier Millionen, in der Metropolregion mehr als neun Millionen Menschen. Die berüchtigten Townships wurden nach dem Ende der Apartheid eingemeindet. Ein Großteil der schwarzen Bevölkerung lebt hier immer noch in ärmlichen Verhältnissen.

Johannesburg bildet das wirtschaftliche Zentrum Südafrikas (Bild oben).

miden von Gizeh, auch das mehr als 1000 Jahre alte islamische Kairo mit seinen vielen Moscheen und geschäftigen Basaren lockt jedes Jahr Millionen von Touristen an. In Downtown Kairo befinden sich viele unter Ismail Pascha (reg. 1863–1879) entstandene klassizistische Bauten. Das moderne Kairo zeigt sich in den hochaufragenden Bürotürmen und Hotelbauten am Nil.

Das 1867 eingeweihte Opernhaus gehört zu den unter Ismail Pascha errichteten klassizistischen Bauten, denen Kairo den Beinamen »Paris on the Nile« verdankt.

ABIDJAN

Elfenbeinküste **4–8 Mio.**

Die ehemalige Hauptstadt der Elfenbeinküste ist nach Lagos die größte Stadt Westafrikas und ein wirtschaftliches Zentrum für die ganze Region mit einer vergleichsweise hohen Dichte an Industriebetrieben. Im Zentrum wird das Stadtbild von modernen Hochhausbauten geprägt. Die Bevölkerungszahl wächst nicht zuletzt aufgrund der Flüchtlinge, die infolge des Bürgerkriegs in die Stadt strömten, überdurchschnittlich schnell. Während 1950 nicht mehr als 50.000 Menschen in Abidjan lebten, sind es heute schätzungsweise mehr als vier Millionen.

IBADAN

Nigeria **4–8 Mio.**

Die Kapitale des westnigerianischen Bundesstaates Oyo zählt zu den großen wirtschaftlichen Zentren des Landes und zu den bevölkerungsreichsten Metropolregionen Afrikas. Aufgrund der immensen Ausdehnung der Stadt, die sich nach offiziellen Angaben über eine Fläche von 3080 Quadratkilometern erstrecken soll, ist die Bevölkerungsdichte dennoch vergleichsweise gering. Ibadan ist eine Universitätsstadt und ein Zentrum des Handels sowie der Weiterverarbeitung von landwirtschaftlichen Produkten.

ALGIER

Algerien **5–10 Mio.**

Die traditionsreiche Hauptstadt Algeriens leidet unter einem hohen Bevölkerungsdruck. Obwohl viele Algerier ihr Land aus wirtschaftlichen Gründen verlassen, stieg die Einwohnerzahl Algiers in den Jahren seit der 1962 erlangten Unabhängigkeit um das Dreifache. In der Metropolregion leben nach Schätzungen von Experten heute fünf bis zehn Millionen Menschen. Als ökonomisches Zentrum Algeriens wirkt die Hauptstadt wie ein Magnet.

Algier hat mit einer rasant wachsenden Bevölkerung zu kämpfen (links).

KAPSTADT

Rep. Südafrika **4–6 Mio.**

Die zweitgrößte Stadt Südafrikas gilt als multikulturelles Aushängeschild der Regenbogennation. Menschen verschiedenster Kulturen verleihen ihr ein unverwechselbares Gesicht. Auch 20 Jahre nach dem Ende des Apartheid-Regimes sind die Folgen der Rassentrennung zu spüren. Bis heute leben viele schwarze Südafrikaner in den Townships am Rande der Stadt. Der Großraum Kapstadt zählt zu den wirtschaftlich stärksten Afrikas.

Kapstadt ist dank seiner Lage eine der schönsten Städte der Welt (links).

DIE GRÖSSTEN METROPOLREGIONEN NORD- UND MITTELAMERIKAS

Obwohl sich die Situation entspannt hat, wächst die Bevölkerung von Mexiko-Stadt ungleich schneller als die us-amerikanischer Großstädte. Nach wie vor zieht die Metropole Armutsflüchtlinge aus allen Teilen Mexikos an.

MEXIKO-STADT

Mexiko **20–25 Mio.**

Die mexikanische Hauptstadt belegt in den von verschiedenen Forschungsinstituten herausgegebenen Listen der größten Städte des Planeten regelmäßig einen vorderen Platz. Die Riesenmetropole gilt bis heute weltweit als unkontrollierbarer Moloch, der mit einer gigantischen Bevölkerungsexplosion und gravierenden Umweltproblemen zu kämpfen hat. Tatsächlich aber hat sich die Situation in den letzten Jahren ein wenig entspannt. Das Bevölkerungswachstum verlangsamt sich, und die immer noch hohe Luftverschmutzung beginnt dank verschiedener Maßnahmen der mexikanischen Regierung zu sinken. Obwohl Mexiko-Stadt als wirtschaftliches Zentrum eines aufstrebenden Schwellenlands ein Finanz- und Handelsplatz von globaler Bedeutung ist, lebt ein Großteil der Bevölkerung in Armut. Erste und Dritte Welt finden sich hier auf engstem Raum. Trotz des allgegenwärtigen Chaos ist Mexiko-Stadt eine lebendige Metropole mit einer vielfältigen Kunst- und Theaterlandschaft.

NEW YORK

USA **19–25 Mio.**

Die Metropolregion umfasst die Stadt New York und ihr Einzugsgebiet. Obwohl die Einwohnerzahl in den letzten Jahren nicht wesentlich gestiegen ist, zählt der riesige Ballungsraum immer noch zu den bevölkerungsreichsten der Welt. New York City gilt nach wie vor als »Hauptstadt der Welt«. Die Stadt ist nicht nur der wichtigste Handels- und Finanzplatz des Planeten und Sitz der Vereinten Nationen, sondern setzt auch in Kunst, Mode und Design immer wieder neue Maßstäbe. Die Wolkenkratzer-Skyline von Manhattan, dem berühmtesten der fünf New Yorker Stadtbezirke, wurde Vorbild für Stadtplaner überall auf der Welt. Einwanderer aus fast 200 Nationen haben New York zu einem multikulturellen Schmelztiegel macht.

Das Wolkenkratzergebirge von Manhattan im Dämmerlicht (rechts).

LOS ANGELES

USA **10–20 Mio.**

Die nach der New York Metropolitan Area größte Metropolregion der USA zählt zu den weltweit wichtigsten urbanen Wirtschaftszentren. Große Industriekonzerne, innovative IT-Firmen und nicht zuletzt die führenden Unternehmen der amerikanischen Unterhaltungsindustrie haben hier ihren Sitz. Die Region gilt als stark zersiedelt. Auf einer Fläche von rund 90.000 Quadratkilometern finden sich mehr als 50 Städte, Gemeinden und kleine Ortschaften, die durch Highways miteinander verbunden sind. Selbst die Millionenmetropole Los Angeles gleicht über weite Gebiete einem riesigen urbanen Flickenteppich, der aus vielen einzelnen Suburbs besteht. In »Stadt der Engel« sind Menschen aller Nationen und Kulturen zu Haus.

Der Wolkenkratzer des Business-Districts überragen L. A. (rechts).

Das Häusermeer von Mexiko-Stadt erstreckt sich bis zum Horizont (Bild links). Freiheitssäule mit El Ángel de la Indepencia an der Hauptverkehrstraße Paseo de la Reforma (Bild rechts).

DIE GRÖSSTEN METROPOLREGIONEN NORD- UND MITTELAMERIKAS

Von Chicago über Toronto bis Philadelphia und Boston: Nordamerikanische Metropolen werben mit imponierenden Skylines für sich. Sie verleihen jeder Stadt ein unverwechselbares Gesicht.

CHICAGO

USA **10 Mio.**

»Chicagoland«, wie der Ballungsraum um die legendäre, heute rund 2,7 Millionen Einwohner zählende Stadt am Südwestufer des Michigansees auch genannt wird, zählt zu den 30 größten und wirtschaftlich leistungsstärksten Metropolregionen der Welt. Er ist ein bedeutender Industriestandort, global operierende Konzerne wie Motorola oder McDonald's haben hier ihre Zelte aufgeschlagen. In Chicago selbst sind so bekannte Unternehmen wie Boeing und die größte Warenterminbörse der USA ansässig. Während die Einwohnerzahl der Stadt seit den 1990er-Jahren sinkt, steigt die der Metropolregion kontinuierlich. Vor allem die Mittelschicht zieht es in die Suburbs und Gemeinden des Umlands. Die Bevölkerung Chicagos ist multiethnisch und setzt sich aus Einwanderern aller Herren Länder und ihren Nachfahren zusammen. Trotz der allenthalben spürbar werdenden Liberalisierung leben Weiße und Afroamerikaner immer noch getrennt voneinander in verschiedenen Stadtvierteln.

WASHINGTON/ BALTIMORE

USA **5–8 Mio.**

Die Metropolregion umfasst die usamerikanische Hauptstadt und ihr Umland sowie den Ballungsraum Baltimore im US-Bundesstaat Maryland. In den Statistiken des »Office of Management and Budget« wird sie als wohlhabendste Region der Vereinigten Staaten geführt. Auch der Bildungsstandard der Bevölkerung liegt weit über dem anderer Regionen des Landes.

Das Kapitol in Washington ist Sitz des amerikanischen Kongresses (rechts).

SAN FRANCISCO

USA **4–7 Mio.**

Die San Francisco Bay Area zählt zu den wohlhabendsten der USA. Im Süden der Region liegt das Silicon Valley, das als Keimzelle der digitalen Revolution weltweit ein Begriff ist. Giganten des Informationszeitalters wie Apple, Google oder Oracle haben hier ihren Sitz. San Francisco ist als Hippie-Hochburg ein Mythos. Die Stadt verfügt über eine lebendige Kunstszene.

In Downtown San Francisco prägen Wolkenkratzer das Stadtbild (rechts).

DALLAS

USA **5–10 Mio.**

Zu der Metropolregion im Nordosten des US-Bundesstaats Texas gehören neben Dallas so bedeutende Industrie- und Unternehmensstandorte wie Irving, Plano, Fort Worth und Arlington. In offiziellen Statistiken wird sie deshalb als Metropolkomplex, der im Unterschied zu einer Metropolregion aus mehreren urbanen Zentren besteht, geführt. Dallas ist ein ökonomisches Zentrum von globaler Bedeutung.

Die Skyline von Dallas ist von futuristischen Bauten geprägt (rechts).

Die Chicagoer Wolkenkratzer bestechen durch ihre architektonische Vielfalt, wie man von hier aus mit Blick auf die Piers und Strandpromenaden am Ufer des Lake Michigan sehen kann.

TORONTO

Kanada **5–10 Mio.**

Zusammen mit ihrem Umland bildet die Millionenstadt am Nordwestufer des Ontariosees die bevölkerungsreichste und zugleich wirtschaftlich leistungsstärkste Metropolregion Kanadas. Der Anteil der Greater Toronto Area am kanadischen Bruttoinlandsprodukt beträgt rund zehn Prozent. Dank der günstigen wirtschaftlichen Rahmenbedingungen wächst nirgendwo sonst in dem Riesenland die Bevölkerung so schnell wie hier.

Torontos Fernsehturm überragt alle anderen Gebäude der Stadt (links).

PHILADELPHIA

USA **6 Mio.**

Die Metropolregion um die Millionenstadt Philadelphia umfasst mehrere Counties im Mündungsbereich des Delaware River und ist die nach der New York Metropolitan Area größte Metropolregion an der Ostküste der USA. In Philadelphia wurde die amerikanische Unabhängigkeit verkündet. Heute ist die Stadt Sitz namhafter Medienunternehmen und bedeutender Universitäten.

Das traditionsreiche Philadelphia glänzt mit einer modernen Skyline (links).

BOSTON

USA **5–8 Mio.**

Die Region um die traditionsreiche Neuengland-Metropole zählt zu den wirtschaftlich stärksten der USA wie der Welt. Bedeutende Finanzdienstleister und Versicherungen haben hier ihren Sitz. Die Harvard University und das Massachusetts Institute of Technology in Cambridge gehören zu den besten Hochschulen der Welt. Die amerikanische Revolution, die zur Gründung der Vereinigten von Amerika führte, nahm in Boston ihren Ausgang.

Auch in Boston bestimmen einförmige Hochhausbauten das Stadtbild (links).

DIE GRÖSSTEN METROPOLREGIONEN SÜDAMERIKAS

SÃO PAULO

Brasilien **15–25 Mio**

Der Ballungsraum rund um die Megalopolis São Paulo ist die bevölkerungsreichste Metropolregion der südlichen Hemisphäre und die sechstgrößte des Planeten. Berücksichtigt man die Städte, die in ihrer unmittelbaren Nachbarschaft liegen, ist sie fast so groß wie Tokio. Dieser erweiterte Complexo Metropolitano Expandido zählt heute bereits rund 30 Millionen Einwohner, seine Städte werden in nicht allzu ferner Zukunft zu dem dann wohl größten urbanen Ballungsraum der Erde zusammengewachsen sein. In Grande São Paulo schlägt das Herz der brasilianischen Wirtschaft. Die Fabriken der Region stellen Autos, Textilgüter und pharmazeutische Produkte her oder verarbeiten landwirtschaftlichen Erzeugnisse. Zahlreiche internationale Konzerne haben in Grande São Paulo Produktionsstätten eröffnet. São Paulo selbst, ein gigantischer urbaner Moloch mit heute elf Millionen Einwohnern, hat sich in ein modernes Dienstleistungszentrum verwandelt, das für den Aufschwung Brasiliens steht.

Das Häusermeer von São Paulo erstreckt sich bis zum Horizont.

Die Avenida 9 de Julio im Zentrum von Buenos Aires ist die breiteste Straße der Welt. Sie hat sieben Fahrspuren für jede Richtung.

BUENOS AIRES

Argentinen 10–20 Mio.

Die nach Grande São Paulo bevölkerungsreichste Metropolregion Südamerikas dehnt sich in westlicher, östlicher und südlicher Richtung weit über das Stadtgebiet von Buenos Aires hinaus aus. Während die argentinische Hauptstadt eine Fläche von nur rund 200 Quadratkilometern umfasst, erstreckt sich Gran Buenos Aires mittlerweile über ein 3880 Quadratkilometer großes Gebiet, das dicht bebaut ist und weltweit als abschreckendes Beispiel extremer Zersiedlung gilt. Obwohl sich Gran Buenos Aires im Zuge der wirtschaftlichen Erholung Argentiniens nach dem großen Crash von 2001 zu einer der ökonomisch dynamischsten Metropolregionen auf dem Globus entwickelt hat, lebt nach wie vor ein Fünftel der Bevölkerung in Armut. Die Wirtschaft, die rund ein Viertel des argentinischen Bruttoinlandsprodukts erbringt, ist immer noch industriell geprägt. Buenos Aires gilt seit jeher als europäischste aller südamerikanischen Metropolen und wird oft mit Paris verglichen. Im pulsierenden Zentrum bestimmen klassizistische Paläste und repräsentative Belle-Époque-Bauten sowie breite Boulevards und Avenidas aus der Zeit zwischen 1880 und 1930, als Argentiniens Wirtschaft boomte, das unverwechselbar Stadtbild.

Ein eng geknüpftes Netz von Highways und Schnellstraßen, durch das sich 24 Stunden am Tag dichter Verkehr wälzt, durchzieht São Paulos Häusermeer. Zurzeit sind in der Stadt sieben Millionen Pkw gemeldet. Kilometerlange Verkehrstaus gehören zum Alltag dazu.

DIE GRÖSSTEN METROPOLREGIONEN SÜDAMERIKAS

Die Aussicht auf mehr Lebenschancen lockt immer noch viele Armutsflüchtlinge in die Metropolen Südamerikas. Außerhalb der Innenstädte breiten sich die Elendsbezirke weiter aus. Von dem wachsenden Wohlstand profitieren nur wenige.

RIO DE JANEIRO

Brasilien **10–15 Mio.**

Die nach São Paulo bevölkerungsreichste brasilianische Metropolregion erstreckt sich über ein rund 5000 Quadratkilometer großes Gebiet rund um die Guanabara-Bucht. Außer der legendären Millionenmetropole umfasst sie noch zahlreiche andere kleine und große Städte. Grande Rio ist ein Motor der brasilianischen Wirtschaft und der nach São Paulo bedeutendste Industriestandort des Landes. Viele Unternehmen der Stahl-, der Textil- sowie der pharmazeutischen und petrochemischen Industrie sind hier ansässig. In Rio de Janeiro, dem unbestrittenen Zentrum der Region, sind zahlreiche internationale Konzerne präsent. Die Megalopolis hat wie andere Riesenstädte des Planeten viele Gesichter. Die glitzernden Hochhausfassaden im pulsierenden Zentrum bezeugen den wachsenden Wohlstand, die berüchtigten Favelas in den Randbezirken die weiterhin grassierende Armut. Trotz der großen sozialen Probleme zieht allein der Mythos der Stadt alljährlich Millionen Menschen an.

BOGOTÁ

Kolumbien **7–10 Mio.**

Die kolumbianische Hauptstadt und ihr Umland bilden einen unkontrolliert wachsenden Ballungsraum. Nach wie vor zieht die Metropolregion Bogotá als wirtschaftliches und administratives Zentrum Kolumbiens, in dem ein Großteil der Industriebetriebe des Landes angesiedelt ist, Armutsflüchtlinge aus den ländlichen Gebieten an. Allein zwischen 2005 und 2010 stieg die Einwohnerzahl um 33 Prozent.

Bogotá liegt in einer Hochebene der Anden in 2640 Meter Höhe (rechts).

LIMA

Peru **7–10 Mio.**

In der Región Lima Metropolitana, die die peruanische Kapitale und die Hafenstadt Callao umfasst, lebt rund ein Drittel der Bevölkerung des Andenstaats. Auf die Bewohner der ländlichen Gebiete Perus wirkt Lima wie ein Magnet. In dem Ballungsraum rund um die Stadt ist ein Großteil der peruanischen Industrie angesiedelt. 50 Prozent der Einwohner Limas leben in Slums.

Lima liegt am Fuß von Ausläufern der westlichen Anden (rechts).

BELO HORIZONTE

Brasilien **5–10 Mio.**

Die Hauptstadt des brasilianischen Bundesstaates Belo Horizonte bildet den Mittelpunkt der nach São Paulo und Rio de Janeiro größten Metropolregion des Landes. Bis in die 1990er-Jahre dominierten Unternehmen der metallverarbeitenden Industrie das Wirtschaftsleben. Mittlerweile werden 85 Prozent des Bruttoinlandsprodukts von Greater Belo Horizonte im Dienstleistungssektor erbracht.

Das moderne Belo Horizonte ist wie Brasília planvoll angelegt (rechts).

SANTIAGO

Chile **5–10 Mio.**

Die Región Metropolitana de Santiago ist einer der 15 Verwaltungsbezirke, in die Chile aufgeteilt ist. 40 Prozent der Einwohner Chiles leben hier. Sie erwirtschaften fast die Hälfte des chilenischen Bruttoinlandsprodukts. Ökonomisches wie kulturelles Zentrum ist natürlich Santiago de Chile. Seit dem Ende der Pinochet-Diktatur hat sich die Hauptstadt des Andenstaats zu einer weltoffenen, modernen Metropole entwickelt. Trotz eines robusten Wirtschaftswachstums vergrößert sich der Gegensatz zwischen arm und reich. 50 Prozent der Bevölkerung lebt in Slums.

Der Blick über das glitzernde Häusermeer von Rio de Janeiro mit dem Zuckerhut im Hintergrund lässt die sozialen Probleme der Stadt fast vergessen (links).

SALVADOR DA BAHIA

Brasilien **3–5 Mio**

Die einstige Kapitale des portugiesischen Kolonialreichs und heutige Hauptstadt des brasilianischen Bundesstaats Bahia ist die nach Rio bekannteste Stadt des Landes. Die historische Altstadt, ein UNESCO-Weltkulturerbe, und die durch afrobrasilianische Traditionen geprägte lokale Kultur ziehen alljährlich Hunderttausende von Menschen aus aller Welt an. Der Tourismus trägt maßgeblich zur wirtschaftlichen Entwicklung des Großraums bei.

Blick von der historischen Altstadt Salvadors auf das Geschäftszentrum (links).

RECIFE

Brasilien **3–5 Mio.**

Die Metropolregion um die Hauptstadt des brasilianischen Bundesstaats Pernambuco ist ein Motor der wirtschaftlichen Entwicklung in Nordostbrasilien. Rund 80.000 Unternehmen sind hier angesiedelt. Die 90 Unternehmen des zum IT-Sektor gehörenden »Porto Digital« exportieren ihre Produkte in alle Welt. Trotz des Wirtschaftswachstums leben fast 40 Prozent der Einwohner Recifes in Slums.

Die Hafenstadt Recife ist eines der Wirtschaftszentren Brasiliens (links).

CARACAS

Venezuela **3–6 Mio.**

Die Hauptstadt Venezuelas verdankt ihr immenses Bevölkerungswachstum dem Ölreichtum des Landes. Die Unternehmen der Ölindustrie, die in den 1930er-Jahren entstanden, zogen Hunderttausende von Armutsflüchtlingen aus ganz Südamerika und Glücksritter aus aller Welt an. Die Stadt, in einem von Zweitausendern umgebenen Tal gelegen, dehnte sich ständig über ihre Grenzen hinaus und wuchs die Berghänge hinauf. Weite Gebiete sind verslumt.

Caracas ist eine der am schnellsten wachsenden Städte Südamerikas (rechts).

PORTO ALEGRE

Brasilien **3–5 Mio.**

In der Metropolregion rund um die Hauptstadt von Rio Grande do Sul schlägt das ökonomische Herz des brasilianischen Bundesstaats. Nicht zuletzt dank einer vorausschauenden Infrastruktur-Politik wächst die Wirtschaft hier schneller als in anderen Teilen des Landes. Greater Porto Alegre zählt zu den bedeutendsten Handels- und Industriezentren Brasiliens. Viele Betriebe verarbeiten die landwirtschaftlichen Erzeugnisse der Region zu hochwertigen Fertigprodukten und tragen so zur Entwicklung des Wohlstands bei. Die Sozialpolitik gilt als vorbildlich.

CURITIBA

Brasilien **3–5 Mio.**

Die Hauptstadt des südbrasilianischen Bundesstaats Paraná gilt als Vorbild für die schnell wachsenden Metropolen der Schwellen- und Entwicklungsländer. Seit den 1970er-Jahren setzen die Stadtväter Curitibas auf Nachhaltigkeit. Zahllose Parks und Grünflächen durchziehen die Stadtlandschaft. Der öffentliche Nahverkehr ist gut ausgebaut. Die Bewohner der Favelas können ihren Müll gegen Lebensmittel oder Bustickets eintauschen und werden so an der Abfallbeseitigung beteiligt. Die Metropolregion Curitiba zählt zu den wohlhabendsten Brasiliens.

URBANE MEGABAUTEN

Amerika war mit den Städten Chicago und New York gut 100 Jahre lang weltweit das Zentrum des Hochhausbaus. Als Klassiker gilt immer noch das Empire State Building in New York, das schon 1931 eine Höhe von 381 Metern erreichte und über 40 Jahre lang Rekordhalter blieb. 1972 wurde es für zwei Jahre vom 2001 eingestürzten Nordturm des World Trade Center (417 Meter) überflügelt, dieser dann für 24 Jahre vom Sears/Willis Tower in Chicago (442 Meter). Seitdem hat sich der Wettbewerb, wer »den Längsten« hat, nach Asien verlagert, wo in boomenden Metropolen wie Hongkong, Shanghai und Dubai ganze Skyscraper Cities aus dem Boden schießen und der derzeitige Rekordhalter Burj Khalifa in Dubai 828 Meter aufragt. Die Höhenangaben richten sich übrigens nach der strukturellen Höhe, das heißt, Turmspitzen als Teil der Gebäudestruktur zählen mit (selbst wenn sie nur dazu dienen, die Höhe »künstlich« nach oben zu treiben), nicht jedoch Funkantennen.

DIE IMPOSANTESTEN SKYLINES DER WELT

Städte mit den meisten Skyscrapern über 200 m

1	Dubai	109
2	Hongkong	87
3	Shanghai	75
4	New York City	68
5	Chicago	49
6	Tokio	21

DIE HÖCHSTEN SKYSCRAPER DER WELT

(strukturelle Höhe)

1	Burj Khalifa, Dubai	828 m
2	Makkah Clock Royal Tower Hotel, Mekka	601 m
3	Taipei 101	508 m
4	Shanghai World Financial Center	492 m
5	International Commerce Centre, Hongkong	484 m
6	Petronas Towers, Kuala Lumpur	452 m
7	Greenland Square Zifeng Tower, Nanjing	450 m
8	Willis Tower, Chicago	442 m
9	Kingkey 100, Shenzhen	442 m
10	Guangzhou International Finance Center	438 m
11	Trump International Hotel & Tower, Chicago	423 m
12	Jin Mao Tower, Shanghai	421 m

SKYLINES UND SKYSCRAPER

Symbol des modernen aufstrebenden Shanghai: Pudong, Sitz des Lujiazui-Finanzdistrikts am anderen Ufer des Huangpu-Flusses. Die Skyline wird dominiert vom Oriental Pearl TV Tower, dazu sind in den letzten Jahren gleich eine ganze Reihe von Wolkenkratzern aus dem Boden geschossen, darunter als höchster von ihnen das Shanghai World Financial Center.

DUBAI – SKYSCRAPER CITY NO. 1

Dubai, die Hauptstadt des gleichnamigen Emirats in den V. A. E., ist nicht nur eine der am schnellsten wachsenden Metropolen des Planeten, sondern auch die Welthauptstadt der Wolkenkratzer.

In Dubai City stehen inzwischen mehr als 400 Wolkenkratzer – so nennt man in der Regel jene Gebäude, die eine Höhe von mehr als 100 Metern erreichen. Und bald werden es noch sehr viel mehr sein. Vor allem aber wurde in Dubai im Jahr 2010 das höchste Gebäude der Welt, der Burj Khalifa, fertiggestellt. Mit einer Höhe von 828 Metern ist er auch das bei Weitem höchste Bauwerk der Welt und überragt selbst die höchsten Fernsehtürme und Masten deutlich.

Das erste größere Wolkenkratzerprojekt von Dubai war das Burj Al-Arab. Bei seiner Eröffnung 1999 war das Gebäude mit 321 Meter Höhe nicht nur das höchste Hochhaus der Stadt, sondern bis 2007 auch das höchste Hotel der Welt. Diesen Titel musste das Bauwerk zwar an den ebenfalls in Dubai erbauten Rose Tower (333 Meter) abgeben, jedoch wurde das Burj Al-Arab wegen seiner bemerkenswerten Architektur zum Wahrzeichen Dubais. Das elegante Bauwerk steht auf einer künstlichen Insel und hat die Form eines großen Segels.

Gegenwärtig sind in Dubai noch viele weitere Hochhäuser im Bau – darunter

mehr als zehn Projekte, die höher als 300 Meter in den Himmel ragen sollen – etwa das mit 516 Meter Höhe als höchstes Wohngebäude der Welt geplante Pentominium. Wegen der Finanzkrise, die den Immobilienmarkt in Dubai stark belastete, ist es jedoch für dieses wie auch für andere Hochhausprojekte zu einem Baustopp gekommen.

Zwei unterschiedliche Ansichten der Skyline von Dubai City: Links die Perspektive vom Dubai Creek aus mit dem Burj Khalifa am linken Bildrand, unten der Blick auf die Hochhausparade an der Sheikh Zayed Road.

In Hongkong stehen mehr als 2300 Hochhäuser, die über 100 Meter hoch sind. Damit ist Hongkong die Stadt mit den meisten Wolkenkratzern in der Welt. 15 Hochhäuser sind über 250 Meter hoch.

Die Ära der Hochhäuser in Hongkong begann 1935 mit der Fertigstellung des 70 Meter hohen Gebäudes der Hong Kong & Shanghai Bank. Wegen der räumlichen Enge und der hohen Grundstückspreise wuchsen die Gebäude in immer größere Höhen. Den ersten Hochhaus-Bauboom erlebte Hongkong in den 1980er-Jahren, als zahlreiche kleinere Wolkenkratzer entstanden. Erst mit dem Neubau des Hong Kong International Airport 1998 wurden weitere Baubeschränkungen aufgehoben. Worauf zu Beginn des 21. Jahrhunderts eine neue Hochhauswelle einsetzte, was zu momentan rund 100 Wolkenkratzern mit einer Höhe von mehr als 200 Metern führte.

Blick auf die Skyline von Hongkong mit dem hier alles überragenden Two International Finance Centre am rechten Bildrand.

Mit der großen Lichtshow »Symphony of Lights« hat Hongkong eine besondere Touristenattraktion etabliert. Jeden Abend um 20 Uhr werden rund um den Victoria-Hafen auf beiden Seiten der Meerenge über 40 Wolkenkratzer mit LEDs, Scheinwerfern und Lasern bei passender Radiomusik für etwa 15 Minuten eindrucksvoll in Szene gesetzt.

In Shanghai stehen insgesamt mehr als 400 Wolkenkratzer, die meisten davon wurden im neuen Stadtviertel Pudong ab etwa 1990 errichtet. Dort ragt auch das Shanghai World Financial Center auf, das mit 492 Meter Höhe höchste Gebäude der Volksrepublik China. In unmittelbarer Nähe befinden sich der Jin Mao Tower (421 Meter) und der Oriental Pearl Tower (468 Meter). In Pudong entsteht zurzeit der Shanghai Tower, der mit einer Höhe von 632 Metern der höchste Wolkenkratzer Chinas sein wird. Seine Fertigstellung ist für 2014 geplant.

Nächtliche Skyline von Shanghai entlang der Uferpromenade »Bund«.

Blick auf den Stadtteil Pudong jenseits des Huangpu-Flusses mit seinen zahlreichen Hochhäusern. Deutlich zeichnen sich in der Skyline die drei höchsten Gebäude ab (von links nach rechts): Oriental Pearl Tower (468 Meter), Jin Mao Tower (421 Meter) und Shanghai World Financial Center (492 Meter).

NEW YORK

New York und Chicago waren Ende des 19. Jahrhunderts die ersten Großstädte, in denen Hochhäuser erbaut wurden. Grundlage waren die Erfindung des absturzsicheren Personenaufzugs und die Entwicklung im Stahlbau, der eine leichtere Bauweise und damit die Errichtung höherer Gebäude ermöglichte. 1894 wurde das Manhattan Life Building (106 Meter) erbaut, das erste Gebäude, das über 100 Meter hoch war. Mit der Fertigstellung des Empire State Building (443 Meter) 1931 und der einsetzenden Weltwirtschaftskrise endete ein Bauboom, der in Manhattan so markante Wolkenkratzer wie das Chrysler Building (319 Meter) hervorgebracht hatte. Erst ab Ende der 1960er-Jahre entstanden wieder höhere Gebäude, etwa die beiden Türme des World Trade Center (415 und 417 Meter).

Blick auf den Hochhauswald von Manhattan, New York. Ganz links zeichnet sich die Silhouette des Empire State Building ab, in der Bildmitte prunkt das Chrysler Building, einer der schönsten jemals gebauten Wolkenkratzer, mit seiner raffiniert beleuchteten Edel-stahlkuppel im Art-déco-Stil.

Skyline von Manhattan mit dem Empire State Building in der Bildmitte und dem Bank of America Tower (mit abgeschrägtem Dach) rechts davon.

BURJ KHALIFA

Der Burj Khalifa – bis zur Einweihung hieß das Gebäude Burj Dubai – ist bereits seit April 2008, also schon knapp zwei Jahre vor seiner Fertigstellung, das höchste Bauwerk der Welt und auch das höchste, das zu Wohnzwecken genutzt wird. Es überragt jeden Turm der Welt und hat weltweit auch die meisten Stockwerke vorzuweisen (189). Mit den Bauarbeiten wurde 2004 begonnen, im Januar 2009 wurde eine Gebäudehöhe von 828 Metern erreicht (inklusive Signalanlage beträgt die Gesamthöhe sogar 830 Meter), ein Jahr später war am 4. Januar 2010 die feierliche Einweihung.

Blick vom Eingang nach oben.

Die Etagen des Burj Khalifa werden von insgesamt 57 Aufzügen und acht Fahrtreppen erschlossen. Zwei Doppeldeckaufzüge führen zur Aussichtsplattform in der 124. Etage auf 452 Meter Höhe. Sie sind mit einer Geschwindigkeit von zehn Metern pro Sekunde (36 km/h) die schnellsten Doppeldeckaufzüge der Welt. Außerdem hat das Gebäude die welthöchste Aufzugshaltestelle (638 Meter). 2909 Stufen führen vom Erdgeschoss bis zur 160. Etage in einer Höhe von 600 Metern. Bis zu dieser Höhe wurde das Gebäude als Stahlbetonkonstruktion ausgeführt, der restliche Teil des Zentralturms (über 200 Meter Höhe) ist eine Stahlkonstruktion.

Wo einst Wüste war, erhebt sich heute wie der gigantische Turm einer gotischen Kathedrale der Burj Khalifa inmitten von Dubai. Bei klarer Sicht lässt sich seine Turmspitze aus über 100 Kilometer Entfernung erkennen. Die genaue Höhe des Wolkenkratzers wie auch die Anzahl der Stockwerke wurde bis zu seiner Eröffnung im Januar 2010 geheim gehalten.

DAS HÖCHSTE GEBÄUDE DER WELT

Alles überragender Burj Khalifa in Downtown Dubai. Rechts im Bild die Hauptgeschäftsstraße Sheikh Zayed Road.

DIE HÖCHSTEN SKYSCRAPER EUROPAS

Europa kann, was die Höhe seiner höchsten Gebäude betrifft, nicht mit Asien oder Nordamerika mithalten. Unter den höchsten 200 Wolkenkratzern der Welt befinden sich gerade mal rund zehn aus Europa, sie erreichen eine Höhe von maximal knapp über 300 Metern. Zur neuen Hochhausmetropole Europas ist in jüngster Zeit Moskau geworden, wo im Stadtteil Moskau-City ein Wolkenkratzer nach dem anderen aus dem Boden geschossen ist. In Deutschland hat lediglich Frankfurt am Main eine ansehnliche Skyline zu bieten – Messeturm und Commerzbank Tower waren sogar von 1991 bis 1997 bzw. von 1997 bis 2003 jeweils das höchste Gebäude Europas.

DIE HÖCHSTEN WOLKENKRATZER EUROPAS

1. Mercury City Tower, Moskau 332 m
2. Shard London Bridge, London 310 m
3. Capital City Moscow Tower, Moskau 302 m
4. Nabereschnaja-Turm, Moskau 268 m
5. Triumph Palace, Moskau 264 m
6. Commerzbank Tower, Frankfurt/Main 259 m
7. Capital City St. Petersburg Tower, Moskau 257 m
8. Messeturm, Frankfurt/Main 257 m

Moskau ist die neue Skyscraper City Europas. Die Panoramaaufnahme zeigt alte und neue Wolkenkratzer der »Sieben Schwestern« und des Moscow International Business Center.

MERCURY CITY TOWER

Moskau **332 m**

In Moskaus Hochhausviertel Moscow International Business Center – auch Moskau City genannt – wurde 2012 der Mercury City Tower vollendet, mit 332 Meter Höhe Europas derzeit höchster Wolkenkratzer. Von seinen Turmnachbarn hebt er sich durch seine kupferrote Glasfassade und rechtwinklig-trapezförmige Fassadenbegrenzungen mit spitz zulaufenden Abschlüssen ab – Letzteres in Anlehnung an den russischen Konstruktivismus.

Kupferrot verglaster Mercury City Tower.

NABERESCHNAJA-TURM C

Moskau **268 m**

Der Büroturm war mit 59 Etagen 2007 bis 2010 das höchste Gebäude Europas. Er gehört zu einem Komplex von drei Gebäuden, der außerdem Tower A mit 17 Stockwerken (85 Meter) und Tower B mit 27 Etagen (127 Meter) umfasst. Turm C ist mit den beiden Capital-City-Hochhäusern einer der die Skyline von Moskau-City prägenden Wolkenkratzer.

CAPITAL CITY MOSCOW TOWER

Moskau **302 m**

Der 76 Stockwerke umfassende Capital City Moscow Tower löste im Jahr 2010 den Nabereschnaja-Turm, der sich in unmittelbarer Nähe befindet, als höchstes Gebäude Europas ab. Das Hochhaus war damit auch das erste Gebäude des Kontinents, das eine Höhe von mehr als 300 Metern erreichte. Der Wolkenkratzer ist Teil des Gebäudekomplexes Capital City, zu dem auch der etwas niedrigere Büroturm Capital City St. Petersburg Tower (257 Meter) gehört.

Capital City Moscow Tower (Mitte).

TRIUMPH PALACE

Moskau **264 m**

Der im Jahr 2005 fertiggestellte Wolkenkratzer hat 54 Stockwerke und wird ausschließlich als Wohngebäude genutzt. Mit der Errichtung der Turmspitze im Dezember 2003 löste er den Commerzbank Tower in Frankfurt als höchstes Hochhaus in Europa ab. Inzwischen ist der Triumph Palace nur noch das höchste Wohngebäude Europas. In seinem Architekturstil lehnt sich das Gebäude an die Monumentalbauten der sogenannten »Sieben Schwestern« aus den 1950er-Jahren an. Im Volksmund wird es daher auch als »achte Schwester« bezeichnet.

Im »Altmoskauer Stil«: Triumph Palace.

SHARD LONDON BRIDGE – DER ZWEITHÖCHSTE SKYSCRAPER EUROPAS

Das Londoner Geschäftshochhaus Shard (»Scherbe«) London Bridge war mit einer Höhe von 310 Metern und 95 Stockwerken 2012 kurzfristig das höchste Gebäude Europas (bevor es vom Mercury City Tower in Moskau abgelöst wurde). Das nach Plänen von Renzo Piano

Shard London Bridge an der Themse.

2012 vollendete Hochhaus verjüngt sich pyramidenförmig zur Spitze hin und weckt Assoziationen an einen Glassplitter – daher auch der Name. Das Gebäude verfügt über 44 Fahrstühle, eine überdachte Plaza bietet direkten Zugang zum Bahnhof London Bridge.

Eines der neuen Wahrzeichen Londons ab 2012: der Büroturm Shard London Bridge.

Es wird eine gemischte Nutzung angestrebt. Neben einer bekannten Unternehmensberatungsfirma, die einen großen Teil der Nutzfläche beansprucht, soll das Gebäude ein Fünf-Sterne-Hotel, Restaurants, Geschäfte und Luxuswohnungen beherbergen. Im 73. Stockwerk auf 221 Meter Höhe gibt es eine öffentliche Aussichtsplattform. Rund 56.000 Quadratmeter speziell beschichtetes Glas gestatten einen guten Ausblick. Oberhalb der Aussichtsplattform ab 232 Meter Höhe befinden sich nur noch technische Einrichtungen, die für die Öffentlichkeit nicht zugänglich sind.

Ein eleganter pyramidenförmiger Wolkenkratzer, dessen Form von den Namensgebern aber auch mit einer Glasscherbe assoziiert wird: The Shard. In London wird vermutlich so bald kein höheres Gebäude mehr gebaut werden, weil die Luftfahrtbehörde den Beginn des Luftraums – im Zusammenhang mit der Diskussion um den Hochhausbau – auf 1000 Fuß festgelegt hat. The Shard misst bereits knapp 310 Meter, also 1016 Fuß.

DIE HÖCHSTEN SKYSCRAPER EUROPAS

SAPPHIRE OF ISTANBUL
Istanbul **261 m**

Dieser Wolkenkratzer ist mit seinen 66 Stockwerken das zurzeit (2012) höchste Gebäude der Türkei. Der Komplex beherbergt nicht nur Luxuswohnungen, sondern auch in 163 Meter Höhe einen Golfplatz mit Blick auf den Bosporus. Bei dem 2011 vollendeten Sapphire of Istanbul handelt es sich um das erste ökologisch gebaute Hochhaus in der Türkei, das mit modernster Energiespartechnologie ausgestattet ist. Eine spezielle Doppelfassadenkonstruktion soll dabei mindestens 30 bis 35 Prozent Energie einsparen. Zudem wurde in jeder dritten Etage ein sogenannter Vertikaler Garten angelegt, was die Raumluftqualität und den Lärmschutz deutlich verbessern soll.

COMMERZBANK TOWER
Frankfurt **259 m**

Mit Antenne erreicht der Commerzbank Tower eine Gesamthöhe von 300 Metern. Damit war er von 1997 bis 2003 das höchste Gebäude in Europa. Für das 65 Stockwerke zählende Gebäude wurden knapp 19 000 Tonnen Stahl verbaut – etwa doppelt so viel wie beim Eiffelturm. Den Entwurf lieferte Stararchitekt Sir Norman Foster.

Skyline von Frankfurt am Main: Commerzbank Tower (Mitte), Messeturm (rechts).

MESSETURM
Frankfurt **257 m**

Bei seiner Fertigstellung 1991 war der Büroturm das höchste Gebäude in Europa. Allein die pyramidenartige Spitze, die dem Hochhaus die Form eines Bleistifts verleiht, ist schon 37 Meter hoch. Architektonisch orientiert sich die Gestaltung des Messeturms an amerikanischen Art-déco-Wolkenkratzern der 1930er-Jahre wie dem Chrysler Building.

CAPITAL CITY ST. PETERSBURG TOWER
Moskau **257 m**

Der Büroturm ist Teil des Gebäudekomplexes Capital City, zu dem auch der fast 50 Meter höhere Capital City Moscow Tower gehört. Mit insgesamt 65 Stockwerken und einer Gesamthöhe von 257 Metern zählt der St. Petersburg Tower immer noch zu den höchsten Wolkenkratzern Europas. Die beiden Türme sollen mit ihren Gebäudenamen und auch durch ihre auffallende »gebrochene« Form mit einer nicht durchgängig glatten Fassade die zwei wichtigsten Metropolen Russlands, St. Petersburg und Moskau, als Einheit symbolisieren.

TORRE CAJA MADRID

Madrid **250 m**

Der 45 Stockwerke hohe Büroturm wurde ursprünglich als ein Teil des aus vier Hochhäusern bestehenden Komplexes Cuatro Torres Business Area errichtet. Noch während der Bauphase wurde er jedoch von der spanischen Sparkasse Caja Madrid übernommen – daher die Namensgebung. Ende 2008 wurde der Wolkenkratzer fertiggestellt. Er ist im Moment der höchste in Spanien und auch eines der höchsten Gebäude Europas.

Vier Türme: Cuatro Torres Business Area.

TORRE DE CRISTAL

Madrid **249 m**

Der 52 Stockwerke hohe »Kristallturm« wurde ebenso wie der Torre Caja als Teil des Hochhauskomplexes Cuatro Torres Business Area erbaut. Er ist nur geringfügig niedriger als der Torre Caja und somit zurzeit das zweithöchste Gebäude Spaniens. Sein Name leitet sich von der nahezu durchgängigen Glasfassade ab. Der Kristallturm weist zudem eine sehr ungewöhnliche Form auf: Die Grundfläche ist ein Rechteck, nach oben geht das Gebäude dank trapez- und tetraederförmiger Seitenflächen jedoch in ein Sechseck über.

Der Commerzbank Tower in Frankfurt – hier mit Panoramablick auf die Stadt am Main – beherbergt die Zentrale der Commerzbank AG, im 49. Stockwerk befindet sich die Vorstandsetage. Aufgrund der hochwer-tigen architektonischen Gestaltung sowie der innovativen und nachhaltigen Bauweise wurde das Hochhaus 2009 mit dem »Green Building Award« der Stadt ausgezeichnet.

DIE HÖCHSTEN SKYSCRAPER ASIENS

MAKKAH CLOCK ROYAL TOWER

Mekka, Saudi-Arabien 601 m

Der Wolkenkratzer mit 120 Etagen ist seit dem Erreichen seiner Endhöhe von 601 Metern im Juli 2011 das zweithöchste Gebäude Asiens und der Welt. Architektonisch erinnert der Hauptturm der Abraj Al-Bait Towers an den Uhrturm von Big Ben. Gekrönt wird er von einer langen Spitze samt einer Halbmondskulptur, die sogar teilweise begehbar ist. Außerdem gibt es im Turm die höchste Aussichtsplattform der Welt auf 558 Meter Höhe. Im Sommer 2010 wurde eine gigantische Turmuhr montiert, die weltgrößte ihrer Art. Die Zifferblätter haben eine Kantenlänge von 43 Metern, die Minutenzeiger sind 23 Meter lang und 3,5 Meter breit.

Der kompakte Gebäudekomplex mit über einer Million Quadratmeter Nutzfläche wurde errichtet, um möglichst viele muslimische Pilger beherbergen zu können, die zu den heiligen Stätten in Mekka kommen – über 30 000 Menschen sollen in den Hotels des Komplexes Platz finden.

Tradition und Moderne in Mekka.

Gigantischer Uhrturm mit Blick über Mekka: Hochhauskomplex Abraj Al-Bait Towers.

Das Hochhaus Taipei 101 muss großen Belastungen standhalten, denn Taiwan gehört zu den aktivsten Erdbebenregionen der Welt. Seine tragende Struktur funktioniert deshalb ähnlich elastisch wie ein Bambusrohr. Zudem befindet sich zwischen dem 88. und 92. Stockwerk eine 660 Tonnen schwere Stahlkugel mit 5,5 Meter Durchmesser, die mit hydraulischen Dämpfungselementen den Schwankungen des Gebäudes entgegenwirkt.

TAIPEI 101

Taipei, Taiwan **509 m**

Der Taipei 101 war ab 2004 das höchste Gebäude der Welt, bis er Anfang 2008 vom emporwachsenden Rohbau des Burj Khalifa in Dubai überflügelt wurde (dessen Rekord aber erst bei der Eröffnung am 4. Januar 2010 offiziell anerkannt wurde). Mit 508 Meter Höhe hebt sich der Taipei 101 – benannt nach seinen 101 Stockwerken – deutlich von der Skyline der Stadt ab. Aufgrund der reinen Büronutzung bleibt der Taipei 101 vorläufig das höchste Bürogebäude der Welt. Es hat zudem die schnellsten Aufzüge der Welt. Mit rund 16,8 Metern pro Sekunde (60 km/h) wird man bis ins 89. Stockwerk hochkatapultiert.

Gegliederte gläserne Frontfassade des Taipei 101.

DIE HÖCHSTEN SKYSCRAPER ASIENS

SHANGHAI WORLD FINANCIAL CENTER

Shanghai, China 492 m

Das derzeit höchste Gebäude der Volksrepublik China sowie das vierthöchste der Welt wurde am 28. August 2008 eröffnet. Die Aussichtsplattform des 101 Stockwerke umfassenden Hochhauses befindet sich auf 474 Meter Höhe, sie ist damit die zweithöchste der Welt. Dieser Sky Walk besteht aus einem 55 Meter langen Flur, der einen transparenten Fußboden hat.
Fassade, Struktur und mechanische Komponenten des Bauwerks sind trotz seiner asymmetrischen Form mit konkav und konvex gewölbten Fassaden als modulares System ausgelegt, das sich alle 13 Stockwerke wiederholt. Dadurch wurden Herstellung und Montage der Bauteile und anderer Komponenten vereinfacht, die Bauzeit verkürzt sowie strukturbedingte Ineffizienzen vermindert.

Shanghai World Financial Center, umringt von weiteren Wolkenkratzern in Pudong.

Das markanteste Bauelement des Wolkenkratzers ist ein etwa 50 Meter breites »Portal« im oberen Gebäudebereich. Ein statischer Kunstgriff, der die enorme Windlast auf die Gebäudespitze verringern soll. Der Volksmund verpasste dem Wolkenkratzer aufgrund seiner ungewöhnlichen Form den inoffiziellen Namen »Flaschenöffner«.

DIE HÖCHSTEN SKYSCRAPER ASIENS

Das International Commerce Centre wurde – ebenso wie das Shanghai World Financial Center – vom renommierten, auf Hochhausbau spezialisierten Architekturbüro Kohn Pedersen Fox geplant.

INTERNATIONAL COMMERCE CENTRE

Hongkong, China **484 m**

Mit seinen 108 Stockwerken ist das nach einer längeren Planungsphase in den Jahren 2002 bis 2010 errichtete International Commerce Centre in Hongkong das höchste Gebäude der Stadt und löste damit als lokalen Rekordhalter das lediglich 412 Meter hohe Two International Finance Centre ab. Das derzeit fünfthöchste Gebäude der Welt verfügt zudem im 116. Stockwerk über das höchstgelegene Hallenschwimmbad und in den oberen 15 Etagen über das höchstgelegene Hotel der Welt. In 387 Meter Höhe gibt es zudem eine Aussichtsplattform, die höchste von Hongkong.

Der Wolkenkratzer wurde fast zur Gänze vollständig mit einer bläulich schimmernden Glasfassade verkleidet. Die tragenden Bauteile der Außenwände sind überwiegend aus Stahl gefertigt, der massive Kern innen, der den zentralen Versorgungsschacht umschließt, besteht hingegen aus Stahlbeton. 83 Aufzüge bringen die Gäste in die gewünschte Etage.

PETRONAS TOWERS

Kuala Lumpur, Malaysia **452 m**

Die beiden Bürotürme in der malaysischen Hauptstadt galten von 1998 bis zur Fertigstellung des Wolkenkratzers Taipei 101 im Jahre 2004 (508 Meter) wegen ihrer strukturellen Höhe (452 Meter, inklusive Turmpitze) als höchstes Gebäude der Welt. Diese Einordnung war jedoch teils umstritten, weil die Dachhöhe (378 Meter) niedriger ist als bei anderen Hochhauskonkurrenten (etwa beim Willis Tower, 442 Meter).

Die beiden Türme sind in 172 Meter Höhe durch eine Stahlbrücke (Skybridge) miteinander verbunden. Diese ist 58 Meter lang und wiegt etwa 750 Tonnen. Damit die vom argentinischen Architekten César Pelli entworfenen Türme nicht durch Schwingungsbewegungen der Skybridge beschädigt werden, liegt diese auf riesigen Kugellagern. Sie ist weltweit die höchste begehbare Verbindung zwischen Gebäuden.

Petronas Towers mit urbanem Grün ...

... und As-Syakirin-Moschee.

GREENLAND SQUARE ZIFENG TOWER

Nanjing, China **450 m**

Der nach einem Entwurf von Skidmore, Owings and Merrill erbaute Wolkenkratzer – auch als Nanjing Greenland Financial Center bekannt

Skyline von Nanjing mit Greenland Square Zifeng Tower.

– ist mit 450 Meter Höhe (mit Turmspitze; Höhe bis zum Dach: 381 Meter) und 89 Stockwerken das dritthöchste Gebäude Chinas. Im 72. Stockwerk wurde in 271 Meter Höhe eine öffentliche Aussichtsplattform eingerichtet.

Links: Das International Commerce Centre (rechts) im Stadtteil Kowloon überragt die Skyline von Hongkong beträchtlich. Großes Bild: Die Verbindungsbrücke zwischen den Doppeltürmen ist das Erkennungszeichen der Petronas Towers in Kuala Lumpur.

KINGKEY 100

Shenzhen, China **442 m**

Mit genau 100 Stockwerken und einer Höhe von 442 Metern ist das Hochhaus Kingkey 100 seit seiner Eröffnung 2011 das höchste Gebäude in Shenzhen und das vierthöchste der Volksrepublik China. Der Wolkenkratzer beherbergt zahlreiche Büros von Unternehmen und ein Hotel. In der obersten nutzbaren Etage befinden sich ein Restaurant und der Sky Garden (381 Meter) – mit öffentlich zugänglicher Aussichtsmöglichkeit über Stadt und Region.

Hochhaus Kingkey 100 in Shenzhen.

GUANGZHOU WEST TOWER

Guangzhou, China **438 m**

Mit 438 Meter Dachhöhe und 103 Stockwerken ist der auch als Guangzhou International Finance Center bezeichnete Wolkenkratzer das höchste

Guangzhou West Tower.

Hochhaus der 10-Millionen-Einwohner-Metropole (besser bekannt unter dem Namen Kanton). Das Gebäude wurde 2009 fertiggestellt und beherbergt Büros sowie ein Luxushotel.

DIE HÖCHSTEN SKYSCRAPER ASIENS

JIN MAO TOWER

Shanghai, China 421 m

Der Jin Mao Tower war von 1998 bis 2008 der höchste Wolkenkratzer Chinas, bis er vom Shanghai World Financial Center abgelöst wurde. Die äußere Gestalt des Hochhauses mit

Frontfassade des Jin Mao Tower.

88 Stockwerken wurde von traditionellen chinesischen Formen inspiriert. So ist die treppenförmig ansteigende Fassade einer Pagode oder einem Bambushalm nachempfunden. Für den Entwurf verantwortlich zeichnete Adrian Smith, der Architekt des Burj Khalifa.

In den oberen 38 Etagen des an der Spitze pagodenförmig zulaufenden Jin Mao Tower befindet sich ein Luxushotel mit dem größten Atrium der Welt. Es erstreckt sich von der 53. bis zur 87. Etage, ist insgesamt 152 Meter hoch und hat einen Durchmesser von 27 Metern. Zudem hat das Hotel den weltweit längsten Wäscheschacht, der vom 52. Stockwerk bis in den Keller reicht.

DIE HÖCHSTEN SKYSCRAPER ASIENS

TWO INTERNATIONAL FINANCE CENTRE

Hongkong, China 412 m

Nach dreijähriger Bauzeit wurde der 86 Stockwerke zählende Büroturm (412 Meter) 2003 fertiggestellt. Bis 2010 war er das höchste Gebäude von Hongkong. Von Oktober bis November 2003 war an der Außenfassade des zigarrenförmig zulaufenden Hochhauses ein rund 230 Meter hohes Werbeplakat angebracht, das sich über etwa 50 Etagen erstreckte. Dies war die bisher größte Werbefläche, die an einem Wolkenkratzer zu sehen war.

Two International Finance Centre.

PRINCESS TOWER

Dubai, Vereinigte Arabische Emirate 414 m

Im Jahr 2012 wurde die stattliche Skyscraper-Parade entlang des Jumeirah Beach am östlichen Ende von Dubai Marina um ein weiteres Exemplar erweitert. Mit 414 Meter Höhe ist der Princess Tower zwar nur halb so hoch wie der Burj Khalifa, damit aber das höchste Wohngebäude der Welt.

Princess Tower mit kuppelförmiger Spitze.

AL HAMRA TOWER

Kuwait City, Kuwait 412 m

Dieser elegante Wolkenkratzer, mit 77 Stockwerken das zurzeit höchste Bauwerk Kuwaits, wurde vom berühmten Architekturbüro Skidmore, Owings and Merrill aus Chicago entworfen. Seine Fassade hat eine gewundene Form und schließt mit einer schrägen Dachkonstruktion ab. Das 2011 fertiggestellte Hochhaus beherbergt überwiegend Büros sowie ein Restaurant mit Panoramablick.

Blickfang der Skyline von Kuwait City: der spektakuläre Al Hamra Tower.

Der hier die Skyline Hongkongs beherrschende Wolkenkratzer des Two International Finance Centre war schon vor seiner Eröffnung in Film und Fernsehen zu bestaunen. In dem Kinofilm »Lara Croft: Tomb Raider – Die Wiege des Lebens« springen Angelina Jolie und ihr Partner mit Fallschirmen aus dem noch unfertigen obersten Stockwerk.

DIE HÖCHSTEN SKYSCRAPER AUSTRALIENS

In Australien stehen die höchsten Wolkenkratzer südlich des Äquators. Darunter befinden sich auch einige der höchsten reinen Wohngebäude der Welt.

Q 1
Gold Coast **323 m**

Der Wolkenkratzer Q1 Tower (Queensland Number One Tower) mit einer Gesamthöhe von 323 Metern wurde 2005 an der Gold Coast eröffnet. Der 78 Stockwerke hohe Tower befindet sich im Stadtteil Surfers Paradise von Gold Coast City und ist das höchste Gebäude auf der südlichen Erdhalbkugel. Daneben gehört er zu den Top-Ten-Wohntürmen der Welt. Der Name des Turms ist eine Hommage an die gleichnamige Olympia-Rudermannschaft Australiens der 1920er-Jahre. In den Etagen 77 und 78 befindet sich die Aussichtsplattform (230 Meter), von der aus eine Sicht auf die gesamte Gold Coast geboten wird. Ein zweiter Aussichtspunkt ist die auf 180 Meter Höhe gelegene Außenterrasse. Zudem wurde vom 60. bis zum 70. Stockwerk ein tropischer Mini-Regenwald als Sky Garden angelegt. Die Stahlspitze ist mit fast 98 Metern eine der längsten der Welt, sie wurde bereits im 76. Stockwerk auf 225 Meter Höhe angesetzt und ragt 47 Meter über das eigentliche Dach hinaus.

EUREKA TOWER
Melbourne **297 m**

Der im Jahr 2006 fertiggestellte Eureka Tower ist das höchste Gebäude Melbournes und das zweithöchste Australiens. In 285 Meter Höhe gibt es im 88. Stockwerk eine öffentliche Aussichtsplattform. Im Gebäude befindet sich eine weitere Plattform aus milchigen Glasscheiben (The Edge), die etwa drei Meter waagrecht herausgefahren werden kann und auf Knopfdruck durchsichtig wird.

Überragt alle anderen Gebäude in Melbourne: der Eureka Tower (oben).

120 COLLINS STREET
Melbourne **264 m**

Der Wolkenkratzer in der Melbourner Collins Street – daher auch der Name – war mit 264 Meter Höhe (inklusive Antennenaufbau; Höhe bis zum Dach: 220 Meter) von seiner Fertigstellung 1991 bis 2005 das höchste Gebäude Australiens. Heute trägt er noch den Titel »höchstes Bürogebäude Australiens«. Von den 52 Stockwerken sind die unteren 50 Büroetagen, in denen Vertretungen internationaler Konzerne residieren. Mit seiner grauen Granitfassade, den Vorsprüngen und dem zentralen Mast erinnert er ein wenig an das Empire State Building in New York.

101 COLLINS STREET
Melbourne **260 m**

Der zweite Wolkenkratzer in Melbourne, der nur die Adresse als Namen trägt, hat eine Gesamthöhe von 260 Metern; die Dachhöhe beträgt 195 Meter. Auf dem Dach des 1991 fertiggestellten Bürohochhauses befinden sich sieben Kommunikationsplattformen sowie zwei 65 Meter hohe Zwillingsantennen. Von 1991 bis 2005 war es das zweithöchste Gebäude Australiens. An allen vier Seiten tritt aus der Granitfassade ein gläserner Vorbau hervor, der nach oben hin treppenförmig zurücktritt und im Antennengerüst auf dem Dach seine optische Fortsetzung findet.

RIALTO TOWERS
Melbourne **251 m**

Der Hochhauskomplex Rialto Towers – auch Rialto Center genannt – beherbergt 63 Stockwerke, nicht weniger als 36 Aufzüge stehen zur Verfügung, um den Besucher zur gewünschten Etage zu bringen. Die voll verspiegelte Glasfassade des 1982 bis 1986 erbauten Büroturms wechselt je nach Tageslicht ihre Farbe, von Dunkelblau bis zu Goldglänzend. Zeitweise waren die über 1200 Stufen bis zur Spitze Schauplatz des Treppenlaufs Rialto Run-up.

Rechts: Hochhauskomplex Rialto Towers in Melbourne.

Links: Der Q1 Tower (am rechten Bildrand) ist der auffälligste Wolkenkratzer in der Skyline von Surfers Paradise an der Gold Coast im Bundesstaat Queensland, nicht nur wegen seiner Größe, sondern auch aufgrund seiner an eine Fackel erinnernden Form.

CENTRAL PARK

Perth **249 m**

Der 249 Meter hohe Wolkenkratzer (inklusive Antennenaufbau; Dachhöhe: 226 Meter) mit 51 Stockwerken ist das höchste Gebäude der westaustralischen Metropole Perth. Das 1988 bis 1992 errichtete Hochhaus hebt sich von den anderen Hochbauten in Perth durch seine architektonisch interessante Gestaltung ab: Ein zentraler quadratischer Turm wird bis zu halber bzw. Dreiviertelhöhe von zwei im Grundriss dreieckigen Anbauten flankiert.

Oben: Skyline von Perth mit dem lokalen Rekordhalter Central Park.

CHIFLEY TOWER

Sydney **244 m**

Der neben dem Citigroup Centre höchste Wolkenkratzer in Sydney hat 53 Stockwerke und ist inklusive Antennenaufbau 244 Meter hoch. Das 1992 eröffnete Bauwerk wird überwiegend als Bürogebäude genutzt. Im oberen Teil des Gebäudes soll ein rund 400 Tonnen schweres Stahlpendel eventuellen durch Sturm oder Erdbeben ausgelösten Schwankungen entgegenwirken. Im Eingangsbereich steht eine überlebensgroße Statue des ehemaligen australischen Premierministers (1945–1949) Ben Chifley, nach dem das Hochhaus benannt ist.

DIE HÖCHSTEN SKYSCRAPER AFRIKAS

CARLTON CENTRE

Johannesburg, Südafrika 223 m

Das Carlton Centre war nach seiner Fertigstellung 1973 mit 223 Meter Höhe für einige Jahre das höchste Gebäude der südlichen Hemisphäre. Noch heute ist es der höchste Wolkenkratzer Afrikas und nach den beiden Telekommunikationstürmen Telkom Joburg Tower (269 Meter) und Sentech Tower (237 Meter), die sich ebenfalls in Johannesburg befinden, Südafrikas dritthöchstes Bauwerk. In der 50. Etage gibt es eine Aussichtsplattform, The Top of Africa, die einen weiten Rundblick über Johannesburg bietet. Heute beherbergt das Carlton Centre den Firmensitz einer südafrikanischen Eisenbahngesellschaft. In den unteren Etagen befinden sich ein Einkaufszentrum mit über 180 Ladengeschäften sowie eine Eislaufhalle.

PONTE CITY

Johannesburg, Südafrika 173 m

Das Hochhaus Ponte City – früher The Strydom Tower genannt – steht im Stadtteil Hillbrow in Johannesburg. Der 173 Meter hohe Wohnturm mit 54 Stockwerken wurde 1975 errichtet und ist das derzeit höchste reine Wohngebäude Afrikas. Das Bauwerk hat eine zylindrische Form mit einem offenen Innenbereich, der sich über alle Etagen erstreckt, wodurch die Wohnungen zusätzliches Tageslicht erhalten. Das Hochhaus war wegen des grandiosen Panoramablicks auf Johannesburg einst eine Nobeladresse, mittlerweile gilt Hillbrow jedoch als Problemviertel.

Hochhaus Ponte City mit Hillbrow Tower.

Im Gebäudekomplex des Carlton Centre (auf dem Foto das hohe Gebäude links) residierte einst das berühmte Carlton Hotel. Bevor es 1997 geschlossen wurde, war es in den 1970er-Jahren eine beliebte Filmkulisse. So wurde hier etwa der Kinohit »Plattfuß in Afrika« mit Bud Spencer in der Hauptrolle gedreht.

WILLIS TOWER

Chicago, USA **442 m**

Der höchste Wolkenkratzer Amerikas ist der 108 Stockwerke zählende Willis Tower. Er wurde 1970 bis 1974 erbaut und war bis 1998 das höchste Gebäude der Welt – damals noch unter seinem alten Namen Sears Tower. Im Jahr 2009 wurde das Gebäude in Willis Tower umbenannt. Von der Besucherplattform (Skydeck) in 412 Meter Höhe kann man an klaren Tagen bis zu 80 Kilometer weit über den Michigansee blicken. Zwei Aufzüge bringen die Besucher in 45 Sekunden dorthin, sie gehören zu den schnellsten der Welt.

Ein Wahrzeichen Chicagos: Willis Tower.

Der Wolkenkratzer hat eine markante Bauform – er besteht aus neun quaderförmigen Blöcken, die auf unterschiedlichen Höhen enden. Bis zum 50. Stockwerk in 200 Meter Höhe bilden die neun Teilquader einen großen einheitlichen Block. Dort enden dann zwei von ihnen an gegenüberliegenden Ecken. Auf Höhe der 66. Etage (270 Meter) enden zwei weitere Eckquader, ab da hat das Gebäude bis zum 90. Stockwerk in 370 Meter Höhe einen kreuzförmigen Grundriss, bevor es dann in den oberen Etagen quaderförmig ausläuft.

DER HÖCHSTE SKYSCRAPER NORDAMERIKAS

Abendliche Skyline von Chicago mit dem von zwei Antennen gekrönten Willis Tower.

Der Willis Tower (im Hintergrund rechts) überragt mit seiner auffälligen Form und den bis auf eine Höhe von 527 Metern reichenden Antennenaufbauten seit rund 40 Jahren die Skyline von Chicago. Der mit einer Glasfassade versehene Wolkenkratzer besteht in seinen tragenden Elementen fast ausschließlich aus Stahl.

TRUMP INTERNATIONAL HOTEL AND TOWER

Chicago, USA **423 m**

Der Trump Tower ist ein 98 Stockwerke hoher Wolkenkratzer in Chicago. Er wurde 2009 fertiggestellt und ist zurzeit

Trump Tower mit Nachbargebäude.

das zweithöchste Gebäude Nordamerikas. Das Hochhaus gehört dem bekannten Unternehmer Donald Trump, der darin ein Fünf-Sterne-Hotel betreibt. Der Wolkenkratzer verjüngt sich nach oben hin durch mehrere Gebäuderücksprünge, die sich daraus ergebenden Terrassen stehen als Freifläche für Hotelgäste zur Verfügung.

Eine eindrucksvolle Perspektive auf den Trump Tower bietet sich vom Chicago River aus. Das Gebäudedach befindet sich auf 357 Meter Höhe. Auf dem Dach wurde eine 66 Meter hohe Turmspitze installiert, wodurch der Tower eine strukturelle Höhe von 423 Metern erreicht. Die Spitze wird nachts mit einem farbigen Lichtspiel in Szene gesetzt.

EMPIRE STATE BUILDING

New York City, USA — 381 m

Das Empire State Building ist der wohl bekannteste Wolkenkratzer der Welt. Bis 1972 war er über 40 Jahre lang auch das höchste Gebäude der Welt –

Höchster Turm in Midtown Manhattan.

vom Jahr seiner Fertigstellung 1931 an. Der Baustil des Empire State Building ist zwischen Art-déco und Moderne einzuordnen. Die elegante Form des Hochhauses wurde auch durch die damalige Bauordnung beeinflusst, die vorschrieb, dass sich die Gebäude nach oben verjüngten, damit sie keine zu großen Schatten auf die Nachbargebäude warfen.

Aus dem Meer der vielen Hundert Hochhäuser Manhattans ragt hier deutlich das Empire State Building heraus. Bis heute gilt das Gebäude als Inbegriff eines Wolkenkratzers, was vor allem auf sein stattliches Alter, seine zeitlose Eleganz und seine vielfache Darstellung in Film und Fernsehen zurückzuführen ist.

WORLD TRADE CENTER / ONE WORLD TRADE CENTER

WORLD TRADE CENTER

New York City, USA 415/417 m

Das World Trade Center (WTC) war ein aus sieben Gebäuden bestehender Hochhauskomplex an der Südspitze von Manhattan. In der öffentlichen Wahrnehmung dominierten die bei-

Die Zwillingstürme bis 2001.

Der Anschlag am 11. September 2001.

Ground Zero danach.

den 110 Stockwerke hohen Zwillingstürme, die 1973 offiziell eröffnet wurden. Sie waren fast 30 Jahre lang die höchsten Gebäude New Yorks mit einer strukturellen Höhe von 417 Metern (Nordturm, inklusive Antennenaufbau 526 Meter) und 415 Metern (Südturm). Der Nordturm war zeitweise auch das höchste Gebäude der Welt. Die beiden Türme wurden am 11. September 2001 durch einen Terroranschlag, bei dem zwei Verkehrsflugzeuge in die Türme hineingesteuert wurden, zum Einsturz gebracht. Rund 3000 Menschen starben, der Anschlag hatte den »War on Terror« sowie den Irak- und den Afghanistankrieg zur Folge.

Auf dem Gelände von Ground Zero wird ein neuer Gebäudekomplex errichtet, der neben dem National Memorial für die Opfer des Terroranschlags sechs neue Hochhausbauten umfassen soll. Kernstück wird das im Bau befindliche neue One World Trade Center sein.

Das One World Trade Center, hier in einer Simulation in die Skyline von Manhattan einmontiert.

ONE WORLD TRADE CENTER

New York City, USA **541 m**

Das One World Trade Center, das bis 2009 unter der Bezeichnung Freedom Tower firmierte, entsteht auf Ground Zero, genau an der Stelle, an der bis zum 11. September 2001 das bei einem Terroranschlag zerstörte erste World Trade Center stand. Bei seiner Fertigstellung 2013 wird der 541 Meter hohe Wolkenkratzer das höchste Gebäude Amerikas sein.

Das One World Trade Center wurde von David Childs vom bekannten Architekturbüro Skidmore, Owings and Merrill (SOM) konzipiert, das bereits andere Großprojekte wie den Willis Tower oder den Burj Khalifa realisiert hat. Vorlage war ein Entwurf von Daniel Libeskind, der 2002 den Architektenwettbewerb gewonnen hatte. Dieser wurde jedoch stark verändert, vor allem der Plan für die Turmspitze, die an den Arm der Freiheitsstatue erinnern sollte, wurde verworfen. Zudem wurde auch das Design des Baukörpers modifiziert. Erhalten blieb jedoch die Gebäudehöhe von 1776 Fuß (541 Meter), die auf das Datum der Unabhängigkeitserklärung der USA von 1776 anspielt.

One World Trade Center, Freiheitsstatue.

DIE HÖCHSTEN SKYSCRAPER NORDAMERIKAS

Die USA waren das erste Zentrum des Hochhausbaus – vor allem die Städte Chicago und New York. Bis Ende des 20. Jahrhunderts standen die höchsten Gebäude der Welt in diesen beiden Städten.

BANK OF AMERICA

New York City, USA **366 m**

Der 2009 fertiggestellte Büroturm im New Yorker Stadtteil Manhattan gehört der Bank of America, nach der er benannt ist. Das 55-stöckige Hochhaus misst bis zum Dach 288 Meter, mit der Gebäudespitze erreicht es eine strukturelle Höhe von 366 Metern.

Das Hochhaus hat eine sehr ungewöhnliche Gebäudeform: Die im unteren Teil rechtwinklig konzipierten Seitenwände differenzieren sich nach oben hin zu dreieckigen und trapezartigen Formen aus, mit »Knicken« in der Fassade. Einige schräge Blindfassadenteile reichen noch über das eigentliche Dach des Gebäudes hinaus. Dadurch wird der Eindruck eines nicht rechtwinkligen Hochhauses vermittelt. Die Gebäudespitze wird in der Nacht mit Licht in unterschiedlichen Farben angestrahlt.
Im Jahr 2010 bekam der Wolkenkratzer eine Auszeichnung für ökologische Hochhäuser verliehen, wobei vor allem die Verwendung umweltschonender Baumaterialien positiv bewertet wurde.

AON CENTER

Chicago, USA **346 m**

Das Hochhaus führt den Namen der Aon Corporation, die ihren Firmensitz im Gebäude hat. Der im Jahr 1973 vollendete Büroturm verfügt über insgesamt 83 Stockwerke. Nach seiner Fertigstellung war er für kurze Zeit das höchste Gebäude Chicagos.
Knapp 20 Jahre lang war der Wolkenkratzer mit Carrara-Marmor verkleidet. Die edle Fassade musste jedoch zwischen 1990 und 1992 aufgrund von witterungsbedingten Schäden durch weiße Granitplatten ersetzt werden.

Aon Center, Chicago.

John Hancock Center, Chicago.

New York Times Building.

JOHN HANCOCK CENTER

Chicago, USA **344 m**

Der 100 Stockwerke umfassende Wolkenkratzer wurde von 1965 bis 1969 errichtet. Bei seiner Fertigstellung war er das zweithöchste Gebäude der Welt nach dem Empire State Building. Für das Hochhaus charakteristisch sind die in der Fassade sichtbaren Auskreuzungen des Stahlskeletts, die sich verjüngende trapezförmige Gestalt und die dunkle Aluminiumfassade. Das John Hancock Center wird hauptsächlich als Wohnturm genutzt.

CHRYSLER BUILDING

New York City, USA **319 m**

Bei seiner Vollendung 1930 war das Chrysler Building mit 319 Metern das höchste Gebäude der Welt. Es wurde jedoch schon 1931 vom Empire State Building übertroffen, war jedoch noch bis zur Eröffnung des 344 Meter hohen John Hancock Center 1969 das zweithöchste Gebäude der Welt. Der Wolkenkratzer ist ein Klassiker des Art-déco-Stils und gilt als eines der schönsten Hochhäuser überhaupt. Mit seiner markanten Dachkonstruktion ist er auch heute noch ein prägendes Element der Skyline von Manhattan.

Links: Der Bank of America Tower in New York hebt sich nicht nur durch seine Höhe von den umliegenden Hochhäusern ab, sondern auch durch seine dreieckigen und trapezförmigen Fassaden.

Bank of America Plaza, Atlanta.

U.S. Bank Tower, Los Angeles.

Die Art-déco-Krone verleiht dem Chrysler Building sein markantes und unverwechselbares Erscheinungsbild in der Skyline von Manhattan. Sie ist aus rostfreiem Stahl gefertigt. Der Stahlaufbau dieser ins Auge springenden Dachkonstruktion ist 56 Meter hoch und wiegt lediglich 30 Tonnen – es handelt sich hierbei um ein rein dekoratives Bauelement.

NEW YORK TIMES BUILDING

New York City, USA **319 m**

Der Wolkenkratzer in Manhattan wurde 2007 fertiggestellt. Das 52 Etagen hohe Gebäude ist derzeit das dritthöchste in New York, zusammen mit dem Chrysler Building. Allerdings misst das Hochhaus bis zum Gebäudedach nur 227 Meter. Auf dem Dach wurde jedoch eine zur Struktur gehörende Spitze installiert, wodurch der Büroturm seine offizielle Höhe von 319 Metern erreicht. Der Verlag New York Times Company hat in dem Gebäude seinen Sitz, hier erscheint auch die Tageszeitung »New York Times«.

BANK OF AMERICA PLAZA

Atlanta, USA **317 m**

Der 55 Stockwerke hohe Wolkenkratzer in der Innenstadt von Atlanta wurde 1991 bis 1993 erbaut. Er gehört der Bank of America und ist das höchste Gebäude in den USA außerhalb der Skyscraper-Metropolen Chicago und New York.
Die Architektur des Wolkenkratzers ist eine postmoderne Interpretation der Art-déco-Hochhäuser des letzten Jahrhunderts. Mit seiner vergoldeten Spitze konkurriert es ein wenig mit dem Chrysler Building in New York.

U.S. BANK TOWER

Los Angeles, USA **310 m**

Der 73 Stockwerke hohe Wolkenkratzer ist das höchste Gebäude der Westküste der USA. Obwohl bereits in den Jahren 1987 bis 1989 erbaut, ist er immer noch eine imposante Erscheinung in der Skyline von Los Angeles. Weil die Region von Los Angeles häufig von Erdbeben heimgesucht wird, legte man auf die Erdbebensicherheit des Hochhauses großen Wert. Es soll einem Beben bis zu einer Stärke von 8,3 auf der Richterskala standhalten können. Auf dem Dach befindet sich der höchste auf einem Gebäude gelegene Hubschrauberlandeplatz der Welt.

PANAMA-STADT – DIE HÖCHSTE SKYLINE MITTELAMERIKAS

Panama-Stadt ist die Stadt mit den meisten Wolkenkratzern in Mittelamerika. Es gibt aktuell rund 20 fertiggestellte Hochhäuser, die mehr als 200 Meter Höhe aufweisen, und von den zehn höchsten Gebäuden Mittelamerikas befinden sich gleich mehrere in Panama-Stadt.

Bis Anfang der 1990er-Jahre waren die höchsten Hochhäuser in Panama-Stadt weniger als 30 Stockwerke hoch. Zu Beginn des neuen Jahrtausends setzte dann ein Bauboom ein, der durch die Finanzkrise von 2008 nur leicht gebremst wurde. Im Jahr 2012 gibt es in der Stadt etwa 150 Hochhäuser, die im Bau sind, weitere Wolkenkratzer sind geplant.

Der zurzeit höchste Wolkenkratzer in Panama-Stadt ist das im Jahr 2011 eröffnete Trump Ocean Club International Hotel. Das Hochhaus hat 70 Stockwerke und erreicht eine Höhe von 293 Metern; in einem Teil des Gebäudes befindet sich ein Luxushotel, im restlichen sind Apartments untergebracht. Außerdem gehören zum Gebäudekomplex noch ein Kasino, ein Spa, ein Tagungszentrum sowie ein Jachthafen. Die äußere Form des Gebäudes ist einem Segel nachempfunden.

Weitere hohe Wolkenkratzer in Panama-Stadt sind das Wohnhochhaus The Point (266 Meter), der Büroturm Tower Financial Center (255 Meter) sowie das Apartmenthochhaus Ocean Two (246 Meter).

DIE HÖCHSTEN WOLKENKRATZER MITTELAMERIKAS
(alle Panama-Stadt)

1	Trump Ocean Club International Hotel & Tower	293 m
2	The Point	266 m
3	Tower Financial Center	255 m
4	Ocean Two	246 m
5	Pearl Tower	242 m
6	Revolution Tower	233 m
7	Torre Waters	232 m
8	Megapolis Torre 1	230 m

Leicht verdreht: Revolution Tower.

Großes Bild und links: Die Skyline von Panama-Stadt ist geprägt durch ein ganzes Ensemble von Wolkenkratzern im Quartier Punta Pacífica im Stadtteil Paitilla. Noch 2005 war das höchste Gebäude gerade mal 176 Meter hoch, mit dem Ausbau Panamas zum Finanzzentrum gab es 2012 bereits rund 20 Hochhäuser.

DIE HÖCHSTEN SKYSCRAPER SÜDAMERIKAS

In Südamerika konzentrieren sich die »rascacielos« (wie Wolkenkratzer auf Spanisch heißt) nur auf wenige Länder: Venezuela, Kolumbien, Chile. Allerdings gibt es dort nur drei Gebäude, die eine Höhe von 200 Metern übersteigen: die bereits 1979 bzw. 1983 errichteten Doppeltürme Parque Central Torres Oeste y Este in Venezuelas Hauptstadt Caracas (beide jeweils 56 Stockwerke, 225 Meter) und – seit seiner Vollendung 2012 der Rekordhalter ganz Lateinamerikas – der Gran Torre Santiago in Chiles Hauptstadt (70 Stockwerke, 300 Meter). Knapp unter 200 Metern liegen in Santiago de Chile der Torre Titanium La Portada (195 Meter), in Bogotá der Torre Colpatria (192 Meter) und das Centro de Comercio Internacional (190 Meter) sowie in Cali der Torre de Cali (183 Meter).

DIE HÖCHSTEN WOLKENKRATZER SÜDAMERIKAS

1. **Gran Torre Santiago**
   Santiago de Chile 300 m
2. **Parque Central Torre Oeste,**
   Caracas, Venezuela 225 m
3. **Parque Central Torre Este**
   Caracas, Venezuela 225 m
4. **Torre Titanium La Portada**
   Santiago de Chile 195 m
5. **Torre Colpatria**
   Bogotá, Kolumbien 192 m
6. **Centro de Comercio Internacional**
   Bogotá, Kolumbien 190 m
7. **Torre de Cali** 183 m

GRAN TORRE SANTIAGO

Santiago de Chile 300 m

Seit 2012 ist der Gran Torre Santiago (auch Gran Torre Costanera genannt) mit 70 Etagen das höchste Gebäude Lateinamerikas. Ursprünglich sollte das Hochhaus bereits 2010 vollendet werden, die Finanzkrise führte jedoch 2009 zu einer längeren Bauunterbrechung. Der Entwurf für den Büroturm stammt von César Pelli, der auch für die Petronas Towers in Kuala Lumpur verantwortlich zeichnete. Öffentlich zugängliche Aussichtsplattformen in den beiden obersten Stockwerken bieten grandiose Blicke auf Stadt und Umgebung.

Torre Colpatria, Bogotá.

Torre Titanium La Portada, Santiago.

Skyline mit dem World Trade Center im Stadtviertel Las Condes von Santiago de Chile. In der chilenischen Hauptstadt ragt seit 2012 auch das höchste Gebäude Südamerikas auf, der Gran Torre Santiago.

PUERTO MADERO – DIE HÖCHSTEN WOLKENKRATZER ARGENTINIENS

Parque Central Torre Oeste, Caracas.

Die meisten Wolkenkratzer Argentiniens ragen in der Hauptstadt Buenos Aires auf. Die höchsten von ihnen stehen auch in der kontinentalen Rangliste ganz weit vorn. Nationaler Rekordhalter mit 51 Etagen und einer Höhe von 172 Metern ist seit 2012 das Apartmenthochhaus Torre Renoir 2, das sich ebenso wie die Wohndoppeltürme Torre El Faro I und II (mit jeweils 46 Stockwerken und einer Höhe von 170 Metern) im Hafenviertel Puerto Madero befindet. Dort bilden mehr als zehn Hochhäuser mit einer Höhe von über 140 Metern die imposante Skyline des Hafengeländes.

»Rascacielos« (Wolkenkratzer) stehen am Puerto Madero von Buenos Aires Spalier.

MAKKAH CLOCK ROYAL TOWER HOTEL

Mekka **601 m**

Der Hotelkomplex Abraj Al-Bait Towers in Mekka besteht aus sieben Hochhäusern. Der 601 Meter hohe Hauptturm Makkah Clock Royal Tower mit dem markanten Halbmond überragt bei Weitem die 240 bis 260 Meter hohen anderen Türme.

Gigantische Turmuhr hoch über Mekka.

EMIRATES PARK TOWERS

Dubai **355 m**

Dieser von 2006 bis 2012 in Dubai City errichtete Gebäudekomplex in unmittelbarer Nähe des Burj Khalifa besteht aus zwei 77-stöckigen Zwillingstürmen. Sie waren bei ihrer Fertigstellung der zweithöchste Hotelbau der Welt.

ROSE RAYHAAN

Dubai **333 m**

Das 2010 eröffnete Hotelhochhaus ist mit seinen 72 Stockwerken das dritthöchste Hotel der Welt. Seine etwas eigenwillige Dachkonstruktion ähnelt der Art-déco-Spitze des Chrysler Building. Mit Spitze erreicht das Gebäude eine Höhe von 333 Metern.

Hotel Rose Rayhaan im Rose Tower.

BURJ AL-ARAB

Dubai **333 m**

Das 1999 auf einer künstlichen Insel vor Dubai eröffnete Hotelhochhaus in Dubai City ist nicht nur eines der höchsten, sondern auch eines der luxuriösesten Hotels der Welt. Architektonisch wurden bei dem Hotelbau Zeichen gesetzt: Er hat die Form eines

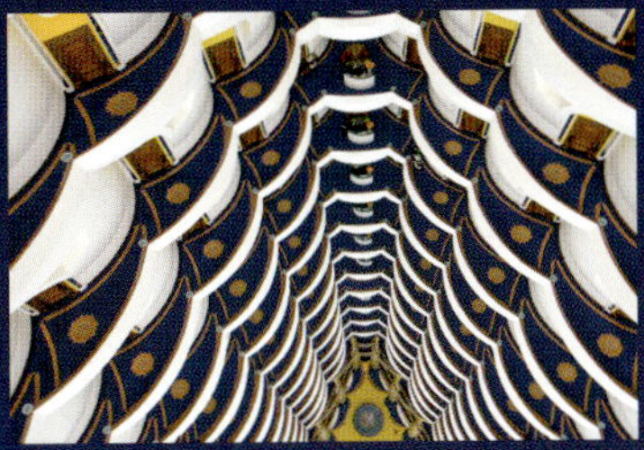

Atrium des Burj Al-Arab.

Erlesenste Materialien im Burj Al-Arab.

Segels und ist mittlerweile ein Wahrzeichen der Metropole am Persischen Golf. Im Gebäude wurden 13.000 Kubikmeter Carrara-Marmor verarbeitet. In 210 Meter Höhe gibt es einen Hubschrauberlandeplatz mit einem hoteleigenen Helikopter.

JUMEIRAH EMIRATES TOWERS

Dubai **309 m**

Bei den Emirates Towers handelt es sich um Zwillingstürme, die architektonisch eine Einheit bilden. Der etwas kleinere Turm beherbergt in 54 Stockwerken das Jumeirah Emirates Towers Hotel.

Doppeltürme Jumeirah Emirates.

DIE HÖCHSTEN HOTELS DER WELT

1. **Makkah Clock Royal Tower** – Mekka, Saudi-Arabien – 601 m
2. **Emirates Park Towers** – Dubai – 355 m
3. **Rose Rayhaan** – Dubai, – 333 m
4. **Burj Al-Arab** – Dubai – 321 m
5. **Jumeirah Emirates Towers** – Dubai – 309 m
6. **Baiyoke Tower II** – Dubai – 304 m
7. **Hotel JAL Tower** – Dubai – 269 m
8. **Lan Kou Grand Hyatt Hotel** – Chongqing, China – 258 m

Auf einer künstlichen Insel vor dem Strand von Dubai City befindet sich das Hotel Burj Al-Arab (deutsch: Turm der Araber). Gut zu erkennen auf der Aufnahme sind die kreisrunde Plattform des Hubschrauberlandeplatzes (rechts am Gebäude) sowie (links) der Ausleger mit dem Aussichtsrestaurant in rund 200 Meter Höhe.

DIE GRÖSSTEN HOTELS DER WELT

Von den zehn größten Hotels der Welt – gemessen an der Zahl ihrer Zimmer – stehen mehr als die Hälfte in Las Vegas. Konkurrenz bekommt die amerikanische Wüstenmetropole mit ihren thematisch gestalteten Megahotels und Spielkasinos mittlerweile aus Asien, wo etwa in Malaysia, Thailand und China immer gigantischere Hotelkomplexe entstehen. In der Regel handelt es sich dabei um Hotelresorts mit großen Shoppingmalls, Spielkasinos, Wellnessbereichen und angeschlossenen Freizeitparks.

Lobby des Venetian Hotel, Las Vegas.

THE VENETIAN & THE PALAZZO

Las Vegas, USA **7128 Zimmer**

Das »Venetian« gilt seit der Eröffnung des Schwesterhotels »Palazzo« 2007 mit zusammen 7128 Hotelzimmern als größter Hotelkomplex der Welt. Das Hotel, das zudem noch fast 20 Restaurants und eine Vielzahl von Geschäften umfasst, liegt – wie die meisten Kasinos und Hotels von Las Vegas – am Las Vegas Strip, der Vergnügungsmeile von Las Vegas. Der Strip erstreckt sich übrigens zum größten Teil in Paradise, einem Vorort von Las Vegas, der offiziell gar nicht zur Stadt gehört. Das »Venetian« ist ein sogenanntes Themenhotel: Speziell sind hier Sehenswürdigkeiten von Venedig wie die Rialtobrücke, der Campanile, der Markusplatz und diverse Kanäle inklusive Gondeln architektonisch nachgebildet.

DIE GRÖSSTEN HOTELS DER WELT (Zahl der Zimmer)

1. **Venetian & Palazzo Hotel** Las Vegas, USA 7128
2. **MGM Grand Hotel** Las Vegas, USA 6853
3. **First World Hotel** Genting, Malaysia 6118
4. **Sands Cotai Central** Macao, China 6000
5. **Wynn Las Vegas** Las Vegas, USA 4750
6. **The Luxor Hotel** Las Vegas, USA 4408
7. **Ambassador City Jomtien** Pattaya, Thailand 4210
8. **Excalibur Hotel** Las Vegas, USA 4008
9. **Aria Resort & Casino** Las Vegas, USA 4004
10. **Hotel Bellagio** Las Vegas, USA 3933

MGM GRAND

Las Vegas, USA **6853 Zimmer**

Der Komplex des MGM Grand Hotel mit all seinen Nebenhäusern ist mit insgesamt 6853 Hotelzimmern das zweitgrößte Hotel weltweit. Neben einem Spielkasino mit knapp 16.000 Quadratmetern gehört zum Hotel noch die MGM Grand Garden Arena mit einem Fassungsvermögen von über 15.000 Sitzplätzen, bekannt als Austragungsort von Boxkämpfen. Das Hotel ist nach dem Hollywood-Studio Metro-Goldwyn-Mayer benannt (Kasino und Studio gehören demselben Mehrheitsaktionär), den Eingangsbereich des Kasinos ziert deshalb – nach dem MGM-Löwen-Logo – ein edler Bronzelöwe. So stand auch die Eröffnung 1993 unter einem Filmmotto (»Der Zauberer von Oz«).

FIRST WORLD HOTEL

Genting Highlands, Malaysia **6118 Zimmer**

Das weltweit drittgrößte Hotel liegt gut 50 Kilometer von der malaysischen Hauptstadt Kuala Lumpur entfernt auf einem 1800 Meter hohen Bergplateau. Mit seiner bunten Außenfassade ist es eingebunden in eine Art großen Vergnügungspark (Genting Highlands) mit fünf weiteren Hotelkomplexen. Die Zimmer verteilen sich auf zwei Hochhäuser mit je 28 Stockwerken. Auf dem Gelände befinden sich zudem ein Spielkasino, diverse Restaurants, Shoppingmalls, Indoor-Themenparks für Erwachsene und Kinder sowie ein Simulator für den freien Fall.

SANDS COTAI CENTRAL

Macao, China **6000 Zimmer**

Die ehemalige portugiesische Kolonie Macao ist für ihre Spielkasinos, Luxushotels und Megaresorts bekannt. Macao ist heute eine Sonderverwaltungszone der Volksrepublik China, ähnlich wie das etwa 50 Kilometer östlich liegende Hongkong. Im sogenannten Cotai Strip, dem neu gewonnenen Land zwischen den vorgelagerten Inseln Coloane und Taipa, ziehen die Spielkasinos, Einkaufsmeilen und Shows der Luxushotels viele Besucher an. 2012 wurde in Macao eine weitere Luxushotelanlage eröffnet: das Sands Cotai Central. In dem neuen Hotelkomplex verfügen drei Hotels über insgesamt 6000 Zimmer. Die Hotelanlage ist damit die viertgrößte weltweit. Außerdem gibt es dort etwa 20 Restaurants, dazu Shoppingmalls mit hochwertigen Geschäften und Boutiquen sowie zwei Spielkasinos.

Sieht mit Nachbildungen von Campanile, Rialtobrücke und Kanälen ein bisschen aus wie Venedig, ist aber nur ein Hotel mit Spielkasinos und diversen anderen Vergnügungseinrichtungen in der Wüste des US-Bundesstaats Nevada: das Venetian in Las Vegas, mit mehr als 7000 Zimmern das größte Hotel der Welt.

Unter einem City Resort versteht man einen Hotelkomplex, der mit seinen Angeboten über den reinen Beherbergungsbetrieb hinausgeht. In einem City Resort stehen den Resortgästen meist auch Shoppingmalls, ausgedehnte Fitness- und Wellnessbereiche, Spielkasinos, Tagungs- und Kongresszentren, Golfplätze, Jachthäfen und sogar komplette Freizeitparkanlagen zur Verfügung. City Resorts spiegeln somit also die seit den 1990er-Jahren stark aufgekommenen All-inclusive-Dienstleistungen wider. Der Gast findet alle Freizeitangebote vor Ort und muss sein Resort nicht mehr verlassen.
Auch die Kasinohotels von Las Vegas kann man zu den City Resorts zählen. Weil bei den meisten von ihnen jedoch der Hotelcharakter überwiegt, wurden sie hier als Hotels aufgeführt. Nur einige wenige werden im Folgenden zu den City Resorts gerechnet, weil bei ihnen der Resortcharakter eine wichtige Rolle spielt.
Die größten City Resorts der Welt (nach Quadratmeter Nutzfläche) finden sich im asiatischen Raum, so auch der 2012 eröffnete Rekordhalter in Mekka in Saudi-Arabien.

ABRAJ AL-BAIT TOWERS

Mekka, Saudi-Arabien 1.500.000 m²

Mit einer Gesamtnutzfläche von gut 1,5 Millionen Quadratmetern ist der Gebäudekomplex der Abraj Al-Bait Towers das größte City Resort der Welt. Das Fünf-Sterne-Hotel Makkah Clock Royal Tower im über 600 Meter hohen Hauptturm des Hochhauskomplexes hat 858 Hotelzimmer im Angebot. Ein riesiger Gebetsraum soll Platz für bis zu 10.000 Gläubige bieten.

DIE GRÖSSTEN CITY RESORTS DER WELT

(Nutzfläche in m²)

1. Abraj Al-Bait Towers, Mekka, Saudi-Arabien 1.500.000
2. Central World, Bangkok, Thailand 1.024.000
3. The Venetian Macao, Macao, China 980.000
4. Berjaya Times Square, Kuala Lumpur, Malaysia 700.000
5. Central Park, Jakarta, Indonesien 655.000
6. The Palazzo, Las Vegas, USA 645.000
7. Grand Indonesia, Jakarta, Indonesien 640.000
8. Marina Bay Sands, Singapur 581.000
9. Renaissance Center, Detroit, USA 515.000

CENTRAL WORLD

Bangkok, Thailand 1.024.000 m²

Central World mit Weihnachtsbeleuchtung.

Central World Plaza Shopping Center.

Das City Resort steht mit einer Gesamtnutzfläche von über einer Million Quadratmetern weltweit an zweiter Stelle. Allein die Shoppingmall ist mit 550.000 Quadratmeter Verkaufsfläche eine der größten weltweit. Das Centara Grand Hotel mit seinen 565 Hotelzimmern residiert in einem 235 Meter hohen Wolkenkratzer und bietet großartige Blicke über die thailändische Hauptstadt.

THE VENETIAN MACAO

Macao, China 980.000 m²

In der Lobby des Venetian Macao.

Das Resort-Hotel-Kasino wurde von 2004 bis 2007 nach dem Vorbild seines Namensvetters in Las Vegas erbaut. Es ist aufgrund seiner Gesamtnutzfläche das drittgrößte City Resort der Welt. Dominiert wird der Gebäudekomplex von dem 225 Meter hohen Hotelriegel mit 39 Stockwerken und insgesamt 3000 Hotelsuiten.

BERJAYA TIMES SQUARE

Kuala Lumpur, Malaysia 700.000 m²

Berjaya Times Square Shopping Mall.

Der Gebäudekomplex beherbergt eine große Shoppingmall mit über 1000 Geschäften, den größten Indoor-Vergnügungspark in Asien, ein IMAX-Kino, diverse Restaurants und das Berjaya Times Square Hotel & Convention Center mit 900 luxuriösen Hotelsuiten und Tagungsräumen, das in den beiden 203 Meter hohen Hochhaustürmen residiert.

CENTRAL PARK JAKARTA

Jakarta, Indonesien 655.000 m²

Der Gebäudekomplex in Jakarta bietet eine Shoppingmall mit 188.000 Quadratmeter Verkaufsfläche, drei Apartmenthochhäuser mit jeweils 56 Etagen, einen 42-stöckigen Büroturm, ein Hotel mit über 300 luxuriösen Zimmern, Wellness- und Fitnesscenter sowie Tagungsräumen – und zudem Parkdecks für 6000 Fahrzeuge.

THE PALAZZO

Las Vegas, USA 645.000 m²

The Palazzo Resort Casino, Las Vegas.

Das von 2004 bis 2007 erbaute City Resort gehört zum Kasinohotel Venetian. Es bietet insgesamt 3068 luxuriöse Hotelzimmer und eine Gesamtkasinofläche von fast 10.000 Quadratmetern. Das Hotelgebäude ist mit 53 Stockwerken und einer Höhe von 196 Metern zudem das höchste Gebäude von Las Vegas.

GRAND INDONESIA

Jakarta, Indonesien 640.000 m²

Das City Resort besteht aus einem großen Einkaufszentrum (Shopping Town) mit 130.000 Quadratmeter Verkaufsfläche, einem Fünf-Sterne-Hotel mit zwei über 50-stöckigen Hochhäusern (eines davon Büro-

Grand Indonesia Shopping Mall.

turm). Das City Resort wurde um das Gebäude des schon seit 1962 bestehenden Hotels »Indonesia« herum errichtet; das erste Fünf-Sterne-Hotel Indonesiens steht mittlerweile unter Denkmalschutz.

Hotelhochhaus des Central-World-Komplexes mit seiner auffälligen Dachkonstruktion vor dem Hintergrund der nächtlichen Skyline Bangkoks. Das 86 Stockwerke zählende Gebäude, in dem sich das Centara Grand Hotel befindet, ist mit 235 Meter Höhe einer der höchsten Wolkenkratzer Bangkoks.

MARINA BAY SANDS

Singapur **581.000 m²**

City Resort Marina Bay Sands mit spektakulärem ArtScience Museum.

Der Gebäudekomplex Marina Bay Sands besteht aus drei Hoteltürmen mit jeweils 55 Stockwerken und insgesamt 2561 Hotelzimmern. Die drei Türme sind durch eine Dachterrasse verbunden, was dem Gebäude ein spektakuläres Aussehen verleiht. Dieser sogenannte SkyPark befindet sich auf einer Höhe von 190 Metern und bietet einen Panoramablick auf ganz Singapur. Auf der Aussichtsplattform befinden sich auch Restaurants, Bars und ein Swimmingpool mit einer Gesamtlänge von 146 Metern. Die Dachterrasse bietet Platz für etwa 4000 Personen. In den Vorbauten der Hotelhochhäuser befinden sich zudem noch ein Spielkasino, Theater- und Veranstaltungsräume sowie ein ArtScience Museum in Form einer Lotosblüte.

Marina Bay Sands mit seiner spektakulären, an ein UFO erinnernden Dachterrasse, links davon das zum Gebäudekomplex gehörende ArtScience Museum, das einer Lotosblüte nachempfunden ist. Bei schönem Wetter finden hier nachts Lasershows statt. Der Swimmingpool auf der ausladenden Dachterrasse ist einer der größten in dieser Höhe.

RENAISSANCE CENTER

Detroit, USA **515.000 m²**

Am Ufer des Detroit River gelegen: das Renaissance Center mit insgesamt fünf Türmen.

Der Gebäudekomplex wurde 1977 eröffnet, hatte jedoch in der Folgezeit mit dem Niedergang von Detroit einen hohen Leerstand. 1996 wurde er vom Automobilkonzern General Motors übernommen und generalsaniert. Heute sitzt hier die Konzernzentrale von General Motors – das GM-Logo auf dem höchsten Turm des Komplexes ist weithin sichtbar.
Die Anlage besteht aus insgesamt sieben Hochhäusern. Im höchsten residiert ein Marriott Hotel samt noblem Aussichtsrestaurant mit Blick auf das gegenüberliegende kanadische Windsor. Der Hotelturm ist mit 222 Meter Höhe das höchste Gebäude Detroits. In weiteren Türmen des Komplexes sind Restaurants, mehrere Banken, Beratungsfirmen, ein Museum und die GM University untergebracht.

URBANE MEGABAUTEN

Türme haben eine lange baugeschichtliche Tradition. Jahrhundertelang dienten Wehrtürme der Feindbeobachtung oder der Nachrichtenübermittlung, etwa per Leuchtfeuer, oder auch als Orientierungspunkt. Dem nicht genug, wurden zwischen dem 18. und 19. Jahrhundert, als es die Menschen in die Natur zog, Aussichtstürme erbaut und bestiegen; in der Zeit der Romantik waren alte Burgtürme und Ruinen beliebte Plätze für Rundblicke in die neu entdeckten Landschaften. Auch heute dienen die höchsten und spektakulärsten Türme der Welt der Informationsübermittlung, und die hier vorgestellten Bauwerke übertragen Fernseh- oder Rundfunksignale und sind gleichzeitig beliebte Aussichtspunkte. Zwei Bauweisen sind vorherrschend: entweder Stahlbetontürme, wie der Europaturm in Frankfurt, oder eine Konstruktionsweise aus Stahlfachwerk, beispielsweise der Fernsehturm in Kiew. Im architektonischen Sinne werden Türme und Masten nicht als Gebäude angesehen, da sie über keine Rahmenstruktur mit Wänden und Stockwerken verfügen.

DIE HÖCHSTEN TÜRME DER WELT

1. **Tokyo Sky Tree** – Tokio, Japan – 634 m
2. **Canton Tower** – Kanton, China – 600 m
3. **CN Tower** – Toronto, Kanada – 553 m
4. **Ostankino-Turm** – Moskau, Russland – 540 m
5. **Oriental Pearl Tower** – Shanghai, China – 468 m
6. **Milad Tower** – Teheran, Iran – 435 m
7. **Menara Tower** – Kuala Lumpur, Malaysia – 421 m
8. **Tianjin Radio TV Tower** – Tianjin, China – 415 m
9. **China Central Radio TV Tower** – Beijing, China – 405 m
10. **Fernsehturm Kiew** – Kiew, Ukraine – 385 m
11. **Fernsehturm Taschkent** – Taschkent, Usbekistan – 375 m
12. **Fernsehturm Riga** – Riga, Lettland – 369 m

Die außergewöhnliche Architektur des Canton Tower, eine elliptische Tragwerkskonstruktion, hat den Vorteil, dass der hohe Turm nur minimalen Windwiderstand aufweist. Beleuchtet kommt seine extravagante Form besonders gut zur Geltung. Die Liede Bridge im Vordergrund überquert den Perlfluss auf fast vier Kilometer Länge.

Allen Erdbebenwarnungen in Japans Hauptstadt zum Trotz ragt der zwischen 2008 und 2012 erbaute »Tokyo Sky Tree« 634 Meter in die Höhe und ist somit der höchste Fernsehturm der Welt. Der Bau ging schnell vonstatten, in manchen Phasen wuchs er pro Woche um sieben Meter. Einerseits verbessert der Turm die Radio- und Fernsehübertragung in der Stadt und dem Einzugsgebiet, andererseits ist er Anziehungspunkt für Touristen, die auf den beiden Aussichtsplattformen (in 350 und 450 Meter Höhe) den Blick über die Metropole genießen können. Bereits bei der Einweihung im Mai 2012 war der Ansturm an Interessierten sehr groß. Das Erdbeben im März 2011 hatte die Bauarbeiten an Tokios neuem Wahrzeichen kaum unterbrochen, und aufgrund ausgereifter statischer und architektonischer Maßnahmen kann das Bauwerk auch die stärksten Erderschütterungen überstehen. Seine moderne, geradezu futuristische Erscheinung wird durch eine effektvolle Beleuchtung unterstrichen. Er befindet sich in dem Stadtviertel Sumida, das seit dem Bau, insbesondere seit der Fertigstellung, eine Neubelebung erfährt. Die Höhe von 634 Metern verweist auf den alten Namen des Viertels »Musashi« und bedeutet übersetzt: 6 – mu, 3 – sa, 4 – shi.

13 Fahrstühle birgt der Fernsehturm.

Am Fuße und rund um den Tokyo Sky Tree entstanden neue Gebäude, darunter auch ein großes Einkaufszentrum. Dieses neue urbane Zentrum ist gut an andere Knotenpunkte in Tokio angebunden.

CANTON TOWER

Noch bei der Eröffnungsfeier im September 2010 war der Canton Tower (vorher Guangzhou Tower genannt) mit seinen 600 Metern der höchste Fernsehturm der Welt, doch bereits Anfang 2011 musste er diesen Rang an den Tokyo Sky Tree abtreten. Das auf eine Zahl von jährlich fünf Millionen Besuchern ausgerichtete Bauwerk fasziniert durch seine spannungsreiche Form, die einer

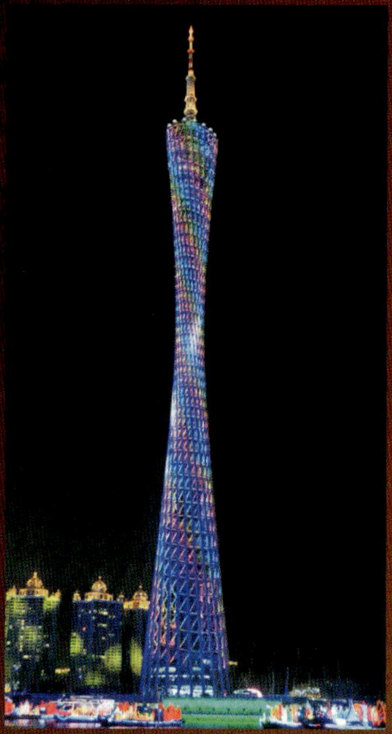

Beleuchtet wirkt der Tower schwerelos.

sehr schlanken Sanduhr ähnelt. Die aus der Ferne wie ein Netz wirkende elliptische Tragwerkskonstruktion wurde von dem niederländischen Architektenteam Hemel/Knit als eine »weibliche Form« bezeichnet.

DER ZWEITHÖCHSTE TURM DER WELT

DAS HÖCHSTE KARUSSELL DER WELT

Auf der obersten der drei Aussichtsplattformen des Canton Tower befindet sich in 454 Meter Höhe ein Karussell. Ähnlich einem horizontal liegenden Riesenrad fahren auf dem geneigten äußersten Ring entlang der ovalen Freiluftplattform 16 kugelförmige gläserne Aussichtskabinen. Bei langsamer Fahrt können die Besucher den Ausblick über das chinesische Guangzhou und die Provinz Guangdong genießen. Für Unterhaltung ist aber auch auf den tiefer gelegenen Ebenen gesorgt: Drehrestaurants, Cafés, Teehäuser und Freiluft-Gartenebenen bieten viel Abwechslung.

Aus den Kugelkabinen ist der Blick über die Stadt bei Tag und Nacht spektakulär.

Guangzhou, die Millionenstadt am Perlfluss, ist wie viele asiatische Städte eine Metropole der Superlative. Markantes Zeichen ist der Canton Tower. Anlässlich der Eröffnungsfeier der Asienspiele 2010 wurde der Fernsehturm eindrucksvoll beleuchtet.

DIE HÖCHSTEN TÜRME EUROPAS

Ob als prestigeträchtige Objekte ehemaliger Ostblockstaaten oder allein aus Funktionalität für die Funk- und Fernsehsignalübertragung – Europas höchste Türme recken sich alle über 300 Meter in den Himmel und der Moskauer Fernsehturm gar in eine Höhe von 540 Metern. Es sind ästhetisch gelungene Bauwerke mit technischen Besonderheiten und in ganz unterschiedlichen Konstruktionsweisen, die selbst an außergewöhnlichen Orten, etwa auf einer Flussinsel, stehen. Einige können bestiegen werden und versprechen sehenswerte Rundblicke von den Aussichtskanzeln oder den Drehrestaurants.

Moskaus Fernsehturm im Abendlicht.

Rigas schlanker Turm in der Düna.

OSTANKINO-TURM

Moskau, Russland **540 m**

Nach seiner Fertigstellung im Jahr 1967 war der Moskauer Fernsehturm mit 540 Metern bis 1975 das höchste frei stehende Gebäude der Welt. Aufgrund mehrerer Brände und aufwendiger Renovierungsarbeiten war er jahrelang geschlossen und ist seit 2009 wieder für die Öffentlichkeit zugänglich.

FERNSEHTURM KIEW

Kiew, Ukraine **385 m**

Kiews Fernsehturm ist eine Stahlfachwerkkonstruktion und in dieser Art die höchste der Welt; der Turm weist als Besonderheit vier etwa 100 Meter hohe Stützpfeiler auf. Auch diese Pfeiler sind im Stahlfachwerk gebaut. In dem gesamten Turm gibt es keine Nieten, die Konstruktion ist durchgängig geschweißt.

FERNSEHTURM RIGA

Riga, Lettland **369 m**

Mitten in der Düna, dem in die Ostsee mündenden Strom, steht auf der Insel Zakusala Rigas höchstes Bauwerk – der Fernsehturm. Bei der Planung und Realisierung wurde auf Hochwassersicherheit und sogar auf Erdbebentauglichkeit geachtet, obwohl der Turm nicht in einem seisemisch besonders aktiven Gelände steht. Um auch größeren Windstärken standzuhalten, sind in etwa 200 Meter Höhe Pendel angebracht, die die Windschwingungen ausgleichen sollen. In den Stützen befinden sich schräg verlaufende Aufzüge.

DIE HÖCHSTEN TÜRME EUROPAS

1. **Ostankino-Turm** Moskau, Russland 540 m
2. **Fernsehturm Kiew** Kiew, Ukraine 385 m
3. **Fernsehturm Riga** Riga, Lettland 369 m
4. **Berliner Fernsehturm** Berlin, Deutschland 368 m
5. **Gerbrandy-Turm** IJsselstein, Niederlande 367 m
6. **Fernsehturm Winnyzja** Winnyzja, Ukraine 354 m
7. **Europaturm** Frankfurt, Deutschland 338 m

Vom Dom eingerahmt: »der Alex«.

BERLINER FERNSEHTURM

Berlin, Deutschland **368 m**

Als beliebtes Ziel prägt der Berliner Fernsehturm – im Volksmund nach seinem Standort Alexanderplatz auch »Alex« genannt – die Berliner Silhouette. Die Führung der DDR entschloss sich in den 1960er-Jahren zum Bau des Turms, auch um die Leistungsfähigkeit des Sozialismus unter Beweis zu stellen. Seine Kugel sollte an den sowjetischen Sputnik-Satelliten erinnern.

GERBRANDY-TURM

Ijsselstein, Niederlande **367 m**

Nahe Utrecht befindet sich der Gerbrandy-Turm, er wurde nach dem ehemaligen Ministerpräsidenten Pieter Gerbrandy benannt und ist das höchste Bauwerk in den Niederlanden. Auf einem 100 Meter hohen Stahlbetonturm ist oben ein Stahlrohrmast aufgesetzt. Weil mehrfach die Antenne ausgetauscht werden musste, verringerte sich seine ursprüngliche Gesamthöhe von 382 Metern auf nunmehr 367 Meter.

FERNSEHTURM WINNYZJA

Winnyzja, Ukraine **354 m**

Die Ukraine verfügt über einen 354 Meter hohen Turm, der sich in Winnyzja befindet. Die Stadt liegt etwa 400 Kilometer nördlich von Odessa im Landesinneren. Der während der Sowjetzeit im Jahr 1961 erbaute Turm ist ein reiner Sendeturm zur Übertragung von Funk und Fernsehen und kann nicht bestiegen werden.

Der Europaturm hat eine drehbare Kanzel.

EUROPATURM

Frankfurt a. M., Deutschland **338 m**

Der Europaturm ist der zweithöchste Fernsehturm in Deutschland. Bei seiner Fertigstellung 1979 war er die Nummer 1, doch nach der Wiedervereinigung machte ihm der Berliner Konkurrenz. 20 Meter Durchmesser hat er am Fuß und elf Meter unter der drehbaren sechsgeschossigen Kanzel. Sie hat einen Durchmesser von 59 Metern und ist damit weltweit die breiteste, ist aber nicht öffentlich zugänglich.

Auf einem schmalen Betonschaft sitzt die Turmkuppel mit der drehbaren Aussichtsplattform. Darüber setzt der stählerne Sendemast die Vertikale fort. Beim Festival of Lights wird der in den Jahren 1965 bis 1969 erbaute Fernsehturm effektvoll illuminiert. Vom SED-Zentralorgan »Neues Deutschland« wurde er »Telespargel« genannt. Karriere als beliebtes Souvenir, als Backform, Brosche oder T-Shirt-Motiv hat der Turm erst nach der Wende gemacht.

EIFFELTURM

Die Weltausstellung 1889 sollte zu ihrem 100-jährigen Jubiläum in Paris einzigartig werden. Seit 1887 arbeitete man an dem damals höchsten Bauwerk der Welt, dem Eiffelturm, benannt nach seinem Konstrukteur Gustave Eiffel. In Rekordzeit fügten rund 3.000 Metallarbeiter die Stahlfachwerkkonstruktion aus knapp 20.000 industriell vorgefertigten Einzelteilen und rund 2,5 Millionen Nieten zusammen. Skeptiker waren widerlegt: Der Turm hielt jedem Sturm stand. Paris hatte ein neues, damals 312 Meter hohes Wahrzeichen und die Welt den Inbegriff von der Leistungsfähigkeit moderner Architektur.

Die Idee für den Eiffelturm verdankt Alexandre Gustave Eiffel seinen Mitarbeitern Maurice Koechlin und Émile Nouguier. Architekt Stephen Sauvestre verlieh der Konstruktion durch eine Dreiteilung und Rundbögen Transparenz und begeisterte Eiffel damit, der Leitung und Ausführung übernahm. Ursprünglich sollte der Turm wieder abgerissen werden. Aber da man ihn als Funkturm verwenden konnte, blieb er stehen. Alle sieben Jahre wird der Eiffelturm mit etwa 60 Tonnen Farbe aufgefrischt, und seinen schönsten Anblick bietet er hell erleuchtet und mit blinkendem Leuchtfeuer in der Nacht.

Das Pariser Wahrzeichen – der Eiffelturm.

In nur 16 Monaten wurde die über 300 Meter hohe Eisenkonstruktion unter der Federführung des Ingenieurs Gustave Eiffel erbaut. Die mit einem Lift erreichbare Aussichtsplattform gehört zu den größten Attraktionen der Stadt.

ORIENTAL PEARL TOWER

Shanghai, China **468 m**

Im Shanghaier Stadtteil Pudong, direkt gegenüber der berühmten Flaniermeile Bund, ragt der Oriental Pearl Tower in

Der beleuchtete Oriental Pearl Tower.

die Höhe, und der Turm weist einige Rekorde auf: Er ist das zweithöchste Bauwerk von Shanghai und China und Asiens dritthöchster Turm. Jährlich wird das Bauwerk mit den markanten Kugeln von über zwei Millionen Besuchern bestiegen. Die Kugeln haben einen Durchmesser von 50 bzw. 45 Metern, hier gibt es einige Restaurants, und die höchste Aussichtsplattform befindet sich auf der oberen Kugel in 342 Meter Höhe. Darüber ist noch eine 118 Meter hohe Antenne platziert.

DIE HÖCHSTEN TÜRME ASIENS

1. **Tokyo Sky Tree**
   Tokio, Japan 634 m
2. **Canton Tower**
   Canton, China 600 m
3. **Oriental Pearl Tower**
   Shanghai, China 468 m
4. **Milad Tower**
   Teheran, Iran 435 m
5. **Menara Tower**
   Kuala Lumpur, Malaysia 421 m
6. **Tianjin Radio TV Tower**
   Tianjin, China 415 m
7. **China Central Radio TV Tower**
   Beijing, China 405 m
8. **Fernsehturm Taschkent**
   Taschkent, Usbekistan 375 m

Die Skyline mit dem Oriental Pearl Tower ist zum neuen Wahrzeichen Shanghais geworden. Bis in die 1990er-Jahre war Pudong nur ein Stück Sumpfland, aber in kaum mehr als einem Jahrzehnt wurde hier eine Retortenstadt mit Hunderten von Wolkenkratzern hochgezogen. Hier verkehrt auch die Magnetschwebebahn, die das Zentrum mit dem internationalen Flughafen und dem Expo-Gelände von 2010 verbindet.

Im Norden Teherans steht der Milad Tower.

MILAD TOWER

Teheran, Iran **435 m**

Der höchste Turm des Landes hat am oberen Ende einen sich über zwölf Stockwerke, in einer Höhe von 250 bis 315 Metern, erstreckenden Turmkorb mit mehreren Aussichtsplattformen. Auf einer Fläche von 18.500 Quadratmetern wurde speziell behandeltes Glas verarbeitet, das den extremen Witterungseinflüssen standhält.

Vom Menara Tower blickt man auf die Petronas-Zwillingstürme.

MENARA TOWER

Kuala Lumpur, Malaysia **421 m**

Der Menara Tower dient als Sendeturm für Richtfunk, Radio- und Fernsehprogramme, außerdem steht er der Öffentlichkeit als Aussichtsturm zur Verfügung. Die Besucher werden entweder mit vier Schnellaufzügen nach oben befördert oder können zu Fuß die 2.058 Stufen erklimmen. In 276 Meter Höhe befindet sich die achtgeschossige Turmkanzel mit einem Durchmesser von annähernd 50 Metern. Die Kanzel beherbergt ein Drehrestaurant, und auf dem Dach des Turmkorbs befindet sich eine Jump-Station für Besucher.

Der Fernsehturm dominiert Tianjin.

TIANJIN RADIO AND TV TOWER

Tianjin, China **415 m**

Chinas dritthöchster Fernsehturm steht in Tianjin, einer 12-Millionen-Einwohner-Metropole und wichtigen Hafenstadt im Norden des Landes. Der Turm wurde 1991 eröffnet und ist für die Öffentlichkeit zugänglich. In 253 bzw. 257 Meter Höhe befinden sich eine Aussichtsplattform und ein Drehrestaurant.

Beijings Central Radio and TV Tower liegt im Haidian-Bezirk.

CHINA CENTRAL RADIO AND TV TOWER

Beijing, China **405 m**

Vom China Central Televison Tower (CCTV) werden die Signale des chinesischen Staatsfernsehens gesendet. Im Turm befindet sich auch ein Sendezentrum. Aussichtsdecks in 238 Meter Höhe und ein Restaurant bieten den Besuchern sehenswerte Rundblicke über Beijing.

Wie eine Rakete: Fernsehturm Taschkent

FERNSEHTURM TASCHKENT

Taschkent, Usbekistan **375 m**

Dem äußeren Erscheinungsbild nach soll der Fernsehturm an eine Rakete vor dem Start erinnern. Die untere der beiden Turmkanzeln ist über Aussichtsplattformen und Restaurants für Besucher zugänglich. Der Turm beherbergt außerdem eine Wetterstation.

DIE HÖCHSTEN TÜRME OZEANIENS UND AFRIKAS

Ansicht auf den Sky Tower von unten.

SKY TOWER

Auckland, Neuseeland 328 m

Besucher können auf dem Sky Tower von drei unterschiedlichen Plattformen den Blick über Auckland genießen. Einen Nervenkitzel versprechen die gläsernen Aufzüge und der Glasfußboden in der untersten Plattform. Vom Eingang bis zur obersten Aussichtsplattform, dem Sky Deck, führen 1.267 Stufen. Den Rekord, diese laufend zu erklimmen, hält ein Deutscher. In vier Minuten und 53 Sekunden war er am Ziel.

SYDNEY TOWER

Sydney, Australien 305 m

Das äußere Erscheinungsbild des Sydney Tower prägen 56 Stahlseile mit jeweils sieben Tonnen Gewicht. Sie halten den Fernsehturm und seine Turmkanzel mit der Aussichtsplattform in 250 Meter Höhe unter freiem Himmel. Eins der Stockwerke enthält einen Wassertank mit einem Fassungsvermögen von über 160.000 Liter Wasser. Der Tank trägt zur Standsicherheit des Towers im Hinblick auf die Windkräfte bei. Der Turm wurde nach siebenjähriger Bauzeit 1981 eingeweiht.

Der Sydney Tower fügt sich gut in das moderne Stadtbild ein.

DIE HÖCHSTEN TÜRME OZEANIENS

1. **Sky Tower** Auckland, Neuseeland 328 m
2. **Sydney Tower** Sydney, Australien 305 m
3. **Black Mountain Tower** Canberra, Australien 195 m

DIE HÖCHSTEN TÜRME AFRIKAS

1. **Telkom Joburg Tower** Johannesburg, Südafrika 270 m
2. **Sentech Tower** Johannesburg, Südafrika 234 m
3. **Fernsehturm Kairo** Kairo, Ägypten 187 m

Seit der Namensänderung wird der Turm abendlich beleuchtet.

TELKOM JOBURG TOWER

Johannesburg, Südafrika 270 m

Bis zum Jahr 2005 war der Fernsehturm in Johannesburg unter dem Namen Hillbrow Tower bekannt, dann wurde sein Name während einer Zeremonie in Telkom Joburg Tower geändert. Nach dreijähriger Bauzeit erfolgte im Jahr 1971 die Inbetriebnahme, doch nach zehn Jahren, 1981, wurde er für den Publikumsverkehr aus Sicherheitsgründen geschlossen. Heute wird er nur für die Übertragung von Funk- und Fernsehprogrammen und für die Telekommunikation genutzt.

Die Skyline der Wolkenkratzer, die um das Hafenbecken aufragen, gilt mittlerweile als Aucklands Wahrzeichen. Blickfang ist der 328 Meter hohe Sky Tower, hier rechts im Bild. Grandiose Panoramablicke bieten sich von den Aussichtsplattformen über die gegliederte Stadtlandschaft und die kegelförmigen Erhebungen von fast 50 inaktiven Vulkanen in einiger Entfernung der Stadt.

DIE HÖCHSTEN TÜRME AMERIKAS

CN TOWER

Toronto, Kanada **553 m**

Ende der 1960er-Jahre wurden in Toronto so viele Wolkenkratzer errichtet, dass sich durch

Torontos Tower ist Besuchermagnet.

die Dichte und Höhe der Bauten der Empfang der Radio- und Fernsehsignale deutlich verschlechterte, und es musste ein neuer Turm gebaut werden. Anfänglich ging man von einem Mast mit einer Höhe von mindestens 350 Metern aus, die allerdings bald aufgestockt wurde. Die Voraussetzungen an dem Standort in der südlichen Innenstadt waren so gut, dass eine Höhe von 553 Metern realisiert werden konnte.

DIE HÖCHSTEN TÜRME NORDAMERIKAS

1. **CN Tower**
   Toronto, Kanada 553 m
2. **Stratosphere Tower**
   Las Vegas, USA 350 m
3. **Tower of the Americas**
   San Antonio, USA 229 m

DIE HÖCHSTEN TÜRME SÜDAMERIKAS

1. **Torre Espacial**
   Buenos Aires, Argentinien 228 m
2. **Fernsehturm Brasília**
   Brasília, Brasilien 224 m
3. **Torre TV Bandeirantes**
   São Paulo, Brasilien 212 m

STRATOSPHERE TOWER

Las Vegas, USA **350 m**

Nahe der Innenstadt am Las Vegas Strip steht »The Strat« – Hotel, Kasino und Aussichtsturm. Reisende sind sich einig: Ein Besuch auf dem Stratosphere Tower, abends oder nachts, um das Lichtermeer der Stadt zu bewundern, gehört zu einem Las-Vegas-Aufenthalt einfach dazu.
Hauptattraktionen für die Besucher sind neben den Ausblicken über Las Vegas die Fahrgeschäfte, die auf der Höhe der Aussichtsplattformen von 270 Metern platziert sind. Mit dem »Big Shot« werden die Gäste fast an die Spitze des Turms katapultiert. »X-Screams« manövriert die Fahrgäste über eine Rampe nach oben über den Turm hinaus und fährt dann mit hoher Geschwindigkeit hinunter. Ganz Schwindelfreie wählen »Insanity«, eine Art Kettenkarussell, das in fast 300 Meter Höhe über die Plattform hinausfährt.

Im Mondlicht wirkt der mächtige Stratosphere Tower besonders schlank und elegant.

Fahrgeschäfte auf »The Strat«.

Im Jahr 1976 wurde der Fernsehturm der Bahngesellschaft Canadian National fertiggestellt. Zu dieser Zeit war er noch das höchste frei stehende Bauwerk der Welt. In seinem siebengeschossigen Main Pod, der in 351 Meter Höhe thront, befindet sich ein Drehrestaurant. Mutige können sogar noch höher hinauf: Vier gläserne Außenkabinen schweben in 58 Sekunden zum 447 Meter hohen Sky Pod. Im Bild links neben dem CN Tower befindet sich der Sky Dome.

URBANE MEGABAUTEN

Prachtvolle Wohnsitze, Paläste, gibt es seit jeher, und auch in den ältesten Kulturkreisen ließen sich die herrschenden Schichten Wohnhäuser errichten, die ihre soziale Stellung und ihren Machtstatus zum Ausdruck bringen sollten. Dies lässt sich in unterschiedlicher Ausprägung auf der ganzen Welt beobachten, am Kaiserpalast in Tokio genauso wie am Beispiel des Palacio Real in Madrid. Schon durch ihre Ausmaße sind diese größten Palastanlagen der Welt beeindruckend. Darüber hinaus hat jeder Gebäudekomplex eigene Charakteristika, die ihn sogar weltberühmt gemacht haben, etwa das prunkvolle Schloss Versailles mit seinem einzigartigen Spiegelsaal. Geradezu monumental wirken die Raumfluchten des Louvre, und fast unvorstellbarer Luxus bietet der bewohnte Palast im Sultanat Brunei. Weitläufigkeit und Aufbau der Verbotenen Stadt sind legendär, und der Winterpalast in St. Petersburg beeindruckt durch seine prachtvolle Innenausstattung. Seit Ende des 18. Jahrhunderts werden auch bestimmte öffentliche Gebäude als Paläste bezeichnet, etwa »Justizpaläste« oder »Parlamentspaläste«. Auch in diesen Bauten werden repräsentative Aufgaben erfüllt, die für moderne Demokratien wesentlich sind.

DIE GRÖSSTEN PALASTBAUTEN DER WELT

1. **Louvre**
   Paris, Frankreich 210.000 m²
2. **Istana Nurul Iman**
   Bandar Seri Begawan, Brunei 200.000 m²
3. **Winterpalast**
   St. Petersburg, Russland 183.820 m²
4. **Verbotene Stadt**
   Beijing, China 150.000 m²
5. **Palacio Real**
   Madrid, Spanien 135.000 m²
6. **Versailles**
   Versailles, Frankreich 110.000 m²
7. **Buckingham Palace**
   London, Großbritannien 77.000 m²
8. **Burgpalast**
   Budapest, Ungarn 65.000 m²
9. **Königliches Schloss**
   Stockholm, Schweden 61.200 m²

Acht Jahrhunderte lang diente der Louvre den französischen Monarchen als ihre Residenz. International berühmt ist das Gebäude aber vor allem wegen des im Inneren beheimateten Museums, dessen Haupteingang Ieoh Ming-Peis 1989 fertig gestellte Glaspyramide markiert.

VERSAILLES

Versailles ist zum einen der Prototyp eines Schlosses und zählt gleichzeitig zu den größten Prachtbauten Europas. Die Anlage besteht aus vier Teilen, von denen das 580 Meter lange Palastgebäude mit seinen Flügeln, Gärten und Sälen der imposanteste ist. Schon König Ludwig XIII. ließ sich in dem wald- und wildreichen Gebiet rund um das Dorf Versailles westlich von Paris ein kleines Jagdschloss errichten. Auch sein Sohn und Thronnachfolger Ludwig XIV. hielt sich hier so gerne auf, dass er ab 1661 die Gartenanlagen erweitern ließ und den Architekten Louis Le Vau (1612–1670) mit einem 1668 begonnenen systematischen Ausbau des Schlosses

Die Gartenseite des Schlosses von Versailles mit einer Neptunstatue im Vordergrund.

In Versailles entwickelte der Gartenbaumeister André Le Nôtre jene Gartenform, die sich als »Garten à la française« bald in ganz Europa wiederfand und für die formbeschnittene Heckenanlagen entlang geometrischer Sichtachsen charakteristisch sind.

beauftragte. Dazu wurde der Vorgängerbau Ludwigs XIII. nicht abgerissen, sondern ummantelt. So entstand der Haupttrakt des Schlosses, dessen Erweiterungsbauten Le Vaus Nachfolger Jules Hardouin-Mansart (1646–1708) verantwortete. Die Innenausstattung entwarf Charles Le Brun (1619–1690). Bei der Errichtung des Schlosses wurde zwar so prachtvoll wie nötig, aber auch so billig wie möglich gebaut. Die Folge waren Kamine, die nicht zogen, kalte Räume, in denen der Likör gefror, und Bäder ohne Wasser. Rund 20.000 Menschen lebten hier zu Zeiten Ludwigs XIV. als Hofstaat. Besonders sehenswert sind neben der Schlosskapelle und dem Thronsaal die Apartments der Königin und das Schlafgemach Ludwigs XIV. sowie der 73 Meter lange und elf Meter breite Spiegelsaal mit seinen 17 sich zum Park hin öffnenden Arkadenfenstern. Als typisch für eine absolutistische Herrscherresidenz wurde das Château zum Vorbild vieler europäischer Residenzschlösser; der Name »Versailles« entwickelte sich zum Inbegriff einer ganzen europäischen Epoche des höfischen Hoch- und Spätbarock. Vom Oktober 1682 bis zum Revolutionsjahr 1789 diente das Schloss den französischen Königen als Residenz. König Louis Philippe ließ das Schloss nach einiger Zeit des Verfalls als Nationalmuseum, mit Gemäldegalerie, historischer Porträtsammlung sowie einer Skulpturen- und Möbelausstellung wiederrichten.

LOUVRE

Paris, Frankreich 210.000 m²

Der älteste Bau der französischen Königsresidenz stammt aus dem 12. Jahrhundert. Die Festung wurde direkt an der Seine als Teil der ersten Stadtmauer errichtet. In den folgenden zwei Jahrhunderten wurde aus der Festung eine königliche Residenz, an der fast jeder französische Herrscher weiterbauen ließ, bis er zu seiner Hufeisenform herangewachsen war. Auch Napoleon I. veranlasste einen Erweiterungsbau, den Napoleon III. vollenden ließ. 1989 wurde ein neuer unterirdischer Trakt sowie der selbst weltberühmte neue Eingang in Form einer Pyramide aus Stahl und Glas eröffnet. Heute ziehen die rund 400.000 präsentierten Kunstschätze, die auf über 61.000 Quadratmetern Ausstellungsfläche gezeigt werden, jährlich über fünf Millionen Besucher an. Das Museum des Louvre wurde 1793 eröffnet. Es machte die zum Nationalbesitz erklärten Besitztümer königlicher Kunst der Öffentlichkeit zugänglich. Während der Napoleonischen Kriege oder durch Zukäufe wurde das Museum ständig erweitert und entwickelte sich bald zu einer der bedeutendsten Kunstsammlungen der Welt.

Das Reiterstandbild Ludwigs XIV. wurde nach den Entwürfen von Gian Lorenzo Bernini (1598–168

DER GRÖSSTE PALASTBAU DER WELT

Die Sammlungen des Louvre gliedern sich in die Abteilungen ägyptische Altertümer, orientalische Altertümer, islamische Kunst, griechische, etruskische und römische Altertümer, Kunstgewerbe, Skulpturen, Gemälde, Zeichnungen. Jede dieser Abteilungen präsentiert Meisterwerke von allerhöchster Qualität, und doch sind es einige ganz bestimmte Werke, an die man bei diesem Palastmuseum denkt: allen voran Leonardo da Vincis »Mona Lisa«.

Großes Bild: »Ein Museum für das Volk«. So lautete das Motto der Revolutionsregierung, als sie 1793 den Louvre als Museum öffentlich zugänglich machte.

Die Wohnräume von Napoleon III. im Louvre können besichtigt werden.

DIE GRÖSSTEN PALASTGEBÄUDE DER WELT

Nur wenige der größten Palastanlagen der Welt sind heute bewohnt (etwa Tokio und Brunei), meist beherbergen sie Kunstsammlungen wie im Louvre – oder aber sind selbst ein Museum.

ISTANA NURUL IMAN

Sultanat Brunei ca. 200.000 m²

Aufgrund von Erdgasfeldern und Erdölvorkommen gilt das Sultanat Brunei auf der Insel Borneo als das reichste Land Südostasiens. Davon zeugen in der Hauptstadt Bandar Seri Begawan die Moschee Sultan Omar Ali Saifuddin sowie der riesige Palast Istana Nurul Iman. Seit 1984 wird der Palast vom Sultan von Brunei als Wohn- und Regierungssitz genutzt. Der Sultan regiert wie ein absolutistischer Fürst, ein Parlament oder Parteien gibt es nicht. Der Palast beherbergt neben den 1.780 Räumen auf einer bewohnbaren Fläche von 200.000 Quadratmetern eine Garage für die 367 Fahrzeuge umfassende Sportwagensammlung. Auf dem Gelände befindet sich eine eigene Rennstrecke in einem riesigen Gartenareal. Da der Sultan von Brunei seinen riesigen Palast bewohnt, ist es der Öffentlichkeit nur an wenigen Tagen im Jahr möglich, Teile des Palastes zu besichtigen, etwa am Geburtstag des Herrschers und zum Ende des Ramadans. Dann bekommen alle Besucher ein Festmahl und werden vom

WINTERPALAST

St. Petersburg, Russland 183.820 m²

Der Winterpalast, eines der bedeutendsten Bauwerke des russischen Barock, wurde ab 1754 nach Plänen von Bartolomeo Rastrelli als Zarenresidenz an der Newa errichtet. Er ist der größte Bestandteil des Eremitage-Komplexes. Daneben gibt es noch die Kleine, die Neue und die Alte Eremitage sowie das Eremitagetheater. Der Platz vor dem Winterpalast mit der Alexandersäule war Schauplatz bedeutender historischer Ereignisse. 1905 wurden bei einem Aufstand 1.000 Demonstranten von zaristischen Soldaten ermordet, und 1917 beganndie Russische Oktoberrevolution, als die Bolschewiken den Winterpalast stürmten. Heute befindet sich hier eine archäologische Abteilung und eine Sammlung europäischer Kunst von Michelangelo über Rembrandt bis zu Picasso.

Der Winterpalast gehört zum Gebäudekomplex der Eremitage.

PALACIO REAL

Madrid, Spanien 135.000 m²

Eine Katastrophe suchte ausgerechnet an Heiligabend das königliche Burgschloss heim: Im Jahre 1734 brach hier am 24. Dezember ein Feuer aus, durch das viele Gebäudeteile zerstört wurden. Felipe V. plante einen Neubau, der den Königspalästen Europas, etwa Versailles, in nichts nachstehen sollte. Das Gebäude war mit seinen mehr als 2000 Räumen so kolossal, dass sich die Bauarbeiten über 17 Jahre hinzogen. Felipe V. war inzwischen gestorben und erlebte die Fertigstellung nicht mehr. Sein Sohn Carlos III. residierte als erster König im neuen Palast. Die Innenausstattung besteht aus feinsten Materialien. Im Thronsaal glitzern Bergkristalle in den Kronleuchtern und im Porzellanzimmer sind die Wände mit Buen-Retiro-Porzellan verkleidet.

Gewaltige Ausmaße umfasst der Palacio Real in Madrid.

Herrscherehepaar persönlich begrüßt. 564 riesige Kronleuchter illuminieren die Räume, 257 luxuriös ausgestattete Badezimmer, 44 Treppenhäuser und 18 Fahrstühle sorgen für Bequemlichkeit. Daneben bietet die palasteigene Moschee 1.500 Gläubigen und der Bankettsaal 4.000 Gästen Platz. Stimmen schätzten die Baukosten auf über 400 Millionen US-Dollars.

Sultan Hassanal Bolkiah Mu'izzaddin Waddaulah, der Herrscher über das Sultanat Brunei, lebt seit 1984 im größten bewohnten Palastgebäude der Erde (links) nahe der Hauptstadt Bandar Seri Begawan.

DIE GRÖSSTEN PALASTGEBÄUDE DER WELT

SCHLOSS VERSAILLES

Versailles, Frankreich 110.000 m²

Von den vielen Prunk- und Repräsentationsräumen ist der Spiegelsaal der historisch bedeutendste. Er gehört zu einer Raumfolge, die sich über die gesamte Gartenfassade hinzieht und ein Höhepunkt barocker Dekorationskunst ist. Der den Besucher allein schon durch seine Größe einschüchternde Raum, in dem 1871 der deutsche Kaiser gekrönt und 1919 die Versailler Verträge unterzeichnet wurden, verdankt seinen Namen den 17 Spiegeln, die das Licht der jeweils direkt gegenüberliegenden Fenster reflektieren. Die Spiegel haben somit eine ästhetische Wirkung und transportieren zudem die Gartenansicht ins Innere des Schlosses. Verstärkt wird die Raumwirkung durch die vielen Kronleuchter, die sich ebenfalls in den Spiegeln wiederentdecken lassen. Sie unterstrichen die Pracht und den Reichtum des Herrschers. Dieses Zurschaustellen der Macht in allen Facetten war von Ludwig XIV., dem »Sonnenkönig«, gewollt, und der absolutistische Herrscher galt als stilbildend, was Inszenierung seiner Position, Prunk und Glanz seiner Hofhaltung in Versailles anging. Ludwig XIV. trieb seinen Absolutismus auf die Spitze, pointiert ausgedrückt in: »L'État c'est moi« (»Der Staat bin ich«).

Blick in die Schlachtengalerie.

Das Schloss Versailles ist UNESCO-Weltkulturerbe.

Auch nachdem im Revolutionsjahr 1789 das Schloss verwaiste, blieb der Spiegelsaal Schauplatz wichtiger historischer Ereignisse wie der Proklamation des Deutschen Kaiserreichs (1871) und der Unterzeichnung des Friedensvertrags von Versailles im Jahr 1919. Er ist einer der größten und sicherlich einer der berühmtesten Palasträume weltweit. Neben den Spiegeln unterstreichen die großen Deckengemälde zur Verherrlichung des Sonnenkönigs die räumliche Wirkung.

DIE GRÖSSTEN PALASTGEBÄUDE DER WELT

Auf dem Hof vor der »Halle der höchsten Harmonie« fanden kaiserliche Audienzen statt. Im Inneren wurden Zeremonien wie die Kaiserkrönung, Feierlichkeiten zum Geburtstag des Kaisers oder die Ernennung der Generäle für einen Feldzug abgehalten. Zuletzt wurden die Räumlichkeiten 1918 während der Waffenstillstandszeremonie genutzt. Hier steht auch der vergoldete kaiserliche Drachenthron.

Das Tor des himmlischen Friedens.

Die Plätze und Höfe im Kaiserpalast zwischen den Hallen sind sehr weitläufig.

VERBOTENE STADT

Beijing, China **150.000 m²**

Der weitläufige und ummauerte Kaiserpalast in Beijing galt als das Herz Chinas und als der zentrale Punkt im Reich der Mitte. Heute ist er eine der herausragenden Sehenswürdigkeiten des Landes. Der Name Gugong bedeutet korrekt übersetzt »Purpurne Verbotene Stadt«, und dies bezieht sich nicht nur auf die Farbe der Gebäude und Mauern, sondern die Farbe Purpur wird in China mit Macht und Herrschaft verbunden. Die Anlage ist ein typisches Beispiel für chinesische Palastarchitektur, die sich von der europäischen stark unterscheidet, denn die Paläste haben hier keine Haupt- und Seitenflügel, sondern setzen sich aus Gebäuden und Hallen zusammen, die hintereinander angeordnet und häufig durch Tore und Durchgänge miteinander verbunden sind. Anstatt in die Höhe sind die einzelnen Gebäude horizontal ausgerichtet. Sie waren hauptsächlich aus Holz gebaut, weshalb es immer wieder zu verheerenden Bränden in den Räumlichkeiten kam. Aus diesem Grund wurden über 300 riesengroße Wasserbehälter aufgestellt, die den Menschen zum schnellen Löschen dienten. Orientierungspunkte sind die großen Hallen. Die »Halle der höchsten Harmonie« – von hier aus regierte der Kaiser sein Reich. In der »Halle der vollkommenen Harmonie« wurden die Beamten vom Kaiser Prüfungen unterzogen, und in der »Halle zur Erhaltung der Harmonie« wurden Empfänge und die Neujahrsfeierlichkeiten abgehalten. Durch das »Tor der inneren Reinheit« gelangen die Besucher dann in die inneren Gemächer, in denen der Kaiser und seine Angehörigen lebten. Hier fanden auch Zeremonien und mandschurische Schamanenrituale statt. Während der verschiedenen Herrscherperioden wurden die Gebäude oft unterschiedlich genutzt.

Das Denkmal vor dem Buckingham Palace soll an die Seemacht England erinnern.

Der Burgpalast mit der Kettenbrücke.

Blick ins Hauptschiff der Schlosskirche.

BUCKINGHAM PALACE

London, Großbritannien 77.000 m²

Buckingham Palace ist der offizielle Sitz der königlichen Familie, allerdings nur werktags und außerhalb der Sommerferien. Offiziell zu besichtigen ist der Palast daher nicht – außer in den Monaten August und September, wenn 19 seiner Zimmer für die Öffentlichkeit zugänglich sind. Das prachtvolle Schloss stammt im Kern aus dem Jahr 1705 und gehörte ursprünglich dem Herzog von Buckingham. 1837 beschloss Königin Victoria, dass der St. James' Palace den majestätischen Ansprüchen nicht mehr genügte, und zog in den Buckingham Palace um, der in der Zwischenzeit zu einem veritablen Palast aus- und umgebaut worden war. Bis zum Beginn des 20. Jahrhunderts wurde verbessert und modernisiert. Als letzte bauliche Maßnahme nahm man sich 1913 die Umgestaltung der Ostfassade vor, von deren Balkon die Windsors dem Volk bei besonderen Gelegenheiten huldvoll zuwinken wie etwa bei Hochzeiten. Auf dem Platz vor der Hauptfassade des Palastes wurde 1911 das Victoria-Denkmal errichtet. Es ist 25 Meter hoch und wurde aus 2.300 Tonnen weißem Marmor geschaffen. Dahinter begrenzen die verzierten Palasttore den Eingang.

BURGPALAST

Budapest, Ungarn 65.000 m²

Die gewaltige Anlage auf dem Budapester Burgberg hat eine lange und sehr wechselvolle Geschichte hinter sich. Häufig ist der Bau in verschiedenen Kriegen und bei Angriffen zerstört worden, doch die Ungarn bauten den Palast unermüdlich immer wieder auf. Auch nach dem Zweiten Weltkrieg waren umfangreiche Sanierungsarbeiten notwendig, und er erhielt sein heutiges Erscheinungsbild. Längst ist der Prachtbau das Wahrzeichen der Stadt und beherbergt die Nationalbibliothek und einige Museen.

KÖNIGLICHES SCHLOSS

Stockholm, Schweden 61.200 m²

Am Nordostende der Altstadt befindet sich das Königliche Schloss – mit seinen 608 Räumen einer der größten Paläste der Welt. Der Prachtbau wurde an der Stelle der durch ein Feuer zerstörten mittelalterlichen Königsresidenz in der ersten Hälfte des 18. Jahrhunderts errichtet und gilt als hervorragendes Beispiel für die Architektur am Übergang vom Barock zum Rokoko. Der Palast wird vom schwedischen König nur noch selten genutzt, und viele Räume sind deshalb der Öffentlichkeit zugänglich gemacht worden.

Der Kaiserpalast zählt weit über Japans Landesgrenzen hinaus zu den bedeutendsten Bauwerken. Er wird von einer ausgedehnten Gartenanlage mit altem Baumbestand umrahmt. Zugang zum Palast besteht für die Öffentlichkeit nur zweimal im Jahr – an

Die kaiserliche Familie lebt im Palast.

Neujahr und am Geburtstag des Kaisers. Kokyo, wörtlich übersetzt bedeutet das »kaiserliche Residenz«, ist der Sitz des Tennos, des japanischen Kaisers. Ursprünglich stand an diesem Ort die Burg Edo. Hier lebten die Tokugawa-Shogune, die zwischen 1603 und 1867 Japan mit großer Härte regierten. Um 1890 waren die Bauarbeiten am neuen Palast abgeschlossen. Im Zweiten Weltkrieg kam es zu starken Zerstörungen an der gesamten Anlage, doch bereits in den 1960er-Jahren war er wieder aufgebaut.

DIE GRÖSSTE BEWOHNTE PALASTANLAGE DER WELT

Für Besucher ist und bleibt der Kaiserpalast in Tokio geheimnisvoll, denn sein Inneres ist nur sehr selten zugänglich, und auch von außen ist die Anlage zwischen den Bäumen des Parks nur von manchen Stellen aus zu sehen. Einige Bereiche der östlichen kaiserlichen Gärten sind an zwei Tagen der Woche zu besichtigen. Im Bild sind die Nijubashi-Brücke und im Hintergrund Teile des Palastes sichtbar. Die Brücke am Koyo-Gaien-Platz bildet den Eingang zur inneren Palastanlage.

Windsor Castle, von dem das Königshaus seinen Namen geborgt hat, ist nicht nur das größte Schloss Großbritanniens, sondern außerdem das am längsten durchgehend bewohnte. Seit fast 1.000 Jahren steht hier im Westen Londons ein Schloss, von Wilhelm dem Eroberer um 1070 als Festung errichtet und seither von den englischen Königen ausgebaut, verändert, umgebaut und bewohnt sowie als Festung, Gefängnis oder Garnison genutzt. Die Palastanlage von heute stammt im Wesentlichen noch aus dem 14. Jahrhundert, als Edward III. die State Apartments, den mächtigen Round Tower und das Norman Gate anfügen ließ. Die letzte größere Umgestaltung erfolgte dann Anfang des 19. Jahrhunderts unter Georg IV. Bis heute ist es eine der drei offiziellen königlichen Residenzen neben Holyrood House in Edinburgh und Buckingham Palace in London und der bevorzugte Wohnsitz von Elisabeth II. Im Jahr 1992 kam es zu einem großen Brand, der erst nach 15 Stunden gelöscht werden konnte. Dabei wurden fast 9.000 Quadratmeter, etwa ein Fünftel der gesamten Gebäudefläche, zerstört. Die detailgenauen Renovierungsarbeiten dauerten anschließend fünf Jahre.

Hält sich die Queen auf Schloss Windsor auf, weht ihre Flagge auf Round Tower.

Windsor Castle, das größte noch bewohnte Schloss der Welt, wird gerne als das Wochenendhaus der Königin bezeichnet, da sie sich dort am liebsten von ihren Repräsentationspflichten erholt, auch wenn sie hier gelegentlich offizielle Gäste empfängt und Staatsbankette gibt.

DIE GRÖSSTEN PARLAMENTSGEBÄUDE DER WELT

Nicht alle der alten Palastanlagen beherbergen Museen wie etwa der Louvre in Paris oder der Palacio Real in Madrid. Einige werden von Staatsoberhäuptern zu repräsentativen Zwecken genutzt, so zum Beispiel das königliche Schloss in Stockholm oder der Buckingham Palace in London. Manche der historischen Paläste dienen heute als Parlamentsgebäude oder werden für offizielle Anlässe der Regierung genutzt. In Ländern mit einer rechtsstaatlichen Struktur sind die Parlamente als Teil der Legislative in der Regel auch baulich von der Regierung, also der Exekutive, getrennt. Dadurch lässt man die Gewaltenteilung nach außen hin in Erscheinung treten. Auf einer Reise durch die Hauptstädte der Welt finden sich neben historischen Gebäuden auch Bauwerke der jüngeren Vergangenheit.

Parlamentspalast und die Avenue Unirii.

Ungarns Parlament am Ufer der Donau.

Treppenhaus im ungarischen Parlament.

PARLAMENTSPALAST

Bukarest, Rumänien 365.000 m²

Nach dem Pentagon ist der Palast des rumänischen Parlaments das zweitgrößte Verwaltungsgebäude der Welt. Es wurde zwischen 1983 und 1989 unter dem Diktator Nicolae Ceauşescu erbaut. Dafür wurden viele historische Gebäude abgerissen. Nach der Hinrichtung Ceauşescus wurde der Palast nicht zerstört, sondern Abgeordnetenkammer und Senat zogen ein.

PARLAMENTSPALAST

Budapest, Ungarn 35.000 m²

Das im neogotischen Stil errichtete ungarische Parlamentsgebäude wurde zwischen 1885 und 1904 erbaut und ist dem Londoner Palace of Westminster, dem Sitz des britischen Parlaments, nachempfunden. Das fast 270 Meter lange und 130 Meter breite Gebäude liegt direkt an der Donau und ist neben dem ungarischen Burgpalast das zweite Wahrzeichen von Budapest. Quellen berichten, dass 40 Millionen Steinblöcke verbaut und fast 40 Kilogramm Gold verarbeitet wurden. Von den beinahe 700 Räumen stehen 200 für offizielle Anlässe zu Verfügung. Zehn Innenhöfe und 27 verschiedene Eingänge weist der Gebäudekomplex auf, und 365 Türme und Türmchen gliedern seine charakteristische Fassade. Das Innere schmücken Fresken und Wandbilder, die die ungarische Geschichte darstellen.

Der Haupteingang der Halle des Volkes.

Das Kapitol dominiert Washington DC.

George-Washington-Statue in der Rotunde.

HALLE DES VOLKES

Beijing, China **171.800 m²**

Im Jahr 1959 entstand die Große Halle des Volkes, deren Haupthalle mit 76 Meter Breite und 60 Meter Länge 10.000 Menschen fasst, und ein Bankettsaal bietet Platz für 5.000 Menschen. Außerdem gibt es 30 Säle, für jede chinesische Provinz bzw. autonome Region einen. In dem Gebäude werden die Sitzungen des Nationalen Volkskongresses abgehalten.

KAPITOL

Washington, USA **23.000 m²**

Der Senat, er tagt im Nordflügel, und das Repräsentantenhaus, es tagt im Südflügel, sind im Kapitol untergebracht. George Washington legte im Jahr 1793 selbst den Grundstein für den Bau. Bis zu seiner Fertigstellung 1826 ließen sechs US-amerikanische Präsidenten und deren Architekten ihre Vorstellungen in die Planung und in die Bauarbeiten einfließen. Auch anschließend ist das Bauwerk immer wieder erweitert worden und mittlerweile zu einem großen Gebäudekomplex geworden. Neben den Parlamentskammern beheimatet das Kapitol Kunstwerke und Sammlungen zur Geschichte der USA. Die markante Kuppel hat einen Durchmesser von knapp 30 Metern und ist an ihrer höchsten Stelle fast 55 Meter hoch. Neun Präsidenten der Vereinigten Staaten waren hier im Inneren aufgebahrt.

Großes Bild: Der in der Mitte des Baus befindliche Kuppelsaal ist der größte Raum des ungarischen Parlamentsgebäudes und weist eine 96 Meter hohe Kuppel auf; hier werden die Stephanskrone und die Reichsinsignien aufbewahrt. In den beiden benachbarten Flügeln befinden sich Sitzungssäle und Räumlichkeiten für repräsentative Anlässe, außerdem die Amtszimmer für den Präsidenten der Republik, für den Ministerpräsidenten und für die Nationalversammlung.

TRANSPORT UND VERKEHR

Das weltweite Straßennetz umfasst rund 30 Millionen Kilometer. Darin sind alle Straßen enthalten, von den Fernstraßen bis zu den örtlichen Straßen, außerdem auch nicht asphaltierte Pisten. Spitzenreiter sind die Vereinigten Staaten mit etwa 6,5 Millionen Straßenkilometern, gefolgt von China (3,6 Millionen Kilometer) und Indien (3,3 Millionen Kilometer). Frankreich steht an der Spitze der europäischen Länder mit gut einer Million Straßenkilometern (Platz 7 weltweit). Deutschland verfügt über ein Straßennetz von etwa 650.000 Kilometern (Platz 11). Im Folgenden wird eine kleine Auswahl der längsten Straßenverbindungen und der höchsten Gebirgs- und Passstraßen der Welt vorgestellt.

Auf der A-5 in Spanien, Teil der E 90.

DIE LÄNGSTEN STRASSEN DER WELT

1	Panamericana	27.750 km
2	Asian Highway 1	20.557 km
3	National Highway 1	14.500 km
4	Asian Highway 2	13.177 km
5	Trans-Sibirian Highway	11.000 km
6	Trans-African Highway 3	10.808 km
7	Asian Highway 6	10.475 km
8	Asian Highway 5	10.380 km
9	Trans-African Highway 4	10.228 km
10	Trans African Highway 1	8.636 km

Die Bisbayne Bay mit Brücke und Skyline von Miami in der Abenddämmerung. Das Brückenbauwerk ist Teil des General Douglas MacArthur Causeway, auf dem die Interstate 395 über die Bucht verläuft. Die sechsspurige Brücke ist insgesamt 5,6 Kilometer lang, die maximale Höhe der Fahrbahn über dem Wasserspiegel beträgt 21 Meter. An einer Stelle kann sie für den Schiffsverkehr aufgeklappt werden.

PANAMERICANA

Die Panamericana erstreckt sich über den gesamten amerikanischen Kontinent – von Alaska bis nach Feuerland. Sie besteht aus einer Vielzahl miteinander verbundener Fernstraßen – mit einer kleinen Lücke in Panama.

Das Schnellstraßensystem der Panamericana umfasst insgesamt fast 48.000 Kilometer, wobei der längste Nord-Süd-Abschnitt etwa 27.750 Kilometer misst. Historisch entstanden ist die Panamericana auf einer internationalen Konferenz in Buenos Aires. Offiziell beginnt sie in Laredo (Texas) an der Grenze der USA zu Mexiko und verläuft von dort Richtung Mexiko-Stadt. Eigentlich gehören Kanada und die USA nicht zum Straßennetz der Panamericana. Aus touristischen Gründen wurden jedoch verschiedene Routen in den USA und Kanada in das System der Panamericana einbezogen. Man kann sowohl die Route über Minneapolis oder Denver als auch die entlang der Westküste über Los Angeles befahren. Endstation ist dabei immer Prudhoe Bay in Alaska. Das vor allem bei nordamerikanischen Touristen beliebte Teilstück durch Mittelamerika von Laredo/Texas über Mexiko-Stadt bis zum Panamakanal wird auch Inter-American Highway genannt.

Zwischen Yaviza im Südosten Panamas und dem Nordwesten von Kolumbien gibt es eine etwa 100 Kilometer lange Lücke im Straßennetz der Panameri-

cana (»Darien Gap«). Hier erstreckt sich ein bergiges, unwegsames Sumpf- und Dschungelgebiet, wo bisher noch keine Straße gebaut wurde. In Südamerika fächert sich die Panamericana wieder in unterschiedliche Routen auf. Die südlichste verläuft über Buenos Aires bis nach Ushuaia in Feuerland ganz im Süden des Kontinents.

Durch grandiose Gebirgslandschaften führt die Panamericana nördlich von Lima in Peru (links). Nicht weniger spektakulär verläuft sie an der kalifornischen Pazifikküste bei Big Sur, wo die Bixby Bridge ein Bestandteil von ihr ist (großes Bild).

DIE LÄNGSTEN STRASSEN EUROPAS

❶	Europastraße 40	8.000 km
❷	Europastraße 80	5.700 km
❸	Europastraße 70	5.380 km
❹	Europastraße 22	5.320 km
❺	Europastraße 45	4.920 km
❻	Europastraße 50	4.910 km
❼	Europastraße 90	4.770 km
❽	Europastraße 75	4.340 km

E40 – DIE LÄNGSTE STRASSE EUROPAS

Die Europastraße 40 ist die längste Fernstraßenverbindung in Europa, die sich gleichzeitig auch bis in den asiatischen Raum erstreckt. Die E 40 ist rund 8.000 Kilometer lang. Die Fernstraße beginnt in Calais/Frankreich am Ärmelkanal und endet bei Ridder in

Die Europastraße 40 in Kiew.

Kasachstan in der Nähe der chinesischen Grenze. Sie durchquert die Länder Frankreich, Belgien, Deutschland, Polen, Ukraine, Russland, Kasachstan, Usbekistan, Turkmenistan und Kirgistan. In Atyrau überquert die E 40 die Grenze von Europa und Asien über die Uralbrücke. Die E 40 ist in Kasachstan nicht überall durchgängig asphaltiert, zwischen dem Kaspischen Meer und dem Aralsee gibt es einen etwa 400 Kilometer langen Abschnitt, der nur den Status einer unbefestigten Piste hat.

DIE LÄNGSTEN STRASSEN ASIENS

❶	Asian Highway 1	20.557 km
❷	Asian Highway 2	13.177 km
❸	Trans-Sibirian Highway	11.000 km
❹	Asian Highway 6	10.475 km
❺	Asian Highway 5	10.380 km
❻	Asian Highway 3	7.331 km
❼	North South and East-West Corridor	7.300 km
❽	Asian Highway 4	6.024 km

AH 1 – DIE LÄNGSTE STRASSE ASIENS

Die AH 1 (Asian Highway 1) ist eine von acht Fernstraßenverbindungen die zum asiatischen Fernstraßenprojekt gehören. Mit einer Länge von 20.557 Kilometern ist sie die längste Straßenverbindung Asiens. Die AH 1 verläuft von Tokio/Japan über Korea, Südostasien, Indien, Iran bis in die Türkei. Dort führt sie über den Bospo-

Bosporus-Brücke in Istanbul.

Die AH 1 Nähe Khaiberpass in Pakistan.

rus und hat Anschluss an die E 80, die über Bulgarien nach Portugal führt. Die am Projekt teilnehmenden Staaten haben sich verpflichtet, die Straßen zu Fernstraßen auszubauen.

DIE LÄNGSTEN STRASSENVERBINDUNGEN DER WELT

DIE LÄNGSTEN STRASSEN AUSTRALIENS

1. **National Highway 1** 14.500 km
2. **Great Northern Highway** 3.204 km
3. **Stuart Highway** 2.834 km
4. **Outback Highway** 2.800 km

Lasseter Highway in Australien.

NATIONAL HIGHWAY 1 – DIE LÄNGSTE STRASSE AUSTRALIENS

Mit einer Gesamtlänge von etwa 14.500 Kilometern ist der Highway 1 weltweit der drittlängste seiner Art. Er verläuft meist entlang der Küste und umrundet somit das gesamte Land. Die Fernstraße verbindet die wichtigsten australischen Städte miteinander.

DIE LÄNGSTEN STRASSEN AFRIKAS

1. **Trans-African Highway 3** 10.808 km
2. **Trans-African Highway 4** 10.228 km
3. **Trans-African Highway 1** 8.636 km
4. **Trans-African Highway 8** 6.295 km

Gebirgsstraße in Südafrika.

TRANS-AFRICAN HIGHWAY 3 – DIE LÄNGSTE STRASSE AFRIKAS

Die auch als Tripolis-Windhoek-(Kapstadt)-Highway bezeichnete Fernstraße führt von Norden nach Süden durch die ganze Länge des afrikanischen Kontinents. Die Gesamtlänge beträgt 10.808 Kilometer. Unter allen Trans-African Highways hat dieser jedoch die meisten noch fehlenden Abschnitte und den größten Reparaturbedarf.

DIE LÄNGSTEN STRASSEN SÜDAMERIKAS

1. **Ruta Nacional 40** Argentinien 5.225 km
2. **Transamazonica** Brasilien 5.200 km
3. **BR-101** Brasilien 4.800 km
4. **BR-116** Brasilien 4.385 km
5. **Ruta Nacional 3** Argentinien 3.045 km

Auf der Ruta Nacional 40.

DIE LÄNGSTEN STRASSEN NORDAMERIKAS

1. **Trans-Canada Highway** Kanada 8.030 km
2. **U.S. Highway 20** 5.415 km
3. **U.S. Highway 6** 5.158 km
4. **Interstate 90** USA 4.991 km

Interstate 90 in Montana.

TRANS-CANADA HIGHWAY U.S. HIGHWAY 20 – DIE LÄNGSTEN STRASSEN NORDAMERIKAS

Der Trans-Canada Highway ist die einzige Fernstraße Kanadas, die die kanadische Ostküste mit der Westküste verbindet (Gesamtlänge rund 8.030 Kilometer).
Der U.S. Highway 20 ist mit einer Länge von 5.415 Kilometern der längste seiner Art in den USA. Die Er beginnt in Newport, Oregon, an der Westküste und endet in Boston an der Ostküste.

TRANSAMAZONICA UND RUTA NACIONAL 40 – DIE LÄNGSTEN STRASSEN SÜDAMERIKAS

Bei der Transamazonica handelt es sich um ein Straßenbauprojekt, das auf einer Länge von etwa 5.200 Kilometern die Pazifik- mit der Atlantikküste etwa auf Äquatorhöhe miteinander verbinden soll. Die Fernstraße ist jedoch bislang nur etwa zur Hälfte fertiggestellt.
Die Ruta Nacional 40 durchquert den gesamten Westen Argentiniens von Süd nach Nord mit Ausnahme von Feuerland. Sie ist mit 5.224 Kilometern die längste Nationalstraße des Landes.

Über diese Brücke in Shimonoseki verläuft der Asian Highway 1 (AH 1), der als längste Straße Asiens firmiert. Die Großstadt Shimonoseki mit 300.000 Einwohnern gehört zur Präfektur Yamaguchi und liegt ganz im Südwesten der japanischen Hauptinsel Honshu.

DIE HÖCHSTEN GEBIRGS- UND PASSSTRASSEN DER WELT

Die höchsten Passstraßen der Welt befinden sich im Himalaya und im Karakorum-Gebirge in Asien. Der höchste momentan befahrbare Pass ist der Marsimik La (5.640 Meter) im indischen Bundesstaat Jammu und Kaschmir, gefolgt vom Semo La (5.570 Meter) in Tibet. Aber auch in Südamerika gibt es sehr hohe Gebirgs- und Passstraßen wie beispielsweise den Chacaltaya mit 5.200 Meter Höhe. Hier, auf einer Höhe von 6.688 Metern am Vulkan Ojos del Salado (6.893 Meer), befindet sich zudem der höchste jemals mit einem Auto erreichte Punkt der Welt. Diese sehr hohen Pässe sind in der Regel schwierig zu befahren, oft bestehen sie nur aus Schotterpisten, sind sehr steil und zum Teil stark durch Erdrutsch und Steinschlag gefährdet.

DIE HÖCHSTEN PASSSTRASSEN DER WELT

(Passhöhe)

1	**Marsimik La** Indien	5.640 m
2	**Semo La** China/Tibet	5.570 m
3	**Karakoram-Pass** Indien	5.540 m
4	**Suge La** China/Tibet	5.430 m
5	**Qieshan La (Nat. Highway 219)**, China/Tibet	5.400 m
6	**Ayi La** China/Tibet	5.380 m
7	**Khardung La** Indien	5.360 m
8	**Chang La** Indien	5.360 m
9	**Taglang La** China/Tibet	5.325 m
10	**Tanggu La** China/Tibet	5.231 m

DIE »HÖCHSTE« AUTOFAHRT DER WELT AUF DEN HÖCHSTEN VULKAN DER WELT (6.688 m)

Der weltweit höchste Vulkan: Ojos del Salado.

Die Chilenen Gonzalo Bravo und Eduardo Canales fuhren mit ihrem umgebauten Suzuki Samurai im April 2007 an den Hängen des welthöchsten Vulkans, des Ojos del Salado (6.893 Meter), auf eine Höhe von 6.688 Metern hinauf. Etwa 200 Meter unterhalb des Gipfels mussten sie sich aber dem zweithöchsten Berg des amerikanischen Kontinents geschlagen geben. Der Lohn für ihr waghalsiges Unternehmen war eine Aufnahme ins Guinnessbuch der Rekorde.

DIE »HÖCHSTE« STRASSE DER WELT ZUM HÖCHSTEN BERGWERK DER WELT (ca. 6.000 m)

Ruinen einer stillgelegten Schwefelmine am Aucanquilcha.

Auf dem Vulkan Aucanquilcha (6.176 Meter) im Norden von Chile gab es seit 1913 in der Nähe des Gipfels eine Schwefelmine. Die Mine wurde durch eine Straße erschlossen, die auch von Lastern mit bis zu 20 Tonnen Gewicht befahren werden konnte. Die Straße führte bis auf eine Höhe von etwa 6.000 Metern. Seit die Mine 1992 geschlossen wurde, verfällt auch die Straße. Sie ist heute aufgrund von Erdrutschen nicht mehr vollständig befahrbar.

Eine leere und ramponierte Straße in der Nähe des Khardung-La-Passes im indischen Bundesstaat Jammu und Kaschmir. So sehen im Himalajagebiet viele Passstraßen aus. Vorsicht und ein geländegängiges Fahrzeug sind hier unabdingbar.

DIE HÖCHSTEN GEBIRGS- UND PASSSTRASSEN EUROPAS

Die höchste mit normalen Fahrzeugen bzw. Fahrrädern befahrbare Gebirgsstraße Europas liegt nicht in den Alpen oder im Kaukasus, sondern in der Sierra Nevada, einem relativ kleinen Gebirge im Süden von Spanien.

GEBIRGSSTRASSE AUF DIE SIERRA NEVADA

Spanien **ca. 3.400 m**

Die Hochgebirgsstraße führt bis zum Gipfel des zweithöchsten Berges der Sierra Nevada, auf den Pico del Veleta (3.396 Meter), nur knapp 60 Kilometer von Granada entfernt. Die eigentliche Gebirgsstraße beginnt bei der Ortschaft Cenes de la Vega, führt vorbei am Informations- und Verwaltungszentrum des Natur- und Nationalparks bis zum Wintersportzentrum Sol y Nieve. Hier ist die Fahrt – auf gut 2.500 Höhenmetern beim höchsten Hotel Spaniens – für motorisierte Fahrzeuge in der Regel beendet. Eine Weiterfahrt ist dann nur mit einer Sondergenehmigung oder mit dem Fahrrad möglich. Die Straße endet nur wenige Meter unterhalb des Gipfels auf einer Höhe von 3.384 Metern. Der letzte Kilometer der Straße ist zwar nicht mehr asphaltiert, aber auch mit einem normalen Fahrrad noch gut befahrbar. Die Steigung der Höhenstraße ist insgesamt nicht sehr extrem, sodass sie auch von ambitionierten Hobbyradfahrern gemeistert werden kann. Die Gipfel-

DIE HÖCHSTEN GEBIRGS- UND PASSSTRASSEN DER ALPEN

1. **Ötztaler Gletscherstraße** Österreich 2.829 m
2. **Cime de la Bonette** Frankreich 2.802 m
3. **Col de l'Iseran** Frankreich 2.770 m
4. **Stilfser Joch** Italien 2.757 m
5. **Kaunertaler Gletscherstraße,** Österreich 2.750 m
6. **Col d'Agnel** Frankreich/Italien 2.744 m
7. **Col de la Bonette** Frankreich 2.715 m
8. **Col du Galibier** Frankreich 2.645 m
9. **Passo di Gavia** Italien 2.618 m

Col de la Bonette.

Col de l'Iseran.

Bei den beiden höchsten asphaltierten Hochgebirgsstraßen der Alpen handelt es sich um keine Passstraßen, sondern wie bei der Ötztaler Gletscherstraße um eine Stichstraße, die zum Fuß des Rettenbach- sowie zum Tiefenbachgletscher führt. Die Cime de la Bonette ist eine Rundstraße um den gleichnamigen Berggipfel. Die höchsten Alpenpässe sind der Col de l'Iseran und das Stilfser Joch.

straße mit einem fast vollständigen 360-Grad-Panoramablick ist als Teststrecke für Automobilprototypen beliebt und durch Werbeaufnahmen bekannt. Einige Abschnitte des Berges sind als Naturschutzgebiet ausgewiesen und dürfen nicht betreten werden. Eine Attraktion sind die Iberiensteinböcke in den Hochlagen des Gebirges.

Serpentinenstraße zu den Montes de Granada im Parque Nacional de Sierra Nevada in Andalusien (links).

GROSSGLOCKNER-HOCHALPENSTRASSE – DIE BERÜHMTESTE PASSSTRASSE DER ALPEN

Nahe der Franz-Josefs-Höhe.

Die Hochalpenstraße am Großglockner (3.798 Meter), dem höchsten Berg Österreichs, ist wohl die bekannteste Gebirgsstraße in den Alpen. Sie führt über zwei Passhöhen, das Fuscher Törl auf 2.428 und das Hochtor auf 2.504 Höhenmetern, und verbindet die österreichischen Bundesländer Salzburg und Kärnten miteinander. In der Nähe des Fuscher Törls zweigt eine kurze Panoramastraße zur Edelweißspitze ab, die zum höchsten Aussichtspunkt (2.571 Meter) der Großglockner Hochalpenstraße führt. Hier findet man auch den »Bikers Point«, einen beliebten Treffpunkt für Motorradfahrer. Ein weiterer Höhepunkt ist die Kaiser-Franz-Josefs-Höhe (2.369 Meter), von dort hat man einen grandiosen Blick auf den Pasterzengletscher und den Großglockner.

In vielen Kehren windet sich die Straße bis auf den Gipfel des Pico del Veleta (3.396 Meter). Im Sommer ist der Pass schneefrei und auch mit dem Fahrrad gut zu befahren.

DIE HÖCHSTEN PASSSTRASSEN DES KAUKASUS

❶	**Roki-Pass**	
	Südossetien (Georgien)	2.995 m
❷	**Mamisson-Pass**	
	Georgien/Russland	2.820 m
❸	**Kluchorski-Pass**	
	Abchasien (Georgien)	2.786 m

Die sogenannte Georgische Heerstraße ist schon seit Jahrhunderten die wichtigste Verbindung über das kaukasische Hochgebirge zwischen Norden und Süden. Sie führt von Wladikawkas

Jvari-Pass in Georgien.

im russischen Nordossetien über den 2.382 Meter hohen Kreuzpass nach Tiflis in Georgien. Alle Passstraßen sind zurzeit aufgrund des Konflikts um Südossetien nicht ohne Schwierigkeiten zu befahren.

DIE HÖCHSTEN PASSSTRASSEN DER KARPATEN

Die höchste Straße der Karpaten ist die Transfogarascher Hochstraße, sie überwindet die Transsilvanischen Alpen in den rumänischen Südkarpaten in Süd-Nord-Richtung. Die Straße verbindet das Argestal in der Großen Walachei mit dem Olttal in Siebenbürgen. Höchster Punkt ist der Balea-Pass (2.042 Meter).

Transfogarascher Hochstraße im Winter.

DIE HÖCHSTEN GEBIRGS- UND PASSSTRASSEN INDIENS (JAMMU UND KASCHMIR)

MARSIMIK LA

Höchster befahrbarer Pass der Welt von Leh über die Chang-Chemno-Range an die chinesische Grenze

Passhöhe 5.640 m

Die Höhenangaben für diesen Pass schwanken zwischen 5.582 und 5.680 Metern. Messungen per Satellit kommen auf eine Höhe von etwa 5.640 Metern am Scheitelpunkt. Damit gilt er als der höchste befahrbare Pass der Welt. Allerdings ist die Piste sehr sandig, daher kann die Passstraße nur mit Allradfahrzeugen bewältigt werden. Zudem liegt der Pass direkt an der Waffenstillstandslinie von Indien und China und ist deshalb nur mit einer Genehmigung der Behörden befahrbar. Diese wird jedoch zurzeit nicht an Touristen erteilt.

KARAKORAM-PASS

Passstraße von Leh über die Depsang Plains in das Tarimbecken

Passhöhe 5.540 m

Die Höhe für diesen Pass wird von offizieller Seite mit 5.575 Metern angegeben. Neutrale Messungen kommen jedoch nur auf eine Höhe von etwa 5.540 Metern. Die Passstraße führt von der indischen Stadt Leh nach Yarkant im von China kontrollierten Tarimbecken. Der Pass selbst befindet sich an der Grenze zwischen Indien und China. In unmittelbarer Nähe liegt der Siachengletscher, um den sich Pakistan und Indien streiten. Der Pass ist deshalb für den normalen Verkehr gesperrt und wird nur mit Militärfahrzeugen befahren.

Straße ins Nubratal.

Ein indischer Laster auf der Straße von Leh nach Manali am Taglang La, einem der höchsten Pässe der Welt, die auch von Lastwagen befahren werden können. Er befindet sich im Norden Indiens in der Region Ladakh.

CHANG LA

Passstrasse von Leh zum Pangongsee
Passhöhe ca. 5.360 m

Die Passstraße liegt im indischen Himalaja in der Region Ladakh. Sie verbindet das Industal mit dem Pangongsee, der sich an der Grenze zu Tibet bzw. China befindet, und war einst eine wichtige Route zwischen der indischen Stadt Leh und dem tibetischen Lhasa. Als offizielle Passhöhe werden 5.360 Meter angegeben. Der Pass wird aufgrund der Grenzstreitigkeiten zwischen Indien und China militärisch kontrolliert. Touristen benötigen deshalb eine behördliche Genehmigung zum Befahren.

Der Pangongsee in Ladakh.

KHARDUNG LA

Passstraße von Leh ins Shyok- und Nubratal
Passhöhe 5.360 m

Der Pass befindet sich in der Ladakh-Bergkette im Nordwesten Indiens und verbindet das Industal mit dem Nubratal. Die Straße windet sich knapp 40 Kilometer lang von Leh (3.500 Meter) auf die Passhöhe hinauf, die laut offiziellen Angaben 5.602 Meter über dem Meeresspiegel liegen soll. Dies behauptet auch ein Hinweisschild auf der Passhöhe. Eine Vielzahl von Messungen von unabhängiger Seite hat jedoch nur eine Höhe von etwa 5.360 Metern ergeben. Aufgrund der anhaltenden Grenzkonflikte zwischen Indien, Pakistan und China wird der strategisch wichtige Pass ganzjährig geräumt und offen gehalten. Wie bei vielen anderen Pässen in dieser hochmilitarisierten Region ist auch für die Befahrung des Khardung La eine Reisegenehmigung nötig, die man sich in Leh für etwa 100 Rupien besorgen kann.

Tibetische Gebetsfahnen am Khardung La.

Motorradfahrer im Nubratal.

Gebirgsstraße im Nubratal.

TAGLANG LA

Leh-Manali-Highway
Passhöhe 5.325 m

Der Pass in der nordwestindischen Provinz Ladakh ist Teil des Leh-Manali Highway, der von der indischen Stadt Leh im Bundesstaat Jammu und Kaschmir über knapp 500 Kilometer nach Manali im südlich angrenzenden Bundesstaat Himachal Pradesh führt. Der Leh-Manali Highway hat für das indische Militär strategische Bedeutung. Auf einer Informationstafel der indischen Straßenbehörden wird die Passhöhe mit 5.359 Metern angegeben, nach Angaben von unabhängigen Quellen liegt sie jedoch nur bei etwa 5.325 Metern.

Gebirgspanorama in Ladakh.

Baralacha-Pass in Ladakh.

DIE HÖCHSTEN GEBIRGS- UND PASSSTRASSEN CHINAS UND TIBETS

SUGE LA

Dritthöchster befahrbarer Pass der Welt auf dem Friendship Highway zwischen Shigatse und Lhasa
Passhöhe 5.430 m

Satellitenmessungen haben für diese Passstraße etwa 100 Kilometer nordwestlich von Lhasa eine Höhe von etwa 5.430 Metern ergeben. Damit handelt es sich um den dritthöchsten befahrbaren Pass der Welt. Er liegt auf dem nördlichen Teil des Friendship Highway, der das tibetische Lhasa mit Kathmandu in Nepal verbindet.

Gebirgsstraße von Lhasa nach Shigatse.

Alte Straße Lhasa – Shigatse.

SEMO LA

Zweithöchster befahrbarer Pass der Welt von Raka nach Coquen
Passhöhe 5.570 m

In der Nähe von Gerze, Tibet.

Die Passstraße verläuft in Zentraltibet, die Passhöhe befindet sich zwischen Raka und Coquen. Mit rund 5.570 Metern über NN gilt der Semo La als zweithöchster befahrbarer Pass der Welt. Die Straße ist zwar nicht asphaltiert, kann aber von Lkws befahren werden.

NATIONAL HIGHWAY 219

Längste Hochgebirgsstraße der Welt von Kashgar nach Kathmandu (Quieshan-La-Pass)
Passhöhe 5.400 m

Der China National Highway 219 verläuft über 2.342 Kilometer von Nordwesten in Richtung Südosten. Die Straße beginnt in Yecheng (Karghilik) im autonomen Gebiet Xinjiang und führt über Rutog, Gar, Ngamring bis nach Lhatse in Tibet, von dort aus gelangt man über den Friendship Highway nach Kathmandu. Meist verläuft der Highway 219 auf einer Höhe zwischen 4.000 und mehr als 5.000 Metern. Die höchste Erhebung ist der Qieshan-La-Pass, die Passhöhe soll sich nach Satellitenmessungen auf etwa 5.400 Höhenmetern befinden. Der Highway 219 führt auch am heiligen Berg Kailash vorbei.

National Highway 219.

Auf der Tonh-La-Passhöhe.

AYI LA

Passstraße von Namru nach Zhada (Abzweigung vom National Highway 219)
Passhöhe 5.380 m

Altes Königreich Guge.

Auf einer Nebenroute des National Highway 219 von Namru nach Zhada kommt man über den 5.380 Meter hohen Ayi-La-Pass. Diese Höhenangabe wurde durch Höhenmessungen von unabhängiger Seite ermittelt. In der Nähe von Zhada in Guge liegt ein alter zerstörter Königspalast, der von vielen Touristen, die auf der 219 in Richtung Lhasa oder Khatmandu unterwegs sind, besichtigt wird.

TANGGU LA

Passstraße auf dem Qinghai-Tibet Highway
Passhöhe 5.231 m

Die Passstraße an der nördlichen Grenze von Tibet steigt laut offiziellen Angaben auf eine Höhe von 5231 Metern hinauf. Seit 2006 verläuft hier auch die Bahnstrecke zwischen Golmud und Lhasa, die Qinghai-Tibet-Railway. Die Passhöhe für die Bahnstrecke wird offiziell mit 5.072 Metern angegeben. Sie ist damit die höchste der Welt. Ganz in der Nähe der Passhöhe befindet sich auch der höchste Bahnhof der Welt (5.068 Meter).

Passhöhe des Tanggu La.

GYATSO LA

Höchster Pass auf dem Friendship Highway
Passhöhe 5.220 m

Die Passhöhe befindet sich laut Satellitenmessungen auf etwa 5.220 Meter Meereshöhe. Über den

Friendship Highway von oben.

Pass führt der Friendship Highway von Lhasa in Tibet nach Kathmandu in Nepal. Am Gyatso La beginnt auch die Qomolangma National Nature Reserve, ein Naturschutzgebiet auf der tibetischen Seite der Mount- Everest-Region.

Der Friendship Highway zwischen Tingry und Nyalam. Die Straße der Freundschaft ist die einzige Landverbindung zwischen Lhasa in Tibet und Kathmandu in Nepal.

DIE HÖCHSTEN GEBIRGS- UND PASSSTRASSEN OZEANIENS UND AFRIKAS

Die höchste Gebirgsstraße Australiens ist die Great Alpine Road im Bundesstaat Victoria. Diese touristische Überlandstraße führt von Wangaratta im Norden über die australischen Alpen nach Bairnsdale im Süden. Sie ist Australiens höchste ganzjährig befahrbare Straße. An ihrem Scheitelpunkt beim Mount Hotham (1.861 Meter) erreicht sie eine Höhe von 1840 Metern über Meeresniveau. Der Ferienort Mount Hotham liegt an der Passstraße auf etwa 1.750 Höhenmetern. Bei starkem Schneefall kann es schon mal vorkommen, dass die Straße gesperrt werden muss. Auf dem Mount Hotham befindet sich auch eines der wenigen Skigebiete in Australien mit insgesamt 35 Kilometern Skiabfahrten und 13 Liftanlagen.

In Neuseeland erreicht die höchste Gebirgsstraße 1.076 Meter über Seehöhe. Es ist die Crown Range Road zwischen Queenstown und Wanaka auf der Südinsel. Die Straße führt über die Neuseeländischen Alpen am Mount Cook (3.754 Meter) vorbei. Die zweithöchste Straße ist der State Highway 1 auf der Nordinsel, auch als Desert Road bezeichnet; sie erreicht eine Höhe von 1.074 Metern. Ein wichtiger Pass ist der Arthur's Pass (920 Meter), über den der State Highway 73 die Alpen der neuseeländischen Südinsel überquert.

DIE HÖCHSTEN STRASSEN OZEANIENS
(Passhöhe)

1	**Great Alpine Road** Australien	1.840 m
2	**Crown Range Road** Neuseeland	1.076 m
3	**Desert Road** Neuseeland	1.074 m
4	**Arthur's Pass** Neuseeland	920 m
5	**Lewis Pass** Neuseeland	864 m

Auf der Crown Range Road in Neuseeland.

In vielen Kehren führt die Passstraße auf den Sani-Pass in Lesotho. Mit einer durchschnittlichen Steigung von etwa 20 Prozent ist der Pass einer der steilsten Afrikas, weshalb er auch nur mit geländegängigen Fahrzeugen passiert werden darf. Auf der Passhöhe (2.820 m) befindet sich der angeblich höchstgelegene Pub Afrikas.

TIZI-N-TICHKA

Höchste Passstraße Marokkos im Atlasgebirge
Passhöhe 2.260 m

Die Passhöhe befindet sich auf 2.260 Metern über dem Meeresspiegel. Der Pass ist einer von zwei wichtigen Pässen über den Hauptkamm des Hohen Atlas und ist Teil der Verbindungsstraße zwischen Marrakesch und Quarzazate. Diese ist durchgängig asphaltiert und befindet sich in gutem Zustand. Ein weiterer Pass der Strecke ist der Tich-n-Test (2.093 Meter). Beide Passstraßen führen vom Atlantik Richtung Sahara.

Passstraße am Tizi-n-Tichka.

Landschaftsimpression im Atlasgebirge.

WOLKEFIT-PASS

Berühmteste Passstraße Äthiopiens im Simiengebirge
Passhöhe 3.150 m

Der Wolkefit-Pass ist Teil der Straße, die zwischen Aksum und Gondar durch das Simiengebirge führt. In unmittelbarer Nähe befindet sich auch der höchste Berg Äthiopiens der Ras Dashen (4.550 Meter). Die Passhöhe befindet sich auf etwa 3.150 Höhenmetern. Die Passstraße ist zurzeit jedoch in schlechtem Zustand. Dauerbaustellen sind hier an der Tagesordnung.
Die Gegend ist uraltes Siedlungsgebiet. In Aksum soll der Palast der legendären Königin von Saba gestanden haben. Ihr Sohn Menelik soll die alttestamentarische Bundeslade mit den Zehn Geboten nach Aksum verbracht haben, wo sie noch heute von einem Mönch bewacht wird. Bis ins 20. Jahrhundert bezeichneten sich die Kaiser Äthiopiens als Nachfolger des Sohnes der Königin von Saba.

Busfahrt über das äthiopische Hochland.

MAHLASELA-PASS

Höchste Passstraße Lesothos
Passhöhe 3.222 m

SANI-PASS

Höchste Passstraße Südafrikas
Passhöhe 2.820 m

MOTENG-PASS

Zweithöchste Passstraße Lesothos
Passhöhe 2.820 m

Der Sani-Pass in Lesotho.

Die beiden Gebirgspässe Mahlasela und Moteng liegen in den Malotibergen an der Verbindungsstraße von Butha-Buthe nach Mokhotlong in Lesotho. Am Mahlasela-Pass befindet sich auch eines der wenigen Skigebiete im südlichen Afrika, mit insgesamt zwei Skipisten und jeweils einem Skilift.
Der Sani-Pass verbindet Lesotho mit dem südafrikanischen Underberg. Auf der südafrikanischen Seite windet sich die Passstraße, die auf diesem Streckenabschnitt nicht asphaltiert ist, in Serpentinen hinab ins Tal. Auf einer Strecke von knapp sieben Kilometern werden mehr als 1.300 Höhenmeter überwunden.

DIE HÖCHSTEN GEBIRGS- UND PASSSTRASSEN NORDAMERIKAS

Die höchsten Pässe und Bergstraßen Nordamerikas konzentrieren sich auf den Bundesstaat Colorado in den Vereinigten Staaten. Die höchste Gebirgsstraße, die auch mit einem normalen Pkw befahren werden kann, führt auf den Mount Evans (4.348 Meter) bis kurz unterhalb des Gipfels auf eine Höhe von 4.307 Metern. Einige Passstraßen sind unbefestigt und können nur mit geländegängigen Pkws befahren werden – etwa der Black Bear Pass (3.914 Meter) oder der Mosquito Pass (4.019 Meter). Eine wichtige, gut ausgebaute Passstraße ist die Colorado State Route 82 mit dem Independence Pass (3686 Meter).

DIE HÖCHSTEN PASSSTRASSEN NORDAMERIKAS

❶	Mount Evans Byway USA/Colorado	4.307 m
❷	Mosquito Pass USA/Colorado	4.019 m
❸	Imogene Pass USA/Colorado	3.997 m
❹	Black Bear Pass USA/Colorado	3.914 m
❺	Engineer Pass USA/Colorado	3.895 m
❻	Cinnamon Pass USA/Colorado	3.846 m
❼	Trail Ridge Road USA/Colorado	3.713 m
❽	Independence Pass USA/Colorado	3.686 m
❾	Loverland Pass USA/Colorado	3.655 m
❿	Hagerman Pass USA/Colorado	3.639 m

MOUNT EVANS BYWAY

Höchste Gebirgsstraße Nordamerikas
Passhöhe 4.307 m

Der Mount Evans Scenic Byway ist eine Panoramastraße, die auf den Mount Evans (4.348 Meter) führt. Sie endet knapp unterhalb des Berggipfels auf einer Höhe von 4.307 Metern. Der Scenic Byway ist damit die höchste asphaltierte Gebirgsstraße in Nordamerika. Die Bergstraße beginnt in Idaho Springs etwa 40 Kilometer westlich von Denver im US-Bundesstaat Colorado. Von dort aus sind es noch etwa 45 Kilometer und knapp 2.100 Höhenmeter bis zum Gipfel des Mount Evans. Ungefähr 20 Kilometer davor gibt es eine Mautstation. Die Straße, die sich in einem guten Zustand befindet, ist allerdings nur von Ende Mai bis Anfang September für den Verkehr geöffnet.

Gebirgssee beim Mount Evans.

BLACK BEAR ROAD

Black Bear Pass
Passhöhe 3.914 m

Die Black Bear Road ist eine nicht asphaltierte Gebirgsstraße, die beim Red Mountain Pass (3.358 Meter) vom U.S. Highway 550 abzweigt und in der ehemaligen Goldgräberstadt und dem heutigen Wintersportgebiet Telluride in Colorado endet. Die Straße führt über den Black Bear Pass an den Bridal Veil Falls vorbei, den höchsten Wasserfällen der Rocky Mountains. Die Straße darf nur mit geländegängigen Fahrzeugen befahren werden.

Alpine Wiese am Black Bear Pass.

ALPINE LOOP NATIONAL BACK COUNTRY BYWAY

Engineer Pass
Passhöhe 3.895 m
Cinnamon Pass
Passhöhe 3.846 m

Der 84 Kilometer lange Rundkurs dieser Panoramastraße startet in Lake City (Colorado). Die weitgehend nicht asphaltierte Gebirgsstraße führt über den Engineer Pass (3.895 Meter) und den Cinnamon Pass (3.846 Meter), vorbei an einigen verfallenen Geisterstädten und Ruinen von ehemaligen Goldminen sowie durch eine meist baumlose alpine Tundralandschaft. Aufgrund gefährlicher Straßensituationen und extrem steiler Abschnitte ist ein allradgetriebenes Geländefahrzeug zwingend notwendig.

Engineer Pass am Alpine Loop.

TRAIL RIDGE ROAD

Passhöhe 3.713 m

Die Trail Ridge Road ist ein 77 Kilometer langer Straßenabschnitt des U.S. Highway 34, der zwischen Estes Park und Grand Lake (Colorado) im Rocky-Mountain-Nationalpark verläuft. Die Straße ist der höchstgelegene Highway der USA, ein etwa 20 Kilometer langer Abschnitt liegt über der Baumgrenze. Der höchste Punkt der Strecke befindet sich in der Nähe des Alpine Visitor Center auf 3.713 Meter Höhe. Die Straße ist ausgebaut und mit normalen Fahrzeugen befahrbar.

Sonnenuntergang an der Passstraße.

Landschaftsimpression vom Cinnamon Pass auf der Panoramastraße Alpine Loop Byway in den San Juan Mountains (Colorado). Die unasphaltierte Passstraße ist nur in den Sommermonaten geöffnet.

DIE HÖCHSTEN GEBIRGS- UND PASSSTRASSEN SÜDAMERIKAS

Der höchste befahrbare Pass Südamerikas ist der Abra Huayraccasa in Peru. Mit knapp über 5.000 Höhenmetern führt er die Liste der reinen Passstraßen (die auf einer anderen Seite der Anhöhe wieder hinabführen) des Kontinents an. Über diese nicht asphaltierte Straße fahren auch schwere Sattelschlepper. Der Paso de San Francisco ist einer der wichtigsten Pässe Südamerikas. Er verbindet die argentinische Provinz Catamarca mit der Atacama-Region in Chile. Die Passhöhe liegt hier bei 4.748 Höhenmetern. Als höchste befahrbare Gebirgsstraße (die lediglich als Stichstraße auf eine Anhöhe führt) gilt die Route zum ehemaligen Skigebiet auf dem Chacaltaya in Bolivien.

DIE HÖCHSTEN PASSSTRASSEN SÜDAMERIKAS

(Passhöhe)

1	Chacaltaya Bolivien	5.200 m
2	Abra Huayraccasa Peru	5.059 m
3	Sol de Mañana Bolivien	4.950 m
4	Abra del Acay Argentinien	4.900 m
5	Punta Olimpica Peru	4.890 m
6	Pata Pampa Peru	4.850 m
7	Abra de Anticona Peru	4.818 m
8	Punta Huarapasca, Peru	4.800 m
9	Paso Portachuelo Peru	4.767 m
10	Abra Apacheta Peru	4.750 m
11	Paso de San Francisco Chile/Argentinien	4.748 m
12	Paso del Condor Bolivien	4.735 m

Blick vom peruanischen Portachuelo-Pass ins Tal. Die Passhöhe liegt auf 4.767 Höhenmetern. Die Passstraße ist nicht asphaltiert, kann aber von normalen Fahrzeugen befahren werden – auch Laster sind hier unterwegs. Die Straße ist ein wichtiges Eingangstor zum Nationalpark Huascarán in der Cordillera Blanca in Peru.

CHACALTAYA ROAD – DIE HÖCHSTE BEFAHRBARE GEBIRGSSTRASSE SÜDAMERIKAS 5.200 m

Der Chacaltaya (5.421 Meter) liegt etwa 30 Kilometer östlich von Boliviens Hauptstadt La Paz. Von dem Vorort El Alto (4.300 Meter) führt eine nicht asphaltierte Schotterpiste mit einer Länge von etwa 15 Kilometern in Serpentinen zu einer Berghütte und einem Observatorium, die sich beide auf etwa 5.200 Meter Höhe thronen. Die Straße ist mit normalen Fahrzeugen zu bewältigen. Auf dem Chacaltaya befand sich einst das höchste Skigebiet der Welt. Der Gletscher, auf dem die Piste verlief, ist jedoch seit 2009 nicht mehr vorhanden – der Skibetrieb wurde eingestellt.

Berghütte am Chacaltaya.

Paso Tambo Quemado (4.660 Meter, Chile).

Paso Condor (4.735 Meter, Bolivien).

Straße zum Sol de Mañana (4950 Meter).

Vorbei an der Laguna Verde zum 4.748 Meter hohen Paso San Francisco (Chile/Peru).

TOYOTA COROLLA – DAS MEISTGEBAUTE AUTO DER WELT

Noch vor dem Golf von Volkswagen und der F-Serie von Ford rangiert der Toyota Corolla in der Bestenliste der meistverkauften Autos der Welt auf Platz eins. Mittlerweile hat Toyota etwa 39 Millionen (2012) Autos der Kompaktklasse gebaut, die unter diesem Markennamen weltweit verkauft wurden, und noch immer gehört der Corolla zu den beliebtesten Modellen der Produktpalette. Als Toyota 1966 den Corolla lancierte, war er das erste Auto, für dessen Produktion die Firma extra ein eigenes Werk baute. In den bis 2006 entwickelten zehn Modellgenerationen erfolgten zum Teil radikale Änderungen am Konstruktionsprinzip, etwa die Umstellung von Heck- auf Frontantrieb, sodass ein heutiger Corolla mit dem Urmodell von 1966 fast nichts mehr gemeinsam hat. Gründe für den Erfolg des Wagens, der bisher in 15 Ländern gebaut und in 116 Ländern verkauft wurde, dürften zum einem seine hohe Zuverlässigkeit sein und zum anderen die enorme Modellvielfalt: Für jeden Markt gibt es speziell angepasste Versionen.

Ein Toyota Corolla auf der Chicago Auto Show 2010.

Historischer VW Käfer im Automobilmuseum ZeitHaus in Wolfsburg. Die ersten Wagen aus der zivilen Produktion nach dem Zweiten Weltkrieg wurden an die britische Besatzungsmacht ausgeliefert. Die Vierzylinder-Boxermotoren der CCG-Käfer-Versionen (Control-Commission for Germany) leisteten 18 Kilowatt (24 PS).

VW KÄFER – DAS AM LÄNGSTEN GEBAUTE AUTO DER WELT

Den Prototyp des VW Käfers entwarf Ferdinand Porsche bereits in den 1930er Jahren. Bevor der Wagen in Produktion gehen konnte, brach der Zweite Weltkrieg aus, und das Projekt wurde eingestellt. Doch bereits im Dezember 1945 begann die Massenfertigung des zunächst Volkswagen Typ 1 genannten Wagens. Am 5. August 1955 wurde schon die 1-Million-Marke durchbrochen. Die Fertigung in Deutschland endete am 19. Januar 1978 im VW-Werk Emden. Erst nach fast 57 Jahren und 21.529.464 Exemplaren wurde die Produktion eingestellt. Am 30. Juli 2003 rollte der letzte Käfer im Werk Puebla von Volkswagen de Mexico vom Band.

Ein VW Käfer in der Innenstadt Kairos, Ägypten.

Der VW Käfer als Polizeiwagen in Veracruz, Mexiko.

BUGATTI VEYRON

In 2,5 Sekunden beschleunigt der Bugatti Veyron Super Sport auf 100, nach 6,7 Sekunden auf 200 km/h, nach knapp 15 Sekunden werden 300 km/h überschritten, und nur kurz später ist die Höchstgeschwindigkeit von 431 km/h erreicht. Die

Bei einer Autoshow in Los Angeles.

verkauften Versionen sind jedoch wegen der Reifen bei 415 km/h abgeriegelt. Dennoch ist der Bugatti Veyron Super Sport damit der schnellste für die Straße zugelassene Serienwagen. Der mächtige 16-Zylinder-Motor mit 7993 Kubikzentimeter Hubraum liefert bei 6400 U/min 882 Kilowatt (1200 PS) Leistung, das maximale Drehmoment von 1500 Newtonmetern liegt bei 3000 bis 5000 U/min an. Auch mit diesen Zahlen weist der Bugatti Veyron Super Sport Spitzenwerte auf, genauso wie mit den Verbrauchswerten, die nach Werksangaben bei durchschnittlich 23,1 Liter Super bleifrei auf 100 Kilometern liegen sollen.

DAS SCHNELLSTE STRASSENTAUGLICHE SERIENFAHRZEUG DER WELT

2008 kam es zum Duell zwischen einem Bugatti Veyron und einem Kampfjet. Auf einer Startbahn fuhr der Bugatti Veyron eine Meile weit und kehrte zur Start-/Ziellinie zurück. Der neben ihm startende Kampfjet stieg gleichzeitig eine Meile senkrecht in die Höhe, wendete und flog zurück. Das von der Autosendung »Top Gear« von BBC 2 durchgeführte Rennen gewann der Kampfjet nur knapp.

TURBINATOR

Don Vesco, 2001 — **737,8 km/h**
Bonneville Salt Flats, Utah

Der von den Brüdern Don und Rick Vesco gebaute Turbinator ist seit dem 18. Oktober 2001 das schnellste Fahrzeug mit angetriebenen Rädern. Als Motor dient eine 1967 gebaute T-55-Gasturbine aus einem Transporthubschrauber, die 2.758 Kilowatt (3.750 PS) leistet. Der 1,5 Tonnen schwere Turbinator ist 9,5 Meter lang, aber nur 0,91 Meter breit und 0,81 Meter hoch.

Don Vesco steuert den Turbinator über die Bonneville Salt Flats.

BLUE FLAME

Gary Gablich, 1970 — **1.001,7 km/h**
Bonneville Salt Flats, Utah

Am 23. Oktober 1970 durchbrach die »Blue Flame« als erstes Radfahrzeug die Barriere von 1000 km/h. Als Antrieb diente eine Rakete, die eine Mischung aus flüssigem Erdgas und Wasserstoffperoxyd verbrannte (daraus entstand die namensgebende blaue Flamme) und eine Schubkraft von 7.248 Kilogramm entwickelte (= 42.658 Kilowatt oder 58.000 PS).

Präsentation der »Blue Flame« auf den Bonneville Salt Flats.

Mercedes-Benz-Werksfahrer Hermann Lang demonstriert 1986 das Potenzial des W 125 auf der Rennstrecke Laguna Seca in Monterey, Kalifornien. Bis zu den 1980er-Jahren gehörte er zu den leistungsstärksten Rennwagen.

MERCEDES BENZ W 125

Rudolf Caracciola, 1938 — **432,7 km/h**
Autobahn Frankfurt – Darmstadt

Am 28. Januar 1938 erreichte Rudolf Caracciola mit 432,7 km/h die höchste Geschwindigkeit, die je auf einer öffentlichen Straße gefahren wurde. Für die Rekordfahrt wurde ein Grand-Prix-Wagen des Modells W 125 modifiziert – einer der legendären »Silberpfeile«, mit denen Mercedes-Benz die Autorennen der 1930er-Jahre dominierte. Statt des normalen Achtzylindermotors hatte der Rekordwagen einen V12-Kompressormotor (5.577 Kubikzentimeter, 736 PS).

Bereits am 29. April 1899 fuhr Camille Jenatzy mit dem Elektrowagen »La Jamais Contente« schneller als 100 km/h. Der auf dem Concours de Vitesse bei Paris aufgestellte Rekord von 105,9 km/h hielt aber nur bis zum 13. April 1902, als Léon Serpollet mit dem Dampfwagen »Œuf de Pâques« 120,8 km/h erreichte. Seitdem hat die Jagd nach neuen Geschwindigkeitsrekorden nicht aufgehört. Mit immer stärkeren Antrieben werden immer höhere Geschwindigkeiten erzielt. Dominierten bis Mitte des 20. Jahrhunderts Verbrennungsmotoren, ging man in den 1960er-Jahren dazu über, Flugzeugtriebwerke in Landfahrzeuge einzubauen. Da man für die Rekordfahrten weite, völlig ebene Flächen benötigt, werden sie auf Salzseen wie den Bonneville Salt Flats in Utah durchgeführt.

THRUST SSC

Andy Green, 1997 **1.227,985 km/h**
Black Rock Desert, Nevada

Das Thrust Supersonic Car durchbrach am 15. Oktober 1997 als erstes Landfahrzeug die Schallmauer. Es ist 16,5 Meter lang, 3,7 Meter breit, 2,14 Meter hoch und wiegt 10,5 Tonnen. Damit hat es nicht nur die Proportionen eines Kampfjets auf Rädern, es wird auch von Turbofantriebwerken mit Nachbrennern angetrieben, die in Kampfjets eingebaut wurden. Die beiden Rolls Royce Spey 202 entwickeln eine Schubkraft von je 9.299 Kilogramm, was etwa 54.729 Kilowatt oder 74.411 PS entspricht. Passenderweise ist der Rekordfahrer Andy Green Kampfpilot der britischen Luftwaffe.

Der Thrust SSC bei einer Testfahrt am 13. September 1997.

Zwei Jettriebwerke auf Rädern von vorne: der Thrust SSC.

DIE SCHNELLSTEN LANDFAHRZEUGE DER WELT

1. **Thrust SSC**
   1997 1.227,985 km/h
2. **Thrust2**
   1983 1.019,47 km/h
3. **Blue Flame**
   1970 1.001,67 km/h
4. **Spirit of America Sonic 1**
   1965 966,961 km/h
5. **Green Monster**
   1965 927,872 km/h
6. **Spirit of America**
   1965 846,861 km/h
7. **Wingfoot Express**
   1964 668,027 km/h
8. **Blue Bird CN7**
   1964 644,96 km/h
9. **Railton Mobil Special**
   1947 634,39 km/h
10. **Railton Special**
   1939 595,04 km/h

TRANSPORT UND VERKEHR

DIE GRÖSSTEN SCHIENENNETZWERKE DER WELT

1	USA	226.427 km
2	Russland	87.157 km
3	China	77.834 km (2009 ca. 86.000 km)
4	Indien	64.015 km
5	Kanada	46.688 km
6	Deutschland	41.896 km
7	Australien	37.855 km
8	Argentinien	31.409 km
9	Frankreich	29.213 km
10	Brasilien	28.557 km

DIE LÄNGSTEN SCHIENENVERBINDUNGEN DER WELT (Personenverkehr)

1. **Moskau–Wladiwostok** Russland, 7 Tage 9.288 km
2. **Moskau–Beijing, über Harbin** Russland, China, 6 Tage 8.984 km
3. **Moskau–Beijing, über Ulaanbaatar** Russland, Mongolei, China, 5 Tage 7.826 km
4. **Guangzho–Lhasa** China, 2 Tage 4.980 km
5. **Guangzho–Ürümqi** China, 2 Tage 4.684 km
6. **Toronto–Vancouver** Kanada, 3,5 Tage 4.466 km
7. **Shanghai–Lhasa** China, 2 Tage 4.373 km
8. **Sydney–Perth** Australien, 2,5 Tage 4.352 km
9. **Dibrugarh–Kanyakumari** Indien, 3,5 Tage 4.279 km
10. **Shanghai–Ürümqui** China, 2 Tage 4.077 km

SCHIENENVERKEHR

Bereits im Spätmittelalter verlegten die Menschen die ersten Schienen, um darauf in Wagen und Loren schwere Waren zu transportieren. Vor allem im Bergbau wurden zunächst Holzschienen, ab der Mitte des 18. Jahrhunderts auch erstmals Schienen aus gegossenem Eisen verwendet. Die Wagen, die auf diesen Schienen liefen, wurden anfangs mit menschlicher Muskelkraft, später mithilfe von Pferden bewegt. Die erste öffentliche Pferdeeisenbahn fuhr ab 1801 in England. Im Zuge der industriellen Revolution wurden die Pferdebahnen jedoch bald durch dampfkraftbetriebene Eisenbahnen abgelöst. Schon im Jahr 1825 wurde in England die erste Eisenbahn der Welt zwischen Stockton und Darlington eröffnet, die erste Eisenbahn in Deutschland verkehrte ab 1835 zwischen Nürnberg und Fürth. Der Boom war unaufhaltsam: In den USA, in Russland und in Europa entstanden weitverzweigte Eisenbahnnetze. Heute umfassen die Schienenwege der Erde eine Länge von rund 870.000 Kilometern.

Ein modernes Verkehrswesen ist heute ohne Schienenverkehr nicht vorstellbar. Allein in Deutschland erfolgt ein Viertel des Güterverkehrs über die Schiene, und über fünf Millionen Menschen fahren täglich im Nah- und Fernverkehr mit der Bahn – die umweltfreundlichste Art und Weise zu reisen.

Exakt 9.288,2 Kilometer misst die längste durchgehende Bahnstrecke der Welt, die Transsibirische Eisenbahn, kurz auch

E-Lok der Serie WL 80.

Transsib genannt. Der Bau der Strecke vom europäischen Moskau ins asiatische Wladiwostok begann bereits im Jahr 1891. Teilweise über 90.000 Arbeiter, von denen Tausende während der Bauarbeiten ums Leben kamen, schufteten 25 Jahre bei extremer Kälte im Winter und kämpften im Sommer gegen Hitze, Schlamm und Mückenplagen. Mit der Einweihung der Amurbrücke bei Chabarowsk im Jahr 1916 war die Strecke endgültig fertiggestellt. Die Transsibirische Eisenbahn hatte einen enormen Einfluss auf die Erschließung und Besiedelung der fernöstlichen Regionen Russlands. Durch sie gelang der Zugriff auf die Rohstoffe Sibiriens, entlang der Strecke wurden zahlreiche neue Siedlungen gegründet. So entstand in Westsibirien Nowosibirsk, heute mit knapp 1,5 Millionen Einwohnern die drittgrößte Stadt Russlands, während des Baus einer Eisenbahnbrücke über den Fluss Ob im Jahr 1893. Seit 2002 ist die Transsibirische Eisenbahn, die wie fast alle Eisenbahnstrecken in Russland die Breitspur mit einer Spurweite von 1.520 Millimetern aufweist, durchgehend elektrifiziert. Entlang der Strecke liegen 396 Bahnhöfe und 89 Städte, etwa Jekaterinburg, Krasnojarsk und Irkutsk am Baikalsee. Eine Fahrt mit der Transsib vom Jaroslawer Bahnhof in Moskau bis nach Wladiwostok am Japanischen Meer dauert fast sieben Tage und führt durch sieben Zeitzonen – ein Abenteuer auf Schienen.

Die Transsib am Endpunkt Wladiwostok.

DIE LÄNGSTE SCHIENENVERBINDUNG DER WELT

Die Transsibirische Eisenbahn unterwegs in der endlosen und unberührten Taiga Sibiriens. Die Bahnstrecke führt über 16 große Flüsse und Ströme, mehr als 200 Kilometer verlaufen entlang des Baikalsees. Bei Kilometer 1.777 überqueren die Züge die Grenze zwischen Europa und Asien.

DIE HÖCHSTGELEGENEN SCHIENENVERBINDUNGEN UND BAHNHÖFE DER WELT

QINGHAI RAILROAD

China **5.072 m**

Als im Sommer 2006 die 1956 Kilometer lange Bahntrasse von Xining nach Lhasa fertiggestellt wurde, feierte die Volksrepublik China die verkehrstechnische Anbindung Tibets – und die Weltöffentlichkeit bestaunte eine technische Meisterleistung

Zug in der Qinghai-Tibet-Hochebene.

der Superlative. Mit einem Scheitelpunkt von 5.072 Metern ist der Streckenabschnitt von Golmud nach Lhasa die höchstgelegene Bahnstrecke der Welt. Die Station Tanggula (5.068 Meter) ist der weltweit höchste Bahnhof. Das Mammutprojekt stellte Ingenieure und Bauarbeiter vor große Herausforderungen: 960 Kilometer der Trasse verlaufen in einer Höhe von mindestens 4.000 Metern über dem Meeresspiegel. Dauerfrostböden, extreme Kälte und Sauerstoffmangel galt es beim Bau zu bewältigen und zugleich ein überaus empfindliches Ökosystem zu schützen.

Die Qinghai–Tibet-Railroad ist die längste und höchstgelegene Hochlandbahnstrecke der Welt. Das erste Teilstück von Xining nach Golmud (814 Kilometer) wurde 1984 fertiggestellt. Der zweite Streckenabschnitt von Golmud nach Lhasa (1.142 Kilometer) ist seit 2006 in Betrieb.

FERROCARRIL CENTRAL ANDINO

Peru **4.781 m**

Eine der spektakulärsten Hochgebirgsbahnen verkehrt zwischen Lima und Huancayo. Erbaut wurde die Strecke zwischen 1870 und 1908 auf Initiative des amerikanischen Pioniers und Geschäftsmanns Henry Meiggs. Die heute von der peruanischen Eisenbahngesellschaft Ferrocarril Central Andino S. A. betriebene Andentrasse ist die höchstgelegene normalspurige Eisenbahnstrecke Amerikas und die zweithöchste der Welt. Über eine Distanz von 332 Kilometern passieren die Züge 58 Brücken, 69 Tunnel sowie sechs Spitzkehren. Der Galera-Scheiteltunnel befindet sich auf einer Höhe von 4.781 Metern über dem Meeresspiegel – nur knapp 100 Meter unterhalb des Ticlio-Passes (4.843 Meter).

Die peruanische Zentralbahn.

PIKES PEAK COG TRAIN

USA **4.301 m**

1891 begab sich der erste Personenzug der Pikes Peak Cog Railway auf Jungfernfahrt zum 4.301 Meter hohen Gipfel des Pikes Peak in der Front Range der Rocky Mountains. Diese Bergbahn Schweizer Bauart verkehrt auch heute noch ab Manitou Springs im Bundesstaat Colorado auf einer Strecke von 14 Kilometern. Sie ist die höchstgelegene Zahnradbahn der Welt und die höchste Eisenbahn der USA.

Auf dem Weg zum Pikes Peak.

JUNGFRAUBAHN

Höchste Eisenbahn Europas **3.454 m**

Vor 100 Jahren wurde im Berner Oberland mit der Jungfraubahn die höchste Eisenbahn Europas in Betrieb genommen. Ausgehend von der Kleinen Scheidegg (2.061 Meter), fährt sie durch die Gebirgsmassive von Eiger und Mönch hinauf zum Jungfraujoch, wo sich auf 3454 Meter über dem Meeresspiegel der höchste Bahnhof Europas befindet. Auf einer Strecke von 9,34 Kilometern überwindet die Zahnradbahn fast 1.400 Höhenmeter, mehr als sieben Kilometer liegen im Tunnel. Seit Inbetriebnahme des ersten Teilstücks 1898 wird die Jungfraubahn elektrisch angetrieben.

Start der Bahn an der Kleinen Scheidegg.

Tunnelstation der Jungfraubahn.

DIE HÖCHSTGELEGENEN BAHNHÖFE DER WELT

1. **Tanggula** – China – 5.068 m
2. **Tanggula Nord/Süd** – China – 4.950 m

Tanggula-Pass-Station: auf 5.068 Meter der höchstgelegene Bahnhof der Welt.

3. **Tuoju** – China – 4.890 m
4. **Zhajiazangbu** – China – 4.886 m
5. **Ticlio** – Peru – 4.829 m

DIE GRÖSSTEN BAHNHÖFE DER WELT (ZAHL DER GLEISE)

Einst waren Bahnhöfe die Kristallisationspunkte der technischen Revolution. »Kathedralen des Fortschritts« wurden die monumentalen Gebäude in den Großstädten von Zeitgenossen häufig genannt. Nachdem 1825 in England die erste mit Dampfkraft angetriebene Eisenbahn eröffnet worden war, avancierte das neue Verkehrsmittel schon bald zum Katalysator der Industrialisierung. In ihren Anfängen fungierten Bahnhöfe als Umschlagplatz für die auf der Schiene transportierten Güter sowie als Anlaufstätte für Reisende und Händler. Seit den 1950er-Jahren, parallel zum Siegeszug des Automobils, nimmt die Bedeutung des Eisenbahnverkehrs jedoch ab, Strecken werden stillgelegt, Bahnhöfe geschlossen. Ein gegenläufiger Trend zeichnet sich in den Großstädten ab: Hier werden Bahnhöfe häufig zu prunkvollen Shoppingcenter ausgebaut.

GRAND CENTRAL STATION

New York, USA **67 Gleise**

1968 sollte er abgerissen werden und einem Bürokomplex weichen – ein Beschluss des obersten amerikanischen Gerichtshofs aus dem Jahr 1978 konnte dies nach jahrelangem Streit jedoch verhindern. In der Folge wurde der New Yorker Hauptbahnhof umfassend renoviert. Das im Beaux-Arts-Stil errichtete, kathedralenartige Gebäude an der Ecke 42nd Street und Park Avenue in Manhattan wurde 1913 erstmals eröffnet. Seither ist es eines der bekanntesten Wahrzeichen New Yorks. Mit seinen 41 oberirdischen und 26 unterirdischen Bahngleisen ist der Grand Central Terminal der größte Personenbahnhof der Welt.

GARE DU NORD

Paris, Frankreich **44 Gleise**

Er ist der meistfrequentierte Bahnhof Europas: der Gare du Nord im 10. Arrondissement von Paris am Place Napoléon III. Etwa 190 Millionen Reisende benutzen ihn jedes Jahr. Nach dreieinhalb Jahren Bauzeit 1864 eröffnet, wurde der Bahnhof seither immer wieder umgebaut und erweitert, zuletzt anlässlich der Errichtung der Hochgeschwindigkeitsstrecke LGV Nord, die Paris seit 1993 mit der belgischen Grenze und dem Eurotunnel verbindet.

Innenansicht des Gare du Nord.

DIE GRÖSSTEN BAHNHÖFE DER WELT

(Anzahl der Gleise)

1	**Grand Central Terminal** New York, USA	67
2	**Paris Gare du Nord** Paris, Frankreich	44
3	**München Hauptbahnhof** München, Deutschland	40
4	**Frankfurt (Main) Hauptbahnhof** Frankfurt a. M., Deutschland	33
5	**Bahnhof Shinjuko** Tokio, Japan	33
6	**Bahnhof Napoli Centrale** Neapel, Italien	30
7	**Bahnhof Tokio** Tokio, Japan	30
8	**Paris Gare de l'Est** Paris, Frankreich	29
9	**Pennsylvania Station** New York, USA	29
10	**Bahnhof Roma Termini** Rom, Italien	29

Innenansicht des Grand Central Terminal. Die Haupthalle mit ihren 23 Meter hohen Bogenfenstern erinnert an eine Kathedrale. Das imposante Deckengewölbe ist mit einem Sternenhimmel bemalt. Ursprünglich als wichtiger Überlandbahnhof errichtet, dient er heute nur noch dem Nahverkehr. Mit täglich etwa 500 000 Besuchern (davon ca. 100.000 Reisende) ist der New Yorker Hauptbahnhof das meistbesuchte Gebäude der Stadt.

HAUPTBAHNHOF MÜNCHEN

München, Deutschland **40 Gleise**

Der Anzahl seiner Gleise nach ist der Münchner Hauptbahnhof der größte deutsche Personenbahnhof. Auch seine Gesamtfläche ist beeindruckend: Sie beträgt 760.000 Quadratmeter. Täglich werden hier etwa 350.000 Reisende abgefertigt, ein Wert, der in Deutschland nur vom Hamburger Hauptbahnhof übertroffen wird.

Münchner Hauptbahnhof, dahinter die Türme des Frauendoms.

Hauptbahnhof Frankfurt am Main.

HAUPTBAHNHOF FRANKFURT

Frankfurt am Main, Deutschland **33 Gleise**

Der Frankfurter Hauptbahnhof ist mit seinen 25 Fernbahngleisen sowie je vier U-Bahn- und S-Bahngleisen nicht nur der viertgrößte Bahnhof der Welt. Aufgrund seiner zentralen Lage ist er auch der wichtigste Eisenbahnverkehrsknoten Deutschlands. Etwa 350.000 Passagiere täglich machen ihn zu einem der am meisten frequentierten Bahnhöfe des Landes.

DIE GRÖSSTEN BAHNHÖFE DER WELT (FLÄCHE)

SHANGHAI HONGQIAO

Shanghai, China 1.300.000 m²

Mit einer Fläche von 1,3 Millionen Quadratmetern ist der Bahnhof Shanghai Hongqiao der größte der Welt. Im Shanghaier Stadtteil Minhang gele-

Wartehalle mit klaren Linien.

gen, befindet er sich in unmittelbarer Nähe des Shanghai Hongqiao International Airport. Der Hauptbahnhof (Shanghai hat drei weitere) ist an die U-Bahn-Linien 2 und 10 angebunden. Nach nur zwei Jahren Bau-

Beijing-Westbahnhof, Nordeingang.

zeit wurde er am 1. Juli 2010 eröffnet. Die Gesamtinvestition belief sich auf 15 Milliarden Yuan (1,9 Milliarden Euro). Für den auf vier Ebenen errichteten Bahnhof mit 30 Gleisen, die mehrheitlich für Hochgeschwindigkeitszüge ausgelegt sind, wurden 80.000 Tonnen Stahl verwendet. Das Hauptgebäude misst 420 Meter in der Länge sowie 200 Meter in der Breite und ist 70 Meter hoch (inkl. der unterirdischen Stockwerke). 10.000 Passagiere können hier zur gleichen Zeit bedient werden.

BEIJING-WESTBAHNHOF

Beijing, China 510.000 m²

Der Beijinger Westbahnhof, gelegen im Bezirk Fengtai im westlichen Teil der Stadt, ist mit insgesamt 510.000 Quadratmetern der zweitgrößte Bahnhof der Welt. Nach drei Jahren Bauzeit wurde er Anfang 1996 in Betrieb genommen. Das charakteristische Hauptgebäude in der Form eines chinesischen Schriftzeichens ist 90 Meter hoch. Rund 180.000 Passagiere benutzen täglich den Bahnhof, um etwa nach Hongkong, Guangzhou, Wuhan, Xi'an, Lhasa oder in andere Städte in den südlichen oder westlichen Teilen Chinas zu gelangen.

Hongqiao High-Speed Railway Center.

Auf dem Weg zu den Zügen.

NANJING-SÜDBAHNHOF

Nanjing, China **458.000 m²**

Nanjing, die Hauptstadt der chinesischen Provinz Jiangsu, ist einer der wichtigsten Eisenbahnknoten Asiens. Die größte Drehscheibe für den Fernverkehr war bis 2010 der Hauptbahnhof von Nanjing, seit der Eröffnung des etwa fünfmal so großen Nanjing-Südbahnhofs hat sich das Bild jedoch grundlegend gewandelt. Inzwischen werden die meisten der die Stadt passierenden Hochgeschwindigkeitszüge hierher umgeleitet. Der mit 28 Bahngleisen und 128 Rolltreppen ausgestattete Bahnhof ist nach seiner Bodenfläche (458.000 Quadratmeter) der viertgrößte der Welt. Das imposante, mehrheitlich mit Sonnenkollektoren bedeckte Hauptdach misst 98.500 Quadratmeter. Dessen Stahlkonstruktion wiegt über 8.000 Tonnen.

Vorhalle des Südbahnhofs Nanjing.

NAGOYA-HAUPTBAHNHOF

Nagoya, Japan **410.000 m²**

Seinen Rang als weltweit viertgrößter Bahnhof verdankt der Nagoya-Hauptbahnhof in der japanischen Metropole Nagoya seinen 245 Meter hohen Zwillingstürmen. Die JR Central Towers, bestehend aus einem Hotelturm (59 Etagen) und einem Büroturm (56 Etagen), grenzen direkt an die Bahnsteige. 1886 erstmals eröffnet, wurde der aktuelle Bahnhofskomplex mit einer Bodenfläche von 410.000 Quadratmetern im Dezember 1999 fertiggestellt.

Das Atrium des Guangzhou-Südbahnhofs mit seiner dramatischen Dachkonstruktion: Die Spannweite der Dächer liegt zwischen 50 und 100 Metern. Mit seinen 320.000 Quadratmetern ist der 2010 eröffnete Bahnhof mit 26 Gleisen auf drei Ebenen derzeit der fünftgrößte der Welt.

SHINJUKU STATION TOKIO

Bahnhof Shinjuku in Tokio.

Pendler während der Stoßzeiten.

Zug der East Japan Railway Company.

Der größte Bahnhof der Welt – nach Passagieren – ist die Shinjuku Station im Westen von Tokio. Hier drängen sich geschätzte drei Millionen Menschen pro Tag und mehr als 1,3 Milliarden Reisende im Jahr. Die oberirdischen Bahnhofsgebäude sind eher unscheinbar, doch im Untergrund erstreckt sich auf mehreren Stockwerken ein gigantisches Netz aus Tunneln und Shoppingmalls mit über 200 Ausgängen. Der Bahnhof, der nur von wenigen Fernzügen angefahren wird, erreicht sein hohes Passagieraufkommen vor allem durch die zahlreichen Pendler nach Shinjuku. Der Bezirk ist ein wichtiges Geschäftszentrum der japanischen Hauptstadt mit Sitz zahlreicher Banken, Hotels und der Zentrale der Tokioter Regierung. Und auch als Einkaufs- und abendliches Vergnügungsviertel ist der Stadtteil sehr beliebt. Vor allem zu den morgendlichen und abendlichen Hauptverkehrszeiten herrscht daher ein unglaubliches Gedränge. Erst wenn der letzte Zug Shinjuku um Mitternacht verlässt, bleibt es einige Stunden still – bis zur nächsten morgendlichen Rushhour.

DER GRÖSSTE BAHNHOF DER WELT (ZAHL DER REISENDEN)

Menschengetümmel im Tokioter Bahnhof Shinjuku auf dem Weg zur Arbeit und zurück. Zehn Zug- und drei U-Bahn-Linien treffen hier zusammen, was ihn zum zentralen Umsteigebahnhof Tokios macht. Während der Hauptverkehrszeiten am Morgen und am Abend frequentieren pro Sekunde bis zu 500 Pendler die circa 30 Bahnsteige.

Rangierbahnhöfe, früher einmal als Verschiebebahnhöfe bezeichnet, sind die Kraftzentren des Güterverkehrs auf der Schiene. Die zum Transport im Wagenladungsverkehr bestückten Waggons werden hier zu Zügen zusammengestellt und dieselben auch wieder zerlegt.
Derartige Anlagen befinden sich vor allem in industriell geprägten Regionen sowie in der Nähe von Industrie- und Bergbaugebieten, Hafenanlagen und städtischen Ballungszentren – also überall dort, wo ein hohes Güteraufkommen zu befördern ist. Mitteleuropa verfügt über die weltweit größte Anzahl und Dichte von Rangierbahnhöfen.

BAILEY YARD

Nebraska, USA **11.533.541 m²**

Der größte Rangierbahnhof der Welt befindet sich in den USA, westlich der Kleinstadt North Platte im Bundesstaat Nebraska. Seinen Namen verdankt er Edd H. Bailey, dem früheren Präsidenten der Union Pacific Railroad. Im Herzen des Landes gelegen, jeweils auf halbem Weg zwischen Chicago und Salt Lake City sowie zwischen Denver und Omaha, kommt Bailey Yard eine enorme wirtschaftliche Bedeutung zu. Auf einer gigantischen Fläche von 11,5 Quadratkilometern werden hier mithilfe von zwei Rangiersystemen täglich etwa 14.000 Güterwaggons abgefertigt. Zum insgesamt 507 Kilometer umspannenden Gleisnetz gehören 17 Zufahrtsgleise, 16 Ausfahrtsgleise sowie 114 Rangiergleise.

Der Rangierbahnhof in North Platte, Nebraska.

Täglich werden etwa 14.000 Waggons abgefertigt.

DIE GRÖSSTEN RANGIERBAHNHÖFE DER WELT

MASCHEN RANGIERBAHNHOF

Hamburg, Deutschland 2.280.000 m²

Der größte Rangierbahnhof Europas befindet sich südöstlich von Hamburg in Maschen. Mit seiner Gesamtfläche von 2,8 Quadratkilometern wird er der Größe nach weltweit nur noch vom Bailey Yard in den USA übertrumpft. Am 7. Juli 1977 als »Wunderwerk der Technik« feierlich eingeweiht (Inbetriebnahme: 27.5.1979 Nord-Süd-System, 28.9.1980 Gesamtanlage), hat der Rangierbahnhof bis heute nichts von seiner Faszination eingebüßt, auch wenn Teile des Güterverkehrs zunehmend von der Schiene auf die Straße verlagert werden. In Maschen werden derzeit täglich bis zu 4.000 Güterwaggons abgefertigt.

Blick über die Gleisanlagen.

Der Maschen Rangierbahnhof bei Nacht. Er ist die zentrale Drehscheibe für den Schienengüterverkehr von und nach Skandinavien sowie den Hinterlandverkehr der Häfen Hamburg, Bremerhaven und Lübeck. Der zweiseitige Rangierbahnhof ist mit zwei Zugbildungsanlagen ausgestattet, von denen jede über eine Einfahrgruppe mit 16 bzw. 17 Gleisen und über eine Richtungsgruppe mit 48 Gleisen verfügt.

CHINA RAILWAY HIGH-SPEED

Der Zug des Typs CRH2 basiert auf der Technologie des Shinkansen der Serie E2-1000, der von der japanischen Firma Kawasaki Heavy Industries entwickelt wurde. Insgesamt 60 Züge dieses Bautyps wurden ab 2006 für Chinas Schnellbahnstrecken gefertigt, die meisten davon vor Ort per Technologietransfer. Am 22. April 2008 erreichte ein CRH2-061C auf der Strecke Beijing–Tianjin eine Höchstgeschwindigkeit von 370 km/h.

DAS SCHNELLSTE SCHIENENSYSTEM DER WELT

DIE HÖCHSTEN REISE-GESCHWINDIGKEITEN AUF SCHIENENWEGEN

❶	**CRH 380A** China	380 km/h
❷	**CRH3 (Velaro CN)** China	350 km/h
❸	**AVE S-103 (Velaro E)** Spanien	350 km/h
❹	**KTX-II** Südkorea	330 km/h
❺	**AVE S-102 (Talgo 350)** Spanien	330 km/h
❻	**ICE 3 (BR 403/406)** Deutschland, Belgien, Niederlande, Frankreich	330 km/h
❼	**TGV POS** Frankreich, Deutschland	320 km/h
❽	**TGV Duplex** Frankreich	320 km/h
❾	**Shinkansen E6** Japan	320 km/h
❿	**Shinkansen E5** Japan	320 km/h

Wartungszentrum in Shanghai.

CRH3 in Richtung Hangzhou.

CRH 380A vor Bahnhof Hongqiao.

Die neueste Generation des CRH 380A.

Der 3. Dezember 2010 war ein denkwürdiger Tag für Chinas ehrgeiziges Prestigeprojekt »China Railway High-Speed« zum Ausbau seines Hochgeschwindigkeitsverkehrs: Ein Zug des Typs CRH 380A erreichte auf der Strecke Shanghai–Hangzhou mit 486,1 km/h die höchste Geschwindigkeit, die bei einem Serientriebwagenzug bislang je gemessen wurde. China verfügt inzwischen nicht nur über das längste Schnellbahnschienennetz der Welt (2012: 13.000 Kilometer; bis Ende 2015 geplant: rund 40.000 Kilometer), sondern auch über eine imposante Flotte von Hochgeschwindigkeitszügen. Derzeit sind fünf verschiedene Baureihen mit Betriebsgeschwindigkeiten von über 200 km/h im Verkehr. Vier von ihnen basieren auf einem Technologietransfer: der CRH1 von Bombardier (bis zu 250 km/h), der CRH2 mit Kawasaki-Technik (Shinkansen; bis zu 250 km/h), der CRH3 von Siemens (bis zu 350 km/h) sowie der CRH5 von Alstom (bis zu 250 km/h).

Die neueste Generation der Superschnellzüge der Serie CRH 380A mit dem markanten stromlinienförmigen Kopf ist eine chinesische Eigenentwicklung und für eine Spitzengeschwindigkeit von 380 km/h ausgelegt. Der Zug der Zukunft soll sogar 500 km/h zurücklegen können. Ein entsprechender Prototyp der innovativen Baureihe CRH 500 wurde von dem chinesischen Hersteller Sifang im Dezember 2011 bereits vorgestellt.

TGV – DER SCHNELLSTE ZUG DER WELT

Frankreich verfügt mit dem TGV über das leistungsfähigste Hochgeschwindigkeitssystem auf der Welt – und zugleich über das schnellste. Die internationale Reputation, die der französische »Train à grande vitesse« (kurz TGV, auf Deutsch: Zug mit hoher Geschwindigkeit) genießt, ist enorm. Doch der Technologievorsprung kommt nicht von ungefähr: Bereits seit Mitte des 20. Jahrhunderts wird in Frankreich intensiv an der Entwicklung spezieller Hochleistungszüge gearbeitet. Der erste aerodynamische Experimentalzug TGV 001 wurde 1972 in Betrieb genommen. Am 8. Dezember 1972 sorgte er mit einem Weltrekord von 318 km/h für Aufsehen.

Anfangs mit einem Gasturbinenantrieb ausgestattet, wurde der ab 1978 ausgelieferte Serienzug TGV-PSE elektrisch angetrieben. Nach Einweihung der Strecke Paris–Südost am 22. September 1981 reduzierten sich die Reisezeiten massiv. Die Höchstgeschwindigkeit betrug damals bereits 260 km/h (heute 320 km/h). Seither entstanden mehrere Generationen und Varianten des TGV, etwa Atlantique, Réseau und Duplex für den Einsatz innerhalb Frankreichs, Eurostar für die Strecke Paris–Brüssel–London durch den Eurotunnel, Thalys für den Verkehr nach Belgien, Deutschland und in die Niederlande sowie Sonderanfertigungen für Spanien, Italien und Südkorea. Der Siegeszug des TGV ist nicht aufzuhalten.

TGV V150 – DER SCHNELLSTE ZUG DER WELT

Frankreich

Höchstgeschwindigkeit 574,8 km/h

Am 3. April 2007 begann um 13.01 Uhr die Rekordfahrt des schnellsten Rad-Schiene-Fahrzeugs der Welt. Ein TGV V150 – die Abkürzung V150 steht für 150 Meter pro Sekunde – startete auf der Hochgeschwindigkeitsstrecke zwischen Straßburg und Paris. Der Zug mit zwei Triebköpfen und drei Doppelstock-Mittelwagen wog 234 Tonnen und verfügte über 25.000 PS. Nach zwölf Minuten Fahrtzeit hatte der Zug um 13.13 Uhr mit exakt 574,79 km/h einen neuen Weltrekord aufgestellt. Die Fahrt endete nach nur 29 Minuten um 13.30 Uhr. Der Aufwand, den die Herstellerfirma Alstom, der Netzbetreiber RFF und die französische Bahngesellschaft SNCF für diese Versuchsfahrt betrieben, war enorm: Rund 500 Mitarbeiter waren beteiligt, Gleise und Oberleitungen wurden speziell präpariert. Der neue Weltrekord kostete 30 Millionen Euro.

Die Rekordfahrt des TGV V150.

Der TGV V150 mit Rekordanzeige.

Ein TGV-PSE-Zug auf der TGV-Méditerranée-Strecke. Seit 2001 fahren die Züge von Paris über Avignon und Aix-en-Provence in das 783 Kilometer entfernte Marseille. Bei Höchstgeschwindigkeiten von bis zu 300 km/h benötigen sie für die gesamte Strecke nur noch drei Stunden.

DIE SCHNELLSTEN ZÜGE DER WELT

Die Dampflokomotive »Adler«, die auf der ersten Bahnverbindung Deutschlands zwischen Nürnberg und Fürth fuhr, erreichte eine Höchstgeschwindigkeit von 40 km/h. Bis in die 1960er-Jahre lag das durchschnittliche Tempo von Reisezügen selten über 120 km/h. Mit dem Bau von Hochgeschwindigkeitsnetzen in Japan und seit 1981 in Frankreich begann die neue Ära der Highspeed-Züge. Bis heute werden in Europa, Amerika, vor allem jedoch in China zahlreiche neue Strecken geplant und errichtet. Auch die Entwicklung der Züge, die schon jetzt Reisegeschwindigkeiten von 350 km/h ermöglichen, wird stark vorangetrieben.

ICE

Deutschland — **max. 330 km/h**

Der ICE ist das Flaggschiff im Fernreiseverkehr der Deutschen Bahn. Seit der Einführung im Jahr 1991 haben alle ICE-Züge mehr als 1,5 Milliarden Kilometer zurückgelegt. Fast 80 Millionen Reisende nutzen jährlich den ICE, der heute in der dritten Generation eine Reisegeschwindigkeit von 330 km/h ermöglicht. Die Marke ICE gilt als eine der populärsten in Deutschland, sie erreicht einen Bekanntheitsgrad von fast 100 Prozent.

ICE der dritten Generation.

Italo vom Typ AGV.

NTV ITALO

Italien — **max. 360 km/h**

Als »Ferrari auf Schienen« wird der neueste Highspeed-Zug Italiens gern bezeichnet. Nicht nur wegen seiner knallroten Farbe oder einer möglichen Höchstgeschwindigkeit von 360 km/h – in Italien sind allerdings höchstens 300 km/h erlaubt –, sondern auch, weil der Italo von einem privaten Konsortium um Ferrari-Chef di Montezemolo betrieben wird. Die sehr komfortablen Züge sind für bis zu 460 Personen ausgelegt und befahren Italiens wichtigste Nord-Süd-Strecke von Mailand über Rom nach Neapel.

AVE

Spanien — **max. 350 km/h**

AVE, zu Deutsch »Vogel«, so lautet der Markenname des spanischen Hochgeschwindigkeitsnetzes. Dessen Bau begann im Jahr 1992. Heute ist es mit einer Gesamtlänge von 2.665 Kilometern das längste in Europa. Die neuesten AVE-Züge fahren mit einer Geschwindigkeit von bis zu 330 km/h und benötigen z. B. für die 350 Kilometer zwischen Madrid und Valencia am Mittelmeer nur 95 Minuten.

Der spanische AVE – eine große Marke.

Ein japanischer Shinkansen-Zug auf einer Brücke über den Fluss Tama in Tokio. Die Züge verfügen über Unterflurantriebseinheiten und teils auch über Neigetechnik. Das extrem aerodynamische Design mit lang ansteigender Bugnase sieht nicht nur gut aus, sondern wirkt auch dem Tunnelknall entgegen.

CRH

China **max. 380 km/h**

Für sein ehrgeiziges Hochgeschwindigkeitsprogramm CRH kaufte China weltweit Züge, die für den chinesischen Gebrauch modifiziert wurden. So stammen der CRH1 von Bombardier, der CRH2 aus der japanischen Shinkansen-Baureihe, der CRH3 von Siemens und der CRH5 von Bombardier. Der CRH 380A, der u. a. auf der Strecke zwischen Beijing und Shanghai eingesetzt wird, wurde dagegen vollständig in China entwickelt und gebaut. Auf einer Testfahrt erzielte er mit 486,1 km/h den Rekord für nicht modifizierte, konventionelle Züge.

Der stromlinienförmige CRH 380A.

An Windschnittigkeit kaum zu übertreffen: der CRH3 und der CHR 380A.

Shinkansen vom Typ JR 500.

SHINKANSEN

Japan **max. 360 km/h**

Japan gilt als das Mutterland der Highspeed-Züge. Bereits im Jahr 1964 fuhren hier die ersten Shinkansen der japanischen Staatsbahn mit einer Reisegeschwindigkeit von 200 km/h. Seit die Staatsbahn JNR 1987 privatisiert wurde, wird das Shinkansen-Netz von verschiedenen Gesellschaften betrieben, die unterschiedliche Typen einsetzen. Die Shinkansen-Züge sind vor allem wegen ihrer Durchschnittsgeschwindigkeiten von bis zu 206 km/h und ihrer Pünktlichkeit legendär. Durchschnittliche Verspätung auf der Strecke zwischen Tokio und Osaka: nur 0,3 Minuten!

Der 2. Dezember 2003 war für die Geschichte der Eisenbahn ein bedeutsamer Tag: Ein bemannter Zug der japanischen Magnetschwebebahn JR-Maglev erzielte mit 581 km/h die bis heute höchste Geschwindigkeit, die je bei einem Schienenfahrzeug gemessen wurde. Ähnliche Rekordzeiten konnte bislang nur der TGV verbuchen (2007: 574,8 km/h), dies allerdings mit einem Rad-Schiene-System. Der Erfolg kam nicht von ungefähr: Die innovative Magnetschwebetechnik wird in Japan seit 1962 intensiv erforscht. Mit der Aussicht auf einen niedrigen Geräuschpegel der Züge sowie hohe Geschwindigkeiten wurden bereits Investitionen in Milliardenhöhe getätigt (bis zum Jahr 2000: 4,5 Milliarden Euro). Ein großer Teil der Mittel floss in die 18,4 Kilometer lange Yamanashi-Teststrecke. Seit ihrer Inbetriebnahme 1997 konnten hier immer wieder Geschwindigkeitsrekorde aufgestellt werden (3.10.1997: 451 km/h, 12.12.1997: 531 km/h, 14.4.1999: 552 km/h). Im Rahmen des »Chuo Shinkansen«-Projekts ist der Bau einer rund 80 Milliarden Euro teuren Anwendungsstrecke von Tokio nach Osaka geplant. Die Bauarbeiten sollen im April 2014 beginnen und bis 2045 abgeschlossen sein. Für die Distanz von 550 Kilometern wird der japanische Superzug voraussichtlich nur 67 Minuten benötigen.

Der JR-Maglev im Test.

Der JR-Maglev ist mit dem Elektrodynamischen Schwebesystem (EDS) ausgestattet.

DIE SCHNELLSTE MAGNETSCHWEBEBAHN DER WELT

Bislang fährt die neueste Sektion des JR-Maglev, der MLX01-901, nur auf der zwischen 1990 und 1996 gebauten Yamanashi-Teststrecke, die etwa 100 Kilometer westlich von Tokio liegt. Sie soll künftig Teil einer Anwendungsstrecke von Tokio nach Osaka (550 Kilometer) sein, deren Fertigstellung für 2045 geplant ist. Das erste Teilstück von Tokio bis Nagoya (290 Kilometer) soll 2025/26 in Betrieb genommen werden.

U-Bahn, Subway, Metro, MRT sind die häufigsten Begriffe für die elektrischen Schienenbahnen, die in Großstädten zur Personenbeförderung eingesetzt werden. Außer in Tunneln fahren U-Bahnen in zahlreichen Städten auch oberirdisch, auf separaten Gleisen oder aufgeständert als Hochbahn über den Straßen der Stadt. Dass sie heute in fast allen Metropolregionen der Welt eingesetzt werden, verdanken die Metros ihrer hohen Leistungsfähigkeit: Mit ihnen können bis zu 50.000 Fahrgäste pro Stunde und Richtung bei Zugfolgezeiten von nur 90 Sekunden befördert werden.

DIE LÄNGSTEN U-BAHN-SYSTEME DER WELT

1	**Shanghai** China	425 km
2	**London** Großbritannien	402 km
3	**New York** USA	368 km
4	**Beijing** China	337 km
5	**Seoul** Südkorea	316 km
6	**Moskau** Russland	306 km
7	**Tokio** China	304 km
8	**Madrid** Spanien	286 km
9	**Guangzhou** China	232 km
10	**Paris** Frankreich	215 km

NEW YORK CITY SUBWAY

New York City, USA 368 km

Die New Yorker Subway ist eine der ältesten U-Bahnen der Welt. Sie wurde bereits 1904 eröffnet, wesentliche Teile des Netzes wurden bis 1940 von drei unterschiedlichen Gesellschaften erbaut. Seit 1953 wird sie von der New York City Transit Authority (NYCTA) betrieben. Nach Problemen in den 1970er- und 1980er-Jahren, als das Bild der Subway von Vandalismus, Kriminalität und zahlreichen Unfällen geprägt war, erlebt sie seit den 1990er-Jahren durch hohe Investitionen einen neuen Aufschwung. Mit jährlich über 1,5 Milliarden Passagieren zählt sie zu den meistgenutzten U-Bahnen der Welt.

METRO SHANGHAI

Shanghai, China 425 km

Obwohl erst 1990 mit dem Bau der Metro in Shanghai begonnen wurde, hat sie bereits heute das längste Streckennetz. Sie gilt als die am schnellsten wachsende Metro der Welt. Seit Eröffnung der Linie 1 im Jahr 1995 kamen zehn weitere Linien hinzu. Bis zum Jahr 2020 sind sogar 22 Linien und ein Streckenausbau auf 970 Kilometer geplant.

Moskauer Metrostation Komsomoloskaya.

METRO MOSKAU

Moskau, Russland 306 km

Die U-Bahn der russischen Hauptstadt ist mit 2,4 Milliarden Nutzern jährlich eine der meistfrequentierten Metros der Welt. Bekannt ist sie vor allem wegen ihrer prächtigen Architektur. Besonders die Bahnhöfe, die in den 1930er- und 1940er-Jahren entstanden, beeindrucken mit Marmorverkleidungen, Stuckdecken und Kronleuchtern. Außergewöhnlich ist auch die Tiefe: Die Station Park Pobedy liegt 84 Meter unter der Erde und hat die längste ununterbrochene Rolltreppe der Welt (126 Meter).

Von Anfang an stark freqentiert: die alte, im Jahr 1918 erbaute U-Bahn-Station Whitehall Street in New York. Seit einem Umbau im Jahr 2009 ist die Station, die im Bankenviertel von Manhattan liegt, mit der South Ferry Station verbunden. Sie wird jährlich von über neun Millionen Fahrgästen genutzt.

LONDON UNDERGROUND

London, Großbritannien **402 km**

U-Bahn-Station Baker Street.

Die nach Sanierung im Jahr 1998 wiedereröffnete Station Mornington Crescent.

Die Londoner U-Bahn wurde am 10. Januar 1863 als unterirdische, dampfbetriebene Eisenbahnstrecke eröffnet. Vom Namen ihrer ersten Linie, der Metropolitan Line, leitet sich der heute international gebräuchliche Begriff Metro ab. Die Londoner selbst nennen ihre U-Bahn »Underground« oder kurz »The Tube«. Der Großteil der Bahn verläuft oberirdisch, nur 45 Prozent aller Strecken befinden sich in Tunneln. Bis 1907 entstanden weitere Linien, die von verschiedenen Firmen gebaut und 1933 von einer öffentlich-rechtlichen Gesellschaft übernommen wurden. Während des Zweiten Weltkrieges dienten einige Stationen als Luftschutzbunker, in der Station Down Street tagten Premierminister Churchill und sein Kabinett. Seitdem 1999 die Verlängerung der neuesten Jubilee Line eröffnet und 2008 der Flughafen Heathrow erschlossen wurde, nutzen bis zu 3,7 Millionen Fahrgäste die London Underground.

Vor einer prächtigen Kulisse geht es hinunter zur U-Bahn-Station Piccadilly Circus, die direkt unter dem gleichnamigen Platz liegt. In den Zeiten des »British Empire« wurde der Piccadilly Circus im Londoner West End auch als »Mittelpunkt der Welt« bezeichnet. Das unverkennbare Logo der Londoner U-Bahn wurde bereits 1908 entworfen.

TRANSPORT UND VERKEHR

Die sechs längsten Brückenbauwerke der Welt sind derzeit Eisenbahnbrücken der Schnellbahnstrecke Beijing–Shanghai in China. Die längste Brücke der Welt ist mit 164,8 Kilometern die Große Brücke Danyang-Kunshan. Erst an siebter Stelle

Der China Railway Express.

steht eine Straßenbrücke, der thailändische Bang Na Expressway mit einer Gesamtlänge von 54 Kilometern. Es folgen Brückenbauwerke in China und in den Vereinigten Staaten auf den Plätzen acht bis zwölf.

DIE LÄNGSTEN BRÜCKEN DER WELT

1. **Große Brücke Danyang-Kunshan**
   China 164,8 km
2. **Große Brücke von Tianjin**
   China 113,7 km
3. **Große Brücke von Cangzhou-Dezhou**
   China 105,9 km
4. **Große Brücke über den Huai He**
   China 105,9 km
5. **Große Brücke von Weinan Weihe**
   China 79,7 km
6. **Große Brückeüber den Sui-Fluss**
   China 65,6 km
7. **Bang Na Expressway**
   Thailand 54,0 km
8. **Große Brücke von Beijing**
   China 48,2 km
9. **Jiaozhou-Bucht-Brücke**
   China 41,6 km
10. **Lake Pontchartrain Causeway**
    USA 38,4 km

DIE LÄNGSTEN TUNNEL DER WELT

1. **Seikan-Tunnel**
   Japan 53,9 km
2. **Eurotunnel**
   Frankreich/Großbritannien 49,9 km
3. **Lötschberg-Basistunnel**
   Schweiz 32,6 km
4. **Guadarrama-Tunnel**
   Spanien 28,3 km
5. **Hakkoda-Tunnel**
   Japan 26,4 km
6. **Iwate-Ichinohe-Tunnel**
   Japan 25,8 km
7. **Lærsdals-Tunnel**
   Norwegen 24,5 km
8. **Dai-Shimizu-Tunnel**
   Japan 22,2 km
9. **Simplon-Tunnel**
   Schweiz 29,8 km
10. **Vereina-Tunnel**
    Schweiz 19,1 km

Die Chesapeake Bay Bridge im US-Bundesstaat Maryland besticht durch ihre filigrane Silhouette. Es handelt sich um eine parallele Hängebrückenkonstruktion mit einer Länge von 6,9 Kilometern. Die Brücke verbindet den eher ländlichen Ostteil von Maryland mit den westlichen urbanen Gebieten des Bundesstaats über die Chesapeake-Bucht.

DIE LÄNGSTEN BRÜCKEN DER WELT

CHINA RAILWAY EXPRESS LINE BEIJING–SHANGHAI – DIE LÄNGSTEN BRÜCKENBAUWERKE UND EISENBAHNBRÜCKEN DER WELT

Bis zu 300 km/h fahren die Züge auf der Strecke von Beijing nach Shanghai.

1. Große Brücke Danyang-Kunshan
   China 164,8 km
2. Große Brücke von Tianjin
   China 113,7 km
3. Brücke von Cangzhou-Dezhou
   China 105,9 km

Die längsten Brückenbauwerke sind Eisenbahnbrücken bzw. Viadukte, die für die 1.318 Kilometer lange Schnellbahnstrecke Beijing–Shanghai errichtet wurden. Die längste Brücke ist die Große Brücke Danyang-Kunshan mit 164,8 Kilometer Gesamtlänge. Damit ist sie das längste Brückenbauwerk der Welt. Die Brücke besteht größtenteils aus Fertigbauteilen, 32 Meter langen Hohlkastenträgern, mit denen die Balkenbrücke überwiegend aufgeständert wurde. Nur einige Brückenabschnitte, die über Bahnlinien, Straßen und Gewässer führen, sind etwas länger. Auf der Schnellbahnstrecke Beijing–Shanghai gibt es noch weitere vier Brücken, die zu den weltweit zehn längsten Brückenbauwerken zählen: die Große Brücke von Tianjin (113,7 km), die Große Brücke von Cangzhou-Dezhou (105,9 km), die Große Brücke über den Huai He (105,9 km) und die Große Brücke über den Sui-Fluss (65,6 km). Alle Brücken wurden in derselben Bauweise errichtet.

JIAOZHOU-BUCHT-BRÜCKE – DIE LÄNGSTE BRÜCKE ÜBER WASSER

China **41,6 km**

Das Straßenprojekt, zu dem die Jiaozhou-Bucht-Brücke gehört, hat eine Gesamtlänge von 41,6 Kilometern. Die sechsspurige Autobahnbrücke selbst überquert die Bucht auf gerader Linie in 26,7 Kilometern, daneben gibt es noch eine knapp zwei Kilometer lange Abzweigung zur Halbinsel Hongdao und knapp sieben Kilometer lange Brückenabschnitte über Landgebiete. Insgesamt sollen sich etwa 36,5 Kilometer der Brücke über Wasser befinden. Es handelt sich um eine Balkenbrücke aus Spannbeton, insgesamt wurden 450.000 Tonnen Stahl und 2,3 Millionen Tonnen Beton verbaut. Die Straßenbrücke verbindet die beiden Städte Quindao und Huangdao. Im Guinessbuch der Rekorde wird die Brücke als längstes Brückenbauwerk über Wasser geführt.

Die Jiaozhou-Bucht-Brücke.

Die Jiaozhou-Bucht-Brücke besitzt drei größere Durchfahrtspunkte für den Schiffsverkehr. Der größte ist die Cangzhou-Kanal-Brücke mit einer Spannweite von etwa 600 Metern. Die Brückenkonstruktion soll Erdbeben der Stärke 8, Taifune und Schiffskollisionen standhalten können. Auf dem Foto sieht man einen Abschnitt der Brückenkonstruktion in leichten Nebel gehüllt.

BANG NA EXPRESS WAY – DIE LÄNGSTE STRASSENBRÜCKE DER WELT

Thailand **54,0 km**

Die sechsspurige Autobahnbrücke gilt mit einer Länge von 54 Kilometern als längste Straßenbrücke der Welt. Vom architektonischen Charakter ist das Brückenbauwerk eher eine Art Hochstraße. Statisch betrachtet, ist es eine Balkenbrücke. Die aufgeständerten Stützbalken haben pro Feld eine Spannweite von 44 Metern und eine Breite von 27,2 Metern. Die Autobahn führt vom Bangkoker Stadtteil Bang Na beginnend am internationalen Flughafen vorbei weiter in Richtung Südosten bis in die Provinz Chonburi.

Bhumibol-Brücke bei nächtlicher Beleuchtung.

DIE LÄNGSTEN BRÜCKEN EUROPAS

Die beiden längsten Brückenbauwerke Europas stehen in Portugal und in Russland. Die portugiesische Brücke, die nach dem Seefahrer Vasco da Gama benannt ist, überspannt den Fluss Tejo in einer Länge von über 17 Kilometern. Die russische Brücke führt über die Kama, einen wichtigen Zufluss der Wolga. Sie ist insgesamt 14 Kilometer lang. An dritter Stelle steht die Wuppertaler Schwebebahn mit gut 13 Kilometer Länge. Dies ist eigentlich keine richtige Brücke, sondern ein Fahrgerüst für eine Hochbahn. Es folgen noch weitere Brückenkonstruktionen in Russland, Portugal und Dänemark, etwa die Öresund-Brücke und die Brücke über den Großen Belt.

Die Brücke Vasco da Gama wurde zwischen 1995 und 1998 zur Weltausstellung Expo 1998 errichtet, um Lissabon vom Nord-Süd-Verkehr zu entlasten. Über die Brücke kann man den Fughafen von Lissabon und das Expo-Gelände direkt erreichen. Das Foto zeigt die Brückenkonstruktion über den Tejo in der Abendstimmung.

DIE LÄNGSTEN BRÜCKEN EUROPAS

❶	**Ponte Vasco da Gama** Portugal	17,2 km
❷	**Kama-Brücke** Russland	14,0 km
❸	**Wuppertaler Schwebebahn** Deutschland	13,3 km
❹	**Ulyanovsk-Brücke** Russland	13,0 km
❺	**Novyi-Saratovskiy-Brücke** Russland	12,8 km
❻	**Leziria-Brücke** Portugal	11,7 km
❼	**Öresund-Brücke** Dänemark	7,8 km
❽	**Wolgograd-Brücke** Russland	7,1 km
❾	**Storebælt-Brücke (Ostteil)** Dänemark	6,8 km
❿	**Storebælt-Brücke (Westteil)** Dänemark	6,6 km

PONTE VASCO DA GAMA

Portugal **17,2 km**

Die nach dem berühmten portugiesischen Seefahrer Vasco da Gama benannte Brücke ist mit 17,2 Kilometern die längste Brücke Europas. Es handelt sich um eine Konstruktion mit einer Schrägseilbrücke als Hauptöffnung, die den Fluss Tejo überspannt. Die sechsspurige Autobahnbrücke verbindet Lissabon mit dem Süden des Landes. Die Stützpfeiler sind 155 Meter hoch.

LEZIRIA-BRÜCKE

Portugal 11,7 km

Die Hohlkasten-Balkenbrücke überspannt die Flüsse Tejo und Sorraia auf einer Länge von insgesamt 11,7 Kilometern. Das Hauptbauwerk der Brücke hat eine Länge von 972 Metern. Die Brücke ermöglicht es dem Nord-Süd-Verkehr, das Stadtgebiet von Lissabon zu umfahren.

Die Leziria-Brücke schwingt sich elegant über das sandige Flussbett.

ÖRESUND-BRÜCKE

Dänemark/Schweden 7,8 km

Die Öresund-Brücke ist die längste Schrägseilbrücke mit Straßen- und Eisenbahnverkehr in der Welt. Ihre Gesamtlänge beträgt 7.845 Kilometer. Zwei Rampenbrücken führen zur mittleren Hochbrücke, diese ist 1.092 Meter lang und hat eine Feldspannweite von 490 Metern.

Die Öresund-Brücke mit den markanten Pylonen (206 Meter) in der Mitte.

KAMA-BRÜCKE

Russland 14,0 km

Die Brückenkonstruktion hat eine Länge von knapp 14 Kilometern. Die Hauptbrücke führt über die Kama in der autonomen Republik Tatarstan, sie hat eine Länge von 1.608 Metern. Daneben werden von der Balkenbrücke, über die eine Fernstraße führt, noch zwei weitere Flüsse überquert.

ULYANOVSK-BRÜCKE

Russland 13,0 km

Die Brücke führt bei Ulyanovsk über die Wolga. Die Konstruktion ist 13 Kilometer lang. Die Brücke wurde 2009 nach 23-jähriger Bauzeit eröffnet. Etwa 40.000 Fahrzeugen überqueren sie pro Tag. Sie ist eine wichtige Verbindung zwischen dem europäischen und dem asiatischen Teil Russlands.

NOVYI-SARATOVSKIY-BRÜCKE

Russland 12,8 km

Die Novji-Saratovskiy-Brücke führt mit einer Länge von 12,8 Kilometern südlich von Saratow über die Wolga. Sie ist im Moment die drittlängste Brücke Russlands. Die alte Brücke bei Saratow war bis 1965 mit nur 2,8 Kilometern die längste Brücke in der Sowjetunion.

DIE LÄNGSTEN BRÜCKEN ASIENS

DIE LÄNGSTEN BRÜCKEN ASIENS

1	Große Brücke Danyang-Kunshan, China	164,8 km
2	Große Brücke von Tianjin, China	113,7 km
3	Große Brücke von Cangzhou-Dezhou, China	105,9 km
4	Große Brücke über den Huai He, China	105,9 km
5	Große Brücke von Weinan Weihe, China	79,7 km
6	Große Brücke über den Sui-Fluss, China	65,6 km
7	Bang Na Expressway, Thailand	54 km
8	Große Brücke von Beijing, China	48,2 km
9	Jiaozhou-Bucht-Brücke, China	41,6 km
10	Hangzhou-Bucht-Brücke, China	36 km

HANGZHOU-BUCHT-BRÜCKE

China **36 km**

Bei ihrer Eröffnung im Jahr 2008 war die ästhetische Brücke über die Hangzhou-Bucht mit einer Gesamtlänge von 36 Kilometern

Die Pylonen der Hangzhou-Bucht-Brücke.

die längste Meeresbrücke der Welt. In die Balkenbrückenkonstruktion sind zwei Schrägseilbrücken mit 448 und 318 Metern Stützweite integriert. Die beiden Pylonen für die Spannseile sind fast 100 Meter hoch. Die Brücke ist so ausgelegt, dass sie Windgeschwindigkeiten von bis zu 230 Kilometern in der Stunde standhalten kann.

DONGHAI-BRÜCKE (EAST SEA BRIDGE)

China **32,5 km**

Die 32,5 Kilometer lange Balkenbrückenkonstruktion mit einer Schrägseilbrücke im Mittelteil verbindet den Hafen Luchao in der Lingang City des Stadtbezirks Pudong in Shanghai mit dem Tiefwasserhafen Yangshan in der Provinz Zhejiang. Die Brücke wurde im Jahr 2005 fertiggestellt. Sie verläuft durchschnittlich 40 Meter über der Meeresoberfläche. An der größten durchfahrbaren Stelle der Brücke können auch verhältnismäßig große Schiffe mit einer Tragfähigkeit von etwa 10.000 Tonnen passieren. Über die Brücke führt eine sechsspurige Schnellstraße.

Die zwei Pylonen der Donghai-Brücke.

Blick auf die Schrägseilkonstruktion.

Die Incheon-Brücke in Südkorea erstrahlt in nächtlicher Beleuchtung: Gut zu sehen ist die geschwungene Auffahrt zur Schrägseilbrücke mit den hohen Pylonen. Die lichte Höhe in der Brückenmitte zwischen den Pylonen beträgt 74 Meter. Darunter können auch größere Schiffe ohne Probleme die Brücke passieren.

KING FAHD CAUSEWAY

Saudi-Arabien/Bahrain 26 km

Der König-Fahd-Damm ist eine 26 Kilometer lange kombinierte Brücken- und Dammkonstruktion zwischen Saudi-Arabien und Bahrain. Das Brückenbauwerk wurde zwischen den Jahren 1982 und 1986 errichtet. Die Fahrbahn über den Damm besitzt vier Fahrspuren und ist 25 Meter breit. Insgesamt gibt es fünf durch Dämme und Inseln verbundene Brückenkonstruktionen, wobei die Brücken aus Balkenbrücken bestehen. Das Brücken-Damm-Bauwerk ist die einzige Straßenverbindung des Inselstaates Bahrain mit dem Festland. Auf etwa halber Strecke wurde eine 66 Hektar große, künstliche Insel errichtet. Sie gehört nun zur Hälfte zu Saudi-Arabien und zur anderen Hälfte zu Bahrain. Jährlich passieren etwa drei Millionen Fahrzeuge den König-Fahd-Damm. Das Bauwerk wurde vollständig von Saudi-Arabien finanziert – mit 1,2 Milliarden US-Dollar.

Brückenzug am König-Fahd-Damm.

SHANGHAI-JANGTSE-BRÜCKE

China 16,5 km

Der Brückenzug, eine Kombination aus Balkenbrücke und Schrägseilbrücke, verbindet Shanghai mit der Insel Chongming. Es ist eine Brücke mit angeschlossenem Tunnel. Der Brückenabschnitt ist insgesamt 16,6 Kilometer lang, der Tunnel 8,9 Kilometer. Die längste Spannweite der Schrägseilbrücke beträgt 750 Meter. Die Brücke gehört zum chinesischen Autobahnnetz. In Kombination mit zwei weiteren Brücken kann hier der Fluss komplett mit dem Auto überquert werden.

Die Shanghai-Yangtse-Brücke mit ihren filigranen Zwillingspylonen.

INCHEON BRÜCKE

Südkorea 12,3 km

Die Incheon-Brücke ist insgesamt 12,3 Kilometer lang. Das imposante Brückenbauwerk ist eine Kombination aus Balkenbrücke und Schrägseilbrücke. Die maximale Spannweite der Schrägseilbrücke beträgt 800 Meter. Die Brücke überspannt eine Wattenbucht des Gelben Meeres. Die Pylonen der Schrägseilbrücke sind fast 240 Meter hoch. Die Brücke verbindet New Songda City mit dem Flughafen von Incheon. Südkoreas längste Brücke wurde nach etwa vier Jahren Bauzeit im Oktober 2009 eröffnet.

DIE LÄNGSTEN BRÜCKEN AUSTRALIENS UND AFRIKAS

DIE LÄNGSTEN BRÜCKEN AUSTRALIENS

1. **Houghton Highway**
   Brisbane, Queensland 2.740 m
2. **Ted Smout Memorial Bridge**
   Brisbane, Queensland 2.740 m
3. **West Gate Bridge**
   Melbourne, Victoria 2.582 m
4. **Tasman Bridge**
   Hobart, Tasmanien 1.395 m
5. **Sydney Harbour Bridge**
   New South Wales 1.149 m

Die beiden Brücken Houghton Highway und Ted Smout Memorial Bridge sind zwei Konstruktionen aus Stahlbeton, die in unmittelbarer Nähe (Abstand etwa 30 Meter) in niedriger Höhe das flache Wasser der Bramble Bucht überspannen.

West Gate Bridge und Yarra River in der Dämmerung.

Ihre Gesamtlängen betragen jeweils 2.740 Meter. In Melbourne überspannt die West Gate Bridge den Fluss Yarra kurz vor dessen Mündung in der Bucht von Port Phillip. Die Brücke ist eine Schrägseilkonstruktion mit einer maximalen Spannweite von 336 Metern und einer Gesamtlänge von 2.582 Metern, damit ist sie die drittlängste des Kontinents. Die achtspurige Brücke überqueren fast 170.000 Fahrzeuge pro Tag.

Die Brücke des 6. Oktobers ist eine wichtige Verkehrsverbindung in der Millionenstadt Kairo. Über die zehnspurige Brücke fahren täglich etwa 500.000 Menschen. Der Name der Brücke erinnert an den Tag des Beginns des Jom-Kippur-Krieges am 6. Oktober 1973. Auf dem Foto sieht man den Brückenabschnitt, der über den Nil in die City führt, in abendlicher Stimmung.

DIE LÄNGSTEN BRÜCKEN AFRIKAS

1	**Brücke des 6. Oktobers** Kairo, Ägypten	12.500 m
2	**Third Mainland Bridge** Lagos, Nigeria	10.500 m
3	**Die Suezkanal-Brücke** El Qantara, Ägypten	3.900 m
4	**Mozambique Island Bridge** Sofala–Sambesia, Mosambik	3.800 m
5	**Dona Ana Bridge** Mutarara, Mosambik	3.700 m

Die Suezkanal-Brücke bei El Qantara.

Die autobahnähnliche Brücke des 6. Oktobers in Ägyptens Hauptstadt Kairo ist mit einer Gesamtlänge von 12,5 Kilometern die längste Brücke Afrikas. Sie hat allerdings weitgehend den Charakter einer Hochstraße, bis auf die Brückenabschnitte über den Nil. Sie verbindet Kairo (Stadtmitte) mit dem etwa 20 Kilometer entfernten Flughafen. Die zweitlängste Brücke Afrikas ist die Third Mainland Bridge in der nigerianischen Stadt Lagos mit insgesamt 10,5 Kilometer Länge. Die Brücke führt vom internationalen Flughafen über die Lagune von Lagos nach Norden. Sie wurde im Jahr 1990 errichtet, um das chronisch überbeanspruchte Verkehrsnetz der Millionenstadt zu entlasten.

DIE LÄNGSTEN BRÜCKEN NORDAMERIKAS

DIE LÄNGSTEN BRÜCKEN NORDAMERIKAS

1	Lake Pontchartrain Causeway, USA	38,4 km
2	Manchac Swamp Bridge, USA	36,7 km
3	Atchafalaya Basin, USA	29,3 km
4	Chesapeake Bay Bridge-Tunnel, USA	28,4 km
5	Bonnet Carré Spillway, USA	17,7 km
6	Confederation Bridge, Kanada	12,9 km
7	Jubilee Parway, USA	12,9 km
8	San Mateo-Hayward Bridge, USA	11,3 km
9	Seven Mile Bridge, USA	10,9 km

LAKE PONTCHARTRAIN CAUSEWAY

USA **38,4 km**

Die Lake-Pontchartrain-Brücke, nördlich von New Orleans gelegen, ist mit einer Gesamtlänge von 38,4 Kilometern die zweitlängste Brücke der Welt, die nur über Wasser verläuft. Die aufgeständerte Balkenbrücke überquert den Pontchartrain-See und verbindet Metairie, einen Vorort von New Orleans, mit der Stadt Mandeville. Die durch sechs Meter hohe Deiche geschützte Brücke besteht aus zwei parallelen zweispurigen Brückenzügen.

Zwei Stränge, eine Brücke.

MANCHAC SWAMP BRIDGE

USA **36,7 km**

Die Manchac-Swamp-Brücke ist mit einer Länge von 36,7 Kilometern die zweitlängste Brücke in Nordamerika. Über die Spannbetonbrücke wird der Interstate 55 über den Manchac-Sumpf geführt. Die Mammutbrücke steht auf 75 Meter langen Betonpfeilern, die in den Sumpf gerammt wurden.

ATCHAFALAYA BASIN BRIDGE

USA **29,3 km**

Die Spannbetonbrücke führt mit zwei Brückenzügen über das größte Sumpfgebiet der Vereinigten Staaten zwischen Baton Rouge und Lafayette. Das Atchafalaya Basin ist ein einzigartiges, fisch- und faunareiches Feuchtgebiet.

Atchafalaya-Brücke im Sumpfgebiet.

CHESAPEAKE BAY BRIDGE-TUNNEL

USA **28,4 km**

Die Brücken-Tunnel-Kombination, die offiziell als Lucius J. Kellam Jr. Bridge-Tunnel bezeichnet wird, ist insgesamt 28,4 Kilometer lang, davon entfallen 3,2 Kilometer auf zwei Tunnels und weitere 3,2 Kilometer auf Dämme. Zudem gibt es zwei parallele Brückenbauwerke, die den U.S. Highway 13 über die Bucht führen.

Chesapeake-Bucht mit Brückentunnel.

BONNET-CARRÉ-SPILLWAY

USA **17,7 km**

Über die Bonnet Carré Spillway Bridge verläuft die Interstate 10. Der Spillway ist eigentlich eine Art von Wehranlage zur Kontrolle des Mississippi-Hochwassers, das Hochwasser kann in den Pontchartrainsee bei New Orleans ablaufen und von dort in den Golf von Mexiko.

CONFEDERATION BRIDGE

Kanada **12,9 km**

Die 1997 eröffnete Brücke (Pont de la Confédération) führt über die engste Stelle der Northumberlandstraße (Atlantik) im Osten Kanadas. Sie verbindet Prince Edward Island, Kanadas kleinste Provinz, mit dem kanadischen Festland, der Provinz New Brunswick. Die Kastenträgerbrücke ist das längste Brückenbauwerk in Kanada.

Am Cape Jourimain, New Brunswick.

SAN MATEO-HAYWARD BRIDGE

USA **11,3 km**

Die San Mateo Bridge führt über die Bucht von San Francisco und verbindet Hayward mit Forster City. Sie ist die längste Brücke in der Bucht sowie in ganz Kalifornien. Etwa 100.000 Fahrzeuge überqueren über sie jeden Tag die Bucht von San Francisco.

SEVEN MILE BRIDGE

USA **10,9 km**

Die Sieben-Meilen-Brücke ist die längste Meeresbrücke des Overseas Highways. Sie verbindet Vaca Key (Marathon) mit Bahia Honda via Pigeon Key. Die Brücke wurde 1982 eröffnet und ersetzte mehrere ältere Brückenbauwerke auf den Florida Keys.

Seven Mile Bridge durch die Florida Keys.

Historische Seven Mile Bridge.

Hier ist der westliche Teil der Confederation Bridge zu sehen. Aufgrund der problematischen klimatischen Bedingungen, im Winter ist die Wasserstraße oft mit Meereis bedeckt, wurden die meisten Teile der Brücke an Land vorfabriziert und mit Kranschiffen an Ort und Stelle geschleppt, wo sie dann zusammengebaut wurden.

DIE LÄNGSTEN BRÜCKEN SÜDAMERIKAS

1. **Rio-Niterói-Brücke**
   Brasilien 13,3 km
2. **Maracaibo-Brücke**
   Venezuela 8,7 km
3. **Rosario-Victoria-Brücke**
   Argentinien 4,1 km
4. **Rodoferroviária-Brücke**
   Brasilien 3,8 km
5. **Ayrto-Brücke**
   Brasilien 3,6 km

RIO-NITERÓI-BRÜCKE

Brasilien **13,3 km**

Die Brücke, die offiziell Ponte Presidente Costa e Silva heißt, führt über die Guanabara-Bucht

Fahrbahnen der Rio-Niterói-Brücke.

Die Brücke in der Guanabara-Bucht.

und verbindet Rio de Janeiro mit der östlichen Nachbarstadt Niterói. Die Kastenträgerbrücke aus Stahlbeton ist insgesamt 13,3 Kilometer lang, etwa 8,8 Kilometer führen über Wasser. An der höchsten Stelle befindet sich die Fahrbahn 72 Meter über dem Wasserspiegel. Die Brücke wird täglich von etwa 150.000 Fahrzeugen überquert. Sie ist ein Teil der Bundesautobahn BR-101 zwischen Rio de Janeiro und Victória.

DIE LÄNGSTEN BRÜCKEN SÜDAMERIKAS

MARACAIBO-BRÜCKE (PONTE RAFAEL URDANETA)

Venezuela **8,7 km**

Die Maracaibo-Brücke führt über den Maracaibo-See im Bundesstaat Zulia im Westen Venezuelas. Die kombinierte Pfeiler- und Schrägseilbrücke aus Spannbeton ist 8,7 Kilometer lang. Die Fahrbahn liegt an ihrer höchsten Stelle etwa 50 Meter über dem Wasserspiegel des Sees, die lichte Höhe, die wichtig für die Durchfahrt größerer Schiffe ist, beträgt immerhin noch 45 Meter. Die rahmenförmigen Pylonen ragen über 90 Meter aus dem Wasser. Die Brücke wurde 1962 nach nur drei Jahren Bauzeit fertiggestellt. Sie gilt als ein Meilenstein von kombinierten Schrägseilbrücken mit Viadukten aus Spannbetonelementen.

Pylone der Maracaibo-Brücke.

ROSARIO-VICTORIA-BRÜCKE

Argentinien **4,1 km**

Die grazil wirkende Brücke verbindet die Städte Rosario und Victoria miteinander, sie führt dabei über das Deltagebiet des Paraná River. Das Bauwerk ist eine Kombination von Viadukten aus Spannbeton und einer Schrägseilkonstruktion, die eine maximale Spannweite von 330 Metern hat, insgesamt ist das Brückenbauwerk 4,1 Kilometer lang.

Schrägseilbrücke mit vier Pylonen.

Die Rio-Niterói-Brücke in der Bucht von Guanabara ist ein wichtiges Verbindungsglied der Metropole mit dem Umland. Der Baubeginn der Rio-Niterói-Brücke erfolgte in Anwesenheit von Königin Elisabeth II. am 23. August 1968, eröffnet wurde die Brücke am 4. März 1974. Auf die Fertigstellung der Brücke folgte eine dynamische Entwicklung des östlich gelegenen Touristengebiets Costa do Sol.

DIE HÖCHSTEN BRÜCKEN DER WELT

Die Siduhe-Brücke spannt sich hoch über das Tal.

Höchste Schrägseilbrücke über die Baluarte-Schlucht.

SIDUHE-BRÜCKE

China **472 m**

Die Brücke ist eine 1,1 Kilometer lange Hängebrücke, die das tief eingeschnittene Tal des Siduhe in der Nähe von Yesanguan im Kreis Badong im Südwesten der chinesischen Provinz Hubei überspannt. Die Höhenberechnungen schwanken je nach Relation zwischen 472 und 550 Metern – in der Regel wird die Höhe zwischen Fahrbahn und Flussbett berechnet. Aber auch bei der konservativsten Angabe ist die Brücke im Moment das höchste befahrbare Brückenbauwerk der Welt.

BALUARTE-BRÜCKE

Mexiko **403 m**

Die über eine Schlucht führende Baluarte-Brücke ist eine 1,1 Kilometer lange Schrägseilbrücke im Norden Mexikos. Unter ihr fließt der Rio Baluarte. Die vierspurige Brücke verbindet die Küstenstadt Mazatlán am Pazifik mit dem mexikanischen Bundesstaat. Offiziell fand die Brücke im Januar 2012 als höchste Schrägseilbrücke der Welt ihren Platz im Guinnessbuch der Rekorde, nämlich aufgrund ihres Höhenunterschieds zwischen Fahrbahn und Talsohle von 403 Metern. Bis jetzt unübertroffen.

BALING-HE-BRÜCKE

China **370 m**

Die Hängebrücke ist 2,2 Kilometer lang und überquert bei Guanling in der südwestchinesischen Provinz Guizhou das Flusstal des Baling He. Die Mittelspannweite beträgt fast 1,1 Kilometer, die Höhe über dem Fluss 370 Meter. Die Autobahnbrücke wurde im Dezember 2009 für den Verkehr freigegeben.

Schwindelerregender Blick in die Tiefe.

DIE HÖCHSTEN BRÜCKEN DER WELT

1. **Siduhe-Brücke**
   China 472 m
2. **Baluarte-Brücke**
   Mexiko 403 m
3. **Baling-He-Brücke**
   China 370 m
4. **Beipan-Jiang-Brücke**
   China (2003) 366 m

Königlich erhaben und autofrei: die Royal Gorge Bridge.

ROYAL GORGE BRIDGE

USA — **321 m**

Diese Hängebrücke in der Nähe von Cañon City, etwa 150 Kilometer südlich von Denver im US-Bundesstaat Colorado, gehört zu den höchsten Brückenbauten der Welt. Von 1929 an, dem Zeitpunkt ihrer Fertigstellung, hatte sie über 70 Jahre lang den Titel »höchste Brücke der Welt« sogar selbst inne. Die Brücke überquert die Schlucht des Arkansas River in einer Höhe von 321 Metern. Sie dient allerdings heute nicht mehr dem Straßenverkehr, sondern ist nur noch eine Touristenattraktion. Sie wurde ehemals als einspurige Mautbrücke erbaut, heute ist sie Bestandteil eines 1,45 Quadratkilometer großen Vergnügungsparks.

Über der Schlucht des Arkansas River spannt sich die Royal Gorge Bridge, eine der höchsten Hängebrücken der Welt. Die Gesamtlänge der Brücke beträgt 384 Meter, die Hauptspannweite beläuft sich auf 286 Meter. Die nur fünf Meter breite Fahrbahn besteht aus einer Stahlkonstruktion mit etwa 1300 Holzplanken. Die Stahlgitterpylonen sind 46 Meter hoch.

5	**Aizhai-Brücke** China	350 m
6	**Beipan-Jiang-Brücke** China (2009)	330 m
7	**Royal Gorge Bridge** USA	321 m
8	**Liuguanghe-Brücke** China	297 m

DIE LÄNGSTEN FACHWERKBRÜCKEN DER WELT

Die Fachwerkbrücken gehören bei den modernen Stahlbrücken zu den ältesten Konstruktionstypen. Für die rahmenartige Tragwerkstruktur wird relativ wenig Material benötigt, was zu einem geringeren Gewicht als bei massiv gebauten Brücken führte sowie größere Spannweiten und kürzere Bauzeiten für immer längere Brücken ermöglichte. Der Nachteil ist, dass Brückenkonstruktionen mit großen Spannweiten sehr hoch sind, was ihnen aber auch ihr imposantes Aussehen verleiht. Eine erste Blütezeit hatten die Fachwerkbrücken Ende des 19. Jahrhunderts. Die zunehmend schwerer werdenden Züge erforderten stabile Brückenbauten, die Bautechnik für Hängebrücken war zu dieser Zeit diesen Belastungen bei den benötigten Spannweiten jedoch noch nicht gewachsen.

DIE LÄNGSTEN FACHWERKBRÜCKEN DER WELT

1. **Pulaski Skyway**
   Newark, USA — 4.880 m
2. **Commodore Barry Bridge**
   Chester, USA — 4.240 m
3. **Champlain Bridge**
   Montreal, Kanada — 4.183 m
4. **Crescent City Connection (früher Greater New Orleans Bridge 1 & 2)**
   New Orleans, USA — 4.093 m
5. **Bay Bridge (Ost)**
   San Francisco, USA — 3.102 m

PULASKI SKYWAY

USA — **4.880 m**

Zwei je 381 Meter lange Fachwerkbrücken bilden das Herzstück des Pulaski Skyway zwischen Newark und Jersey City. Die Hochstraße überquert darauf in 40 Meter Höhe die Flüsse Hackensack und Passaic. Sie wurde von 1930 bis 1932 als Teilstück des Lincoln Highways gebaut, einem der ersten »Superhighways« der USA. Seit 2005 steht sie im nationalen Verzeichnis historischer Plätze.

COMMODORE BARRY BRIDGE

Kanada — **4.240 m**

Die von 1969 bis 1974 für 115 Millionen Dollar erbaute Commodore Barry Bridge ist nicht nur eines der längsten Fachwerkbrückenbauwerke der Welt. Mit 501 Meter Hauptspannweite besitzt die Brücke über den Delaware River auch die viertlängste Spannweite aller Fachwerkbrücken.

Commodore Barry Bridge am Stadion.

CHAMPLAIN BRIDGE

Kanada — **4.183 m**

Das Brückenbauwerk überspannt in 37 Meter Höhe den Sankt-Lorenz-Strom und verbindet die beiden Montrealer Stadtteile Verdun und Brossard. Mit etwa 49 Millionen Fahrzeugen pro Jahr hat die von 1957 bis 1962 erbaute Pont Champlain das höchste Verkehrsaufkommen aller Brücken in Kanada. Die zentrale Ausleger-Fachwerkbrücke besitzt eine Gesamtlänge von 764 Metern, die Hauptspannweite beträgt 215 Meter.

Die 2.687 Meter lange Pont Jacques Cartier gehört sicher zu den schönsten Fachwerkbrücken. Sie überquert den Sankt-Lorenz-Strom zwischen Montreal und Longueuil in Ostkanada. Auch die Hauptspannweite der Hauptbrücke ist mit 334 Metern beachtlich.

DIE LÄNGSTEN FACHWERKBRÜCKEN DER WELT (SPANNWEITE)

DIE LÄNGSTEN FACHWERKBRÜCKEN DER WELT
(Spannweite)

1. **Quebec Bridge**
   Quebec, Kanada — 549 m
2. **Forth Bridge**
   Edinburgh, Schottland — 521 m
3. **Minato-Brücke**
   Osaka, Japan — 510 m
4. **Commodore Barry Bridge**
   Chester, USA — 501 m
5. **Crescent City Connection (früher Greater New Orleans Bridge 2)**
   New Orleans, USA — 486 m
6. **Crescent City Connection (früher Greater New Orleans Bridge 1)**
   New Orleans, USA — 480 m
7. **Rabindra Setu (Haora-Brücke)**
   Kolkata, Indien — 458 m
8. **Veterans Memorial Bridge**
   Gramercy, USA — 445 m
9. **Bay Bridge (Ost)**
   San Francisco, USA — 427 m
10. **Pulaski Skyway**
    Newark, USA — 381 m

QUEBEC BRIDGE
Quebec, Kanada — **549 m**

Mit 549 Meter Hauptspannweite ist die »Pont de Québec«, wie sie im französischsprachigen Teil des Landes heißt, die größte Fachwerkbrücke der Welt. Eine 1904 begonnene erste Brücke stürzte 1907 noch vor ihrer Fertigstellung wegen falscher Statikberechnungen ein und riss 75 Arbeiter in den Tod. Die gleich aussehende zweite Brücke wurde 1917 fertiggestellt.

Die »Pont de Québec« über dem Sankt-Lorenz-Strom.

FORTH BRIDGE

Firth of Forth, Großbritannien **521 m**

Die insgesamt 2,5 Kilometer lange Eisenbahnbrücke über den Firth of Forth war zur Zeit ihrer Fertigstellung 1889 die Brücke mit der weltweit größten Spannweite und Vorbild für viele weitere Ausleger-Fachwerkbrücken. Das Fachwerk zwischen den drei 100,6 Meter hohen Türmen hat jeweils eine Spannweite von 521 Metern. Insgesamt wurden 50.958 Tonnen Stahl verbaut. Die Durchfahrtshöhe beträgt 45,7 Meter. Kurz nach Baubeginn stürzte die Eisenbahnhängebrücke über den Firth of Tay bei einem Sturm ein. Der Bau der ursprünglich vorgesehenen Hängebrücke wurde daher gestoppt und die Brücke neu geplant. Ergebnis war eine massive Brücke, die mit fünffacher statischer Sicherheit gebaut wurde – heute ist ein Faktor von 2,5 üblich.

Die mächtige Eisenbahnbrücke überspannt den Firth of Forth.

Noch heute gehört sie zu den imposantesten Brückenbauwerken der Welt. Die gewaltige Forth Bridge schiebt sich wie ein urzeitliches Monster über den Meeresarm Forth. Sie ist auch nach über 120 Jahren noch so stabil, dass sie täglich etwa 130 Züge ohne Probleme überqueren können, obwohl deren Gewicht in dieser Zeit enorm zugenommen hat. Bei ihrem Bau starben 63 der etwa 4.500 Arbeiter, die aus ganz Europa kamen.

CHAOTIANMEN-YANGTSE-BRÜCKE

Chongqing, China **552 m**

DIE LÄNGSTEN BOGENBRÜCKEN DER WELT

	(Spannbreite)
❶ **Chaotianmen-Jangtse-Brücke** Congqing, China	552 m
❷ **Lupu-Brücke** Shanghai, China	550 m
❸ **Banghwa-Brücke** Gangseo-gu–Goyang, Südkorea	540 m
❹ **New River Gorge Bridge** West Virginia, USA	518 m
❺ **Bayonne Bridge** Bayonne–Staten Island, USA	510 m
❻ **Sydney Harbour Bridge** Sydney, Australien	503 m
❼ **Wushan-Brücke** Wushan, China	460 m
❽ **Mingzhou-Brücke** Mingzhou, China	450 m
❾ **Zhijinghe-Brücke** China	430 m
❿ **Xinguang-Brücke** Guangzhou, China	428 m

Am 29. April 2009 wurde in Zentralchina über den Jangtsekiang bei Chongqing die längste Bogenbrücke der Welt eröffnet. Die Spannweite des Stahlfachwerkbogens beträgt 552 Meter, die Länge der Hauptbrücke, zusammen mit den Auslegern zu beiden Seiten, 932 Meter. Nördlich und südlich der Hauptbrücke befinden sich noch zwei Rampenbrücken, mit denen das Bauwerk eine Gesamtlänge von 1.741 Metern erreicht.

DIE LÄNGSTEN BOGENBRÜCKEN DER WELT (SPANNWEITE)

Die Bogenbrücke ist einer der ältesten Brückentypen der Welt. Schon die alten Römer perfektionierten diese Technik und bauten damit riesige Brücken, die zum Teil noch heute benutzt werden. Ein Beispiel dafür ist die etwa 180 Meter lange und 50 Meter hohe Brücke von Alcántara in Spanien. Jahrhundertelang wurden Bogenbrücken aus Stein gebaut, wobei die Brückentafel mit der Fahrbahn auf den Steinbögen ruht. Die modernen Bogenbrücken des Industriezeitalters bestehen hingegen meistens aus Stahl. Stahl hat im Gegensatz zu Stein den Vorteil, dass er nicht nur Druckkräften standhält, sondern auch durch Zugkräfte belastet werden kann. Die Bögen können so über die Brückentafel geführt und mit den größeren Bögen auch wesentlich größere Spannweiten erreicht werden. Ein weiterer Vorteil ist das wesentlich geringere Gewicht der zumeist als Fachwerk realisierten Stahlbögen.

LUPU-BRÜCKE

Shanghai, China — **550 m**

Die Stahlbögen der 3900 Meter langen Brücke haben eine Spannweite von 550 Metern. Die 29 Meter breite Fahrbahn ist daran aufgehängt. Am Scheitelpunkt befindet sich eine Aussichtsplattform (100 Meter). Die 2003 fertiggestellte Brücke wurde 2008 mit dem Outstanding Structure Award ausgezeichnet.

Die Lupu-Brücke über den Huangpu-Fluss in Shanghai.

NEW RIVER GORGE BRIDGE

West Virginia, USA — **518 m**

Die 924 Meter lange Autobahnbrücke über die Schlucht des New River in West Virginia wurde am 22.10.1977 eröffnet. Für den 518 Meter überspannenden Bogen wurden 9.555 Tonnen, für die gesamte Brücke 19.958 Tonnen Stahl benötigt. Mit 267 Metern über dem Talgrund ist sie die zweithöchste Bogenbrücke der Welt.

Die New River Gorge Bridge bei Fayetteville.

Die Chaotianmen-Jangtse-Brücke in Chongqing erreicht am Bogenscheitel eine Höhe von 142 Metern. Sie besitzt zwei Ebenen mit 36,5 Meter Breite. Auf der oberen befinden sich insgesamt sechs Spuren für Autos und an den Rändern zwei Gehwege, über die untere führen zwei Gleise und zwei Spuren für Autos.

Mitten in der Stadt überspannt die Sydney Harbour Bridge die tief in das Land einschneidende Bucht Port Jackson. Wie das Opernhaus (links unten) gehört die Brücke mit dem Spitznamen »Old Coat-Hanger« (alter Kleiderbügel) zu den Wahrzeichen Australiens. Seit 2007 ist sie ein offizielles Nationaldenkmal. Abenteuerlustige können auch an einer Führung über die Stahlbögen teilnehmen.

DIE BERÜHMTESTE BOGENBRÜCKE DER WELT

52 Meter über dem Wasser führt die Fahrbahn über die Bucht.

Die Sydney Harbour Bridge ist eine der am meistbesuchten Sehenswürdigkeiten Australiens. Die Spannweite der zwei 134 Meter hohen Stahlbögen beträgt 503 Meter, die Gesamtlänge der Brücke 1.149 Meter. Alleine die Bogenkonstruktion verschlang 38.390 Tonnen Stahl, in der gesamten Brücke wurden 52.800 Tonnen verbaut. Als die Brücke 1932 fertiggestellt wurde, testete man ihre Belastungsfähigkeit, indem man 76 Dampflokomotiven auf sie stellte. Acht Fahrspuren, zwei Gleise und Gehwege sowie ein Radweg führen über die 49 Meter breite Fahrbahn, die an den beiden Stahlbögen hängt. Damit gehört sie zu den breitesten Brücken der Welt.

DIE LÄNGSTEN HÄNGEBRÜCKEN DER WELT (SPANNWEITE)

Die ersten Hängebrücken wurden schon vor Hunderten von Jahren in Asien und Südamerika gebaut. In Europa verbreitete sich diese Konstruktionsidee erst in der Neuzeit, und erst als mit dem Schmiedeeisen ein dafür geeignetes zugfestes und gleichzeitig elastisches Material entwickelt worden war, wurden erste Projekte umgesetzt. Wie kein anderes Brückenbauverfahren ermöglicht die Technik der modernen Hängebrücke die Verwirklichung großer Spannweiten, insbesondere wenn Drahtseile als Träger der Brückentafel dienen. Die erste Hängebrücke in einem Industriestaat baute James Finley 1801 in den USA, mit gerade einmal 21 Meter Spannweite. Doch schon 1820 stand in Nordengland die Union Bridge mit 137 Meter Spannweite, heute die älteste noch benutzte Hängebrücke, und 1883 erreichte die Spannweite bei der New Yorker Brooklyn Bridge bereits 486 Meter. Nur knappe 50 Jahre später wurde 1931 mit 1.067 Meter Spannweite zwischen den Pylonen bei der George Washington Bridge (New York) die Marke von 1.000 Metern überschritten.

DIE LÄNGSTEN HÄNGEBRÜCKEN DER WELT (Spannweite)

1. **Akashi-Kaikyo-Brücke**
   Kobe, Japan 1.991 m
2. **Xihoumen-Brücke**
   Zhoushan, China 1.650 m
3. **Storebælt-Brücke**
   Großer Belt, Dänemark 1.624 m
4. **Nan-Cha-Brücke**
   Zhenjiang, China 1.490 m
5. **Humber-Brücke**
   Barton-upon-Humber, Großbritannien 1.410 m
6. **Jiangyin-Brücke**
   Jiangyin, China 1.385 m
7. **Tsing-Ma-Brücke**
   Hongkong, China 1.377 m
8. **Verrazano-Narrows Bridge**
   New York City, USA 1.298 m
9. **Golden Gate Bridge**
   San Francisco, USA 1.280 m
10. **Yangluo-Brücke**
    Wuhan, China 1.280 m

Die Akashi-Kaikyo-Brücke ist nicht nur die längste Hängebrücke der Welt, sie ist auch die Brücke mit der größten Spannweite der Welt. Die Brücke über die Aleshi-Meerenge bei der japanischen Stadt Kobe steht in einem Gebiet, das stark durch Erdbeben und Taifune gefährdet ist. Das Bauwerk wurde daher für Erdbeben bis zur Stärke 8,5 auf der Richterskala und für Windgeschwindigkeiten bis zu 290 Stundenkilometer ausgelegt.

AKASHI-KAIKYO-BRÜCKE – DIE LÄNGSTE HÄNGEBRÜCKE DER WELT

Jedes Fundament der beiden Stahlpylonen wiegt 370.000 Tonnen, die beiden Pfeiler jeweils um die 23.000 Tonnen. An ihnen hängt die Brückentafel mit der Fahrbahn, die es auf ein Gewicht von 140.000 Tonnen bringt.

Die Akashi-Kaikyo-Brücke verbindet die Stadt Kobe auf der japanischen Hauptinsel Honshu mit der Stadt Awaji auf der Insel Awaji-shima. Als die Hängebrücke am 5. April 1998 für den Verkehr freigegeben wurde, waren aus den ursprünglich vorgesehenen 1.990 Metern Spannweite zwischen den Pylonen 1.991 Meter geworden. Die seismischen Bewegungen des Kobe-Erdbebens vom 17. Januar 1995 hatten nicht nur die beiden Inseln auseinandergedrückt, sondern auch die 283 Meter hohen Brückenpfeiler. Und die in den Pfeilern eingebauten Schwingungsdämpfer gegen die Vibrationen, die Erdbeben und Taifune auslösen, hatten ihre erste Belastungsprobe hinter sich – die Pylone überstanden das Erdbeben unbeschadet. Da die Brückentafel mit der Fahrbahn noch nicht gebaut war, konnten die Pläne entsprechend angepasst werden. Die Brückentafel wurde aus versteiften Fachwerkstahlträgern errichtet. Bei starkem Wind kann sie sich in der Mitte bis zu 27 Meter seitlich verschieben. Die beiden etwa vier Kilometer langen Tragseile der Brückentafel besitzen einen Durchmesser von 112,2 Zentimetern.

Sie setzen sich jeweils aus 36.830 einzelnen Drähten zusammen, von denen jeweils 127 in 290 Litzen versponnen sind. Insgesamt ist die sechsspurige Autobahnbrücke 3.911 Meter lang, 35,5 Meter breit und bietet dem regen Schiffsverkehr der Aleshi-Meerenge eine Durchfahrtshöhe von 65 Metern. Die Baukosten beliefen sich auf etwa 7,5 Milliarden Dollar.

Die als Fachwerk gebaute stählerne Brückentafel hält auch stärksten Orkanwinden statt und verleiht der Brücke ein äußerst filigranes Aussehen.

DIE LÄNGSTEN HÄNGEBRÜCKEN EUROPAS

STORÆBELT-BRÜCKE

Dänemark **1.624 m**

Zwei Brücken und ein Tunnel bilden seit 1998 die 18 Kilometer lange feste Straßen- und Eisenbahnverbindung über den Großen Belt zwischen den dänischen Inseln Fünen und Seeland. Der westliche Abschnitt der Storebæltbroen erstreckt sich 6.611 Meter als Hohlkastenbrücke aus Spannbeton zwischen Fünen und der Insel Sprogø. Der spektakulärere östliche Brückenteil ist insgesamt 6.790 Meter lang und verbindet

Die dänische Storebæltbroen.

Sprogø und Seeland. Zu diesem Abschnitt gehört die längste Hängebrücke Europas. Insgesamt 2.694 Meter lang und mit einer Hauptspannweite von 1.624 Metern, ist sie die drittlängste Hängebrücke der Welt.

HUMBER-BRÜCKE

Großbritannien **1.410 m**

Als die Humber-Brücke 1981 fertiggestellt wurde, war sie mit einer Hauptspannweite von 1.410 Metern die längste Hängebrücke der Welt. Heute rangiert sie auf dem fünften Platz, ist aber immer noch weltweit die längste Brücke, die zu Fuß überquert werden kann. Das Bauwerk überspannt in

Die Brücke über den Humber.

30 Meter Höhe das Ästuar des Humber an der Ostküste Englands. Die Fundamente seiner 155 Meter hohen Pfeiler reichen bis 36 Meter in den Boden, und seine verbauten Stahlseile sind insgesamt 71.000 Kilometer lang. Zu mächtigen Kabeln vereint, tragen sie die Fahrbahn, die bei Windstärke 12 bis zu drei Meter schwankt.

HÖGAKUSTEN-BRÜCKE

Schweden **1.210 m**

Im Weltnaturerbe Höga Kusten (Hohe Küste) an Schwedens zentraler Ostküste überspannt bei Kramfors seit 1997 die Högakus-

Die schönste Brücke Schwedens.

tenbroen den Fluss Ångermanälven mit einer lichten Höhe von 40 Metern. Die insgesamt 1.867 Meter lange Brücke für die Europastraße E4 ist mit einer maximalen Spannweite von 1.210 Metern eine der längsten Hängebrücken der Welt und die zweitlängste Brücke Schwedens. 186 Meter ragen ihre Pfeiler in den Himmel auf – damit ist die Högakusten-Brücke das zweithöchste Bauwerk des Landes.

FATIH-SULTAN-MEHMET-BRÜCKE

Türkei **1.090 m**

Über Istanbuls Fatih-Sultan-Mehmet-Brücke ist der Weg von Europa nach Asien 39 Meter breit und insgesamt 1.510 Meter lang. Die Fahrbahn liegt 64 Meter über dem Bosporus – hoch genug auch

Die Brücke an der gleichnamigen Moschee.

für Kreuzfahrtschiffe. Getragen wird sie von zwei mächtigen Pylonenpaaren. Mit einer Hauptspannweite von 1.090 Metern liegt die Fatih-Sultan-Mehmet-Brücke weltweit an 15. Stelle.

BOSPORUS-BRÜCKE

Türkei **1.074 m**

Istanbuls erste Brücke über den Bosporus verbindet seit 1973 den europäischen und asiatischen Teil der Stadt. Insgesamt 1.560 Meter ist dieses technische Meisterwerk lang. Mit einer Hauptspannweite von 1.074 Metern rangiert die imposante Hängebrücke weltweit an 17. Stelle. Beeindruckende 105 Meter überragen die beiden Pylonenpaare die Fahrbahn, die für Fußgänger nur zum Istanbul-Marathon geöffnet ist. Mit einer lichten Höhe von 64 Metern stellt sie für den regen Schiffsverkehr auf dem Bosporus kein Hindernis dar.

PONTE 25 DE ABRIL

Portugal **1.013 m**

Der 3,2 Kilometer lange Brückenzug Ponte 25 de Abril verbindet Portugals Hauptstadt Lissabon mit der Nachbarstadt Almada. Das mächtige Bauwerk wurde von 1962 bis 1966 in rund 2,2 Millionen Arbeitsstunden errichtet. Den Abschnitt über den Tejo überwindet eine 2.278 Meter lange Hängebrücke. Mit einer Hauptspannweite von 1.013 Metern ist sie weltweit die zweitlängste Hängebrücke mit kombiniertem Auto- und Eisenbahnverkehr.

Die Ponte 25 de Abril über den Tejo.

FORTH ROAD BRIDGE

Großbritannien **1.006 m**

An der Ostküste Schottlands überspannt die über 2,5 Kilometer lange Autobahnbrücke Forth Road Bridge den Meeresarm Firth of Forth. Bei ihrer Fertigstellung im Jahr 1964 war sie mit einer Hauptspannweite von 1.006 Metern die längste Hängebrücke außerhalb der USA. Für die damals viertlängste Hängebrücke der Welt wurden 39.000 Tonnen Stahl und 125.000 Kubikmeter Beton verbaut.

Die Forth Road Bridge im Abendlicht.

Im Licht des Sonnenuntergangs wirkt die Hängebrücke Forth Road Bridge besonders imposant. Rund 156 Meter ragen ihre Pfeiler über dem Wasser des schottischen Firth of Forth auf. Die Hauptkabel, die über die Stahltürme verlaufen, wurden aus über 11.600 einzelnen Stahldrähten gedreht und sind rund 60 Zentimeter dick. Sie tragen jeweils eine Last von 13.900 Tonnen. Die Gesamtlänge der Drähte in allen Kabeln reicht einein-viertel Mal rund um den Globus.

DIE LÄNGSTEN HÄNGEBRÜCKEN ASIENS

XIHOUMEN-BRÜCKE

China **1.650 m**

Mit einer Hauptspannweite von 1.650 Metern ist die Xihoumen-Brücke die längste Hängebrücke Chinas. Weltweit wird sie nur von Japans Akashi-Kaikyo-Brücke übertroffen. Die 2.713 Meter lange Autobrücke ist Teil eines 5,3 Kilometer langen Brückenzugs, der im Zhoushan-Archipel die Inseln Jintang und Cezi verbindet. Zusammen mit vier anderen Brücken bildet sie die Verbindung der Inselgruppe im Ostchinesischen Meer mit dem Festland. Damit die Xihoumen-Brücke den Taifunen trotzen kann, bestehen ihre Träger aus zwei parallelen Fahrbahnstreifen, die durch Querstreben miteinander verbunden sind – die Konstruktion wird dadurch »windschlüpfriger«. Die Fahrbahnen haben bei Flut eine lichte Höhe von 49,5 Metern und werden von Stahlkabeln an 211 Meter hohen Pylonen getragen.

RUNYANG-BRÜCKE

China **1.490 m**

In der ostchinesischen Provinz Jiangsu überwindet die Schnellstraße von Beijing nach Shanghai den Jangtsekiang über den 35 Kilometer langen Runyang-Brückenzug. Zu diesem Komplex gehört Chinas zweitlängste Hängebrücke. Mit einer Hauptstützweite von 1.490 Metern rangiert die Runyang-Hängebrücke weltweit an vierter Stelle.

Die Runyang-Brücke am Jangtsekiang.

JIANGYIN-BRÜCKE

China **1.385 m**

Die Jiangyin-Autobahnbrücke war bei ihrer Fertigstellung Chinas erste stählerne Hängebrücke, deren Spannweite einen Kilometer übertraf. Keine andere Brücke überquerte zudem damals den Jangtsekiang näher am Meer, mittlerweile liegen zwei weitere Übergänge zwischen dieser sechsspurigen Autobahnbrücke und der Küste. Die mit einer Hauptspannweite von 1.385 Metern heute drittlängste Hängebrücke der Volksrepublik verbindet in der Provinz Jiangsu die Städte Jingjiang am Nordufer und Jiangyin am Südufer des Flusses. Ihre Betonpfeiler sind mit 190 Meter Höhe so hoch wie ein 60-stöckiger Wolkenkratzer.

TSING-MA-BRÜCKE

China **1.377 m**

Eine Brücke der Superlative: Mit einer Hauptspannweite von 1.377 Metern ist Hongkongs Tsing-Ma-Brücke weltweit die längste Hängebrücke mit jeweils einem Deck für den Straßen- und den Schienenverkehr. Rund um den Globus gibt es keine Brücke für den Eisenbahnverkehr mit einer größeren Hauptspannweite – und zudem nur sechs Hängebrücken, die länger sind. Insgesamt wurden ca. 49.000 Tonnen Stahl verbaut.

Die wichtigste Verbindung zwischen Hongkong und dem Flughafen auf Lantau Island.

Hell erleuchtet ragt die Tsing-Ma-Brücke über den Ma-Wan-Kanal in Hongkongs Abendhimmel auf. Die Brücke zwischen den Inseln Tsing Yi und Ma Wan ist insgesamt 2,2 Kilometer lang und 41 Meter breit. Ihre riesigen, 206 Meter hohen Pylone tragen die mächtigen Stahlkabel, an denen das Doppeldeck für den Schienen- und Straßenverkehr hängt. Bei starken Winden ist für Kraftfahrzeuge nur die zweispurige Fahrbahn auf dem unteren Schienendeck geöffnet.

DIE LÄNGSTEN HÄNGEBRÜCKEN NORDAMERIKAS

GOLDEN GATE BRIDGE

San Francisco, USA 1.280 m

Zwischen San Francisco und dem Marin County überspannt eine der berühmtesten Brücken der Welt die Meerenge Golden Gate. Die Golden Gate Bridge ist das Wahrzeichen San Franciscos, eine Ikone der Architektur und – zumindest für den Ingenieursverband der USA – eines der sieben Weltwunder der Moderne. Mit einer Hauptspannweite von 1.280 Metern war sie bei ihrer Fertigstellung im Jahr 1937 die längste Hängebrücke auf dem Globus. Diesen Rekord sollte sie bis zum Bau der Verrazano Narrows Bridge im Jahr 1964 halten. Heute rangiert die gewaltige Hängebrücke in Amerika an zweiter und weltweit an neunter Stelle. Ihre technischen Daten sind nach wie vor imponierend: Allein für die beiden 227 Meter hohen Hauptpfeiler wurden 40.200 Tonnen Stahl verbaut und rund 1,2 Millionen Nieten verarbeitet. Das Gesamtgewicht der Stahlseile beläuft sich auf 21.700 Tonnen. Sie tragen den rund 140.000 Tonnen schweren Brückenüberbau.

Atemberaubend ist der Blick von einem der beiden Pfeiler, die die Fahrbahn der Golden Gate Bridge um 152 Meter überragen. 67 Meter unterhalb der Autos rauscht der Pazifische Ozean. Das »International Orange« der Stahlkonstruktion ist im Nebel besonders gut sichtbar und bringt darüber hinaus die Art-déco-Schönheit der Brücke sehr gut zur Geltung. Die starken Winde in der Meerenge übersteht das Bauwerk mit Flexibilität: Die Brücke kann sowohl auf und ab federn sowie bis zu 8,4 Meter seitwärts schwingen.

VERRAZANO NARROWS BRIDGE

New York City, USA 1.298 m

Die zweistöckige Straßenbrücke überspannt die Meerenge The Narrows zwischen den beiden New Yorker Stadtbezirken Brooklyn und Staten Island. Mit einer

Zwischen Staten Island und Brooklyn.

Hauptspannweite von 1.298 Metern war sie von ihrer Fertigstellung im Jahr 1964 bis zum Jahr 1981 die längste Hängebrücke der Welt, heute ist sie noch immer die Rekordhalterin in Amerika und liegt international momentan an achter Stelle. In der Mitte erreicht die Verrazano Narrows Bridge eine Höhe von 69,5 Metern.

MACKINAC BRIDGE

Mackinac, USA 1.158 m

Die 8.038 Meter lange Autobahnbrücke ist mit einer Hauptspannweite von 1.158 Metern die drittlängste Hängebrücke der USA. Seit 1957 überspannt sie im US-Bundes-

Die »Big Mac« zwischen zwei Seen.

staat Michigan die Straits of Mackinac, eine Wasserstraße zwischen Lake Michigan und Lake Huron. Die »Big Mac« ist knapp 21 Meter breit, wiegt über eine Million Tonnen und hielt bis 1998 mit 2.626 Metern den Weltrekord zwischen zwei Verankerungen. Diesen hat mittlerweile die japanische Akashi-Kaikyo-Brücke.

GEORGE WASHINGTON BRIDGE

New York City, USA 1.067 m

Die George Washington Bridge war mit einer Hauptspannweite von 1.067 Metern ab ihrer Fertigstellung 1931 bis 1937 die längste Hängebrücke der Welt. Heute rangiert sie in den USA noch immer an vierter Stelle. Die insgesamt 1.431 Meter lange Konstruktion über den Hudson River verbindet den New

Brücke zwischen zwei Bundesstaaten.

Yorker Stadtbezirk Manhattan mit dem Nachbarstaat New Jersey. Rekordverdächtig ist das Verkehrsaufkommen auf der doppelstöckigen Brücke: über 100 Millionen Fahrzeuge jährlich!

VIADUC DE MILLAU

Wie ein Faden durch ein Nadelöhr führt die Autobahn durch die gespaltenen Pfeiler des Viaduc de Millau. Diese längste Schrägseilbrücke der Welt erstreckt sich zwischen zwei unterschiedlich hohen Plateaus über die hügelige Landschaft des Tarn-Tals in Südwestfrankreich.

In Südwestfrankreich begannen die Brückenbauer das neue Jahrtausend mit einer fantastischen technischen Meisterleistung: Zwischen 2001 und 2004 errichtete man dort über dem tiefen Flusstal des Tarn den auch ästhetisch überzeugenden Viadukt von Millau. 2.460 Meter ist diese längste Schrägseilbrücke der Welt lang. Gestützt wird sie von sieben Pfeilern, die aufgrund des welligen

Von Michel Virlogeux entworfen und von Sir Norman Foster gestalterisch ausgearbeitet.

DIE LÄNGSTE SCHRÄGSEILBRÜCKE DER WELT
DIE HÖCHSTEN BRÜCKENPFEILER DER WELT

Geländes zwischen 77 und 245 Meter hoch und in bis zu 16 Meter tiefen Fundamenten verankert sind. Die Fahrbahn der Autobahnbrücke schwebt im sanften Schwung an ihrer höchsten Stelle 270 Meter über dem Fluss – von dort oben ist die Aussicht schlicht atemberaubend. Darüber ragen 97 Meter hoch die Pylone auf, deren schlanke Seile aus insgesamt 1.500 Tonnen Stahl das Hauptgewicht des Überbaus tragen. Für diesen allein wurden rund 36.000 Tonnen Stahl verarbeitet. Im Vergleich dazu brauchte man für den Eiffelturm Ende des 19. Jahrhunderts nur ein Fünftel dieser Menge. Dass die Brücke dennoch filigran wirkt, liegt auch an der Form der Stahlbetonpfeiler, die sich in zwei Stützen aufspalten und nach oben verjüngen. 2006 erhielt der Viadukt den »Outstanding Structure Award«.

DIE HÖCHSTEN BRÜCKENPFEILER DER WELT

❶	**Viaduc de Millau** Frankreich	343 m
❷	**Sutong-Brücke** China	306 m
❸	**Akashi-Kaikyo-Brücke** Japan	298 m
❹	**Stonecutters Bridge** Hongkong	298 m
❺	**Storebælt-Brücke** Dänemark	254 m
❻	**Golden Gate Bridge** USA	227 m
❼	**Tatara-Brücke** Japan	220 m
❽	**Pont de Normandie** Frankreich	215 m
❾	**Runyang-Brücke** China	215 m
❿	**Verrazano Narrows Bridge** USA	211 m

TOWER BRIDGE

Eine Brücke, die die Schifffahrt des Londoner Hafens nicht behinderte – dies war die wichtigste Vorgabe für den Bau der Tower Bridge. 1884 legten Horace Jones und John Wolfe Barry den endgültigen Entwurf für die mächtige Konstruktion über die Themse vor. Über 400 Arbeiter errichteten nach diesen Plänen bis 1894 die damals größte Klappbrücke der Welt. Dazu versenkten sie zwei riesige Pfeiler im Flussbett, die allein über 11.000 Tonnen Stahl für den Rahmen der Türme und die Fußgängerbrücken tragen. Das massive Bauwerk ist 286,5 Meter lang und weist eine Hauptspannweite von 79 Metern auf. In luftigen 43 Meter Höhe verlaufen zwischen den 65 Meter hohen Türmen Fußgängerstege. Ein einzigartiges technisches Meisterwerk sind die hydraulisch betriebenen Basküle (Wippen). Die für ihr Auf- und Zuklappen erforderliche Energie lieferten riesige Pumpmaschinen, die früher mit Dampfkraft betrieben wurden. Heute werden sie mit Strom und Öl auf und ab gekippt.

DIE BERÜHMTESTE ZUGBRÜCKE DER WELT

Die neogotische Tower Bridge heißt nach dem Tower of London und ist eines der Wahrzeichen der britischen Hauptstadt. Die Klappbrücke verbindet die Londoner Bezirke Tower Hamlets und South Park. Ihre Baskülen lassen sich innerhalb einer Minute in einem Winkel von bis zu 86 Grad öffnen – so können auch große Kreuzer die Brücke passieren. Verkleidet ist die Stahlkonstruktion mit Granit aus Cornwall und Portland-Stein.

Zwischen Courmayeur in Italien und Chamonix in Frankreich führt der über elf Kilometer lange Mont-Blanc-Tunnel durch das Montblanc-Massiv. Alljährlich wird der einröhrige Tunnel von knapp zwei Millionen Fahrzeugen durchfahren. Nach einer Brandkatastrophe 1999, bei der 39 Menschen starben, sind die Sicherheits- und Belüftungssysteme des riesigen Tunnels modernisiert worden.

LÆRDALSTUNNEL – DER LÄNGSTE STRASSENTUNNEL DER WELT

Norwegen

24.510 m

Seitdem im Jahr 2000 der Tunnel zwischen Aurland und Lærdal eröffnet wurde, ist auch im Winter die Verbindung zwischen Oslo und Bergen weitaus einfacher geworden. Für den längsten Straßentunnel der Welt gruben sich drei Baugruppen fünf Jahre lang durch die Erde. Mithilfe von Satellitennavigationssystemen und Lasertechnik trafen sie punktgenau zusammen. Damit die Fahrer nicht ermüden, wurde die Streckenführung bewusst mit geringem Gefälle und leicht kurvig angelegt. Drei große Hallen unterbrechen die eintönige Fahrt. Auf den Rat von Lichtexperten hin sind sie vom Boden zur Decke gelb, grün und blau ausgeleuchtet. Wer dort ankommt, erlebt die erfrischende Illusion eines Sonnenaufgangs.

Wunderwerk der Technik unter der Erde.

Hindernisse überwinden – dies ist der Zweck gigantischer Tunnelbauwerke, die durch Berge und unter Gewässer gegraben werden. Es erfordert höchste Ingenieurskunst, dass die nur scheinbar unspektakulären Röhren dem unglaublichen Druck der mächtigen Erd- und Wassermassen standhalten, der auf ihnen lastet. Der Tunnelbau ist technisch kompliziert und gefährlich, so viele Opfer wie einst fordert er heute dank weitaus verbesserter Technologie jedoch nicht mehr. So ließen Ende des 19. Jahrhunderts beim Bau des 15 Kilometer langen Schweizer Gotthard-Scheiteltunnels mehrere Hundert Arbeiter ihr Leben. 67 Todesopfer forderte der italienisch-Schweizer Simplon-Tunnel, von 1906 bis 1982 der längste Tunnel der Welt. In den 1980er-Jahren forderte die Konstruktion des Seikan-Tunnels noch 34 Menschenleben.

SEIKAN-TUNNEL – DER LÄNGSTE EISENBAHNTUNNEL DER WELT

Japan 53.940 m

Der Seikan-Tunnel verbindet seit 1988 die japanischen Inseln Hokkaido und Honshu. Dieses Bauwerk der Superlative verläuft als einziger Tunnel der Welt in internationalen Gewässern. Bis zu 240 Meter liegen seine mächtigen Röhren unterhalb der erdbebengefährdeten Tsugaru-Straße. Als weltweit einziger Tunnel besitzt der Seikan-Tunnel zwei unterseeische Bahnhöfe. Der Yoshioka-kaitei in 147,4 Meter Tiefe ist der tiefste öffentliche Bahnhof der Welt, nur wenig höher liegt der Tappi-kaitei.

EUROTUNNEL – DER ZWEITLÄNGSTE EISENBAHNTUNNEL DER WELT

Frankreich/Großbritannien 49.940 m

15.000 Arbeitern und elf gigantischen Tunnelbohrmaschinen, die sich pro Tag bis zu 75 Meter in den Boden bohrten – ihnen ist es zu verdanken, dass man sich seit 1994 erstmals wieder seit 8.500 Jahren trockenen Fußes zwischen Frankreich und England bewegen kann. In nur rund 20 Minuten saust man heute im Eurostar vom Kontinent zur Insel. Der Eurotunnel wird an Gesamtlänge nur vom Seikan-Tunnel übertroffen und ist der längste unterseeische Tunnel der Welt. Eine der Ausweichhallen für die Züge ist mit 156 mal 18 Metern die größte Höhle, die jemals unterseeisch gegraben wurde.

DIE LÄNGSTEN EISENBAHNTUNNEL DER WELT

1. **Seikan-Tunnel**
   Japan 53.940 m
2. **Eurotunnel**
   Frankreich/Großbrit. 40.940 m
3. **Lötschberg-Basistunnel**
   Schweiz 32.577 m
4. **Guadarrama-Tunnel**
   Spanien 28.300 m
5. **Hakkoda-Tunnel**
   Japan 26.445 m
6. **Iwate-Ichinohe-Tunnel**
   Japan 25.810 m
7. **Dai-Shimizu-Tunnel**
   Japan 22.170 m
8. **Simplon-Tunnel**
   Schweiz 19.803 m

DIE LÄNGSTEN STRASSENTUNNEL DER WELT

1. **Lærsdalstunnel**
   Norwegen 24.510 m
2. **Zhongnanshan-Tunnel**
   China 18.020 m
3. **St.-Gotthard-Straßentunnel**
   Schweiz 16.918 m
4. **Arlberg-Straßentunnel**
   Österreich 13.976 m
5. **Hsuehshan-Tunnel**
   Taiwan 12.942 m
6. **Fréjus-Tunnel**
   Frankreich/Italien 12.870 m
7. **Mont-Blanc-Tunnel**
   Frankreich/Italien 11.600 m
8. **Gudvanga-Tunnel**
   Norwegen 11.428 m

TRANSPORT UND VERKEHR

Obwohl der Seefahrt mit der rasanten Entwicklung des Luftverkehrs eine starke Konkurrenz erwachsen ist, sind Schiffe

Ein Containerschiff bei Long Beach.

immer noch das wichtigste Transportmittel. Nach wie vor werden Menschen und Güter auf ihnen über Tausende von Kilometern bewegt. Besonders die Handelsschifffahrt befindet sich weiterhin auf Expansionskurs. Containerschiffe, Frachter und Öltanker transportieren Milliarden Tonnen von Gütern über die Weltmeere und tragen so das Ihre zum Wachstum der globalen Ökonomie bei. Die Tradition der großen Passagierschiffe, die einst zwischen den Kontinenten hin und her pendelten, lebt in Kreuzfahrtreisen fort. Obwohl der Kalte Krieg längst Geschichte ist, befahren nach wie vor unzählige Kriegsschiffe die Meere.

Der riesige Bug des Flüssiggastankers »Berge Boston« lässt das 14 Meter lange Kontrollboot der US-Küstenwache winzig klein erscheinen. Die Schlepper links und rechts im Bild ziehen den Tanker zu seiner Anlegestelle im Bostoner Hafen.

Statistiker bestimmen die Größe eines Hafens durch die Gütermenge, die in ihm innerhalb eines Jahres umgeschlagen wird. Bis zur Einführung des Containers wurde diese Menge ausschließlich anhand der umgeschlagenen Tonnage ermittelt. Seit dem Aufkommen der Containerschiffe in den 1960er-Jahren werden außerdem die umgeschlagenen Container gezählt. Die international gültige Maßeinheit hierfür ist »TEU«. Die Abkürzung steht für »Twenty-foot-Equivalent-Unit« und entspricht einem 20-Fuß-Container mit einer Länge von 6,058, einer Breite von 2,438 und einer Höhe von 2,591 Metern. Ein 40-Fuß-Container entspricht zwei TEU.

DIE GRÖSSTEN HÄFEN DER WELT

TEU (Container) (Bezugsjahr 2010)

1	**Shanghai** Volksrepublik China	29,9 Mio.
2	**Singapur** Singapur	28,4 Mio.
3	**Hongkong** Volksrepublik China	23,5 Mio.
4	**Shenzhen** Volksrepublik China	22,5 Mio.
5	**Busan** Südkorea	14,2 Mio.
6	**Los Angeles** USA	14,0 Mio.
7	**Ningbo** Volksrepublik China	13,0 Mio.
8	**Guangzhou** Volksrepublik China	12,6 Mio.
9	**Qingdao** Volkskrepublik China	12,0 Mio.

DIE GRÖSSTEN HÄFEN DER WELT

(Tonnage) (Bezugsjahr 2010)

1	**Shanghai** Volksrepublik China	650,0 Mio.
2	**Ningbo & Zhoushan** Volksrepublik China	627,0 Mio.
3	**Singapur** Singapur	502,5 Mio.
4	**Rotterdam** Niederlande	429,9 Mio.
5	**Tianjin** Volksrepublik China	408,0 Mio.
6	**Guangzhou** Volksrepublik China	400,0 Mio.
7	**Qingdao** Volksrepublik China	350,1 Mio.
8	**Dalian** Volksrepublik China	300,8 Mio.
9	**Hongkong** Volksrepublik China	267,8 Mio.

SHANGHAI – DER GRÖSSTE HAFEN DER WELT

Seit 2010 führt die chinesische Metropole die Liste der weltweit umschlagsstärksten Häfen

Eisenförderband und …

… Containerterminal in Shanghai.

an. In diesem Jahr wurden in Shanghai 29,9 Millionen Standardcontainer umgeschlagen. Das Hafengebiet umfasst eine Fläche von insgesamt 3 619 Hektar und besteht mittlerweile aus gleich fünf Häfen. Die beiden ältesten liegen im Norden der Stadt im Bereich der Yangtse-Mündung. Zu Beginn der 1990er-Jahre wurden sie um den Containerhafen Waigaoqiao erweitert. Auf den Zhoushan-Inseln in der Hangzhou-Bucht südlich von Shanghai wird der Tiefseehafen Yangshan gebaut. Im Stadtzentrum wurde zudem ein neuer Kreuzfahrtterminal angelegt.

Mit dem 2005 teileröffneten Tiefseehafen Yangshan verfügt der Hafen von Shanghai über ultramoderne Containerterminals, an denen zurzeit alljährlich mehr als zehn Millionen Standardcontainer umgeschlagen werden. Die Liegeplätze sind für die größten Containerschiffe der Welt ausgelegt.

SINGAPUR
DER ZWEITGRÖSSTE HAFEN DER WELT

Der auf einer Inselgruppe vor der Südspitze der malaiischen Halbinsel gelegene Stadtstaat führte lange die Liste der weltweit größten Handelshäfen an. Im Jahr 2010 wurden nur in Shanghai mehr Standardcontainer umgeschlagen. Singapur verdankt seine Spitzenposition nicht allein seiner geografischen Lage an einer sehr stark frequentierten Schifffahrtsroute, sondern auch einer klugen Wirtschafts- und Industriepolitik. Nach der Unabhängigkeit wurde in Singapur eine florierende Leichtindustrie aufgebaut. Der Stadtstaat importiert Halbfabrikate zur Weiterverarbeitung und exportiert die Fertigprodukte in alle Welt. Außerdem hat Singapur große Erdölraffinerien und eine hoch entwickelte petrochemische Industrie. Singapurs Hafenanlagen verfügen über 1000 Liegeplätze und erstrecken sich auf einer Gesamtlänge von 30 Kilometern. Sie werden von zwei Unternehmen betrieben: Die PSA International verwaltet den Containerhafen Pasir Panjang und einige kleine Anlagen. Die Jurong Port Pte. Ltd. ist für den gleichnamigen Hafen zuständig.

An den Containerterminals des Hafens von Singapur wird rund ein Fünftel der weltweit verschifften Container umgeschlagen. Bis 2010 war er der größte Containerhafen der Welt.

Europas größte Handelshäfen liegen an der Nordseeküste. Sie sind durch ein gut ausgebautes Straßen-, Schienen- und Wasserstraßennetz mit den Wirtschaftsmetropolen im Hinterland verbunden.

ROTTERDAM

Niederlande 11,6 Mio. Container
429 Mio. Tonnen Cargo

Im letzten Jahrzehnt ist der Hafen von Rotterdam im Ranking der weltweit umschlagsstärksten Häfen weit hinter Shanghai und Singapur zurückgefallen. Die Liste der größten europäischen Handelshäfen führt er jedoch mit weitem Abstand vor Antwerpen und Hamburg an. Für die industriellen Ballungsräume in den Niederlanden, Belgien und Deutschland, mit denen er durch den Rhein verbunden ist, bildet er ein Tor zur Welt. In der Vergangenheit setzte Rotterdam immer wieder Maßstäbe beim Hafenausbau. Der Europoort, der zwischen 1958 und 1964 als Teil des Hafens angelegt wurde, ist bis heute der weltweit größte Umschlagsplatz für Erdöl und Erzeugnisse der petrochemischen Industrie. Rotterdam war der erste europäische Hafen, der von einem Containerschiff angelaufen wurde. Am 5. Mai 1966 legte hier die »Fairland« mit einer Ladung von 400 Containern an. Rotterdams Europe Containerterminal entwickelte sich zum größten des Kontinents.

ANTWERPEN

Belgien 8,5 Mio. Container
178 Mio. Tonnen Cargo

Der größte Hafen Belgiens liegt 80 Kilometer landeinwärts an dem breiten Mündungstrichter der Schelde, der auch von großen Hochseeschiffen befahren werden kann. Im europäischen Hafenranking konkurriert er beständig mit Hamburg um Platz 2. Diese Spitzenposition verdankt der Hafen von Antwerpen seiner Nähe zu den großen europäischen Wirtschaftsmetropolen. Antwerpen ist der größte Stückguthafen der Welt. Nach wie vor befindet er sich auf Expansionskurs.

HAMBURG

Deutschland 7,9 Mio. Container
121 Mio. Tonnen Cargo

Der größte deutsche Hafen liegt an der Unterelbe, rund 100 Kilometer von der Küste entfernt. Da der Fluss regelmäßig ausgebaggert wird, kann er dennoch von Hochseeschiffen mit einem Tiefgang von bis zu 15 Metern angelaufen werden. 10.000 Frachter legen alljährlich an den vier Containerterminals und 13 Hafenkais an. Mit einem Umschlag von 7,9 Millionen Standardcontainern belegte Hamburg 2010 im europäischen Hafenranking Platz 3.

BREMEN UND BREMERHAVEN

Deutschland 4,9 Mio. Container
68 Mio. Tonnen Cargo

Die Häfen von Bremen und Bremerhaven zählen zu den »Big Five« der europäischen Seehäfen. 2011 wurden hier 80 Millionen Tonnen Güter und sechs Millionen Standardcontainer umgeschlagen. Nirgendwo sonst auf der Welt werden so viele Fahrzeuge verschifft wie am Autoterminal Bremerhaven. Allein 2010 wurden 2,1 Millionen gezählt. Die Stellfläche am Containerterminal ist drei Quadratkilometer groß und damit die größte der Welt.

Der Hafen von Rotterdam (Bild links) verfügt ebenso wie der Hamburger Hafen (Bild unten) über ultramoderne Containerbrücken, an denen alljährlich mehr als zehn Millionen Container umgeschlagen werden.

DIE GRÖSSTEN HÄFEN EUROPAS

	TEU (Container)
❶ **Rotterdam** Niederlande	11,6 Mio.
❷ **Antwerpen** Belgien	8,5 Mio.
❸ **Hamburg** Deutschland	7,9 Mio.
❹ **Bremen** Deutschland	4,9 Mio.
❺ **Valencia** Spanien	4,2 Mio.
❻ **Felixstowe** Großbritannien	3,4 Mio.
❼ **Gioia Tauro** Italien	2,8 Mio.

DIE GRÖSSTEN SEEHÄFEN ASIENS

Neun der zehn weltweit umschlagsstärksten Containerhäfen liegen in Ostasien, allein sechs von ihnen in der Volksrepublik China, dem neuen Exportweltmeister.

HONGKONG

China — **23,5 Mio. Container**
268 Mio. Tonnen Cargo

Mit 23 Millionen umgeschlagenen Standardcontainern im Jahr 2010 zählt der nach der britischen Königin Victoria benannte Hafen der legendären Metropole an der Mündung des Perlflusses in das Südchinesische Meer zu den »Big Five« der weltweit führenden Handelshäfen. Seine Anfänge gehen auf die Handelsniederlassung zurück, die britische Kaufleute 1842 nach dem Abschluss des Vertrags von Nanking zu beiden Seiten der Wasserstraße zwischen Hongkong Island und der Halbinsel Kowloon aufbauten. Nach der 1843 erfolgten Gründung der Kronkolonie Hongkong entwickelte sich der Victoria Harbour schnell zum größten Handelshafen Ostasiens. Zwischen 1992 und 2004 war er sogar der umschlagsstärkste Hafen der Welt. Die Hafenanlagen wurden bereits in den 1970er- und 1980er-Jahren durch den Bau der Kwai Tsing Container Terminals erweitert. Allein hier werden jedes Jahr rund 18 Millionen Standardcontainer umgeschlagen.

DIE GRÖSSTEN HÄFEN ASIENS

TEU (Container) (Bezugsjahr 2010)

1	**Shanghai** Volksrepublik China	29,0 Mio.
2	**Singapur** Singapur	28,4 Mio.
3	**Hongkong** Volksrepublik China	23,5 Mio.
4	**Shenzhen** Volksrepublik China	22,5 Mio.
5	**Busan** Südkorea	14,2 Mio.
6	**Ningbo** Volksrepublik China	13,0 Mio.
7	**Guangzhou** Volksrepublik China	12,6 Mio.
8	**Qingdao** Volksrepublik China	12,0 Mio.

Einer der gigantischen Containerterminals im Hafen von Singapur, der bis 2010 der größte der Welt war.

SHENZHEN

China — **22,5 Mio. Container**
211 Mio. Tonnen Cargo

Zwar belegte die Metropole 2010 »nur« Platz 4 im Ranking der weltweit größten Handelshäfen und lag damit immer noch hinter ihrer Nachbarstadt Hongkong. Allerdings holte Shenzhen in den letzten Jahren gewaltig auf. Während hier im Jahr 2004 noch 8,3 Millionen Standardcontainer weniger als in Hongkong umgeschlagen wurden, lagen beide Städte 2010 fast gleich auf. In Hongkong wurden nur eine Millionen Standardcontainer mehr als in Shenzhen gezählt.

Blick auf den Containerterminal von Shenzhen.

BUSAN

Südkorea — **14,2 Mio. Container**
262 Mio. Tonnen Cargo

Der größte Hafen Südkoreas belegt seit 2005 jedes Jahr Platz 5 im Ranking der größten Containerhäfen der Welt. Diese Spitzenstellung verdankt er seiner günstigen geografischen Lage im Südosten der koreanischen Halbinsel. Die Erzeugnisse der hoch entwickelten Industrie des Landes werden von hier aus in den pazifischen Raum und über Südostasien bis nach Europa verschifft. Die Länge der Kaianlagen beträgt rund 26,8 Kilometer. Nicht weniger als 170 Schiffe können hier gleichzeitig abgefertigt werden.

Die Kwai Tsing Container Terminals wurden im Westen der Halbinsel Kowloon angelegt (Bild links).

Blick auf den Containerterminal von Busan.

NINGBO

China — **13,0 Mio. Container**
372 Mio. Tonnen Cargo

Der Hafen der rund 300 Kilometer südlich von Shanghai gelegenen Stadt wächst selbst für chinesische Verhältnisse überdurchschnittlich schnell. 2010 wurden hier 25 Prozent mehr Güter als im Jahr zuvor umgeschlagen, und Ningbo belegte mit einer Gesamtmenge von 13 Millionen Standardcontainern Platz 7 im Hafenranking. Nimmt man die Umschlagsmenge des Hafen von Zhoushan hinzu, mit dem Ningbo 2006 verbunden wurde, so rückte es mit einer Tonnage von 627 Millionen sogar auf den zweiten Platz vor.

DIE GRÖSSTEN SEEHÄFEN AUSTRALIENS UND AFRIKAS

DIE GRÖSSTEN HÄFEN OZEANIENS

TEU (Container) (Bezugsjahr 2010)

1	**Melbourne** Australien	2,5 Mio.
2	**Sydney** Australien	2,0 Mio.
3	**Brisbane** Australien	0,9 Mio.
4	**Auckland** Neuseeland	0,8 Mio.

Der Hafen der Millionenmetropole Melbourne an der Südküste Australiens ist der größte des Roten Kontinents. Im Ranking der weltweit führenden Containerhäfen belegt er immerhin Platz 54.

MELBOURNE

Australien **2,5 Mio. Container**
90 Mio. Tonnen Cargo

Der gemessen an der Gesamtmenge der umgeschlagenen Güter größte Hafen Australiens ist zugleich der bedeutendste Containerhafen des Kontinents. Die Port Authority konnte für 2011 einen neuen Rekord vermelden: In diesem Jahr wurden an den beiden Containerterminals mehr als 2,5 Millionen Standardcontainer umgeschlagen. Damit gehört Melbourne zu den fünf größten Containerhäfen der Südhalbkugel. Auch bei der Abfertigung von Massen- und Stückgut ist der Hafen führend. 2010 wurden an den 34 Liegeplätzen 90 Millionen Tonnen Fracht umgeschlagen.

DIE GRÖSSTEN HÄFEN AFRIKAS

TEU (Container) (Bezugsjahr 2010)

1	**Port Said** Ägypten	3,5 Mio.
2	**Durban** Südafrika	2,6 Mio.
3	**Tanger** Marokko	2,0 Mio.
4	**Damietta** Ägypten	1,1 Mio.
5	**Kapstadt** Südafrika	0,7 Mio.
6	**Casablanca** Marokko	0,7 Mio.

PORT SAID

Ägypten — **3,5 Mio. Container**
85,1 Mio. Tonnen Cargo

Die ägyptische Mittelmeerstadt wurde 1859, zu Beginn des Suezkanal-Baus, gegründet. Die Wasserstraße bildet seitdem das Rückgrat der Wirtschaft. Haupteinnahmequelle des Hafens heute ist das Transshipment. Frachtgut wird dabei von großen auf kleine Schiffe umgeladen. Mit dem 2004 eröffneten »Suez Canal Container Terminal« verfügt Port Said über einen hochmodernen Containerterminal. Der Hafen hat sich zum größten Container-Hub in Afrika entwickelt. 2010 wurden 3,5 Millionen Standardcontainer umgeschlagen. In den nächsten Jahren wollen die Hafenbetreiber die Kapazitäten verdoppeln.

DURBAN

Südafrika — **2,6 Mio. Container**
41,7 Mio. Tonnen Cargo

Nicht zuletzt dank seiner günstigen Lage am Schnittpunkt wichtiger Schifffahrtswege hat sich der südafrikanische Hafen am Indischen Ozean zum größten Universalhafen auf dem Schwarzen Kontinent entwickelt. 2010 wurden hier 2,6 Millionen Standardcontainer und 41,7 Millionen Tonnen Massen- bzw. Stückgut umgeschlagen. Der Hafen von Durban verfügt über 57 Liegeplätze. Im Durchschnitt legen hier alljährlich rund 4.000 Schiffe an. Der Hafenbetreiber, die staatliche Transnet National Ports Authority, setzt weiter auf Expansionskurs. Der Hafen soll modernisiert und seine Kapazitäten erweitert werden.

Ein voll beladenes Containerschiff steuert den Hafen von Durban an.

DIE GRÖSSTEN SEEHÄFEN AMERIKAS

DIE GRÖSSTEN HÄFEN NORD- UND MITTEL-AMERIKAS

TEU (Container) (Bezugsjahr 2010)

1	Los Angeles USA	7,8 Mio.
2	Long Beach USA	6,3 Mio.
3	New York USA	5,3 Mio.
4	Savannah USA	2,8 Mio.
5	Vancouver Kanada	2,5 Mio.
6	Oakland USA	2,3 Mio.

L. A. / LONG BEACH

USA **14,1 Mio. Container**
471 Mio. Tonnen Cargo

Der größte Hafen Amerikas belegte im Ranking der weltweit größten Häfen im Jahr 2010 Platz 16. In diesem Jahr wurden am Worldport L. A. 7,8 Millionen Standardcontainer und 157,8 Millionen Tonnen Güter umgeschlagen. Berücksichtigt man das Ergebnis des benachbarten Hafens von Long Beach, so wurden in Los Angeles 14,1 Millionen Standardcontainer und 236,0 Millionen Tonnen Güter umgeschlagen.

NEW YORK / NEW JERSEY

USA **5,3 Mio. Container**
187 Mio. Tonnen Cargo

Zum New York Harbour gehören nicht nur die Hafenanlagen auf dem Gebiet der Metropole, sondern auch die in New Jersey gelegenen. Sie befinden sich größtenteils an der Upper New York Bay und werden seit 1921 von der »Port Authority of New York and New Jersey« betrieben. Der Hafen ist der nach dem Worldport L. A. größte Containerhafen der USA. 2010 wurden hier 5,3 Millionen Standardcontainer umgeschlagen.

SAVANNAH

USA **2,8 Mio. Container**
126 Mio. Tonnen Cargo

Dieser traditionsreiche Hafen im US-Bundesstaat Georgia erstreckt sich 29 Kilometer von der Küste entfernt beiderseits des Savannah River. Gemessen an der Menge der umgeschlagenen Standardcontainer, ist er der viertgrößte der USA. Der Containerterminal ist mit 15 hochmodernen Kränen für Schiffe der Postpanamax-Klasse ausgestattet und verfügt über eine Lagerfläche von rund 120.000 Quadratmetern.

SANTOS

Brasilien **2,7 Mio.**
132 Mio. Tonnen Cargo

Der Hafen liegt nur 80 Kilometer von der Wirtschaftsmetropole São Paulo entfernt. Über ihn werden Rohstoffe für die schnell wachsende Industrie in der Region eingeführt und fast ein Viertel der brasilianischen Exporte abgewickelt. An den 62 Schiffsliegeplätzen werden Güter aller Art umgeschlagen. Santos ist ein Motor der brasilianischen Wirtschaft und verzeichnete in den letzten Jahren zweistellige Zuwachsraten.

DIE GRÖSSTEN HÄFEN SÜDAMERIKAS

TEU (Container) (Bezugsjahr 2010)

1. **Santos** Brasilien 2,7 Mio.
2. **Buenos Aires** Argentinien 1,7 Mio.
3. **Cartagena** Kolumbien 1,6 Mio.
4. **Callao** Peru 1,3 Mio.

Containerschiffe werden – wie hier im Hafen von Los Angeles – mithilfe von Containerbrücken entladen.

DIE GRÖSSTEN BINNENHÄFEN DER WELT

Die Binnenschifffahrt spielt nach wie vor eine wichtige Rolle im regionalen wie im kontinentalen Güterverkehr. Auf Binnenwasserstraßen werden Güter aller Art transportiert. In Deutschland etwa liegt der Anteil der Binnenschifffahrt am Gütertransport bei rund zehn Prozent. Das Netz von Flüssen und Kanälen, das das Land und Europa durchzieht, verbindet die großen wirtschaftlichen Zentren des Kontinents und die Seehäfen mit ihrem Hinterland. Häfen wie Duisburg-Ruhrort bilden Drehkreuze, an denen Waren zum Weitertransport auf anderen Verkehrssystemen umgeschlagen werden. Meist sind sie direkt mit dem Straßen- und Schienennetz verbunden. Nicht nur in Westeuropa, auch in den USA, Russland und China werden große Mengen an Gütern auf Flüssen und Kanälen transportiert.

Im Duisburger Hafen geht es rund um die Uhr geschäftig zu.

DUISBURG-RUHRORT

Deutschland **Cargo 114 Mio. t**

Der Duisburger Hafen ist nach wie vor der wichtigste Binnenhafen Europas und der größte der Welt. Bis in die 1980er-Jahre wurden hier vornehmlich Eisenerze und Kohle für die Stahlwerke an der Ruhr gelöscht. Mittlerweile aber ist in Duisburg ein riesiges Logistikunternehmen entstanden, das Carrier und Speditionen bei ihren Geschäften unterstützt. Die Duisport-Gruppe bietet Transport-Leistungen und Lagerhallen an. Ein Verpackungscenter gehört zum Service dazu. Für das reibungslose Umladen der Frachten auf die verschiedenen Transportsysteme sorgt ein Duisport angeschlossenes Unternehmen.

DIE GRÖSSTEN BINNENHÄFEN DER WELT (Cargo) (Bezugsjahr 2010)

1 Duisburg-Ruhrort	
Deutschland	114 Mio. t
2 Nanjing	
Volksrepublik China	106 Mio. t
3 Huntington-Tristate	
USA	80 Mio. t
4 Pittsburgh	
USA	38 Mio. t
5 Montreal	
Kanada	26 Mio. t

NANJING

China **Cargo 106 Mio. t**

Mit 106 Millionen Tonnen umgeschlagener Güter im Jahr 2010 ist der Hafen der alten chinesischen Kaiserstadt der größte Binnenhafen des Landes sowie der zweitgrößte der Welt. Nanjing liegt im Yangtze-Delta und ist durch den Riesenstrom mit dem offenen Meer verbunden. Im Ölhafen legen auch Hochseetanker an. An den insgesamt 64 Kais der Flusshafens können Schiffe mit mehr als 10.000 Bruttoregistertonnen Tonnage anlegen. Die erst 2004 eröffnete Longtan Containers Port Area hat eine Lagerkapazität von einer Millionen Containern.

Lange war der Duisburger Innenhafen, ein künstlich angelegter Nebenarm des Rheins, im Niedergang begriffen. Seit den 1980er-Jahren wird er in ein attraktives Wohn-, Arbeits- und Freizeitviertel mit einem vielfältigen Kulturangebot umgewandelt.

DIE LÄNGSTEN KANÄLE DER WELT

Kanäle sind künstlich angelegte Wasserstraßen, die Flüsse, Seen oder Meere miteinander verbinden. Durch den Bau des Suezkanals wurde der Seeweg zwischen Europa und Asien erheblich verkürzt, der Panamakanal erleichtert den Verkehr zwischen der nordamerikanischen Atlantik- und der Pazifikküste, durch den Nord-Ostsee-Kanal wird vielen Schiffen der lange Umweg über den Skagerrak erspart. Auch die moderne Binnenschifffahrt ist ohne das Netz von Kanälen, das weite Gebiete Europas, Asiens und Amerikas durchzieht, gar nicht zu denken. Durch sie werden Flüsse sowie Seehäfen mit ihrem Hinterland verbunden und Transportwege verkürzt. Hinderliche Höhenunterschiede werden durch Schleusen oder Schiffshebewerke überbrückt.

DIE LÄNGSTEN MEERESKANÄLE DER WELT

1	**Suezkanal** Ägypten	193,3 km
2	**Nord-Ostsee-Kanal** Deutschland	98,3 km
3	**Panamakanal** Panama	81,6 km
4	**Kanal von Korinth** Griechenland	6,3 km

DIE LÄNGSTEN BINNENKANÄLE DER WELT

1	**Kaiserkanal** China	ca. 1.800 km
2	**Tennesse-Tombigbee Waterway** USA	377 km
3	**Canal de Nantes à Brest** Frankreich	362 km
4	**Mittellandkanal** Deutschland	326 km
6	**Canal de la Marne au Rhin** Frankreich	289 km
7	**Canal de Bourgogne** Frankreich	242 km

Die Gatún-Schleusen sind das größte der drei Schleusensysteme des weltberühmten Panamakanals, durch dessen Bau der Seeweg zwischen der Atlantik- und der Pazifikküste Nordamerikas um rund 10.000 Kilometer verkürzt wurde.

Die längste künstliche Meereskanal der Welt verbindet auf einer Strecke von 193,3 Kilometern das Mittelmeer mit dem Roten Meer und verkürzt so den Seeweg vom Nordatlantik in den Indischen Ozean um fast 5.000 Kilometer. Der Suezkanal wurde 1869 nach zehnjähriger Bauzeit eröffnet und kann seit der 1888 vereinbarten Konvention von Konstantinopel von Schiffen aller Nationen befahren werden. Bis zu seiner Verstaatlichung durch Gamal Abdel Nasser 1956 wurde er von den Briten und der von Ferdinand de Lesseps, dem Erbauer der Kanals, gegründeten Kanal-Gesellschaft kontrolliert. Nach dem Sechstagekrieg von 1967 war er acht Jahre gesperrt.

Der Suezkanal um 1860 …

… und im Jahr 1880.

Der Kanal bei Suez am Roten Meer. Im Gegensatz zum Panamakanal kann er dank kontinuierlichen Ausbaus von Schiffen fast jeder Größenordnung passiert werden. Der Suezkanal ist nur einspurig befahrbar und verfügt deshalb über drei Wartezonen.

DER LÄNGSTE MEERESKANAL DER WELT

NORD-OSTSEE-KANAL

Diese Bundeswasserstraße verbindet auf einer Strecke von fast 100 Kilometern Nord- und Ostsee und ist der meistbefahrene Meereskanal der Welt. 2011 wurde er von 35.522 Schiffen und damit von fast doppelt so vielen wie der Suezkanal passiert. Sowohl an seinem Beginn in Brunsbüttel an der Elbemündung als auch an seinem Ausgang in Kiel-Holtenau befinden sich Schleusen, die die gezeitenbedingten unterschiedlichen Wasserstände von Nord- und Ostsee ausgleichen sollen. Der Kanal wurde 1895 nach achtjähriger Bauzeit von Kaiser Wilhelm II. eröffnet und nach seinem Großvater benannt. Nach dem Ersten Weltkrieg wurde er im Versailler Vertrag für den internationalen Schiffsverkehr geöffnet, diese »Internationalisierung« 1936 aber durch die Nazis wieder zurückgenommen. 1948 wurde er in Nord-Ostsee-Kanal umbenannt.

Cruiseliner im Nord-Ostsee-Kanal.

DER ZWEITLÄNGSTE UND MEISTBEFAHRENE MEERESKANAL DER WELT

Containerschiffe auf dem Nord-Ostsee-Kanal bei Kiel. Die Wasserstraße ist zwischen 102 und 162 Meter breit sowie elf Meter tief. Sie kann von Schiffen mit einer Länge von 235, einer Breite von 32,5 und einem Tiefgang von 9,5 Metern passiert werden.

Als kürzeste Verbindung zwischen Atlantik und Pazifik gehört der Panamakanal, der die schmalste Stelle der mittelamerikanischen Landenge durchschneidet, zu den meistbefahrenen Wasserstraßen der Welt. Alljährlich werden durchschnittlich 14.000 Schiffspassagen gezählt. Der Panamakanal verläuft von Nordwesten nach Südosten und besteht aus ausgebaggerten Kanälen sowie insgesamt drei riesigen Schleusensystemen, durch die Schiffe 26 Meter Höhe überwinden können. Zwei Abschnitte des Kanals verlaufen durch künstlich aufgestaute Seen: Der Streckenabschnitt in dem 425 Quadratkilometer großen und nur wenige Kilometer hinter der karibischen Küste beginnenden Gatúnsee ist 33 Meter lang und wird über das erste große Schleusensystem erreicht. 1,7 Kilometer verlaufen durch den kleinen Mirafloressee zwischen der Pedro-Miguel-Schleuse und den 13,2 Kilometer vom Pazifik entfernten Miraflores-Schleusen. Der Panamakanal wurde 1914 eröffnet. Zurzeit wird er für große Schiffe ausgebaut.

Die Pedro-Miguel-Schleuse des Panamakanals.

33 Kilometer des Panamakanals führen durch den Gatúnsee. Das künstliche Gewässer wurde zwischen 1907 und 1913 aufgestaut und große Regenwaldgebiete dabei geflutet. Einige Erhebungen ragen heute als dicht bewaldete Inseln aus dem See. Barro Colorado Island zählt zu den meisterforschten Tropengebieten der Welt.

KAISERKANAL (GROSSER KANAL)

Dieser Binnenkanal verbindet auf einer Strecke von 1.800 Kilometern die chinesische Hauptstadt Bejing mit Hangzhou am Ostchinesischen Meer. Mehr als eine einzige Wasserstraße bezeichnet der Kaiserkanal ein ganzes System von Kanälen, das seit seinen Anfängen, die vermutlich auf die Sui-Dynastie (581–618 n. Chr.) zurückgehen, immer wieder verändert und ausgebaut wurde. Bis zur Errichtung von Schleusen, die im 10. Jahrhundert von Qiao Weiyue erfunden wurden, mussten die Schiffe zur Überwindung der insgesamt 42 Meter Höhenunterschied an einigen Stellen über Land gezogen werden.
Nach der Gründung Pekings im 13. Jahrhundert wurde der Kanal neu verlegt. Er entwickelte sich zum wichtigsten Transportweg Chinas. Seit der Mitte des 19. Jahrhunderts verlor der Kanal an Bedeutung.

Der Kaiserkanal im Osten Chinas hat als Schifffahrtsweg nur noch regionale Bedeutung. Als Touristenziel ist er aber umso attraktiver. Das Bauwerk gilt als Meisterleistung altchinesischer Ingenieurbaukunst und wird oft mit der Großen Mauer verglichen.

DER LÄNGSTE BINNENKANAL DER WELT

Kaiserkanal in Wuzhen.

Historische Brücke in Hangzhou am Kaiserkanal,

DIE GRÖSSTEN SEESCHLEUSEN DER WELT

Seeschleusen gleichen die Unterschiede im Wasserstand zwischen tidenabhängigen und tidenunabhängigen Gewässern aus. Sie ermöglichen einen von den Gezeiten unabhängigen Hafenbetrieb. Seeschleusen bestehen wie jede Schleuse aus Schleusenkammern mit Toren an jeder Schmalseite für die Ein- bzw. Ausfahrt der Schiffe. Soll ein Schiff aus einem tidenabhängigen Gewässer in einen Hafen geschleust werden, so wird der Wasserspiegel in der Kammer nach seiner Einfahrt und dem Schließen der Tore dem Wasserstand im Hafen angepasst. Danach wird das Tor an der Hafenseite geöffnet und das Schiff kann seine Fahrt fortsetzen. Umgekehrt wird der Wasserstand in der Schleuse dem des tidenabhängigen Gewässers angepasst, wenn das Schiff den Hafen wieder verlässt.

Ein Containerschiff wird von Schleppern in die Berendrecht-Schleuse gezogen.

BERENDRECHT-SCHLEUSE, ANTWERPEN
DIE GRÖSSTE SCHLEUSE DER WELT

Diese Anlage hat eine Länge von 500, eine Breite von 68 sowie eine Tiefe von 13,5 Metern. Zusammen mit der ihr benachbarten und nur wenig kleineren Zandvliet-Schleuse verbindet sie den Mündungstrichter der Schelde mit den Hafenanlagen am rechten Ufer des Flusses.

Die Berendrecht-Schleuse wurde 1989 eröffnet. Sie erlaubt die tidenunabhängige Schleusung von Frachtern fast jeder Größe und trägt daher zum Wachstum des Antwerpener Hafens bei. Am linken Scheldeufer wird zurzeit eine noch größere Anlage gebaut.

SEESCHLEUSE EINFAHRT IV, WILHELMSHAVEN
DIE ZWEITGRÖSSTE SCHLEUSE DER WELT

Diese zweikammrige Seeschleuse verbindet den inneren und den neuen Marine-Vorhafen von Wilhelmshaven. Sie gehört der Bundesmarine, wird aber vom Wasser- und Schifffahrtsamt Wilhelmshaven betrieben. Die IV. Einfahrt wurde 1964 eingeweiht, nachdem der 1936 begonnene und gegen Ende des Zweiten Weltkriegs teilweise fertiggestellte Vorgängerbau von den Alliierten demontiert worden war. Jede ihrer Kammern ist 390 Meter lang.

Der Hafen von Wilhelmshaven.

Einschiff der Bundesmarine wird von einem Schlepper aus der Wilhelmshavener Seeschleuse bugsiert.

Die im Jahr 2006 eingeweihte Drei-Schluchten-Staumauer am Unterlauf des Yangtsekiang zählt zu den umstrittensten Großbauprojekten der Gegenwart. Sie wurde in der östlichsten der »Drei Schluchten« angelegt, ist 1.983 Meter lang, 185 Meter hoch und staut den längsten Fluss Chinas bis zu der

Treppenschleuse an der Staumauer.

mehr als 660 Kilometer weiter westlich gelegenen Stadt Chongqing. Durch die Stauung wurde der Wasserspiegel des Yangtse um 19 Meter gehoben. 13 Ortschaften und mehrere Hundert Fabriken versanken in den Fluten. Millionen von Menschen mussten umgesiedelt werden. Seit dem 1993 erfolgten Baubeginn betonen Kritiker, dass das Mammutprojekt eine der reizvollsten Landschaften des Landes und das ökologische Gleichgewicht in der Region zerstöre. Ihre Befürworter weisen hingegen auf den Nutzen für den Hochwasserschutz und die Energiegewinnung hin. Das Wasserkraftwerk an der Staumauer kann so viel Energie wie 20 mittlere Atomkraftwerke produzieren. Die Schiffbarkeit des Yangtse hat sich durch die Verbreiterung und die Vertiefung des Stroms verbessert. Heute können Schiffe mit einer Tragfähigkeit von 10.000 Tonnen bis Chonqqing fahren. Die beiden Treppenschleusen an der Staumauer tragen dazu bei.

Ein Schiff fährt in die Schleuse ein.

Zwei Schiffe warten auf die Schleusung.

DIE GRÖSSTE FLUSSSCHLEUSE DER WELT

Die beiden Treppenschleusen an der Staumauer des Drei-Schluchten-Damms sind die größten der Welt. Jede Schleusenkammer hat eine Länge von 280 und eine Breite von 30 Metern. Ein Transit dauert zweieinhalb Stunden.

Nur dank dreier Schleusensysteme können Schiffe, die den Panamakanal passieren, die insgesamt 26 Meter Höhenunterschied überwinden. Bis heute gelten die Gatún-, die Pedro-Miguel- und die Miraflores-Schleusen als Meisterwerke der Ingenieurbaukunst. Jedes der drei Systeme besteht aus zwei parallel arbeitenden Schleusen, so dass während der Hebung eines Schiffes ein anderes gesenkt werden kann. Die größte Anlage, die Gatún-Schleusen, verfügen über drei Schleusenkammern, durch die Schiffe, die aus dem karibischen Meer kommen, auf den 26 Meter höher gelegenen Gatun-See befördert werden. Rund 45 Kilometer weiter beginnt an den aus je einer Kammer bestehenden Pedro-Miguel-Schleusen der Abstieg. Mit der Schleusung durch die 13,2 Kilometer von der pazifischen Kanaleinfahrt entfernten Miraflores-Schleusen erreichen die Schiffe wieder die Höhe des Meeresspiegels.

An den Miraflores-Schleusen.

Frachter an den Gatún-Schleusen.

Eine Kammer der Gatún-Schleuse. An den Schleusen des Panamakanals werden die meisten Schiffe an Stahlseilen von Zahnradlokomotiven in die Kammern gezogen. Nur kleinere Schiffe dürfen aus eigener Kraft in sie einfahren. Jede Schleusenkammer ist 305 Meter lang und 33,3 Meter breit.

KNOCK NEVIS

Mit einer Tragfähigkeit von 564.763 Tonnen führt dieser 2010 abgewrackte Supertanker bis heute die Liste der größten jemals gebauten Schiffe an. In den Jahren, in denen er im Einsatz war, wechselte er mehrere Male Namen und Besitzer. Zwischen 1979 und 1988 transportierte das Anfang der 1970er-Jahre erbaute Schiff unter dem Namen »Seawise Giant« im Auftrag eines Hongkonger Reeders Rohöl aus der Golfregion. Anfang der 1990er-Jahre wurde der während des Ersten Golfkriegs 1988 bei einem Luftangriff schwer beschädigte Tanker auf einer Werft in Singapur generalüberholt. Die norwegische Reederei, die ihn zwischenzeitlich übernommen hatte, benannte ihn in »Jahre Viking« um. Zwischen 2004 und 2009 diente das Schiff unter dem Namen »Knock Nevis« als Rohöllager in Katar. Seine letzte Fahrt trat der Supertanker unter dem Namen »Mont« an.

Auf dem Deck der »Knock Nevis«.

Supertanker wie die abgewrackte »Knock Nevis« wurden in den 1970er-Jahren gebaut. Nach der Havarie der »Exxon Valdez« im Jahr 1989, die eine Ölpest auslöste, besann man sich eines Besseren und baute kleinere Schiffe. Heute sind zwar wieder Riesentanker im Einsatz, allerdings sind sie mit doppelwandigen Außenhüllen ausgestattet.

DIE GRÖSSTEN KREUZFAHRTSCHIFFE DER WELT

Bis in die 1990er-Jahre waren Kreuzfahrten ein Luxusvergnügen, das sich nur wenige Leute leisten konnten. Mittlerweile aber bieten die Veranstalter Reisen für jeden Geschmack und jeden Geldbeutel an. Spezielle Expeditions-, Abenteuer, Fun- und Familienkreuzfahrten sind neben die klassische Kreuzfahrt getreten. Die Zahl der Kreuzfahrt-Interessierten wächst. Der Markt boomt. Jedes Jahr werden neue und größere Schiffe gebaut. Sie bieten vielen Tausend Passagieren Platz und werden oft mit schwimmenden Städten verglichen. Hinsichtlich ihrer Länge, Breite und Bruttoraumzahl können es Kreuzfahrtgiganten wie die »Allure of the Seas« und ihr Schwesterschiff »Oasis of the Seas« mit den größten Containerschiffen und Flugzeugträgern aufnehmen.

Die «Oasis of the Seas« in Nassau.

Speisesaal der »Freedom of the Seas«.

DIE GRÖSSTEN KREUZFAHRTSCHIFFE DER WELT

(nach Bruttoraumzahl, BRZ)

❶	**Oasis-Klasse** Royal Caribbean	200.000
❷	**Norwegian Epic** Norwegian Cruise Line	155.873
❸	**Freedom-Klasse** Royal Caribbean	154.407
❹	**Queen Mary** Cunard Line	148.873
❺	**MSC Splendida** MSC Crociere	137.936

Die »Queen Victoria«, ein Kreuzfahrtschiff der Cunard Line, wird 2008 von zahlreichen Booten und Schiffen aus dem Hafen von Sydney eskortiert.

DIE GRÖSSTEN KREUZFAHRTSCHIFFE DER WELT

Trotz der wachsenden Konkurrenz führen nach wie vor zwei Schiffe der Royal Caribbean Cruise Line die Liste der größten Kreuzfahrtschiffe an. Seit den 1980er-Jahren setzt das US-amerikanisch-norwegische Unternehmen auf Megaliner, die vielen Tausend Menschen Platz bieten und mit riesigen Lifestyle-Arealen ausgestattet

Die »Disney Dream« beim Auslaufen zur Jungfernfahrt 2011 in Port Canaveral.

sind. Andere Reedereien ahmen das Konzept mittlerweile nach. So verfügen die Schiffe der 1995 gegründeten Disney Cruise Line über Spielwiesen, Clubräume und Theater für die ganze Familie. Auch an Bord der »Norwegian Epic«, dem gemessen an der Passagierkapazität zweitgrößten Cruiseliner der Welt, finden sich Lifestyle-Areale.

ALLURE OF THE SEAS
OASIS OF THE SEAS

Tonnage: 220.000 BRZ
Länge: 360 m

Mit der Indienststellung der »Oasis of the Seas« und ihres Schwesterschiffs »Allure of the Seas« in den Jahren 2009 bzw. 2010 wurde eine neue Ära in der Kreuzschifffahrt eingeläutet. Mehr als einem klassischen Oceanliner gleichen diese Giganten der Meere schwimmenden Städten, die ihren Gästen jede nur erdenkliche Zerstreuung und Abwechslung bieten können. Auf sieben der jeweils 18 Decks der beiden Riesen wurden Erlebniswelten geschaffen, in denen die Passagiere unter einer Fülle von Freizeitvergnügen wählen können. Es gibt nicht nur mehrere Swimmingpools, Wellness- und Entertainmentbereiche mit Theater, Jazzclub und Tanz-Lounge, sondern auch eine Eiskunstlaufbahn, eine Minigolfanlage, eine Kletterwand und ein Volleyballfeld. 24 über das Schiff verteilte Restaurants und Cafés sorgen für das leibliche Wohl der Gäste. Für die Kids wurde eine Youth-Zone geschaffen. Die Schiffe bieten jeweils bis zu 6.300 Passagieren Platz, 2.165 Besatzungsmitglieder sorgen für einen reibungslosen Betrieb.

Die »Allure of the Seas« gehört zur Royal Caribbean Cruiseline.

Im Atrium der »Allure of the Seas«.

Der Kreuzfahrtgigant »Norwegian Epic« beim Verlassen des Hafens von Palma de Mallorca. Die Schiffe der Norwegian Cruise Line sind leicht an ihrer auffallenden Bugbemalung zu erkennen. Die Hauptinsel der Balearen ist eines der beliebtesten Ziele auf Kreuzfahrten im westlichen Mittelmeer.

NORWEGIAN EPIC

Tonnage: 155.873 BRZ
Länge: 329 m

Das Flaggschiff der Norwegian Cruise Line ist seit 2010 im Winter in der Karibik und im Sommer im Mittelmeer unterwegs. Mit einer Länge von 329 und einer Breite von 40 Metern sowie einer Passagierkapazität von 4200 Personen zählt es zu den Megalinern. Das Schiff wurde ab 2006 als Typschiff einer neuen Klasse von Cruiselinern auf der französischen Werft Chantiers de l'Atlantique gebaut. Nachdem NCL die Aufträge für den Bau zweier weiterer Schiffe stornierte, ist es das einzige Schiff der Klasse geblieben.

FREEDOM OF THE SEAS LIBERTY OF THE SEAS INDEPENDENCE OF THE SEAS

Tonnage: 15.407 BRZ
Länge: 339 m

Bis zur Indienststellung der »Oasis of the Seas« waren die 2005 vom Stapel gelaufene »Freedom of the Seas« und ihre beiden Schwesterschiffe die größten jemals gebauten Kreuzfahrtschiffe. Die Royal Caribbean Cruise Line setzte mit ihnen ganz neue Maßstäbe im Kreuzfahrtgeschäft und führte zugleich eine Tradition des Unternehmens fort. Wie kein zweiter Veranstalter wirbt die Reederei mit der gewaltigen Größe ihrer Schiffe und einem vielfältigen Angebot an In- und Outdoor-Aktivitäten um Passagiere. Als erstes Schiff der Welt wurde die »Freedom of the Seas« mit einer Eiskunstlaufbahn, einer Kletterwand, einem Surfpark und einem Volleyballfeld ausgestattet.

Die »Freedom of the Seas« im Hamburger Hafen.

Die »Independence of the Seas« in Southampton.

QUEEN MARY 2
DER GRÖSSTE ATLANTIKLINER DER WELT

Die »Queen Mary 2« ist das einzige Kreuzfahrtschiff, das regelmäßig den Atlantik überquert und damit die Tradition der Oceanliner fortführt. Auch Weltreisen finden sich im Programm.

Das Flaggschiff der Cunard-Flotte wurde auf der französischen Werft Chantiers de L'Atlantique gebaut und nach nur zweijähriger Bauzeit im Januar 2004 in Dienst gestellt. Mit ihm knüpft die traditionsreiche Reederei einmal mehr an die große Zeit der Oceanliner, die bis in die 1960er-Jahre im Liniendienst Europa und die Neue Welt verbanden, an. Wie ihre Vorgängerin, die legendäre »Queen Elizabeth 2«, wird die »Queen Mary 2« vornehmlich auf Transatlantik-Kreuzfahrten eingesetzt und befährt regelmäßig die Strecke Southampton–New York. Nicht nur der schwarze Rumpf und die weißen Aufbauten sowie die unverwechselbare elegante Linienführung bauen auf dem Design der klassischen Transatlantikliner auf. Auch die luxuriöse Ausstattung des Schiffes lässt den Glamour, der die Ozeanriesen einst umgab, wieder lebendig werden. Holzvertäfelungen, Spiegelglas und Stuck in Lobby, Restaurants und Treppenaufgängen schaffen eine nostalgische Atmosphäre. Die Werke der modernen Kunst, die allerorten die Wände schmücken, setzen einen Kontrapunkt. Die »Queen Mary 2« bietet ihren Gästen

alle nur erdenklichen Annehmlichkeiten. An Bord finden sich mehrere Pools, Wellnessbereiche, Restaurants, Bars sowie noble Geschäfte. Es gibt ein Kasino, eine Bibliothek, ein Theater und sogar ein Planetarium. Bis zur Fertigstellung der »Freedom of the Seas« war die »Queen Mary 2« das längste jemals gebaute Passagierschiff.

Die »Queen Mary 2« ist leicht an ihrem unverwechselbaren Bug zu erkennen (links). Das Schiff wird regelmäßig bei Blohm + Voss in Hamburg gewartet (großes Bild).

EMMA MÆRSK
DAS GRÖSSTE CONTAINERSCHIFF DER WELT

Dank der ständig steigenden Zahl von Containerschiffen wächst die Welthandelsflotte kontinuierlich von Jahr zu Jahr. Die weltweit führende Containerschiff-Reederei, die dänische Mærsk Line, verfügt zurzeit über 550 Frachter.

Die acht baugleichen Frachter der Emma-Mærsk-Klasse können rund 15.000 Standardcontainer laden und verfügen damit über eine mehr als 30-mal so große Kapazität wie die frühen Containerschiffe. Mit einer Länge von 397 Metern und einer Breite von 56,4 Metern können sie zwar den Suezkanal, nicht aber den nur etwas mehr als 30 Meter breiten Panamakanal passieren. Dank eines 108.900 PS starken Schiffsdieselmotors, der 14.000 Liter Schweröl pro Stunde verbraucht, bringen es die Schiffe auf eine Geschwindigkeit von 27 Knoten pro Stunde. Sie kommen mit 13 Mann Besatzung aus. Alle acht Frachter wurden zwischen 2006 und 2008 im Auftrag der dänischen Reederei Mærsk Line auf der wie die Reederei zu dem Konzern A. P. Moller-Mærsk gehörenden Odense Staalskibsværft gebaut. Sie befahren eine Route, die von Danzig durch den Suezkanal bis nach Shanghai führt. Ein Umlauf nimmt rund zehn Wochen in Anspruch. Die Reederei hat im Februar 2011 den Bau von insgesamt 20 Mega-Containerschiffen mit einer Ladekapazität von je 18.000 Standardcontainern in Auftrag gegeben.

Auf ihrem Weg von Danzig in den Fernen Osten steuert die »Emma Mærsk« regelmäßig den Hafen von Rotterdam an und nimmt dort Container auf (links).

Obwohl der Anteil des Containerverkehrs am globalen Seehandel zurzeit bei nur rund 14 Prozent liegt, kann er überdurchschnittlich hohe Zuwachsraten verzeichnen. Container können schneller, einfacher und kostengünstiger als Massen- oder Stückgut umgeschlagen und auf andere Transportmittel verladen werden. Seit dem Beginn der Containerrevolution Mitte der 1960er-Jahre wurden fast jedes Jahr größere Schiffe in Dienst gestellt. Während die Frachter, die bis 1968 vom Stapel liefen, über eine Transportkapazität von nur 500 bis 800 Standardcontainern verfügten, bringen es die Schiffe der Emma-Maersk-Klasse, die zwischen 2006 und 2008 gebaut wurden, auf 14.770 Standardcontainer. Speziell die großen Carrier können nur Häfen, die mit Containerbrücken zum Be- und Entladen der Schiffe ausgestattet sind, anlaufen.

DIE GRÖSSTEN CONTAINERSCHIFFE DER WELT

(nach Fassungsvermögen Standardcontainer, TEU)

1	**Emma-Mærsk-Klasse** Mærsk Line	14.770 TEU
2	**MSC Daniela-Klasse** MSC	13.296 TEU
3	**MSC Danit** MSC	13.200 TEU
4	**Hyundai Tenacity** Danaos Shipping	13.100 TEU
5	**Mærsk Eindhoven** Mærsk Line	13.092 TEU
6	**MSC Fabiola** MSC	12.562 TEU
7	**MSC Luciana** MSC	11.660 TEU
9	**MSC Francesca** MSC	11.312 TEU
9	**CMA CGM Thalassa** NSB Niederelbe	10.980 TEU
10	**Gudrun-Mærsk-Klasse** Mærsk Line	10.150 TEU

Die »Emma Mærsk« im Hafen von Felixstowe. Das Schiff befährt regelmäßig die Route Danzig–Shanghai und steuert dabei auch den an der englischen Nordseeküste gelegenen umschlagsstärksten britischen Containerhafen an.

DIE GRÖSSTEN SCHÜTTGUTFRACHTER DER WELT

Abgesehen von riesigen Maschinen und Maschinenbauteilen, wird heute Stückgut fast nur noch auf Containerschiffen transportiert. Lose, feste Massengüter wie Kohle oder Erz, aber auch Getreide und andere Lebensmittel werden auf Schüttgut- bzw. Massengutfrachtern verschifft. Sie sind möglichst einfach und doch so gebaut, dass die verschiedenen Massengüter ohne Risiko geladen werden können. Um zu verhindern, dass das Schiff bei einem Verrutschen der Ladung Schlagseite bekommt, sind die Laderäume mit hoch gelegenen Ballasttanks ausgestattet.

Erzfrachter in Qingdao, China.

DIE GRÖSSTEN SCHÜTTGUTFRACHTER DER WELT

(nach Länge)

❶ **Vale Brasil**		
	Vale Shipping Holding	362 m
❷ **Berge Everest**		
	Berge Bulk	360 m
❸ **Berge Stahl**		
	BW Bulk	343 m
❹ **Berge Fjord**		
	BW Fjord	331 m

Frachter am Terminal für Massengut in Maasvlakte, einer künstlichen Insel in der Maasmündung, die zum Hafen von Rotterdam gehört.

VALE BRASIL – DER GRÖSSTE SCHÜTTGUTFRACHTER DER WELT

Schüttgutfrachter »Vale Brasil« auf Fahrt.

Die »Vale Brasil« ist der erste von 35 Erzfrachtern mit einer Ladekapazität von 400.000 Tonnen, die 2008 vom brasilianischen Bergbaukonzern Vale bei zwei koreanischen und zwei chinesischen Werften in Auftrag gegeben wurden und bis 2013 ausgeliefert werden sollen. Das Schiff wurde am 30. März 2011 in Dienst gestellt und transportiert seitdem brasilianisches Eisenerz über den Atlantischen und den Indischen Ozean nach Asien. Vale, eines der größten Bergbauunternehmen der Welt, das als Umweltzerstörer in der Kritik steht, rühmt sich, mit dem Bau der Valemax-Schiffe die CO_2-Emissionen pro Tonne transportierten Erzes um 35 Prozent gesenkt zu haben.

DIE GRÖSSTEN ÖL- UND FLÜSSIGGASTANKER DER WELT

Rund ein Viertel der Welthandelsflotte besteht aus Tankschiffen aller Größenklassen. Sie versorgen die Welt mit Chemikalien, Flüssiggas und natürlich mit Öl bzw. Ölprodukten. Allein 2010 wurden drei Milliarden Tonnen des »schwarzen Golds» über die Weltmeere transportiert. Mehr als 5.500 Tanker waren dabei im Einsatz. 553 davon gehören zur Gruppe der Supertanker mit einer Tragfähigkeit von mehr als 250 000 Tonnen. Öltransporte auf diesen schwimmenden Riesen gelten als besonders kostengünstig. Die Weltöffentlichkeit wird regelmäßig durch Tankerunfälle, die in Umweltkatastrophen münden, aufgeschreckt. Bereits seit 1996 dürfen deshalb nur noch Tanker mit einer doppelwandigen Außenhülle gebaut werden.

Tanker an der Verladerampe einer Ölraffinerie in Houston, Texas. Die US-amerikanische Metropole an der Küste des Golfs von Mexiko ist ein weltweit führendes Zentrum der petrochemischen Industrie.

DIE GRÖSSTEN ÖLTANKER DER WELT

Die Schiffe der Alhambra-Klasse sind doppelwandige Öltanker.

Nach einer Unterbrechung von 20 Jahren liefen 2002 und 2003 erstmals wieder Riesentanker mit einer Tragfähigkeit von mehr als 400.000 Tonnen vom Stapel. Die vier Schiffe der Hellespont-Alhambra-Klasse, die auf der Daewoo-Werft im Auftrag der griechischen Reederei Hellespont gebaut wurden, haben eine Tragfähigkeit von 442.000 Tonnen. Das Typenschiff der Klasse wurde mittlerweile in eine schwimmende Lade- und Versorgungsstation umgewandelt. Die Tanker der Alhambra-Klasse gehören zu den »Ultra Large Crude Carrier« mit einer Tragfähigkeit von mehr als 320.000 Tonnen. Nur wenige dieser Riesen sind zurzeit im Einsatz. Sie können den Suezkanal nur ohne Fracht passieren und werden deshalb vor jeder Durchfahrt leer gepumpt. Das Öl wird durch Pipelines entlang des Kanals geschickt und nach der Passage wieder auf die Schiffe geladen. Tanker mit einem Tragfähigkeit zwischen 200.000 und 320.000 Tonnen werden »Very Large Crude Carrier« genannt.

DIE GRÖSSTEN FLÜSSIGGASTANKER DER WELT

Flüssiggastanker der Q-Max-Klasse.

Mit einer Tragfähigkeit von jeweils 266.000 Kubikmetern sind die 14 Schiffe der Q-Max-Klasse die zurzeit größten Flüssiggastanker der Welt. Sie liefern im Auftrag der Qtar Gas Transport Company Erdgas, das für den Transport verflüssigt wurde, aus dem Emirat am Persischen Golf in alle Welt. Als LNG (Liquefied Natural Gas)-Tanker verfügen sie über stark isolierende Tanks, in denen das Gas bei Temperaturen von bis zu – 160 °C auch über einen längeren Zeitraum flüssig gehalten werden kann. Im Unterschied zu LNG-Tankern transportieren LPG (Liquefied Petroleum Gas)-Carrier Gase, die auch bei Raumtemperaturen flüssig gehalten werden können.

DIE GRÖSSTEN FLUGZEUGTRÄGER DER WELT

Flugzeugträger, die größten Kriegsschiffe überhaupt, sind bewegliche Luftwaffenstützpunkte, die es erlauben, schnell und flexibel überall auf dem

Die »John F. Kennedy« im Einsatz.

Globus in Konfliktgebiete einzugreifen. Zurzeit sind insgesamt 37 dieser schwimmenden Ungetüme auf den Weltmeeren unterwegs. 20 von ihnen gehören zu den Streitkräften der Vereinigten Staaten. Die anderen 17 Schiffe werden von elf verschiedenen Nationen unterhalten. Da sie über keine eigenen Waffen verfügen, werden Flugzeugträger immer von Zerstörern und Fregatten begleitet. Ein solcher Schiffsverband wird auch Flugzeugträgerkampfgruppe genannt. Während ein klassischer Flugzeugträger ausschließlich Kampfjets als Start- und Landebasis dient, werden amphibische Angriffsschiffe bzw. Hubschrauberträger auch bei Landungsoperationen eingesetzt. Sie sind nicht nur mit Flugzeugen und Helikoptern, sondern auch mit Landungsbooten ausgestattet.

DIE GRÖSSTEN FLUGZEUGTRÄGER DER WELT

(Verdrängungsleistung in Standardtonne, ts)

❶ **Nimitz-Klasse** USA	97.000 ts
❷ **USS Enterprise** USA	93.000 ts
❸ **Admiral Kusnezow** Russland	61.390 ts
❹ **Wasp-Klasse** USA	41.000 ts
❺ **Charles de Gaulle** Frankreich	40.500 ts

USS ENTERPRISE
USS NIMITZ

Mit einer Verdrängungsleistung von rund 100.000 Tonnen sind die »Nimitz« und ihre mittlerweile zehn baugleichen Schwesterschiffe die zurzeit größten Flugzeugträger der Welt. Ihr riesiges Flugdeck verfügt über eine über den Bug hinausragende Startbahn sowie eine im Verhältnis zur Längsachse des Schiffes um neun Grad abgewinkelte Lande- und Startbahn. In den Boden eingelassene Flugzeugkatapulte sorgen dafür, dass die Jets die erforderliche Startgeschwindigkeit erhalten, Fangseile bremsen sie bei der Landung ab. Insgesamt können die Schiffe der Nimitz-Klasse bis zu 85 Flugzeuge aufnehmen. Der sich über drei Decks erstreckende, 208 Meter lange Hangar im Bauch der Schiffe bietet 60 Kampfjets Platz. Sie werden mit einem Aufzug auf das Flugdeck gebracht. Alle Schiffe sind nukleargetrieben und können eine Geschwindigkeit von mehr als 30 Knoten erreichen. Von den 5.680 Mann Besatzung sind 2.480 für den Flugbetrieb zuständig. Das namengebende Typenschiff der Klasse wurde 1975 in Dienst gestellt. Es löste die »USS Enterprise« als größtes Kriegsschiff der Welt ab.

Die »Nimitz« auf hoher See …

… und in voller Fahrt.

Die »Kitty Hawk«, Typschiff der nach ihr benannten Klasse, unterwegs auf den Weltmeeren. Der 324 Meter lange und 77 Meter breite Flugzeugträger nahm an mehreren Kriegseinsätzen – etwa in Vietnam und im Persischen Golf – teil. Nach fast 50 Jahren Betriebszeit wurde der 1960 vom Stapel gelaufene, noch konventionelle angetriebene Träger 2009 außer Dienst gestellt.

DIE GRÖSSTEN UNTERSEEBOOTE DER WELT

Unterseeboote werden bis heute hauptsächlich militärisch genutzt. In den beiden Weltkriegen des 20. Jahrhunderts wurden mit ihnen gegnerische Schiffe versenkt. Während des Kalten Krieges waren sie Bestandteil der nuklearen Abschreckung. Noch heute durchpflügen mit Atomraketen bestückte amerikanische und russische U-Boote die Meere. Da sie über einen Nuklearantrieb verfügen, können sie wochenlang auf Tauchfahrt gehen. Mittlerweile erreichen sie Tauchtiefen von mehreren Hundert Metern. Forschungsboote können aber wesentlich tiefer tauchen. Hier liegt der Rekord bei 10.910 Metern.

Die »USS Hampton« bei einer Übung am Nordpol. Das atomgetriebene U-Boot der Los-Angeles-Klasse tauchte 2004 gemeinsam mit einem britischen U-Boot unter das arktische Eis. Zurzeit ist es im Pazifik im Einsatz.

UNTERSEEBOOTE DER TYPHOON-KLASSE

Die U-Boote der Typhoon-Klasse …

… sind schwere Kolosse.

»Typhoon-Klasse« ist die Nato-Bezeichnung für eine Reihe von mit Atomraketen bestückten U-Booten, die ab 1976 für die sowjetische Marine gebaut wurden. Von den insgesamt sieben Schiffen, die bis 1989 vom Stapel liefen, wurde die Hälfte abgewrackt, drei sind noch für die russische Marine unterwegs. Sie sind 178 Meter lang und verdrängen bis zu 48.000 Tonnen. In der Sowjetunion wurden die U-Boote »Projekt 941« getauft.

DIE GRÖSSTEN UNTERSEEBOOTE DER WELT

(nach Verdrängungsleistung in Standardtonnen, ts)

1. **Projekt 941-Klasse** Russland 48.000 ts
2. **Ohio-Klasse** USA 18.750 ts
3. **Projekt 667BDRM-Klasse** Russland 18.200 ts
5. **Projekt 955-Klasse** Russland 17.000 ts
6. **Vanguard-Klasse** Großbritannien 15.900 ts

DIE GRÖSSTEN UND STÄRKSTEN EISBRECHER DER WELT

Schiffe, die oft mehrere Meter dickes Eis durchbrechen können, werden für ganz verschiedene Zwecke benötigt. In den Polarregionen halten sie die Fahrrinnen für Handelsschiffe

Ein Eisbrecher auf Polarkreuzfahrt.

frei. Wenn in sehr harten Wintern auch Gewässer, die normalerweise eisfrei sind, zufrieren, schneiden sie Schneisen in das Eis und bahnen so nachfolgenden Schiffen den Weg. Einige sind als Forschungsschiffe im Einsatz, andere wurden zu Kreuzfahrtschiffen umgebaut und bieten Abenteuerreisen in die Arktis oder die Antarktis an. Der Eisbrecher »Arctic Sunrise« wird von Greenpeace bei Protestaktionen eingesetzt. Damit sie ihre Aufgabe erfüllen können, sind Eisbrecher mit extra leistungsstarken Motoren und einer weit stabileren Außenhaut als andere Schiffe ausgestattet. Ihr Bug ist so geformt, dass er sich über das Eis schiebt und es unter sich zerdrückt. Moderne Eisbrecher verfügen über diesen Effekt verstärkende Vorrichtungen und sind in der Lage, auch dickes Packeis zu zerstampfen. So können einige Schiffe dadurch, dass große Wassermengen zwischen Bug und Heck hin und her bewegt werden, ins Schaukeln gebracht und dadurch der Druck auf das Eis verstärkt werden. Verschiedene nuklearbetriebene, russische Eisbrecher verfügen über eine Anlage zur Erzeugung von Wasserdampf, mit dem sich das Eis vor dem Bug »antauen« lässt. Diese Methode ist zwar effizient, gilt aber als nicht umweltverträglich.

DIE GRÖSSTEN EISBRECHER DER WELT

(Verdrängungsleistung in Tonnen, t)

1	**Manhattan** USA	152.402 t
2	**50 Let Pobedy** Russland	25.840 t
3	**Arktika** Russland	25.460 t
4	**Yamal** Russland	23.455 t
5	**Rossiya** Russland	22.920 t
6	**Sovetsky Soyuz** Russland	22.120 t
7	**USCGC Healy** USA	16.000 t
8	**Oden** Schweden	11.000 t

50 LET POBEDY – DER STÄRKSTE EISBRECHER DER WELT

Russland **23.439 BRZ**

Die nuklearbetriebenen Giganten der russischen Arktika-Klasse sind die einzigen Eisbrecher, die auch mehrere Meter dickes Eis zerstampfen können. Das mit einer Verdrängungsleistung von 25.840 Tonnen größte Schiff dieser Klasse, die »50 Let Pobedy«, wurde am 7. April 2007 in Dienst gestellt. Sie operiert im Nordpolarmeer und bietet auch Kreuzfahrten in dem Gebiet an. Ausgestattet mit zwei Kernreaktoren und zwei Dampfturbinen, bringt es der Koloss auf eine Geschwindigkeit von bis zu 21,4 Knoten pro Stunde. Wie alle Eisbrecher ist er unverhältnismäßig breit gebaut.

Die »50 Let Pobedy« am Hafenkai von Murmansk.

SS MANHATTAN – ÖLTANKER UND EISBRECHER

Die »SS Manhattan« unterwegs im ewigen Eis.

Mit einer Länge von 307 Metern und einer Breite von 40 Metern ist die »SS Manhattan« bis heute der größte je gebaute Eisbrecher. Der 1962 in den USA gebaute Öltanker wurde einige Jahre später umgerüstet und mit einem löffelartigen Eisbrecherbug ausgestattet. Mit einer Fahrt durch die Nordwestpassage, die das Schiff als erster Tanker 1969 unternahm, wollten die Verantwortlichen testen, ob ein Transport von Öl aus Nordalaska über diesen Seeweg möglich ist. Zwar konnte die »SS Manhattan« die Passage auf ihrer ersten Fahrt bezwingen, bei ihrer zweiten Reise im April 1970 scheiterte sie jedoch. Das Projekt wurde im wahrsten Sinn des Wortes auf Eis gelegt. Die »SS Manhattan« war noch bis 1987 als Tanker unterwegs und wurde dann verschrottet.

Ein atomgetriebener Eisbrecher der russischen Arktika-Klasse durchpflügt auf dem Weg zum Nordpol das ewige Eis. Die Kolosse werden auch auf Kreuzfahrten in der Nordpolarregion eingesetzt.

DIE GRÖSSTEN MOTORSEGLER UND SEGELSCHIFFE DER WELT

Für mehr als 3000 Jahre beherrschten Segelschiffe die Meere. Erst im Laufe des 19. Jahrhunderts wurden sie allmählich durch Dampfschiffe und im 20. Jahrhundert dann durch Motorschiffe ersetzt. Die großen Segelschiffe von heute gehören entweder Kreuzfahrtveranstaltern oder werden wie die »Gorch Fock« der Bundesmarine als Schulschiff eingesetzt. In der modernen Welt ist Segeln ein Freizeitvergnügen oder wird als Sport betrieben. Nach wie vor erregen Weltumsegelungen zumal von Einhandseglern international Aufsehen. Segelregatten wie der seit 1851 stattfindende America's Cup zählen bis heute zu den sportlichen Großereignissen. Seit 1900 ist Segeln eine olympische Disziplin.

DIE GRÖSSTEN SEGELSCHIFFE DER WELT

(nach Länge)

1	**Royal Clipper** Malta	132,2 m
2	**Sedow** Russland	117,5 m
3	**Star Clipper** Malta	115,5 m
4	**Krusenstern** Russland	114,5 m
5	**Juan Sebastián Elcano** Spanien	113 m
6	**Esmeralda** Chile	113 m
7	**Dar Mlodziezy** Polen	109 m
8	**Mir** Russland	108 m

ROYAL CLIPPER – DAS GRÖSSTE SEGELSCHIFF DER WELT

»Royal Clipper« unter vollen Segeln.

Das »Traumschiff« der monegassischen Reederei »Starclippers« ist seit dem Jahr 2000 als Luxus-Kreuzfahrtsegler unterwegs. Es ist ein Nachbau der legendären »Preussen« – ein Großsegler der Hamburger Reederei F. Laeisz, der 1910 vom Stapel lief und 1913 an den Kreidefelsen von Dover zerschellte. Bei ihrer Indienststellung war die »Royal Clipper« der erste Fünfmaster seit fast 100 Jahren. Sie wurde auf der niederländischen Werft Merwede Shipyard BV zusammengebaut. Dabei wurde der Rumpf eines polnischen Cruiseliners mit Clipperbug und -heck ausgestattet. Das Segelschiff ist 134 Meter lang und verfügt über 42 Segel, die es auf eine stattliche Gesamtfläche von 5.202 Quadratmetern bringen. Sind sie alle gesetzt, kann das Schiff, das mit den modernsten Navigationssystemen ausgestattet ist, eine Geschwindigkeit von 18 Knoten erreichen. Bei Flauten springen zwei Dieselmotoren ein. Die »Royal Clipper« bietet alle Annehmlichkeiten eines modernen Cruiseliners. Sie verfügt über drei Swimmingpools, ein Fitnesscenter sowie Restaurant, Bar und Diskothek. Das Hecktor kann ausgeklappt und zum Baden im Meer genutzt werden. In den 114 Kabinen des Großseglers finden bis zu 227 Passagiere Platz.

Die »Royal Clipper« ist als Kreuzfahrtschiff im Mittelmeer und der Karibik unterwegs. Es verbindet die Tradition der Großsegler mit den Annehmlichkeiten eines modernen Cruiseliners.

WIND SURF – DER GRÖSSTE MOTORSEGLER DER WELT

Die »Wind Surf« vor Bequia Island, einer Insel von St. Vincent und den Grenadinen.

Der Fünfmaster war bis 1998 als »Club Med I« unterwegs. Heute kreuzt er für den us-amerikanischen Segelkreuzfahrtveranstalter Windstar Cruises im Winter in der Karibik und im Sommer im Mittelmeer sowie in der Ostsee. Moderne Computertechnik unterstützt nicht nur die Navigation des Schiffes, sondern steuert auch das Auf- und Abrollen der sieben Segel, die eine Gesamtfläche vom immerhin 2.600 Quadratmetern umfassen. Die »Wind Surf« ist mit zwei Elektromotoren ausgestattet, sodass sie sich auch bei Flauten immer noch mit einer Geschwindigkeit von bis zu zwölf Knoten fortbewegen kann.

TRANSPORT UND VERKEHR

Schon immer hat der Traum vom Fliegen die Menschheit bewegt. Erst Ende des 19. Jahrhunderts gelangen Pionieren Gleitflüge über kurze Distanzen. Einen Meilenstein markiert der erste Motorflug der Brüder Wright 1904. Bald schon gab es neben Motorflugzeugen die ersten Hubschrauber, Flugboote, Segler, Bomber, Zeppeline. Mit der Inbetriebnahme von Strahlflugzeugen ab den 1950er-Jahren wurde das Flugzeug zum interkontinentalen Massenverkehrsmittel. Moderne Flughäfen haben heute oft die Ausdehnung mittelgroßer Städte und verfügen über eine Infrastruktur mit Terminals, Frachtzentren, Einkaufspassagen etc. Der Flugzeugbau wurde oft durch militärische Forschung vorangetrieben – viele Geschwindigkeits- und Höhenrekorde werden von Militärflugzeugen gehalten, etwa den Tarnkappenaufklärern der US Air Force.
Auch die Raumfahrt verdankt ihre Fortschritte militärischen Interessen. Die Entwicklung der Raketenantriebstechnik ab Ende des Zweiten Weltkriegs war Voraussetzung dafür, dass Amerikaner und Sowjets bald von riesigen Weltraumbahnhöfen aus zum Wettrennen in der bemannten und unbemannten Raumfahrt starteten. Höhepunkt war 1969 die Apollo-11-Mondlandemission. Danach verschob sich der Fokus auf die Nutzung und Erforschung des Weltraums durch Raumstationen, die mit Spaceshuttles angeflogen wurden, sowie durch Satelliten, Raumsonden und Weltraumteleskope.

DIE GRÖSSTEN FLUGHÄFEN DER WELT
(nach Passagieren, 2011)

1. **Hartsfield-Jackson Atlanta Int. Airport**, USA 92,4 Mio.
2. **Beijing Capital Int. Airport**, China 77,4 Mio.
3. **London Heathrow Airport** Großbritannien 69,4 Mio.
4. **O'Hare Int. Airport Chicago** USA 66,6 Mio.
5. **Tokyo Haneda Int. Airport** Japan 62,3 Mio.
6. **Los Angeles Int. Airport** USA 61,8 Mio.
7. **Aéroport Paris-Charles de Gaulle**, Frankreich 61,0 Mio.
8. **Dallas/Fort Worth Int. Airport**, USA 57,8 Mio.
9. **Flughafen Frankfurt am Main**, Deutschland 56,4 Mio.
10. **Hong Kong Chek Lap Kok Int. Airport**, China 53,3 Mio.

DIE GRÖSSTEN FLUGHÄFEN DER WELT
(nach Frachtgut in Tonnen, 2011)

1. **Hong Kong Chek Lap Kok Int. Airport**, China 3,97 Mio.
2. **Memphis Int. Airport** USA 3,92 Mio.
3. **Shanghai Pudong Int. Airport** China 3,1 Mio.
4. **Ted Stevens Anchorage Int. Airport**, USA 2,63 Mio.
5. **Incheon Int. Airport** Seoul, Südkorea 2,54 Mio.
6. **Dubai Int. Airport** Ver. Arab. Emirate 2,27 Mio.
7. **Flughafen Frankfurt** Deutschland 2,22 Mio.
8. **Louisville Int. Airport** USA 2,19 Mio.
9. **Aéroport Paris-Charles de Gaulle**, Frankreich 2,1 Mio.
10. **Narita Int. Airport** Tokio, Japan 1,95 Mio.

Das x-förmige Theme Building mit dem berühmten Encounter Restaurant ist die optische Hauptattraktion des Los Angeles International Airport. Das wie ein auf allen vieren gestrandetes Ufo anmutende Gebäude wurde 1961 im futuristischen Googie Style errichtet. Es markiert den Ort, an dem im ursprünglichen Entwurf ein riesiger Glasdom vorgesehen war, der alle Terminals und Parkplätze des Flughafens umschließen sollte.

ATLANTA INTERNATIONAL AIRPORT
DER GRÖSSTE FLUGHAFEN DER WELT (PASSAGIERE)

Nicht in den Weltmetropolen New York oder Los Angeles, sondern im international eher unbekannteren Atlanta, Georgia, befindet sich der Flughafen mit dem weltweit größten Passagieraufkommen (seit 1998).

Außer beim Passagieraufkommen (2011: über 92 Millionen, abgefertigt an rund 200 Gates) hält der Hartsfield Jackson Atlanta International Airport auch bei der Zahl der Flugbewegungen (zusammen mit Frachtverkehr rund eine Million pro Jahr) den Weltrekord. Seine Rekordwerte verdankt der Hartsfield Jackson Atlanta International Airport vor allem seiner Funktion als Luftdrehkreuz für Inlandsflüge. Seit seiner Eröffnung 1926 wuchs der Flughafen – erst Candler Field, dann Atlanta Municipal Airport genannt, bevor er 2003 nach zwei ehemaligen Bürgermeistern seinen heutigen Namen erhielt – stetig. 1948 waren bereits eine Million, 1957 über zwei Millionen Passagiere zu verzeichnen. Stück für Stück wurde die Infrastruktur ausgebaut, zuletzt 2006 mit der Vollendung des fünften Rollfelds und der Errichtung eines 121 Meter hohen Towers, des höchsten der USA und dritthöchsten der Welt. Die Bedeutung Atlantas für den Flugverkehr spiegelt sich auch darin, dass die weltgrößte Fluggesellschaft Delta Airlines hier ihren Heimatflughafen und Hauptsitz hat.

Links: Heimatflughafen von Delta Airlines, der mit 750 Verkehrsflugzeugen größten Fluggesellschaft der Welt: der Hartsfield Jackson Airport in Atlanta.

Der Hartsfield Jackson Atlanta International Airport aus der Vogelperspektive: ein riesiges Netz von Start- und Landebahnen und Rollwegen, unterteilt durch den Terminalbereich, an dessen Fluggastbrücken Dutzende von Flugzeugen andocken.

DIE GRÖSSTEN FLUGHÄFEN EUROPAS

Schon seit vielen Jahren behauptet der Flughafen London Heathrow mit knapp 70 Millionen Passagieren seinen Spitzenplatz als meistfrequentierter Flughafen Europas. Zusammen mit den anderen Flughäfen der britischen Metropole (Gatwick, Luton, Stansted u. a.), werden hier weltweit auch die meisten Passagiere im Großraum einer einzigen Stadt befördert (insgesamt knapp 130 Millionen). Zur europäischen Spitzengruppe zählen außerdem der Flughafen Paris-Charles de Gaulle, Frankfurt am Main, Schiphol/Amsterdam und Madrid-Barajas mit Passagierzahlen von jeweils mindestens 50 Millionen. Frankfurt am Main ist zudem mit 2,2 Millionen Tonnen der größte Frachtflughafen Europas (weltweit Rang 7), gefolgt von Paris-Charles de Gaulle und London-Heathrow.

DIE GRÖSSTEN FLUGHÄFEN EUROPAS
(nach Passagieren, 2011)

1. **London Heathrow Airport** Großbritannien 69,4 Mio.
2. **Aéroport Paris-Charles de Gaulle**, Frankreich 61,0 Mio.
3. **Flughafen Frankfurt am Main**, Deutschland 56,4 Mio.
4. **Luchthaven Schiphol, Amsterdam**, Niederl. 49,8 Mio.
5. **Aeropuerto de Madrid Barajas**, Spanien 49,6 Mio.
6. **Flughafen München F. J. Strauß**, Deutschland 37,8 Mio.
7. **Aeroporto di Roma-Fiumicino, L. da Vinci**, Italien 37,6 Mio.
8. **Atatürk Int. Airport, Istanbul**, Türkei 37,4 Mio.
9. **Aeropuerto Barcelona-El Prat**, Spanien 34,4 Mio.
10. **Gatwick Airport, London**, Großbritannien 33,7 Mio.

Eine der beiden Start- und Landebahnen von London-Heathrow. Mangels Platz können keine weiteren mehr gebaut werden, die Kapazität lässt sich deshalb kaum noch erweitern.

LONDON HEATHROW
Großbritannien 69,4 Mio.

Auf dem größten Flughafen Europas werden in fünf Terminals rund 70 Millionen Passagiere abgefertigt. Der Frachtumschlag beträgt rund 1,5 Milliarden Tonnen Fracht (weltweit Platz 15), was sich auf insgesamt rund 500.000 Flugbewegungen addiert. Zusammen mit dem Flughafen Paris-Charles de Gaulle und Frankfurt a. M. sind in Heathrow auch die meisten Flughafenmitarbeiter tätig (jeweils ca. 75.000). Im vom Star-Architekten Richard Rogers geplanten Terminal 5 fertigt eines der größten Gepäcksysteme der Welt auf 18 Kilometern Förderbändern ca. 12.000 Gepäckstücke pro Stunde ab.

Landeanflug über Wohnhäuser.

PARIS-CHARLES DE GAULLE
Frankreich 61,0 Mio.

Der 1974 in Betrieb gegangene Flughafen Paris-Charles de Gaulle ist nach Passagierzahlen (60 Millionen), Frachtaufkommen (gut zwei Millionen Tonnen) und Fläche (3.500 Hektar) jeweils der zweitgrößte Flughafen Europas. Über eine halbe Million Flugbewegungen werden hier auf vier parallelen Start- und Landebahnen bewältigt. Für die Abfertigung stehen drei Terminals mit mehreren Satelliten zur Verfügung, ein viertes ist in Planung.

Luftansicht von Terminal 1.

Glaskonstruktion des Terminals 2F.

FRANKFURT AM MAIN

Deutschland 56,4 Mio.

Der größte deutsche und drittgrößte europäische Flughafen (im Frachtbereich der größte) verfügt über zwei Hauptterminals, ein Lufthansa-First-Class-Terminal, zwei Frachtzentren sowie vier Start- bzw.

Lufthansa-Parade in Frankfurt.

Landebahnen. Über 100 Airlines starten hier zu 275 Zielen. Weitere Superlative sind die 340 x 140 x 45 Meter große A-380-Wartungshalle und das mit 140.000 Quadratmeter Nutzfläche größte Bürogebäude Deutschlands (»The Squaire«) über dem Flughafen-Fernbahnhof.

SCHIPHOL-AMSTERDAM

Niederlande 49,8 Mio.

In der europäischen Rangliste steht der »Luchthaven Schiphol« mit 50 Millionen Passagieren und 1,5 Millionen Tonnen Frachtumschlag jeweils an vierter Stelle (weltweit Rang 14 und 17). Einen absoluten

KLM-Maschine an einer Fluggastbrücke.

Weltrekord hält er aber doch: Er ist mit 3 Meter unter Normalnull der am tiefsten gelegene Großflughafen der Welt. Von den insgesamt sechs Start- und Landebahnen des bereits seit 1920 bestehenden Zivilflughafens gehen viele Flüge der nationalen Linie KLM in alle Welt.

Check-in-Schalter in Tokyo Haneda.

Eine riesige freitragende Stahl-Glas-Konstruktion lässt viel Licht in das neue Terminal 3 des Flughafens von Beijing.

Der wirtschaftliche Aufstieg Asiens spiegelt sich auch in der zunehmenden Verlagerung des internationalen Luftverkehrs dorthin. Waren im Jahr 2000 unter den 20 größten Flughäfen der Welt (nach Passagierzahlen) lediglich drei aus Asien vertreten, so waren dies 2010 bereits neun. Neben den alten »Platzhirschen« Tokio, Hongkong und Singapur setzen die aufstrebenden Metropolen Beijing, Shanghai, Jakarta, Dubai u. a. zum Höhenflug an – Tendenz steigend. Ähnlich sind die Verhältnisse im Frachtverkehr, wo Hongkong weltweit führend ist.

DIE GRÖSSTEN FLUGHÄFEN ASIENS
(nach Passagieren, 2011)

1. **Beijing Capital Int. Airport** China 77,4 Mio.
2. **Tokyo Haneda Int. Airport** Japan 62,3 Mio.
3. **Hong Kong Chek Lap Kok Int. Airport,** China 53,3 Mio.
4. **Soekarno Hatta Int. Airport** Jakarta, Indonesien 52,4 Mio.
5. **Dubai Int. Airport** Ver. Arab. Emirate 51,0 Mio.
6. **Suvarnabhumi Airport** Bangkok, Thailand 47,9 Mio.

BEIJING CAPITAL INTERNATIONAL AIRPORT
Beijing, China 77,4 Mio.

Der Beijing Capital International Airport (BCIA), 2002 erstmals unter den größten 30 Flughäfen der Welt (nach Passagieren) vertreten, steht seit 2010 bereits auf Platz 2 der weltweiten Rangliste (2011: 77 Millionen Passagiere). Das Herzstück des vorher chronisch überlasteten Flughafens ist das 2008 nach Plänen Sir Norman Fosters vollendete Terminal 3, das längste Einzelgebäude der Welt. Auch das Gepäcksystem beeindruckt mit Superlativen: Auf rund 68 Kilometer Gepäckbändern können pro Stunde bis zu 20.000 Gepäckstücke befördert werden.

TOKYO HANEDA
Tokio, Japan 62,3 Mio.

Der 1931 eröffnete Flughafen liegt mit 62 Millionen Passagieren (2011) weltweit an fünfter Stelle, obwohl er lange nur für nationale Flüge genutzt wurde (der internationale Luftverkehr wurde vorwiegend über Narita abgewickelt; beide Flughäfen bilden zusammen das drittgrößte Flughafensystem einer Stadt weltweit). Seit der Erweiterung 2010 um einen Terminal (jetzt drei) sowie um eine Start- und Landebahn (jetzt vier) stehen wieder vermehrt internationale Verbindungen auf dem Flugplan.

Im Terminal 2 von Tokyo Haneda.

HONGKONG CHEK LAP KOK
Hongkong, China 53,3 Mio.

Eine der schönsten Flughafenanfahrten (am Meer entlang) bietet der in den 1990er-Jahren erbaute Flughafen Hongkong Chek Lap Kok. Das Passagierterminal mit der spektakulären Dachkonstruktion (Architekt: Sir Norman Foster) ist mit 1270 Metern das zweitlängste Gebäude der Welt (2011: 53 Millionen Passagiere). Im Frachtbereich hat Chek Lap Kok 2010 den bis dahin weltweit führenden Memphis International Airport abgelöst (2011: vier Millionen Tonnen).

Im Abflugbereich von Chek Lap Kok.

DUBAI INTERNATIONAL AIRPORT
Dubai, VAE 51,0 Mio.

Der 1960 gegründete Dubai International Airport, lange Zeit nur Zwischenstopp auf dem Weg nach Süd(ost)asien, ist heute ein viel frequentiertes Flugziel mit einem der größten Duty-Free-Shops der Welt. Über 50 Millionen Passagiere steigen hier jährlich aus und zu (weltweit Rang 13). Ermöglicht wurden die Zuwächse durch den 2008 vollendeten Terminal 3, eines der größten Gebäude der Welt. Beim Frachtumschlag liegt Dubai sogar an sechster Stelle.

Laufband unter künstlichen Palmen.

SOEKARNO HATTA AIRPORT
Jakarta, Indonesien 52,4 Mio.

Der nach Plänen des Architekten Paul Andreus erbaute Flughafen nimmt in seiner Gestaltung Elemente der einheimischen Architektur auf: rote Dachziegel, Giebelfassaden in Form aneinandergereihter Häuschen, Pavillons, tropische Gärten. Trotz seiner dörflichen Anmutung drängten sich hier 2011 über 52 Millionen Passagiere (Rang 12 weltweit). Der 2009 eröffnete Terminal sowie ein weiterer vierter Terminal sollen in Zukunft noch mehr Kapazitäten schaffen.

Fernöstliche Formensprache in Jakarta.

Im Minutentakt starten und landen die Flugzeuge auf den Flughäfen der aufstrebenden Metropolen Asiens. Das rasch wachsende Passagier- und Frachtaufkommen kann dort nur durch umfangreiche An- und Neubauten bewältigt werden.

DIE GRÖSSTEN FLUGHÄFEN AUSTRALIENS / OZEANIENS UND AFRIKAS

In Australien verfügen die größten Städte des Landes auch über die meistfrequentierten Flughäfen, wobei sich die Reihenfolgen von Einwohnerzahl und Passagierdurchsatz entsprechen: Sydney, Melbourne, Brisbane, Perth, Adelaide. Der Kingsford Smith International Airport in Sydney, wo auf drei Rollbahnen nationale, kontinentale und interkontinentale (vor allem nach Asien) Flüge gleichermaßen abgehen, gehört mit 35 Millionen abgefertigten Passagieren zu den 30 größten Flughäfen der Welt.

In Neuseeland hat Auckland das mit großem Abstand größte Passagieraufkommen, liegt im kontinentalen Maßstab aber noch hinter den fünf australischen Metropolen.

Startklar: die australische Qantas-Flotte.

DIE GRÖSSTEN FLUGHÄFEN OZEANIENS
(nach Passagieren, 2006)

1. **Sydney Kingsford Smith Int. Airport**, Australien 31,0 Mio.
2. **Melbourne Airport** Australien 22,2 Mio.
3. **Brisbane Int. Airport** Australien 17,4 Mio.
4. **Auckland Int. Airport** Neuseeland 11,2 Mio.
5. **Perth In. Airport** Australien 8,0 Mio.
6. **Adelaide Airport** Australien 6,2 Mio.

Begegnung zwischen einer Boeing 747 und einer Boeing 767 des australischen Marktführers Qantas Airways auf dem größten Flughafen des Kontinents, dem Sydney Kingsford Smith International Airport.

DIE GRÖSSTEN FLUGHÄFEN AFRIKAS
(Nach Passagieren, 2011)

1. **OR Tambo Int. Airport Johannesburg,** Südafrika 18,9 Mio.
2. **Cairo Int. Airport** Ägypten 13,0 Mio.
3. **Cape Town Int. Airport** Südafrika 8,4 Mio.
4. **Mohammed V Int. Airport Casablanca,** Marokko 7,3 Mio.
5. **Hurghada Int. Airport** Ägypten 5,9 Mio.
6. **Jomo Kenyatta Int. Airport Nairobi,** Kenia 5,8 Mio.

In Afrika konzentrieren sich die größten Flughäfen ganz im Norden und im Süden des Kontinents. Die Rangliste wird angeführt von Johannesburg, wo der OR Tambo International Airport das Haupteinfallstor für interkontinentale Verbindungen nach Südafrika ist. Auch für den nationalen Flugverkehr ist er eine wichtige Drehscheibe. Mit Kapstadt und Durban gehören zwei weitere Flughäfen des Landes zu den Top Ten des Kontinents. Ägypten ist darin gleich mit drei Flughäfen vertreten (Kairo, Sharm el-Sheikh, Hurghada), allerdings haben die seit der »Arabellion« unsicheren politischen Verhältnisse des Landes 2011 zu Einbrüchen bei den Fluggastzahlen um bis zu 25 Prozent geführt.

OR Tambo Airport, Johannesburg.

DIE GRÖSSTEN FLUGHÄFEN AMERIKAS

Im Ursprungsland des Fliegens, den USA, ist das Fliegen aufgrund der riesigen Dimensionen so selbstverständlich wie anderweitig das Autofahren. Im Jahr

Im Flughafen Chicago O'Hare.

2000 waren unter den 20 größten Flughäfen der Welt (nach Passagierzahlen) alleine 13 aus den USA. Zwar haben inzwischen die asiatischen Flughäfen die US-Dominanz gebrochen, aber noch immer behauptet der Hartsfield Jackson Atlanta International Airport mit über 92 Millionen Passagieren die Spitzenposition. Weitere wichtige Flughäfen sind Chicago O'Hare, Los Angeles, Dallas-Fort Worth, Denver, New York John F. Kennedy. Viele der meistgenutzten US-Flughäfen sind nicht Enddestinationen, sondern Luftdrehkreuze großer US-Airlines, an denen Passagiere lediglich umsteigen (wie z. B. in Atlanta, Chicago, Dallas-Fort Worth) Im Frachtbereich ist weltweit (abwechselnd mit Hongkong) Memphis mit vier Millionen Tonnen umgeschlagener Fracht führend.

DIE GRÖSSTEN FLUGHÄFEN AMERIKAS
(nach Passagieren, 2011)

1. Hartsfield-Jackson Atlanta Int. Airport, USA 92,4 Mio.
2. O'Hare Int. Airport Chicago USA 66,6 Mio.
3. Los Angeles Int. Airport USA 61,8 Mio.
4. Dallas/Fort Worth Int. Airport, USA 57,8 Mio.
5. Denver Int. Airport USA 52,7 Mio.
6. John F. Kennedy Int. Airport, New York, USA 47,9 Mio.
7. McCarran Int. Airport, Las Vegas, USA 41,5 Mio.
8. San Francisco Int. Airport USA 40,9 Mio.

O'HARE INTERNATIONAL AIRPORT CHICAGO

Chigago, USA 66,6 Mio.

Verbindungstunnel in Terminal 1.

Der auf dem Areal eines Douglas-Werksflughafens erbaute Flughafen war 1961 bis 1997 der meistfrequentierte der Welt. Erst da stieß das Hauptdrehkreuz von United Airlines an die Grenzen seiner Kapazitäten. Mit 67 Millionen Passagieren (2011), für die vier Terminals und sieben Start- und Landebahnen zur Verfügung stehen, ist es heute der zweitgrößte US-Flughafen und der viertgrößte der Welt.

LOS ANGELES INTERNATIONAL AIRPORT

Los Angeles, USA 61,8 Mio.

IATA-Code der Stadt der Engel.

Von den neun Terminals des drittgrößten Flughafens der USA (nach Passagieren; nach Frachtumschlag der fünftgrößte) gehen täglich rund 600 nationale Flugverbindungen in über 90 US-Städte ab. Der internationale Flugverkehr steuert etwa ein Viertel zum jährlichen Passagieraufkommen bei (61 Millionen). Architektonisches Wahrzeichen ist das im Googie Style errichtete Theme Building.

DALLAS/FORT WORTH INT. AIRPORT

Dallas-Fort Worth, USA 57,8 Mio.

Hochbetrieb in der Abenddämmerung.

Obwohl in der texanischen Provinz gelegen, ist der Flughafen Dallas-Fort Worth dank seiner nationalen Drehkreuzfunktion (Verbindungen zu 130 US-Zielen) mit rund 58 Millionen Passagieren der viertgrößte der USA (weltweit Platz 8). Weltweit liegt er nach der Zahl der Flugbewegungen (2011: 656.000) sogar auf Platz 4 und nach Flächenausdehnung (ca. 70 Quadratkilometer) auf Rang 2.

DENVER INTERNATIONAL AIRPORT

Denver, USA 52,7 Mio.

Terminal mit Teflon-Glasfaser-Zeltdach.

Obwohl vom Passagieraufkommen (2011: 52,7 Millionen) nur auf Rang 5 (USA) bzw. auf Rang 11 (weltweit) liegend, hat der 1995 eröffnete Denver Airport zwei Weltrekorde inne: Er ist mit 140 Quadratkilometern der flächengrößte Flughafen der Welt und verfügt über die längste Startbahn weltweit (4.870 Meter), damit vollbeladene Boeings 747 und Airbusse A380 auf 1.600 Meter Meereshöhe starten können.

Auto- und Flugverkehr Seite an Seite: Mitten durch den Dallas-Fort Worth International Airport verläuft der Texas Highway 97. Er teilt den Flughafen in zwei annähernd symmetrische Hälften.

DIE GRÖSSTEN FLUGHAFENGEBÄUDE DER WELT

Terminal 3 ist mit seinen Formen und Farben eine Reverenz an chinesische Traditionen.

Kühn geschwungene Formen bestimmen das Erscheinungsbild von Terminal 3.

BEIJING CAPITAL INT. AIRPORT TERMINAL 3 – DAS LÄNGSTE FLUGHAFENGEBÄUDE DER WELT

Sein jüngstes rapides Wachstum verdankt der Beijing International Airport dem anlässlich der Olympischen Spiele 2008 errichteten Terminal 3. Mit einer Länge von 3.000 Metern ist die riesige Stahl-Aluminium-Glas-Konstruktion – übrigens Feng-Shui-konform – das längste Gebäude der Welt, mit 1,3 Millionen Quadratmetern das Gebäude mit der weltweit zweitgrößten Geschossfläche. Aus der Vogelperspektive erinnert der nach Plänen von Sir Norman Foster entstandene gigantische Bau mit seinem gewölbten Dach und y-förmig auslaufenden Enden an einen fliegenden Drachen.

DUBAI INT. AIRPORT TERMINAL 3 – DAS GRÖSSTE FLUGHAFENGEBÄUDE DER WELT NACH FLÄCHE

Durch den für 4,5 Milliarden US-Dollar erbauten Terminal 3 des Dubai International Airport wurde dessen Kapazität auf rund 60 Millionen Passagiere erhöht. Mit einer Gesamtgeschossfläche von knapp 1,2 Millionen Quadratmetern ist es – nach den Abraj Al-Bait Towers in Mekka – das zweitgrößte Gebäude der Welt überhaupt und das größte Flughafengebäude der Welt in dieser Rubrik. Der vom renommierten Architekten Paul Andreu entworfene Terminal wird dominiert durch geschwungene, transparente Elemente, die sich an typische Formen aus dem Flugzeugbau anlehnen.

Trotz seiner riesigen Dimensionen – wie hier gut erkennbar – wirkt der Terminal 3 des Beijing Capital International Airport leicht und transparent.

TEMPELHOF – DAS GRÖSSTE FLUGHAFENGEBÄUDE EUROPAS

Die »Mutter aller Flughäfen« (Sir Norman Foster), 1936 bis 1941 nach Plänen von Ernst Sagebiel erbaut, wurde mit ihrem monumentalen bogenförmigen Flughafengebäude (Länge: 1.230 Meter) auf sechs Millionen Passagiere pro Jahr, das 30-Fache des damaligen Passagieraufkommens, ausgelegt. Mit einer Bruttogeschoßfläche von 307.000 Quadratmetern war das Flugsteige und Hangars umfassende Flughafengebäude für einige Jahre das flächenmässig größte Gebäude der Welt. Außen- und Innenfassade spiegeln die Ambivalenz von nationalsozialistischer Monumentalität und Neuer Sachlichkeit wider. Wegweisend waren die unterirdische Straßen- und Bahnanbindung sowie die Lenkung der Verkehrsströme durch die bauliche Funktionstrennung diverser Ebenen und Gebäudeflügel, mit jeweils separaten Bereichen für Besucher, Abflug, Ankunft, Fracht etc. Unter dem zum Vorfeld hin auf einer Länge von 380 Metern fast 50 Meter weit auskragenden Vordach konnten die Passagiere trockenen Fußes die Flugzeuge besteigen und verlassen. Nach 1945 wurde der Flughafen, der unter dem Naziregime als Konzentrationslager genutzt wurde, bis zur Einstellung des Betriebs 2008 militärisch (US Army) und zivil genutzt.

Fast 20 Meter hoch: die Abfertigungshalle. Darüber befand sich einst ein »Ballsaal«.

DIE BERLINER LUFTBRÜCKE

Von den Berlinern sehnlichst erwartet: ein »Rosinenbomber« im Anflug auf Tempelhof.

Nach Einführung der D-Mark in Westberlin ließ der sowjetische Staatschef Stalin am 24. Juni 1948 die allesamt durch die sowjetische Besatzungszone verlaufenden Transitwege nach Berlin blockieren. Daraufhin beschlossen die Amerikaner, eine Luftbrücke zu installieren und die abgeriegelte Stadt aus der Luft zu versorgen. Innerhalb eines knappen Jahres kamen so bei 280.000 Flügen auf dem Flughafen Tempelhof rund 2,3 Millionen Hilfslieferungen an. Für die Berliner Kinder warfen die Piloten vor der Landung Päckchen mit Süßigkeiten ab – daher der Spitzname »Rosinenbomber«. Am Ende hatte Berlin gewonnen: Am 12. Mai 1949 hob Stalin die Blockade wieder auf.

Historisches Wahrzeichen nationalsozialistischen Größenwahns, aber auch avancierter Ingenieursbaukunst: das gigantische bogenförmige Flughafengebäude von Berlin-Tempelhof. Auf dem über Treppentürme zu erreichenden Dach wollten die Nationalsozialisten Tribünen für rund 100 000 Zuschauer errichten lassen, die dort den Reichsflugtagen beiwohnen sollten – wozu es nicht mehr kam.

Wie ein gewaltiges, am Boden kriechendes »Urviech« kommt das gegenwärtig größte im Einsatz befindliche Flugzeug der Welt daher, wenn es auf seinen 32 Rädern auf die Landebahn rollt. Das Frachtflugzeug Antonow AN-225 war einst für den

Der Koloss AN-225 hebt ab …

regelmäßigen Huckepack-Transport der Raumfähre »Buran« vorgesehen. Abgeleitet wurde es aus dem kleineren Modell Antonow AN-224. Beide Flugzeuge haben denselben Rumpfdurchmesser (40 Meter), Rumpf und Flügelspannweite wurden um jeweils 15 auf 85 bzw. 88 Meter verlängert, die vier Turbofan-Triebwerke um zwei weitere ergänzt. Für den Außentransport von Lasten wurde am Heck eine riesige, bizarr aussehende Höhen- und Seitenleitwerkkonstruktion montiert.

Das Frachtraumvolumen von 1220 Kubikmetern und die maximale Zuladung von 250 Tonnen übertreffen die Maße aller anderen Frachtflugzeuge beträchtlich und machen selbst den Einzelbetrieb des Flugzeugtyps rentabel (nur ein einziges Exemplar, das 1988 produziert

… und hält sich tatsächlich in der Luft.

wurde und zwischenzeitlich stillgelegt war, ist im Einsatz; ein weiteres ist im Kiewer Werk eingelagert).
Die AN-225 hält eine ganze Reihe von Gewichts-, Strecken- und Höhenweltrekorden für Frachtflugzeuge (schwerste transportierte Gesamtfracht: 247 Tonnen; schwerstes Einzelfrachtstück: 190 Tonnen). Zugelassen ist der Flugriese für ein Startgewicht von gut 600 Tonnen. Die Beladung kann ohne aufwendige Infrastruktur über eine simple Rampe erfolgen, indem die Flugzeugnase einfach aufgeklappt und der Bug abgesenkt wird.

DAS GRÖSSTE FRACHTFLUGZEUG DER WELT

Rund um die Welt zu Sondereinsätzen unterwegs ist die Antonow AN-225. Hier ist sie am 11. August 2009 gerade auf dem Flughafen Frankfurt-Hahn gelandet, um das größte und schwerste Einzelstückgut, das jemals per Luftfracht transportiert worden ist, an Bord zu nehmen: einen 190 Tonnen schweren, für Armenien bestimmten Kraftwerksgenerator. Kein anderes Flugzeug wäre in der Lage, diese Rekordfracht zu transportieren.

Mit seinem Erstflug 2005 hat der Airbus A380 den damaligen Rekordhalter Boeing 747 als größtes Passagierflugzeug der Welt abgelöst. Zwar ist der Airbus mit einer Rumpflänge von 72 Metern kürzer als sein Konkurrent, übertrifft ihn jedoch

A380 mit zweistöckiger Kabine.

hinsichtlich aller anderen Maße. Aufgrund der Flügelspannweite von 80 Metern und der Höhe von 24 Metern kann der A380 nur auf wenigen dafür angepassten Flughäfen landen und abgefertigt werden. Je nach Ausstattungsvariante finden 525 bis 850 Passagiere Platz, die auf zwei durchgängigen Passagierdecks untergebracht sind – äußerlich erkennbar an der Doppelreihe von Fenstern auf beiden Seiten. Dank des Einsatzes neuer, leichterer Verbundwerkstoffe bei Struktur und Komponenten konnte das Leergewicht auf 275 Tonnen begrenzt werden, als Startgewicht sind maximal 560 Tonnen zugelassen. Vier Triebwerke mit einem Schub von je 310 bis 320 kN bringen den A380 auf eine Reisegeschwindigkeit von 920 km/h, die Reichweite beträgt rund 15.000 Kilometer.

DAS GRÖSSTE PASSAGIERFLUGZEUG DER WELT

Betreibt die größte Flotte der A 380: Fluggesellschaft Emirates.

Einer von mehreren Lufthansa-A-380 auf dem Rollfeld.

Eine A 380 der in Dubai ansässigen Fluggesellschaft Emirates hoch in den Lüften. Emirates erhielt 2008 das zweite gebaute Serienflugzeug dieses Typs und hatte 2012 bereits über 20 Exemplare im Einsatz. 90 wurden insgesamt bestellt. In der First bzw. Business Class stehen sogar Duschkabinen, Bord Lounges, Privatsuiten und Flachbettsessel zur Verfügung.

BOEING, EVERETT

Zwar baut Boeing nicht mehr das größte Verkehrsflugzeug der Welt, einen Superlativ kann der US-Flugzeughersteller nach wie vor für sich beanspruchen: Auf seinem Firmengelände in Everett, rund 50 Kilometer nördlich von Seattle, befindet sich die mit 13 Millionen Kubikmeter umbautem Raum größte Halle der Welt. Errichtet wurde sie 1967 für die Produktion des damals neuen Jumbo 747,1993 wurde sie anlässlich der Einführung der Boeing 777 um die Hälfte erweitert. Heute werden hier auf einer Gesamtgrundfläche von vier Millionen Quadratmetern über 60 Flugzeuge der Typen 747, 767, 777 und 787 (Dreamliner) gleichzeitig endmontiert. Im Rahmen der Future of Flight Aviation Center and Boeing Tour haben Besucher die Gelegenheit, einem Teil der insgesamt 25.000 Mitarbeiter in einem spektakulären Wirrwarr von gigantischen Fließbändern, Gerüsten, Kränen bei der Endfertigung zuzusehen.

Endmontage Boeing 787 »Dreamliner«.

Seit 1967/68 wird die Boeing 747 gebaut, das über viele Jahre hinweg größte Verkehrsflugzeug der Welt. Und ein Ende der Produktion ist nicht in Sicht. Genauso alt ist auch die eigens dafür errichtete Produktionshalle in Everett bei Seattle. Hier stehen gleich mehrere Exemplare des »Jumbojet« für die Endmontage bereit.

DIE GRÖSSTE HALLE DER WELT

DIE SCHNELLSTEN BEMANNTEN FLUGZEUGE DER WELT

X-15 – DAS SCHNELLSTE FLUGZEUG BEMANNTE DER WELT

Ein von einem Piloten gesteuertes Flugzeug, das mit fast siebenfacher Schallgeschwindigkeit fliegt und Höhen von über 100 Kilometern erreicht? Das gab es tatsächlich! 1959 hob eines von drei gebauten Experimentalflugzeugen des

Präsentation der X-15.

Typs »North American Aviation X-15« zum Erstflug ab. Der Start der Extremflugzeuge erfolgte in 15.000 Meter Höhe von einer B-52 aus. Bei 199 Flügen (bis 1968) wurden die Rekordmarken von 7.274 km/h sowie 107.960 Höhenmetern erreicht. Um den extremen Kräften und Temperaturen widerstehen zu können, kamen neue Werkstoffe zum Einsatz.

X-43A – DAS SCHNELLSTE UNBEMANNTE FLUGZEUG DER WELT

Gemälde eines X-43-Scramjet.

Fast zehnfache Schallgeschwindigkeit (12.144 km/h) erreichte 2004 das von Boeing und NASA entwickelte unbemannte Experimentalflugzeug X-43A. Eine B-52 (als fliegende Startrampe) und eine Pegasus-Rakete brachten es auf eine Flughöhe von 30.000 Metern. Erst da setzte es mit seinem Staustrahltriebwerk (Scramjet) zum eigenständigen Flug an, jedoch nur wenige Sekunden lang.

HEINKEL HE 178 – DAS ERSTE DÜSENFLUGZEUG DER WELT

Als am 27. August 1939 auf dem Gelände der Rostocker Heinkel-Flugzeugwerke ein Flieger mit ohrenbetäubendem Lärm zum Jungfernflug startete, wurde damit ein neues technisches Zeitalter eingeläutet. Die Heinkel He 178 war nämlich nicht mit den bis dahin gängigen Propellern und

Heinkel He 178, Aufnahme von 1942.

Kolbenmotoren ausgestattet, sondern verfügte über ein Strahltriebwerk, bei dem Luft verdichtet, Treibstoff eingespritzt und entzündet und dann über die aus Düsen herausgepressten Abgase eine Turbine samt Kompressor angetrieben wird. Mit diesem damals revolutionären Prinzip konnte die Geschwindigkeit erheblich gesteigert werden: Testpilot Erich Warsitz donnerte mit 600 km/h über den Flugplatz. Der Ausbruch des Zweiten Weltkriegs wenige Tage später beendete die Weiterentwicklung der He 178 zur Serienreife. 1942 hob erstmals die Messerschmidt Me 262 ab, das erste in Serie gebaute Strahlflugzeug.

Eine X-15 löst sich gerade in großer Höhe von seiner fliegenden Startrampe, einer B-52, um auf Höhen- und Geschwindigkeitsrekord zu gehen.

BELL X-1 – DAS ERSTE ÜBERSCHALLFLUGZEUG DER WELT

Rekordflugzeug »Glorious Glennis« (1947).

Am 14. Oktober 1947 startet in 7.000 Meter Höhe aus dem Bombenschacht einer B-29 heraus ein Spezialflugzeug zu einer ganz besonderen Mission. Charles »Chuck« Yeager, der Pilot der wegen ihrer projektilähnlichen Form »Geschoss mit Flügeln« genannten Bell X-1, zündet die mit Methylalkohol und Sauerstoff betriebenen Brennkammern des Raketentriebwerks und durchbricht in 13.000 Meter Höhe erstmals in der Geschichte der Luftfahrt die Schallgrenze (1.127 km/h = Mach 1,06). 1953 übertraf die weiterentwickelte Version X-1a erstmals Mach 2.

DAS FLUGZEUG MIT DEM HÖCHSTEN ENTWICKLUNGSBUDGET

Schon rein äußerlich erregt der 1993 i Dienst gestellte strategische Langstreckenbomber Aufsehen: Er ist ein Nurflügler, bei dem Rumpf und Flügel eine Einheit bilden und keine Höhen- und Seitenleitwerke vorhanden sind. Diese Bauform hat sehr gute »Tarnkappen«-Eigenschaften (engl. »stealth«), d. h., das Flugzeug ist schwieriger durch Radarstrahlen zu erfassen. Diesem Zweck dienen auch die Verwendung von kohlenstofffaserverstärktem Kunststoff und radarab-sorbierenden Materialien sowie die Verwendung von Zickzack- und Sägezahnformen. All dies hat natürlich seinen Preis: Die Entwicklungs- bzw. Anschaffungskosten belaufen sich pro Flugzeug auf ca. zwei Milliarden bzw. eine Milliarde US-Dollar (bedingt durch die geringe Stückzahl von nur 21 gebauten Flugzeugen).

B-2 beim Abwurf von Präzisionsmunition.

Auf der Andersen Air Force Base, Guam.

Stealth-Bomber vom Blitz erhel

Eine B-2 Spirit Stealth beim Auftanken durch eine Boeing KC-135 in der Luft. Dank solcher Manöver konnte eine B-2 im Afghanistankrieg 2001 den mit 44 Stunden längsten Kampfeinsatz der Militärluftfahrt absolvieren: vom Stützpunkt in Missouri nach Afghanistan, weiter zu Auftanken und Wiederbewaffnung nach Guam und von dort über Afghanistan wieder zurück in die USA.

DIE FLUGZEUGE MIT DEN GRÖSSTEN FLUGHÖHEN

U-2

Als 1960 eine U-2 über der UdSSR abgeschossen wurde, erfuhr alle Welt von ihrer Mis-

Eine U-2 auf Aufklärungsmission.

sion. Das Spionageflugzeug kann bis auf eine Höhe von 25.900 Metern steigen und war lange Zeit für gegnerische Luftstreitkräfte unerreichbar.

MIG-25

Rekordversionen des russischen Abfangjägers und Aufklärers MiG-25 stellten eine Reihe von

Eine libysche MiG-25 (1981).

Weltrekorden auf. Bestand hat immer noch der Höhenrekord für nicht raketengetriebene Flugzeuge: 37.650 Meter – allerdings nur im Parabelflug.

LOCKHEED SR-71A BLACKBIRD

Schon äußerlich gibt sich der ab 1966 in Dienst gestellte strategische Aufklärer als Flugzeug der Extraklasse zu erkennen: fließende, gewellte Formen, Fehlen von rechten Winkeln, schwarze Lackierung, zwei schräg nach innen gestellte Seitenleitwerke – alles »Tarnkappen«-Merkmale, die das Aufspüren erschweren sollen. Und auch seine Flugleistungen haben es in sich: Der »Blackbird« ist sowohl mit als auch ohne Nutzlast das schnellste Flugzeug der Welt ohne Raketenantrieb, sein absoluter Geschwindigkeitsrekord beträgt 3.529 km/h. Und dies alles in fast unerreichbaren Höhen: Im Horizontalflug erreichte der »Überflieger« 26.213 Meter – auch das Weltrekord.

Blackbirds auf der Edwards Air Force Base.

Zu schnell und zu unsichtbar, um abgeschossen zu werden: eine Lockheed SR-71-A hoch über den Wolken. Von 1966 bis 1968 wurden 32 Exemplare des Hochleistungsaufklärers gebaut. Obwohl kein klassisches Stealth-Flugzeug, kam bereits Tarnkappentechnik zum Einsatz. Die Verwendung gekrümmter Formen und die Vermeidung von rechten Winkeln reduzierten die Radarsignatur erheblich. 1998 wurde das Programm eingestellt, verbliebene Maschinen wurden Museen übergeben.

DIE BEDEUTENDSTEN WELTRAUMBAHNHÖFE DER WELT

Weltraumbahnhöfe sind Raketenstartplätze, von denen aus Raumfahrzeuge in den Orbit geschossen werden können. Sie verfügen über Startrampen für Trägerraketen von so enormer Schubkraft, dass sie Satelliten, Raumsonden oder bemannte Raumkapseln mit einer Geschwindigkeit von mindestens 28.000 Stundenkilometern in eine Umlaufbahn um die Erde bringen können. Da der Fehlstart einer Rakete nicht ausgeschlossen werden kann, liegen die meisten der rund ein Dutzend Weltraumbahnhöfe, die zurzeit auf der Erde betrieben werden, in dünn besiedelten Gebieten und möglichst an der Küste. Nicht nur die großen Raumfahrtnationen USA, Russland und China, auch Staaten wie Brasilien, Indien oder Japan unterhalten mittlerweile Weltraumbahnhöfe. Sie werden – nicht anders als die Anlagen der großen Weltraummächte – wohl auch für militärische Zwecke genutzt. Der Betrieb eines Weltraumbahnhofs ist außerdem ein lukratives Geschäft. Die Starts kommerzieller Satelliten bringen dem Hausherrn viele Millionen Dollar ein. Im Oktober 2011 wurde im US-Bundesstaat New Mexico ein privat betriebener Weltraumbahnhof für touristische Ausflüge ins All eingeweiht.

Am 8. Juli 2011 brach die »Atlantis« vom Kennedy Space Center auf Cape Canaveral zu einem 13-tägigen Flug zur Internationalen Raumstation auf. Es war der allerletzte Flug eines Spaceshuttles. Die legendäre Raumgleiter-Flotte wurde 20 Jahre nach dem ersten Einsatz stillgelegt.

CAPE CANAVERAL AIR FORCE STATION

USA, Florida — US Air Force

Angefangen bei dem Flug von Alan Shepard, der im Mai 1961 als erster Amerikaner ins All geschossen wurde, bis hin zur Apollo 7-Mission vom Oktober 1968 sind alle bemannten Raumflüge der USA von diesem Weltraumbahnhof aus gestartet. Von den 47 Startrampen, die seit der Inbetriebnahme 1949 auf dem Gelände gebaut wurden, werden zurzeit nur vier für Satellitenstarts genutzt. Im Januar 1967 war die Air Force Station Schauplatz einer Tragödie: Drei Astronauten verbrannten bei einer Routineübung.

KENNEDY SPACE CENTER

USA, Florida — NASA

Der in unmittelbarer Nachbarschaft der Cape Canaveral Air Force Station gelegene Weltraumbahnhof bildete den Ausgangspunkt für viele bemannte Flüge ins All. Von hier aus brachen zwischen 1968 und 1972 die Apollo-Missionen zu ihren spektakulären Mondlandeunternehmen auf. Auch die Startrampen und eine Landebahn für die Spaceshuttles, mit denen zwischen 1981 und 2011 Astronauten ins All und zur ISS befördert wurden, befinden sich hier. Das Besucherzentrum des Kennedy Space Center informiert über alle interessanten Aspekte der Raumfahrt.

DIE BEDEUTENDSTEN WELTRAUMBAHNHÖFE DER WELT

BAIKONUR

Kasachstan — Roskosmos

Der seit der Auflösung der Sowjetunion auf dem Gebiet der unabhängigen Republik Kasachstan liegende Weltraumbahnhof wurde 1994 von Russ-

Raketenstartvorbereitung in Baikonur.

land gepachtet und wird von der Raumfahrtbehörde des Landes genutzt. Im Kosmodrom werden nicht nur zahlreiche Satelliten ins All geschossen, hier sind bis heute auch sämtliche bemannte russische Raumflüge gestartet. Im April 1961 brach in Baikonur mit Juri Gagarin der erste Mensch zu einem 106-minütigen Ausflug in den Weltraum auf.

SATISH DHAWAN SPACE CENTER

Indien, Andhra Pradesh — ISRO

Der an der südostindischen Küste gelegene Weltraumbahnhof wurde 1971 in Betrieb genommen. Obwohl nicht alle Starts erfolgreich verliefen, wurden einige Satelliten in eine Erdumlaufbahn gebracht. Bis 1980 wurden die indischen Satelliten mithilfe von sowjetischen Trägerraketen ins All geschossen. 1980 gelang erstmals der Start einer indischen Rakete und 2008 der einer Mondsonde. Spätens im Jahr 2015 soll der Weltraumbahnhof Ausgangspunkt eines bemannten Raumflugs sein.

Start der Mondsonde Chandrayaan-1.

TANEGASHIMA UCHU SENTA

Japan, Tanegashima — JAXA

Japans größter Weltraumbahnhof wurde auf der südlich von Kyushu gelegenen Insel Tanegashima errichtet und 1969 in Betrieb genommen. Von hier aus werden Wetter- und Forschungssatelliten in den Orbit gebracht. Die Beobachtung der Erdoberfläche zählt zu den primären Aufgaben der japanischen Raumfahrtagentur. Ihre Raumsonden leisten aber auch wichtige Beiträge bei der Erforschung des Mondes und des Planetensystems. Kibo, das größte Modul der ISS, kommt aus Japan.

Start der Venussonde Akatsuki.

Start einer Delta 2-Rakete auf der Vandenberg Air Force Base.

VANDENBERG AIR FORCE BASE

USA, Kalifornien — **USAF**

Dieser Stützpunkt der US Air Force verfügt über 50 Startrampen, die größtenteils unterirdisch angelegt und für den Start von Interkontinentalraketen gebaut wurden. Da er aufgrund seiner günstigen Lage an der Pazifikküste den Start von Satelliten, die die Erde in einem polaren Orbit umkreisen sollen, erlaubt, wird er aber auch für zivile Zwecke genutzt. Ursprünglich sollten von Vandenberg aus auch Space-shuttles ins All starten. Nach dem Challenger-Unglück von 1986, das zu einer Überprüfung des gesamten Shuttleprogramms führte, wurde der Plan aber aufgegeben.

CENTRE SPATIAL GUYANAIS

Französisch-Guayana, Kourou — **ESA**

Dieser Weltraumbahnhof wird vom französischen Centre National d'Etudes Spatial gemeinsam mit der europäischen Raumfahrtbehörde und dem Unternehmen Arianespace betrieben. Bis 2011 wurde er ausschließlich als Startplatz für Ariane-Raketen genutzt. Im Oktober 2011 hob die erste Sojus-Rakete mit zwei Satelliten des europäischen Navigationssystems Galileo in Guyana vom Boden ab. Grundlage hierfür bildet ein russisch-europäischer Kooperationsvertrag. Die erste der neuen europäischen Vega-Raketen startete im Februar 2012 mit neun kleinen Forschungssatelliten ins All.

Start einer Ariane-Rakete auf Kourou.

Am 12. Mai 2012 startete eine Sojus-Rakete mit einer Sojus-Raumkapsel an der Spitze vom Kosmodrom in Baikonur, um drei neue Besatzungsmitglieder zur Internationalen Raumstation zu bringen. Die Crew der ISS wird halbjährlich ausgetauscht. Seit der Stilllegung der Spaceshuttles starten die Besatzungen der Raumstation ausschließlich von dem von Russland betriebenen Weltraumbahnhof aus.

DIE BEDEUTENDSTEN WELTRAUMBAHNHÖFE DER WELT

JIUQUAN WEIXING FASHE ZHONGXIN

VR China, Jiuquan, Gansu

Der 1958 gegründete Raketenstartplatz liegt in der Inneren Mongolei, rund 200 Kilometer von der Stadt Jiuquan entfernt.

»Shenzhou 9« an der Startrampe.

Liu Yang, Chinas erste Raumfahrerin.

Er ist der älteste und immer noch größte von vier Weltraumbahnhöfen, die die Volksrepublik China zurzeit betreibt. 1970 wurde hier der erste chinesische Satellit in eine Erdumlaufbahn geschossen, und 2003 brach von hier aus mit der »Shenzhou 5« das erste bemannte Raumschiff der Volksrepublik ins All auf. Auch der Start der ersten chinesischen Raumstation »Tiangong 1«, die seit September 2011 die Erde umkreist, erfolgte vom Jiuquan Space Center aus. In der Station sollen Astronauten auf längere Weltraumaufenthalte vorbereitet werden.

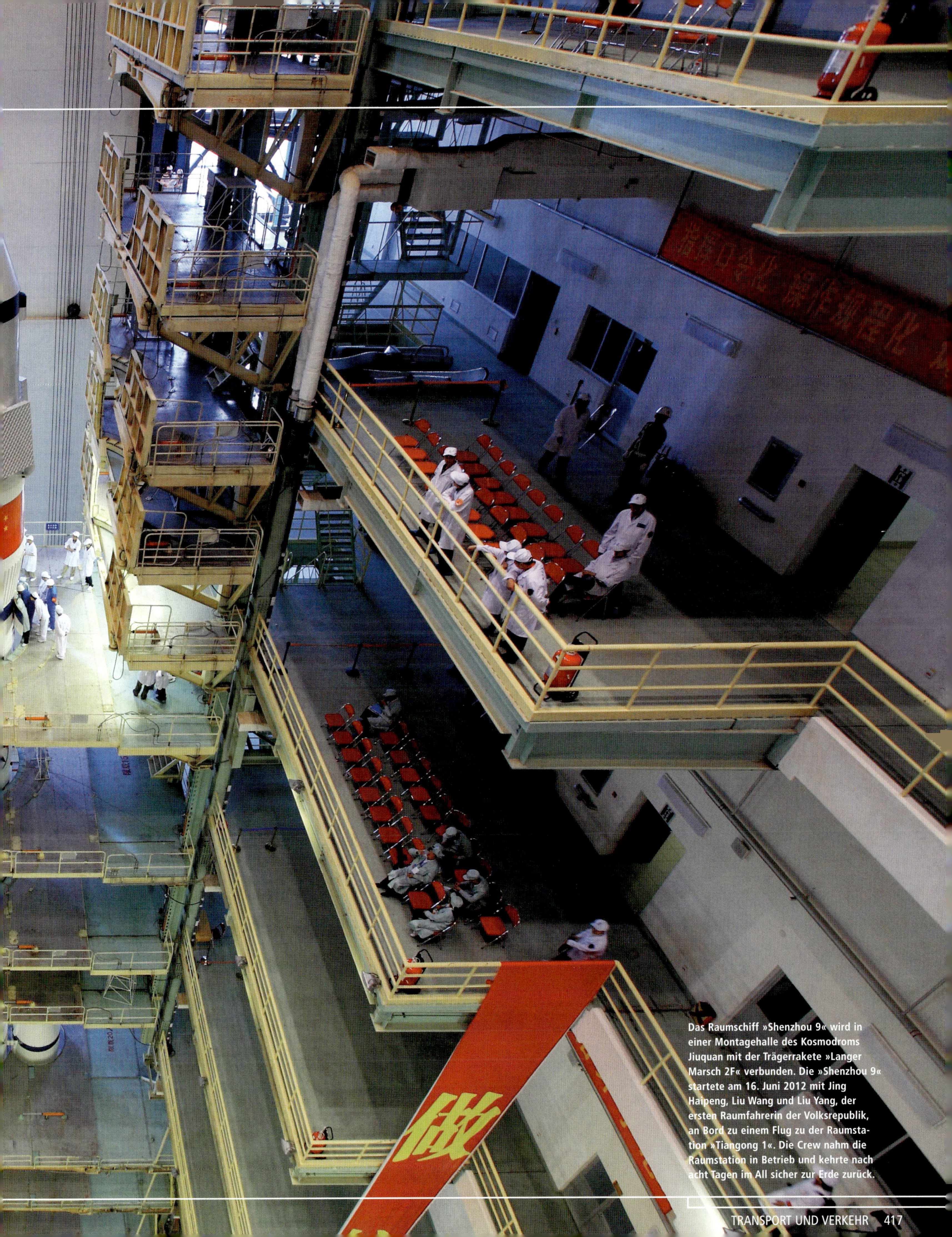

Das Raumschiff »Shenzhou 9« wird in einer Montagehalle des Kosmodroms Jiuquan mit der Trägerrakete »Langer Marsch 2F« verbunden. Die »Shenzhou 9« startete am 16. Juni 2012 mit Jing Haipeng, Liu Wang und Liu Yang, der ersten Raumfahrerin der Volksrepublik, an Bord zu einem Flug zu der Raumstation »Tiangong 1«. Die Crew nahm die Raumstation in Betrieb und kehrte nach acht Tagen im All sicher zur Erde zurück.

DIE GRÖSSTEN UND STÄRKSTEN RAKETEN DER WELT

SATURN V	USA
Höhe	110,6 m
Startgewicht	2.934,8 t
Startschub	33.578 kN
max. Nutzlast	133 t

Die Raketen der Reihe trugen wesentlich zum Erfolg des Mondlandeprogramms der USA bei. Von Apollo 8 bis Apollo 17 starteten alle Raumschiffe des Projekts mit diesen Raketen. Mit der letzten Saturn V startete 1973 ein Skylab ins All.

Dritte Stufe einer Saturn V.

Zweite Stufe einer Saturn V.

SATURN V – DIE RAKETE ZUM MOND

Bis heute ist die für das Mondlandeprogramm der NASA entwickelte Saturn V die leistungsstärkste Rakete, die jemals gebaut wurde, geblieben. Die dreistufigen Giganten dieser Reihe beförderten die Apollo-Raumschiffe samt Landefähren in eine hohe Erdumlaufbahn, die dann einen Schwenk in Richtung Mond gestattete. Die fünf Triebwerke der beim Start gezündeten ersten Stufe trugen die Rakete innerhalb von nur zweieinhalb Minuten auf eine Höhe von 61 Kilometern. Sie verbrauchten 2.000 Tonnen Treibstoff und waren danach ausgebrannt. Mit der nach dem Abwurf der ersten gezündeten zweiten Stufe erreichte die Rakete eine Höhe von 185 und eine Stundengeschwindigkeit von 24.600 Kilometern. Zwölf Minuten nach dem Start wurde diese Stufe abgeworfen und die dritte gezündet, die das Raumschiff in den Orbit brachte. Bevor es Kurs auf den Mond nahm, umkreiste es die Erde mehrmals. Das Triebwerk der dritten Stufe blieb dabei ausgeschaltet. Für den Schwenk in Richtung Mond wurde es erneut gezündet. Danach wurde die dritte Stufe abgekoppelt und entsorgt.

Start von Apollo 11 am 16. Juli 1969.

Die Raumkapsel »Columbia« beim Start.

Im Zuge des 1960 begonnenen »Wettlaufs zum Mond« wurden auch in der Sowjetunion Pläne für einen benannten Raumflug zum Erdtrabanten erarbeitet. Die sowjetische Raumfahrttechnik war in der Zeit hoch entwickelt und schien der amerikanischen weit voraus. Immerhin hatten die Sowjets bereits 1957 den weltweit ersten Satelliten gestartet, 1959 eine Sonde zum Mond und mit Jurij Gagarin 1961 erstmals einen Menschen ins All geschickt.

N1	Sowjetunion
Höhe	105,3 m
Startgewicht	2.750 t
Startschub	43.300 kN
max. Nutzlast	70 t

Ihr Mondlandeprogramm jedoch wurde nicht umgesetzt und 1974 abgebrochen. Experten vermuten, dass das Fehlen einer geeigneten Trägerrakete ein Grund für das Scheitern war. Alle Testflüge der für diesen Zweck gebauten N1 blieben erfolglos.

Die am Johnson Space Flight Center in Houston 1977 aufgebaute »Saturn V« wurde aus den Stufen verschiedener Raketen des Typs zusammengebaut. Die gewaltigen fünf F-1 Triebwerke der ersten Stufe haben einen Durchmesser von drei Metern. Das Space Flight Center beherbergt das Mission Control Center, das die Apollo-Missionen überwachte und heute die Flüge zur ISS kontrolliert.

DIE GRÖSSTEN RAUMFAHRZEUGE DER WELT

SPACESHUTTLE USA

Höhe	48,9 m
Startgewicht	2.046 t
Startschub	30.160 kN
max. Nutzlast	24,5 t

Die Spaceshuttles waren die ersten wiederverwendbaren

Das Spaceshuttle »Discovery«.

Raumfahrzeuge. Nicht nur die Raumfähren, auch die beiden Feststoffraketen, die beim Start eines Shuttles rund 83 Prozent des Schubs lieferten, wurden immer wieder eingesetzt. Sie waren an dem riesigen Außentank, der das Shuttle mit Treibstoff versorgte, angebracht und bereits zwei Minuten nach dem Start ausgebrannt. Nach ihrer Abtrennung gleiteten sie an Fallschirmen in den Atlantik und konnten geborgen werden. Das Shuttle flog mit seinen Haupttriebwerken weiter und beschleunigte in nur sechs Minuten auf 27.328 Stundenkilometer. Mit Erreichen des Orbits, wurden die großen Haupttriebwerke abgeschaltet und der nicht wiederverwendbare Außentank abgeworfen. Die Landung wurde mit einem Bremsmanöver eingeleitet. Die Shuttles schwebten dann im Gleitflug zur Erde zurück. Beim Wiedereintritt in die Atmosphäre waren sie rund 25.800, beim Aufsetzen auf der Landebahn noch 346 Stundenkilometer schnell. Zwischen 1981 und 2011 starteten die fünf Shuttles insgesamt 135-mal ins All. Auf diesen Flügen wurden u. a. Satelliten transportiert und Astronauten zur MIR und später zur ISS gebracht. 1986 explodierte die »Challenger« kurz nach dem Start, 2003 verglühte die »Columbia« bei der Landung aufgrund eines Defekt am Hitzeschild.

Am 29. September 1988 startete die »Discovery« zu einem fünftägigen Flug ins All. Es war die erste Spaceshuttle-Mission nach der Challenger-Katastrophe vom 28. Januar 1986, bei der alle sieben Astronauten starben. Das Unglück hatte große Diskussionen um das Raumfahrtprogramm der USA ausgelöst.

BURAN	Sowjetunion
Höhe	58,8 m
Startgewicht	o.A.
Startschub	35.000 kN
max. Nutzlast	22 t

Die Trägerrakete »Energija« mit der Raumfähre »Buran« an der Startrampe.

Das Raumfahrzeug wurde in den 1970er- und 1980er-Jahren entwickelt. Obwohl es zunächst eine Kopie des Spaceshuttles zu sein scheint, basiert es auf einer anderen Technologie. Während die US-Fähren über eingebaute Haupttriebwerke verfügten, die nur in den ersten Minuten nach dem Start von Feststoffraketen unterstützt wurden und danach den Antrieb übernahmen, wurde der sowjetische Raumgleiter von einer riesigen Rakete, der »Energija«, in den Orbit befördert. Die erste Stufe dieser Rakete bestand aus Flüssigkeitsraketentriebwerken, die nach ihrem Ausbrennen abgeworfen wurden und an Fallschirmen zur Erde glitten. Nur die Hauptstufe mit dem riesigen Tank konnte nicht wiederverwendet werden. 1988 startete eine Buran auf einer »Energija« zu einem unbemannten Flug, der erfolgreich verlief. Das Programm wurde dennoch aus Kostengründen gestoppt.

VEHICLE ASSEMBLY BUILDING

Die »Discovery« wird nach der Montage der Feststoffraketen und des Außentanks aus dem Vehicle Assembly Building zur Startrampe gerollt. Sowohl nach der Challenger- als auch nach der Columbia-Katastrophe war sie das erste Shuttle, das wieder zum Einsatz kam.

DIE HÖCHSTE MONTAGEHALLE DER WELT

Vehicle Assembly Building

Die Montagehalle am Startkomplex 39 des Kennedy Space Center wurde für den Zusammenbau der fast 111 Meter hohen Saturn V-Raketen errichtet und 1966 eingeweiht. Sie umfasst eine Fläche von rund 34.438 Quadratmetern und ist 160,3 Meter hoch. In dem Gebäude befinden sich vier Montagestätten, in denen drei Saturn V gleichzeitig zusammengebaut werden konnten. Jeder Bereich verfügt über ein riesiges 139 Meter hohes Tor, durch das die Raumfahrzeuge zu ihren Startplätzen gelangen. Zwischen 1981 und 2011 wurden im Vehicle Assembly Buildung die Spaceshuttles mit ihren Außentanks und den Feststoffraketen verbunden und auf einer mobilen Plattform zu ihren Startplätzen gebracht. Mehr als 70 Kräne, darunter fünf Brückenkräne, von denen zwei 325 Tonnen heben können, stehen bis heute für die Montagen bereit.

Ares-Rakete in der Montagehalle.

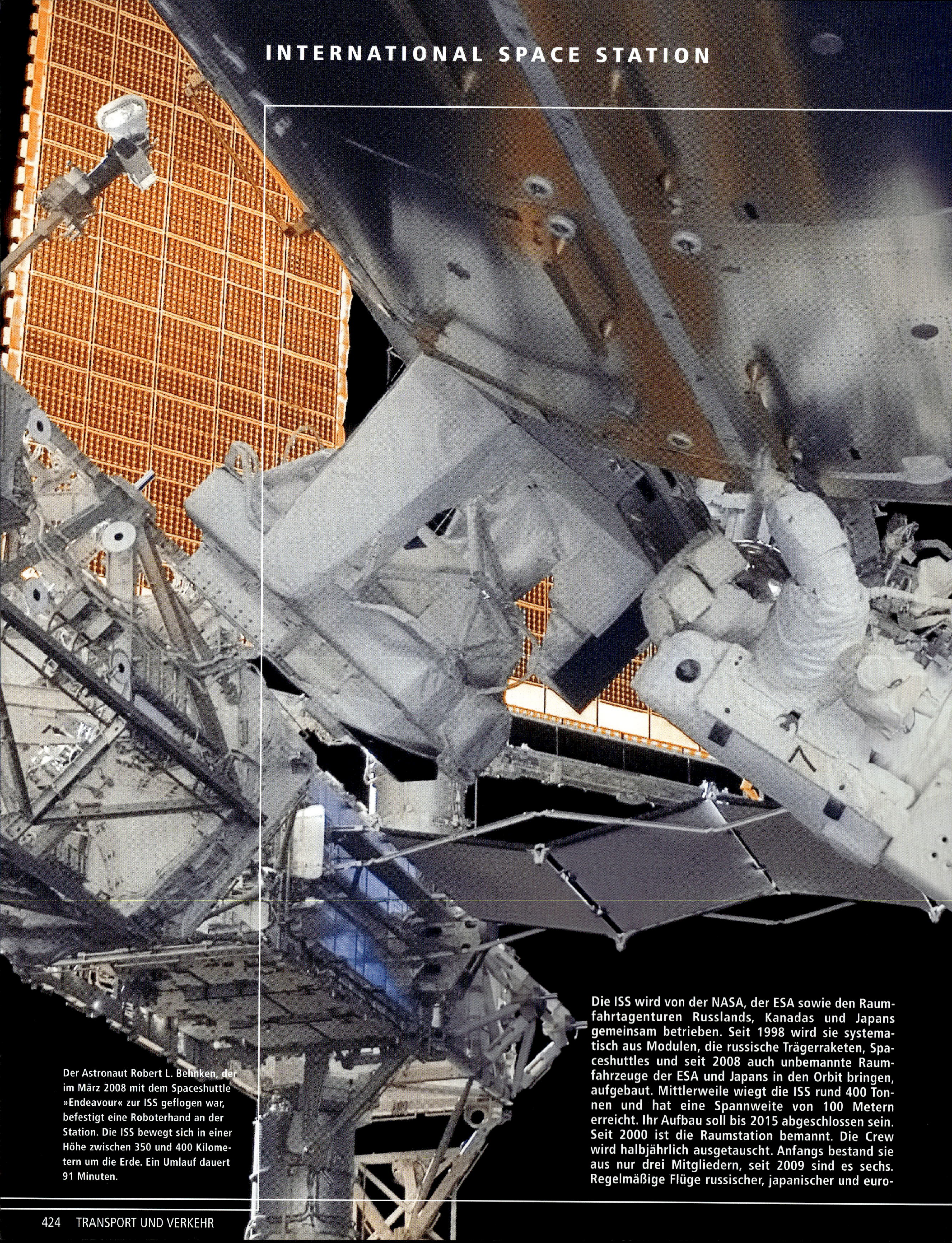

Der Astronaut Robert L. Behnken, der im März 2008 mit dem Spaceshuttle »Endeavour« zur ISS geflogen war, befestigt eine Roboterhand an der Station. Die ISS bewegt sich in einer Höhe zwischen 350 und 400 Kilometern um die Erde. Ein Umlauf dauert 91 Minuten.

Die ISS wird von der NASA, der ESA sowie den Raumfahrtagenturen Russlands, Kanadas und Japans gemeinsam betrieben. Seit 1998 wird sie systematisch aus Modulen, die russische Trägerraketen, Spaceshuttles und seit 2008 auch unbemannte Raumfahrzeuge der ESA und Japans in den Orbit bringen, aufgebaut. Mittlerweile wiegt die ISS rund 400 Tonnen und hat eine Spannweite von 100 Metern erreicht. Ihr Aufbau soll bis 2015 abgeschlossen sein. Seit 2000 ist die Raumstation bemannt. Die Crew wird halbjährlich ausgetauscht. Anfangs bestand sie aus nur drei Mitgliedern, seit 2009 sind es sechs. Regelmäßige Flüge russischer, japanischer und euro-

DIE GRÖSSTE RAUMSTATION DER WELT

ISS mit Raumfrachter (im Bild unten).

Japanisches Experiment-Modul »Kibo«.

päischer Raumfrachter stellen ihre Versorgung sicher. Für eine Evakuierung stehen zwei Sojus-Kapseln bereit. Auf der ISS wird rege Forschung betrieben. Die an der Raumstation beteiligten Nationen und Organisationen haben Labore eingerichtet, die u. a. die Sonnenaktivität beobachten, Tests mit Atomuhren durchführen und die kosmische Strahlung messen. Die ISS wird mindestens bis 2020 in Betrieb sein.

Das 1961 von John F. Kennedy angestoßene Mondlandeprojekt stellte eine enorme Herausforderung dar, die der Entwicklung neuer Technologien und jahrelanger Vorbereitungen bedurfte. Doch bereits acht Jahre später war es

Die Crew von Apollo 11.

soweit: Am 16. Juli 1969 startete die Apollo 11-Mission. An Bord der »Columbia« traten die Astronauten Neil Armstrong, »Buzz« Aldrin und Michael Collins ihre Reise zum Mond an. Nach dreitägigem Flug erreichten sie den Erdtrabanten. Während Collins in der »Columbia« den Mond umkreiste, landeten Armstrong und Aldrin mit der Mondfähre »Eagle« im Meer der Ruhe. Nach einem zweieinhalbstündigen Aufenthalt kehrten sie zum Mutterschiff zurück und machten sich auf den Weg zur Erde zurück. Am 24. Juli 1969 landete die »Columbia« sicher im Pazifik.

Die Vorbereitungen zum Andocken der Mondlandfähre »Eagle« an die Raumkapsel »Columbia« wurden von dem Astronauten Michael Collins, der an Bord des Mutterschiffs geblieben war und in ihm den Mond umkreiste, beobachtet und fotografiert. Nach dem Umstieg der Austronauten wurde die Fähre von der Kommandokapsel abgekoppelt und auf dem Mond zurückgelassen. Der Flug vom Landeplatz auf dem Mond bis zur »Columbia« dauerte vier Stunden.

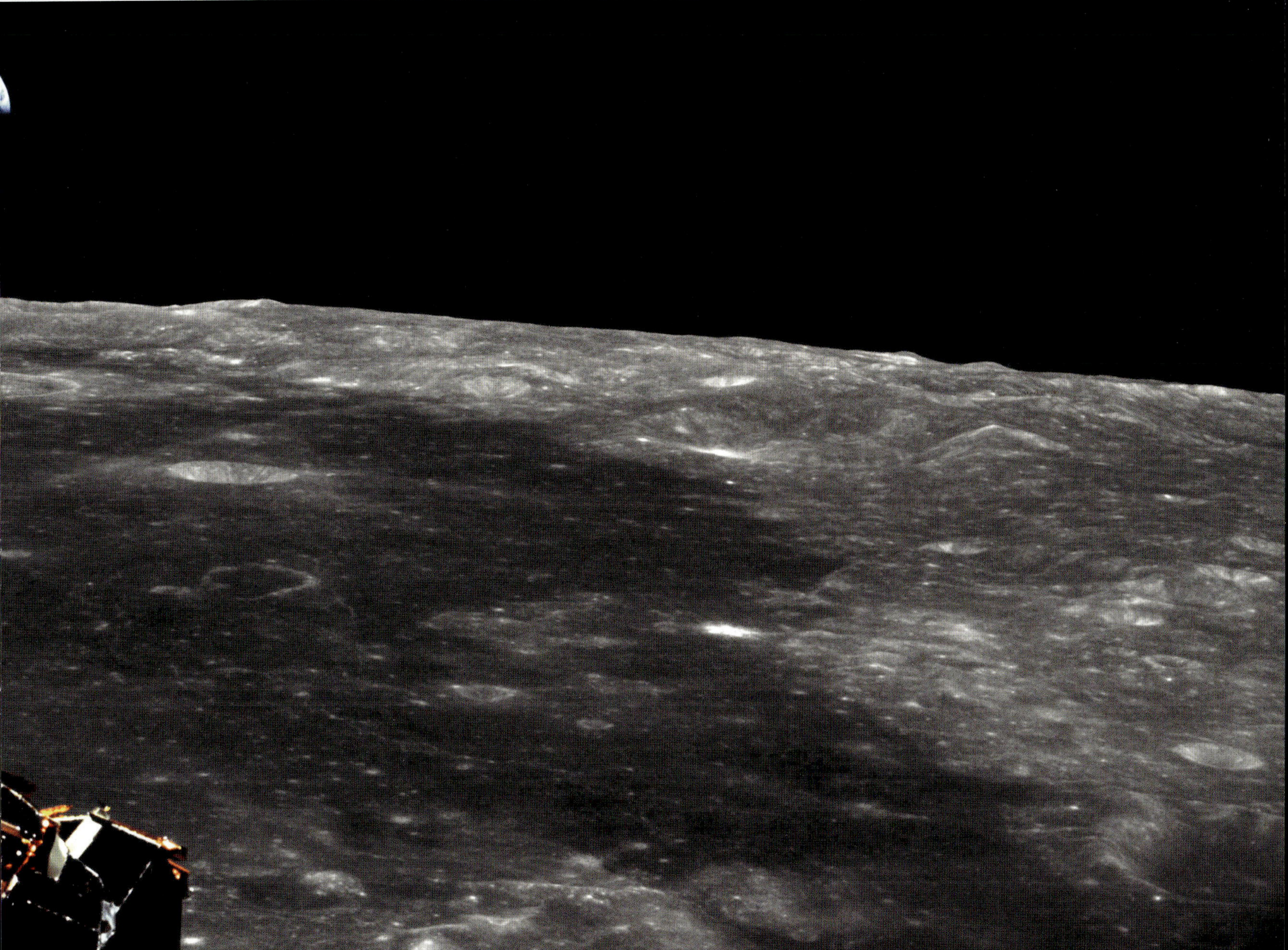

Die erste Landung von Menschen auf dem Mond wurde als außerordentliches Ereignis von welthistorischer Bedeutung gefeiert. Dank einer außen an der Landefähre angebrachten Kamera, deren Bilder durch eine Parabolantenne an der Spitze des Gefährts direkt zur Erde übertragen wurden, konnten Millionen von Menschen den Augenblick, als Neil Armstrong als erster Mensch den Boden des Erdtrabanten betrat, vorm Fernseher live miterleben. 20 Minuten nach Armstrong verließ »Buzz« Aldrin die Landefähre. In den zweieinhalb Stunden ihres Mondaufenthalts hissten die beiden Astronauten die amerikanische Flagge, setzten Messinstrumente aus und sammelten Gesteinsproben ein. Bei allem wurden sie von der Kamera, die Armstrong inzwischen auf einem Stativ installiert hatte, gefilmt.

Astronaut der Apollo-11-Mission auf dem Mond.

KUNST UND KULTUR

Im Zuge der Entwicklung der bürgerlichen Gesellschaft im 18. Jahrhundert entstanden in ganz Europa öffentliche Institutionen, die sich der Pflege des kulturellen Erbes der Vergangenheit widmen und dieses zugleich einem breiten Publikum zugänglich machen sollen. Viele der bis dahin privaten Bücher- und Kunstsammlungen von weltlichen wie kirchliche Fürsten wurden ebenso wie die Hoftheater in öffentliche Bibliotheken, Museen und Schaubühnen ungewandelt. Im 19. Jahrhundert führte das Interesse eines bildungsbeflissenen Bürgertums zur Gründung und zum Bau immer neuer Musentempel. Die großen Universalmuseen wie das British Museum oder die prachtvollen Theaterbauten wie die Opéra Garnier, die in dieser Zeit in ganz Europa entstanden, wurden zum Modell für ähnliche Einrichtungen überall auf der Welt. Obwohl das Interesse eines breiten Publikums nach wie vor vorhanden und der Zulauf groß ist, haben viele kulturelle Institutionen heute mit drastischen Budgetkürzungen seitens der öffentlichen Hand zu kämpfen.

Clementinum, Prag.

Die berühmte Bibliothek des Trinity Colleges in Dublin ist aus der privaten Sammlung eines Kirchenfürsten hervorgegangen. James Usher, Erzbischof von Armagh, vermachte seine, aus mehreren tausend Büchern und Handschriften bestehende Bibliothek 1659 der irischen Universität. Heute umfasst sie mehr als 4 Millionen Bände und hat den Status einer Nationalbibliothek.

Klosterbibliothek St. Gallen.

Palais Bourbon, Paris.

Der Gesamtbestand der Library of Congress umfasst derzeit rund 151 Millionen Medieneinheiten, darunter allein fast 23 Millionen Bücher. Im April 1800 als Forschungsbibliothek des amerikanischen Kongresses gegründet, übernahm sie im Laufe des 19. Jahrhunderts die Aufgaben einer Nationalbibliothek. Die Sammlungen verteilen sich auf drei, durch unterirdische Gänge verbundene Gebäude auf dem Capitol Hill in Washington. Das 1897 eingeweihte Thomas Jefferson Building beherbergt den berühmten Hauptlesesaal. Im 1938 eröffneten John Adams Building sind diverse Buchmagazine sowie ein Lesesaal und im erst 1980 eingeweihten James Madison Memorial Building die Verwaltung und einige Spezialabteilungen untergebracht.

Bei der Ausschmückung der pompösen Eingangshalle des Thomas Jefferson Building wurden nur kostbarste Materialien verwendet. Zwei Marmortreppen führen auf die Galerie im ersten Stock. Sie werden von bronzenen Fackelträgern bewacht.

DIE GRÖSSTE BIBLIOTHEK DER WELT

Der Hauptlesesaal der Library of Congress im Thomas Jefferson Building.

Das Thomas Jefferson Building der Library of Congress wurde als repräsentativer Prachtbau errichtet und beeindruckt durch eine üppig im Stil der italienischen Renaissance gestaltete Eingangshalle sowie die verschwenderische Ausstattung des riesigen, von einer 38 Meter hohen Kuppel überwölbten Hauptlesesaals. Das Gebäude ist zwar der Öffentlichkeit zugänglich und kann besichtigt werden. Für die Nutzung der Bibliotheksbestände ist allerdings ein Benutzerausweis erforderlich. Nur Mitgliedern des Kongresses, des Obersten Gerichtshofs und Mitarbeitern von Regierungsbehörden ist eine Ausleihe nach Hause gestattet.

BRITISH LIBRARY LONDON

Mit einem Bestand von zurzeit rund 150 Millionen Medien, darunter fast 20 Millionen Bücher, konkurriert die Nationalbibliothek des Vereinigten Königreichs mit der Library of Congress um den Titel »größte Bibliothek der Welt«. Die British Library ist 1973 aus der Verschmelzung der bis dahin als Nationalbibliothek fungierenden British Museum Library mit anderen führenden Bibliotheken des Landes entstanden. Seit 1998 residiert sie in einem von dem Architekten Colin St. John Wilson entworfenen Neubau im Londoner Bezirk St. Pancras.

RUSSISCHE STAATSBIBLIOTHEK MOSKAU

Mit einem Bestand von rund 42 Millionen Medien zählt die russische Staatsbibliothek zu den größten Bibliotheken der Welt. Sie ist aus dem Rumanzew-Museum hervorgegangen, einer Sammlung von Schriftdokumenten, Münzen und Gemälden, die Mitte des 19. Jahrhunderts von Graf Nikolai Rumanzew begründet und 1925 aufgelöst wurde. Die Kunstsammlungen des Museums gingen an andere Moskauer Museen, die Bibliothek wurde in eine Nationalbibliothek umgewandelt. Sie residiert in einem Gebäudekomplex aus der Sowjetära.

NATIONALBIBLIOTHEK FRANKREICH PARIS

Die Sammlungen der Bibliothèque Nationale de France umfassen zurzeit schätzungsweise 30 Millionen Medien. Seit 1996 ist ein Großteil des Bestands in einem Neubau des Architekten Dominique Perrault untergebracht. Er besteht aus vier L-förmigen, offene Bücher symbolisierenden Glastürmen, die an den Ecken eines sechs Hektar großen Areals aufragen und eine Parklandschaft einfassen. Der futuristische Neubau wurde von François Mitterrand initiiert und ist nach ihm benannt. Das alte Bibliotheksgebäude hütet immer noch große Teile des Bestands.

Die Statue Isaac Newtons im Atrium der British Library wurde von dem schottischen Bildhauer Eduardo Paolozzi (1924–2005) entworfen.

DIE GRÖSSTEN BIBLIOTHEKEN DER WELT

CHINESISCHE NATIONALBIBLIOTHEK BEIJING

Mit einem Bestand von zurzeit mehr als 30 Millionen Schrift-, Bild- und Tondokumenten ist die chinesische Nationalbibliothek die größte Bibliothek Asiens. Sie hat nicht nur den Auftrag, Publikationen in chinesischer Sprache zu sammeln, sondern hütet auch Abertausende von Schriftzeugnissen aus allen Epochen der Geschichte Chinas, darunter viele Manuskripte aus den Magao-Grotten. Seit 2008 residiert die Bibliothek in einem von dem Frankfurter Architekturbüro Engel entworfenen Neubau.

Der Lesesaal im Neubau der chinesischen Nationalbibliothek.

BIBLIOTHECA ALEXANDRINA

Die neue Bibliothek von Alexandria wurde am Standort ihres weltberühmten antiken Vorbilds errichtet

Der riesige Lesesaal hat 2000 Plätze.

und 2002 eingeweiht. Den Anstoß zur Neugründung gaben ägyptische Professoren, sie wurden dabei von der UNESCO unterstützt. Die Bibliothek, der außerdem Museen und mehrere Forschungsinstitute angeschlossen sind, versteht sich als Zentrum der Wissenschaft.

VATIKANISCHE BIBLIOTHEK

Zwar reichen die Ursprünge der Vatikanischen Bibliothek weit bis in das 4. Jahrhundert zurück, der Grundstock für die heutige Sammlung wurde allerdings erst rund 900 Jahre später gelegt, als Papst Nikolaus V. 1447 die bis dato nur wenige Werke umfassende Sammlung des Vatikans mit seiner privaten Bibliothek zusammenführte und systematisch ausbauen ließ. Bereits 1455, dem Todesjahr des Pontifex, nannte die Bibliothek rund 1.500 Manuskripte aus allen Teilen Europas ihr Eigen. In den folgenden Jahrhunderten wuchs sie durch weitere Ankäufe und Schenkungen kontinuierlich. Zum Bestand der Bibliothek zählen heute nicht nur 150.000 Handschriften, sondern mittlerweile auch rund 1.500.000 Bücher.

Arbeitsplätze in der Bibliothek.

DIE GRÖSSTE HANDSCHRIFTENSAMMLUNG DER WELT

Der unter Papst Sixtus V. (reg. 1585–1590) begonnene prunkvolle Salone Sistino der Vatikanischen Bibliothek wurde von den Malern Giovanni Guerra (1544–1618) und Cesare Nebbia (1536–1614) ausgestaltet. Auf den Fresken an den Säulen des Saales sind Wegbereiter der abendländischen Schriftkultur porträtiert.

DIE GRÖSSTEN OPERNHÄUSER UND THEATER DER WELT

Bis heute gelten besonders Opernabende als gesellschaftliche Ereignisse, auf denen die Hautevolee sich trifft, nicht nur um der Musik zu lauschen, sondern auch, um zu sehen und gesehen zu werden. Obwohl die Kleidervorschriften längst gelockert wurden, sind bei solchen Veranstaltungen immer noch Smoking und festliche Abendroben angesagt. Die prachtvollen Opernbauten, die im 19. Jahrhundert in den großen europäischen Metropolen als Treffpunkt der »feinen Gesellschaft« entstanden, bieten die passende Kulisse für diese Events. Häuser wie die 1869 fertiggestellte Wiener Staatsoper oder die 1875 eingeweihte Opéra Garnier in Paris gleichen königlichen Palästen. Bei der Ausgestaltung der Fassaden schwelgten die Erbauer in der Architektur vergangener Epochen, der Weg zu den Zuschauerplätzen führt über ausladende Marmortreppen und verschwenderisch dekorierte Korridore. Die großen Opern- und Theaterbauten der Moderne hingegen beeindrucken durch die Klarheit und Nüchternheit der architektonischen Form. Beim Bau der Sydney Opera, aber auch der Pekinger Oper wurde besonders Wert auf Multifunktionalität gelegt. Die futuristisch anmutende Pariser Oper – die Opéra Bastille – gilt sogar als Gegenentwurf zur Opéra Garnier.

DIE GRÖSSTEN OPERNHÄUSER UND THEATER DER WELT (Sitzplätze)

❶ **Sydney Opera** Australien, Sydney	5.532
❷ **Chinesisches Nationaltheater** China, Beijing	5.452
❸ **Opéra Bastille** Frankreich, Paris	3.903
❹ **Metropolitan Opera** USA, New York City	3.900
❺ **Civic Opera House** USA, Chicago	3.563
❻ **Teatr Wielki** Polen, Warschau	2.705
❼ **Shanghai Grand Theatre** China, Shanghai	2.650

Das Opernhaus von Sydney wurde an markanter Stelle auf dem Bennelong Point, einer in den Hafen der Metropole hineinragenden Landzunge, errichtet. Die kühne Dachkonstruktion erinnert viele an die aufgeblähten Segel eines Fünfmasters. In dem grandiosen Bau des dänischen Architekten Jørn Utzon werden nicht nur Opernwerke aufgeführt. Das ganze Jahr über finden hier Popkonzerte, Unterhaltungsshows und interessante Ausstellungen statt.

SYDNEY OPERA

Australien, Sydney 5.532 Plätze

In Sydneys Opernhaus sind fünf verschiedene Theater mit insgesamt 5.532 Sitzplätzen untergebracht. Es umfasst nicht nur

Die Oper ist das Wahrzeichen Sydneys.

ein großes Musiktheater mit 1.547 Sitzen, sondern außerdem drei Sprechtheater und einen riesigen Konzertsaal, der allein 2.669 Menschen Platz bietet. Als Kulturzentrum genießt die Oper weltweit großes

Blick auf eine der Fensterfronten der Oper.

Renommee. Die mehr als 1.000 Veranstaltungen, die hier jedes Jahr stattfinden, ziehen ein Millionenpublikum an. Das Gebäude gilt nicht zuletzt dank der kühnen Dachkonstruktion als ein Meisterwerk moderner Architektur und steht seit 2007 auf der UNESCO-Welterbeliste. Es wurde von dem dänischen Architekten Jørn Utzon entworfen und nach 24 Jahren Bauzeit 1973 im Rahmen einer feierlichen Zeremonie von Queen Elizabeth II. eingeweiht.

DAS GRÖSSTE OPERNHAUS DER WELT

Der Konzertsaal im Opernhaus von Sydney verfügt über eine ausgezeichnete Akustik. Hier geben nicht nur das Sydney Symphony Orchestra und das Australian Chamber Orchestra regelmäßig Konzerte, hier treten auch viele internationale Popstars auf.

DIE GRÖSSTEN OPERNHÄUSER UND THEATER EUROPAS

OPÉRA BASTILLE

Paris, Frankreich 3.903 Plätze

Der Glasbau der neuen Pariser Oper.

Das neue Pariser Opernhaus an der Place de la Bastille verfügt über vier Theater mit insgesamt fast 4.000 Plätzen. Außer dem großen Opernsaal beherbergt es zwei Theaterstudios und ein Amphitheater mit 500 Sitzen. Die Initiative zum Bau des neuen Opernhauses ging von François Mitterrand aus. Die alte Opéra Garnier sollte entlastet und die Oper als Institution überdies vom Image des Elitären befreit werden. Aus dem Wettbewerb, der zur Umsetzung des Projekts 1982 ausgeschrieben wurde, ging der uruguayisch-kanadische Architekt Carlos Ott als Sieger hervor. Das moderne Opernhaus, das er schuf, begeistert alle Welt. Es wurde 1989 am Vorabend des französischen Nationalfeiertags eingeweiht.

TEATR WIELKI

Polen, Warschau **2.705 Plätze**

In dem zwischen 1825 und 1833 nach Plänen von Antonio Corazzi errichteten klassizistischen Monumentalbau residieren Polens Nationaloper und das wichtigste Theater des Landes. Das Haus verfügt über drei Bühnen und bietet insgesamt 2.705 Zuschauern Platz. Während des Zweiten Weltkriegs wurde es von der deutschen Wehrmacht fast vollständig zerstört. Im Zuge des Wiederaufbaus wurde das Theater erweitert und mit neuesten Bühnentechniken ausgestattet. Bei der Wiedereröffnung im Jahr 1965 war es das größte und modernste Theater der Welt.

FESTSPIELHAUS

Baden-Baden, Deutschland
2.500 Plätze

Das zurzeit größte deutsche Opernhaus wurde erst 1998 eröffnet und gehört doch schon zu den meistbesuchten des Landes. Der lichtdurchflutete ultramoderne Bau entstand nach Plänen des Wiener Architekten Wilhelm Holzbauer auf dem Gelände des alten Baden-Badener Hauptbahnhofs. Er ist mit modernsten Klang- und Bühnentechniken ausgestattet. Das historische Bahnhofsgebäude wurde restauriert und in den Komplex integriert. Es dient heute als Foyer des Festspielhauses und beherbergt ein Restaurant.

Der abends hell erleuchtete Prachtbau des Teatr Wielki in Warschau.

Im Festspielhaus Baden-Baden werden modernste Techniken eingesetzt.

TEATRO ALLA SCALA

Mailand, Italien **2.200 Plätze**

Die Mailänder Scala zählt zu den bedeutendsten Opernhäusern der Welt. Für viele Sänger bildet ein Engagement an dieser Bühne das Sprungbrett für eine internationale Karriere. Das nach Entwürfen von Giuseppe Piermarini errichtete und 1778 eröffnete Gebäude der Oper war Vorbild für viele Theaterbauten des 19. Jahrhunderts. Im Zweiten Weltkrieg fast vollständig zerstört, wurde es nach 1945 in Rekordzeit wieder aufgebaut. Zwischen 2001 und 2004 wurde die Scala erneut modernisiert.

Blick in den 2.000 Plätze umfassenden Zuschauerraum der Scala.

Die neue Pariser Oper wurde an einem geschichtsträchtigen Ort, der Place de la Bastille, errichtet. Die Erstürmung der als Gefängnis genutzten Bastille am 14. Juli 1789 gilt als Auslöser der Französischen Revolution. Die Julisäule erinnert an die Revolution von 1830.

DIE GRÖSSTEN OPERNHÄUSER UND THEATER EUROPAS

OPÉRA GARNIER

Frankreich, Paris 2150 Plätze

Seit der Eröffnung der neuen Oper an der Place de la Bastille im Jahr 1989 wird an der Opéra Garnier fast nur noch klassisches Ballett inszeniert, dennoch ist der neobarocke Prachtbau ein Wahrzeichen von Paris geblieben. Er wurde zwischen 1860 und 1875 errichtet und sollte nach dem Willen seiner Erbauer ein Gegengewicht zu dem strengen Klassizismus der zeitgenössischen Architektur bilden. Die Fassade ist überreich mit Skulpturen und Friesen ausgeschmückt, die Räumlichkeiten innen wirken aufgrund des üppigen Dekors überladen, faszinieren aber nicht minder.

Die Opéra Garnier in Nachtbeleuchtung.

Blick auf die Opernbühne.

OPERNHAUS

Wien, Österreich | **1.700 Plätze**
560 Stehplätze

Obwohl Wien seine Rolle als Weltmusikhauptstadt wohl längst eingebüßt hat, zählt die Oper der Hauptstadt Österreichs immer noch zu den herausragenden Musikbühnen. Bis heute macht das Haus durch ambitionierte Inszenierungen klassischer und moderner Opernwerke auf sich aufmerksam. Auch das Ballettensemble genießt Weltruf. Namhafte Dirigenten waren an der Staatsoper tätig. Eines der berühmtesten Orchester der Welt, die Wiener Philharmoniker, setzt sich aus Mitgliedern des Opernorchesters zusammen. Das Gebäude, in dem die Oper seit 1869 residiert, gilt als gelungenes Beispiel historisierender Architektur. Es wurde im Stil der Neo-Renaissance errichtet und gehört zu den frühen Gebäuden am Wiener Ring, einem UNESCO-Welterbe.

Hauptfassade der Staatsoper.

Zuschauerraum während des Opernballs.

Blick in den prunkvoll ausgestatteten Zuschauerraum der Opéra Garnier, die bei ihrer Einweihung das größte Theater in ganz Europa war und später zum Vorbild anderer großer Opernbauten wie dem Teatro Amazonas in Manaus wurde.

DIE GRÖSSTEN OPERNHÄUSER UND THEATER ASIENS

NATIONALES ZENTRUM FÜR DARSTELLENDE KÜNSTE

China, Beijing **5.452 Plätze**

Das im Dezember 2007 eröffnete Gebäude des chinesischen Nationaltheaters gehört zu den

Die Glasfront im Mittelteil des Baus.

spektakulären Großbauprojekten der Volksrepublik China. Es wurde von dem französischen Architekten Paul Andreu entworfen und wird aufgrund seiner auffälligen halbrunden Form im Volksmund »Vogelei« genannt. Das Haus beherbergt eine Oper, einen Konzertsaal und ein Theater, in dem u. a. die berühmte Peking Oper ihre Stücke zur Aufführung bringt. Das Gebäude, das von einem künstlich angelegten See umgeben ist, wurde mit einer Haut aus Titaniumkacheln überzogen. Glasfronten im Mittelteil des Baus geben den Blick auf das Innere frei.

Das riesige Foyer des Nationalen Zentrums für Darstellende Künste in Peking bietet vielen Hundert Besuchern Platz. Nach oben sich verjüngende Glasfronten beherrschen den Mittelteil des neuen Nationaltheaters und verleihen ihm seine Leichtigkeit.

SHANGHAI GRAND THEATRE

Shanghai, China 2.650 Plätze

Der von dem französischen Architekten Jean-Marie Charpentier entworfene Theaterbau im Zentrum Shanghais verbindet auf großartige Weise Formen fernöstlicher Architektur mit modernem westlichem Design. Das nach oben geschwungene Dach erinnert an traditionelle chinesische Bauweisen, der verglaste Unterbau ist zeitgenössischen Stilen verpflichtet. Das Haus beherbergt drei Theatersäle, die alle mit modernster Bühnentechnik ausgestattet sind und über eine ausgezeichnete Akustik verfügen. Seit der Eröffnung des Theaters im Jahr 1998 besuchten bereits rund zehn Millionen Menschen unzählige Opern, Konzerte, Dramen, Lesungen und andere Veranstaltungen.

Auf dem nach oben geschwungenen Dach des Theaters wurden Gärten angelegt.

DIE GRÖSSTEN OPERNHÄUSER UND THEATER AMERIKAS

METROPOLITAN OPERA

USA, New York **3.900 Plätze**

Das New Yorker Opernhaus zählt nicht nur zu den größten, sondern auch zu den bedeutendsten Musikbühnen der Welt. Ein Ruf an die »Met« ist für Sänger wie für Dirigenten immer noch ein Ritterschlag. Angefangen von Enrico Caruso, über Maria Callas und Grace Bumbry bis hin zu Luciano Pavarotti, Placido Domingo und Anna Netrebko: So gut wie alle Berühmtheiten der Opernwelt haben an der »Met« gesungen und großartige Erfolge gefeiert. Seit September 1966 residiert die 1880 gegründete Oper in einem modernen Bau, der zum Lincoln Center for the Performing Arts gehört. Das Repertoire umfasst sowohl klassische als auch avantgardistische Opernwerke. In jedem Jahr werden rund 28 verschiedene Stücke aufgeführt, darunter viele Neuproduktionen.

Der riesige Zuschauerraum der »Met«.

CIVIC OPERA HOUSE

USA, Chicago **3.563 Plätze**

Das nach der New Yorker Metropolitan Opera größte Opernhaus Nordamerikas ist Teil eines Gebäudekomplexes, der außerdem noch drei Bürotürme umfasst. Es wurde 1929 eröffnet und zunächst von der Chicago Civic Opera, die während der Großen Depression in Konkurs ging, bespielt. Seit 1954 finden hier Aufführungen der privaten Lyric Opera Chicago statt. Maria Callas trat bereits in dem gleichen Jahr an der Oper auf und feierte dort ihren ersten Erfolg in Nordamerika. Bis 1993 war das Haus von der Lyric Opera nur gemietet, danach kaufte sie es.

Gebäude der Civic Opera in Chicago.

Das neue Haus der New Yorker Metropolitan Opera wurde von dem Architekten Wallace K. Harrison entworfen und im September 1966 als Teil des Lincoln Centers eingeweiht. Das Design der Fassade mit ihren riesigen Rundbogenfenstern stieß nicht überall auf Beifall.

TEATRO COLÓN

Argentinien, Buenos Aires
2.500 Sitzplätze, 1.000 Stehplätze

Das größte Theater Südamerikas gehört dank einer hervorragenden Akustik zu den beliebtesten Musikbühnen der Welt. Im Laufe seiner Geschichte zog das Haus Sangeskünstler wie Enrico Caruso oder Maria Callas und namhafte Dirigenten wie Arturo Toscanini oder Wilhelm Furtwängler an. Bis heute geben sich die internationalen Stars der Musikwelt im Teatro Colón die Ehre. Das Opernhaus wurde 1908 eingeweiht. Es beeindruckt durch seine ausladenden Fassaden und die verschwenderisch ausgestatteten Theatersäle.

Der Prachtbau des Teatro Colón.

Blick auf die Galerien im Zuschauerraum.

Das neue chinesische Nationalmuseum ist aus dem Zusammenschluss des Museums der Geschichte Chinas und des Museums der chinesischen Revolution entstanden. Es ist in demselben Gebäude wie seine beiden Vorgängerinstitutionen untergebracht. Der Bau war 1958–1959 zusammen mit der Großen Halle des Volkes am Tian'anmen-Platz im Zentrum Pekings errichtet worden. Für das neue Museum wurde er unter Federführung des Hamburger Architekturbüros Gerkan, Mark und Partner umgestaltet und erweitert. Das äußere Erscheinungsbild des Hauses blieb dabei aufgrund von Auflagen der Bauherren gewahrt. Innen wartet das Museum nun mit lichten, hellen Räumen auf. Auf einer Ausstellungsfläche von insgesamt 200.000 Quadratmetern werden Kostbarkeiten aus der vieltausendjährigen Geschichte Chinas gezeigt. Die Überreste des Yuanmou-Menschen, der vermutlich vor rund 500.000 Jahren in Südchina lebte, sind das älteste Exponat. Eine von Mao Zedong persönlich gehisste Flagge zählt zu den jüngsten Stücken der ständigen Ausstellung. Obwohl das Museum das nationale kulturelle Erbe Chinas bewahren soll, sind die temporären Ausstellungen der Kunst anderer Kulturkreise gewidmet. So wurde das Museum im Mai 2011 mit der von Museumsdirektoren aus Deutschland organisierten Ausstellung »Die Kunst der Aufklärung« neu eröffnet.

Eingangsbereich des Museums.

Das Gebäude, in dem das neue chinesische Nationalmuseum residiert, wurde 1959 im Stil des »sozialistischen Klassizismus« erbaut.

Besucher vor einem Revolutionsgemälde.

In der Abteilung für revolutionäre Kunst.

Skulpturen wie dieser antike Buddha im Beijinger Nationalmuseum belegen den hohen Entwicklungsstand der Bildhauerei im alten China. Die ältesten Zeugnisse buddhistischer Überlieferung im Reich der Mitte stammen aus dem 2. Jahrhundert, eine erste Blüte erlebte die aus Indien kommende Religion zur Zeit der Tang-Dynastie (618–907).

Rotunde im Innenhof des Museums.

Assyrisches Relief aus Nimrud.

Buddha-Statuette aus Nordchina.

BRITISH MUSEUM

Großbritannien, London

Das Museum zählt zu den größten Universalmuseen der Welt. Seine Sammlungen umfassen Kunstwerke, Gebrauchsgegenstände und Artefakte aus allen Epochen der Geschichte und allen Teilen der Welt. Nicht nur die antiken Kulturen Vorderasiens, Ägyptens und Europas, auch die Zivilisationen Afrikas, Asiens, Ozeaniens und Amerikas sind hier mit einer Fülle von Exponaten vertreten. Absolute Highlights sind der Stein von Rosette und Teile des Parthenons-Frieses. Das Museum ist aus der Kunstsammlung des Arztes Hans Sloane hervorgegangen. Es wurde 1753 gegründet und war das erste öffentlich zugängliche Museum der Welt. Der Prachtbau, in dem es seit 1850 residiert, war bei seiner Eröffnung das größte Gebäude der Welt. Der riesige Innenhof wurde Ende der 1990er-Jahre unter Federführung von Sir Norman Foster neu gestaltet und mit einem Glasdach versehen.

Kolossalstatuen aus dem alten Ägypten im British Museum, das nach dem Ägyptischen Museum in Kairo über die größte Sammlung an Kunstschätzen aus dem Pharaonenreich verfügt. Das wohl bekannteste Einzelstück der Sammlung ist der Stein von Rosette, der zur Entzifferung der Hieroglyphen führte.

METROPOLITAN MUSEUM OF ART

USA, New York City

Das Museum konkurriert mit dem British Museum um den Titel »größtes Universalmuseum der Welt«. Es wurde 1870 gegründet und beherbergt heute eine immense Fülle von Kunstschätzen aus allen Kulturen der Welt. Allein die Sammlung von Skulpturen und Kunsthandwerk aus Europa umfasst mehr als 50.000 Exponate aus allen Epochen der neueren europäischen Geschichte vom 15. bis zum frühen 20. Jahrhundert. Eine Abteilung ist der Kunst der Moderne gewidmet. Fast jeder, der in der Kunstgeschichte des 20. Jahrhunderts Rang und Namen hat, ist hier mit mindestens einem Meisterwerk vertreten.

Die imposante Eingangshalle.

Der antike Tempel von Dendur.

Die Ausstellung mit Kunst aus Ozeanien.

LOUVRE

Frankreich, Paris

Die einstige Residenz der französischen Könige im Herzen von Paris beherbergt heute eine der weltweit bedeutendsten und umfangreichsten Sammlungen von Kunstwerken aus fast allen Epochen der europäischen und auch der nahöstlichen Kulturgeschichte. Das Museum nennt rund 380.000 Gemälde, Skulpturen, Drucke und Zeichnungen sein Eigen. Nur 35.000 Exponate werden in den heute eine Fläche von insgesamt 60.000 Quadratmetern umfassenden Ausstellungsräumen präsentiert. Der Louvre wurde während der Französischen Revolution in ein staatliches Museum, das die königliche Kunstsammlung der Öffentlichkeit zugänglich machen sollte, umgewandelt. Im Laufe des 19. Jahrhunderts wuchsen seine Bestände durch die Beutezüge Napoleons und später durch Ankäufe beträchtlich. Die beiden lang gestreckten Flügel, die den Cour Napoléon einrahmen, entstanden in dieser Zeit. Im Zuge der von François Mitterrand 1981 initiierten Erneuerung des Museums wurde die Ausstellungsfläche auf die ganze Palastanlage ausgedehnt und die Glaspyramide im Cour Napoléon errichtet.

Der »Salle des États« wurde 1878 dem Museum angeschlossen.

Leonardos da Vincis »Mona Lisa«.

Der Cour Napoléon wird im Norden und Süden von zwei Flügelbauten eingerahmt, die in der zweiten Hälfte des 19. Jahrhunderts vollständig umgebaut und erweitert wurden.

Die von Ieoh Ming Pei entworfene Glaspyramide im Cour Napoléon des Louvre bildet den neuen Haupteingang des Museums.

EREMITAGE

Russland, St. Petersburg

Mit einem Gesamtbestand von ca. drei Millionen Kunstwerken, von denen 60.000 ausgestellt sind, übertreffen die Sammlungen des Eremitage-Museums die des Louvre an Umfang um ein Vielfaches. Sie wurden von Katharina der Großen, die in Westeuropa systematisch Kunstwerke aufkaufen ließ, begründet und von ihren Nachfolgern ausgebaut. Nach der Oktoberrevolution dann kamen die Kunstsammlungen von enteigneten russischen Adligen hinzu. Von den Künstlern der Renaissance bis hin zu den Klassikern der Moderne: In der Eremitage ist jeder, der in der europäischen Kunstszene Rang und Namen hat, mit mindestens einem Meisterwerk vertreten. Auch die große prähistorische Sammlung, die Antikenabteilung und die Kollektion ostasiatischer und indischer Kunst gelten als einzigartig. Das Museum ist in dem gleichnamigen Gebäudekomplex am Newa-Ufer untergebracht. Zu dem Gebäudeensemble gehören nicht nur die Alte, die Kleine und die Neue Eremitage, sondern auch der prunkvolle Winterpalast, die einstige Residenz der russischen Zaren.

Die Jordantreppe im Winterpalast.

Prunksaal im Winterpalast.

Der zwischen 1730 und 1837 errichtete Winterpalast, die einstige Residenz der russischen Zaren, bildet das Herzstück eines Ensembles aus fünf herrschaftlichen Palastbauten, in denen heute die Sammlungen des Eremitage-Museums untergebracht sind.

Die »weiße Halle« im Winterpalast.

Galerie des Krieges von 1812 im Winterpalast der Eremitage.

Das an der Nordspitze der Spreeinsel im Zentrum Berlins gelegene Ensemble aus fünf imposanten Museen gilt als einzigartige architektonische Meisterleistung, die auf exemplarische Weise die Entwicklung des Museumsbau im 19. und frühen 20. Jahrhundert spiegelt. Seit 1999 steht es deshalb auf der UNESCO-Welterbeliste. Im Zuge eines 1999 beschlossenen Masterplans wurden bzw. werden alle Gebäude des Ensembles umfassend saniert. Der Plan sieht vor, die Museen (bis auf die Alte Nationalgalerie) durch einen unterirdischen Gang zu verbinden und eine gemeinsamen Eingangshalle zu schaffen.

Nofretete-Büste im Neuen Museum.

ALTES MUSEUM

Der klassizistische Prachtbau gilt als Meisterwerk des preußischen Stararchitekten Karl Friedrich Schinkel. Er beherbergt eine der weltweit bedeutendsten Sammlungen antiker griechischer, etruskischer und römischer Kunst. Das Museum wurde 1830 als Erstes der Öffentlichkeit zugängliches Museum Preußens eingeweiht.

EINZIGARTIGER MUSEUMSKOMPLEX UND UNESCO-WELTKULTURERBE

Der Prachtbau des Alten Museums, ein Meisterwerk des berühmten Karl Friedrich Schinkel, gilt als Höhepunkt klassizistischer Architektur in Deutschland. Das Gebäude besticht innen wie außen durch seine klare und strenge Gliederung.

NEUES MUSEUM

Der zwischen 1843 und 1855 entstandene Bau des Schinkel-Schülers Stüler beherbergt das Museum für Früh- und Vorgeschichte sowie die Sammlung des Ägyptischen Museums mit der weltberühmten Nofretete-Büste. Das renommierte Museum wurde während des Krieges schwer beschädigt und erst im Oktober 2009 wiedereröffnet.

BODE-MUSEUM

Der zwischen 1897 und 1904 errichtete neobarocke Prunkbau nimmt die Nordspitze der Museumsinsel ein. Er beherbergt das Museum für byzantinische Kunst, eine einzigartige Sammlung älterer Skulpturen aus ganz Europa und mit dem Berliner Münzkabinett eine der größten numismatischen Sammlungen der Welt.

PERGAMONMUSEUM

Das Museum ist das meist besuchte Berlins. Der Pergamon-Altar und das Ischtar-Tor aus Babylon begeistern alljährlich ein Millionenpublikum. Das Museum wurde zwischen 1910 und 1930 errichtet und vereint drei Sammlungen in einem Bau: das Vorderasiatische Museum, das Museum für Islamische Kunst und Teile der Antikensammlung.

ALTE NATIONALGALERIE

Der zwischen 1867 und 1876 entstandene klassizistische Prachtbau zeigt eine reiche Sammlung von Meisterwerken aus dem 18. und 19. Jahrhundert, darunter viele bedeutende Gemälde Caspar David Friedrichs. Das Museum wurde 2001 nach einer umfassenden Restaurierung neu eröffnet.

FORSCHUNG UND WISSENSCH

Bei der Erforschung des Alls sind sie unsere Augen und Ohren: riesige Teleskope, mit deren Hilfe Wissenschaftler entfernte Galaxien entdecken oder der Entstehung des Universums nachspüren. Vielleicht, so hoffen einige, werden diese technischen Bauten der Superlative irgendwann sogar eine Verbindung zu außerirdischen Lebensformen schaffen. Um diese Minimalchance zu nutzen, sendet seit 1974 das Radiotelescopio de Arecibo immer wieder eine Botschaft in Form von Radiowellen in das All. Geantwortet hat bislang noch niemand. Bei der Jagd nach

Der Very Large Array in den USA.

Gespeicherte Daten im SLAC, USA.

Quarks und Co. bleiben Wissenschaftler hingegen auf der Erde oder gehen gar in den Untergrund. Um die kleinsten Bausteine aller Materie zu erforschen, nutzen Wissenschaftler die größten Forschungsanlagen der Welt. Technisch stellen diese derzeit das Nonplusultra unserer Möglichkeiten dar.

FT

Wie ein Riesenohr lauscht das Radiotelescopio de Arecibo in den Weltraum. Der Reflektor des Observatoriums schmiegt sich in ein Tal auf der Karibikinsel Puerto Rico.

CERN LARGE HADRON COLLIDER

Nahe der französischen Grenze beschäftigt man sich im Schweizer Kanton Genf mit den Grundlagen des Universums. Hier im CERN stehen für derzeit rund 7.000 Wissenschaftler die Elementarteilchen der Materie im Mittelpunkt des Interesses. An diesem weltweit größten Forschungszentrum forschten seit 1954 über 10.000 Wissenschaftler aus knapp 90 Nationen. Für ihre Experimente stehen nicht nur die größten sondern auch die kompliziertesten wissenschaftlichen Ge-räte der Welt zur Verfügung: Teilchenbeschleuniger und Teilchendetektoren.

Modell des LHC in der Ausstellung »Mikrokosmos« des CERN.

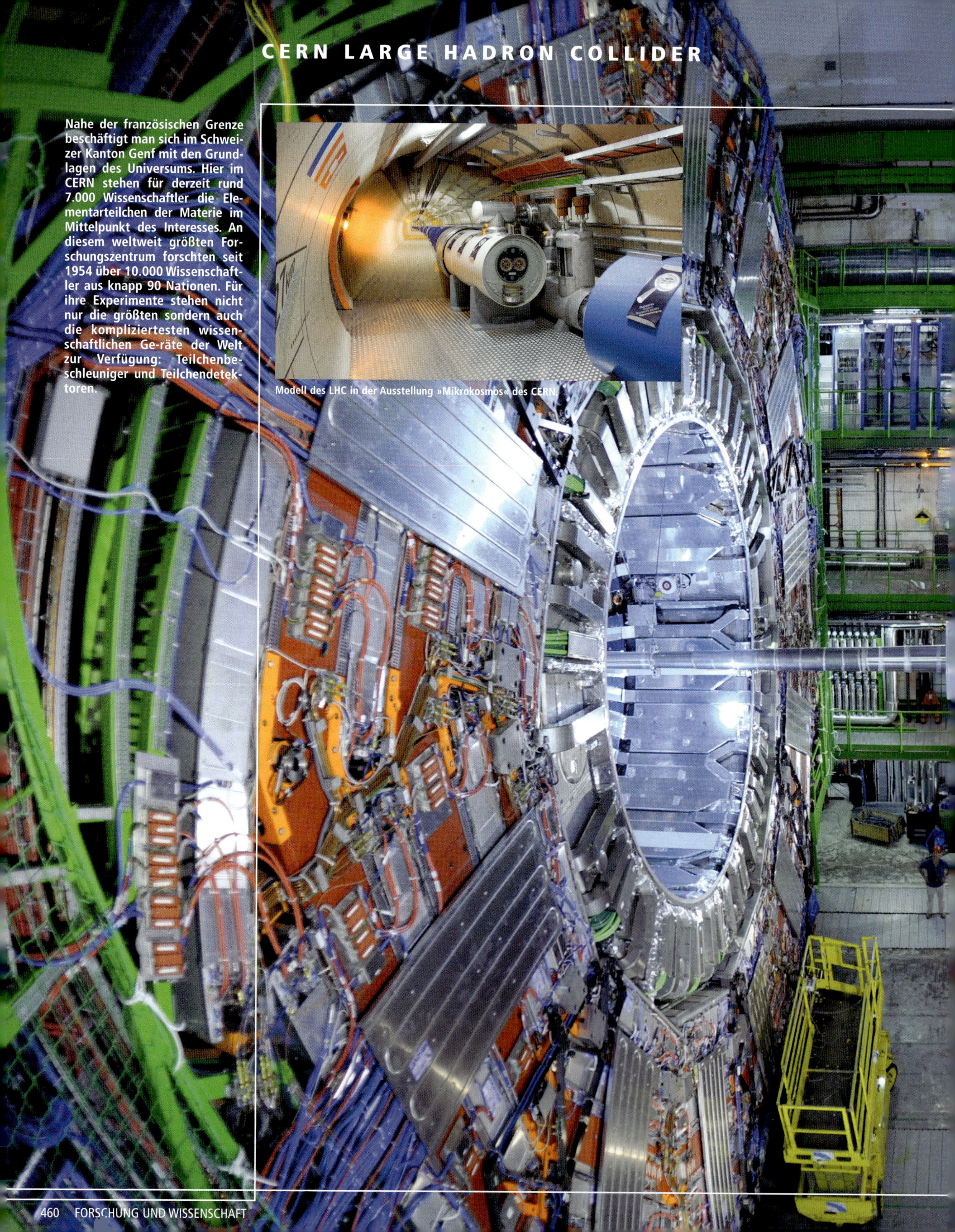

DIE GRÖSSTE FORSCHUNGSANLAGE
DER GRÖSSTE TEILCHENBESCHLEUNIGER DER WELT

Was passiert, wenn man Protonen, Elektronen oder Ionen auf knappe Lichtgeschwindigkeit beschleunigt und zusammenprallen lässt? Das kann man sich gerade noch vorstellen: Sie werden in Quarks, Leptonen und andere Elementarteilchen »pulverisiert«. Je nachdem, wie sich diese kleinsten Bausteine der Materie nach der Kollision verhalten, können Wissenschaftler Rückschlüsse über die Naturgesetze und den Aufbau der Materie im Universum ziehen. Im Forschungszentrum CERN steht ihnen für diese Grundlagenforschung der Large Hadron Collider (LHC) zur Verfügung. Der Beschleunigerring dieses größten und leistungsstärksten Teilchenbeschleunigers der Welt hat einen Umfang von 26.659 Metern und wird von der größten Kühlanlage der Welt gekühlt. 9.300 supraleitende Magnete sorgen dort für die Magnetfelder, die die unvorstellbare Geschwindigkeit der Teilchen im Beschleuniger ermöglichen. Im Large Hadron Collider erreichen die Protonen sogar eine Beschleunigungsspannung von sagenhaften 7.000 Gigaelektronenvolt. Diese Energie von 7.000 Milliarden Volt ist weit über eine Million Mal größer als die Spannung in einer Überlandleitung. Unglaublich!

Explosion kollidierender Protonen.

Entlang des Beschleunigerrings des Large Hadron Collider (LHC) des CERN sind in gigantischen unterirdischen Hallen die vier Teilchendetektoren ATLAS, CMS, ALICE und LHCb installiert. Im Bild sieht man den 12.500 Tonnen schweren Universaldetektor CMS (Compact Muon Solenoid). Er registriert und analysiert die zahllosen Teilchen, die bei den Kollisionen im LHC entstehen. Das Magnetfeld des Solenoidmagneten im Inneren des CMS-Detektors ist mit vier Tesla rund 100.000-mal so stark wie das Magnetfeld der Erde.

DIE GRÖSSTEN OPTISCHEN TELESKOPE DER WELT

Mit der Entwicklung neuer Techniken dringt unser Blick zu immer weiter entfernten Regionen des Universums vor. Was die größten optischen Teleskope heute entdecken, war noch vor wenigen Jahren ein unerfüllbarer Forschertraum. Die Träume europäischer Wissenschaftler richten sich derzeit auf das European Extremely Large Telescope (E-ELT). Es soll in den 2020er-Jahren in Chiles Atacamawüste gebaut werden und zum Maß aller astronomischen Dinge aufsteigen. Der 39-Meter-Spiegel dieses geplanten Teleskops wird 15-mal schärfer sein als die bislang größten optischen Teleskope – und rund 100.000.000-mal schärfer als das menschliche Auge.

GRAN TELESCOPIO CANARIAS

Roque de los Muchachos, La Palma, Spanien

Spiegeldurchmesser 10,4 m

Auf La Palma blickt seit 2007 das gigantische Gran Telescopio auf 2396 Meter Höhe mit dem zweitgrößten Teleskopspiegel der Welt in den Sternenhimmel. Einige der Objekte sind so weit entfernt, dass ihr Licht viele Millionen Jahre durch das All reisen muss, um von der Erde aus gesehen werden zu können.

Oberhalb der störenden Wolkendecke und in einer relativ staubfreien Atmosphäre sind die Bedingungen auf dem 4205 Meter hohen schlafenden Vulkan Mauna Kea auf Hawaiis Big Island ideal für Astronomen. Die Teleskope Keck I und Keck II können ihre Daten kombinieren und wie ein einziges Superteleskop zusammenarbeiten.

DIE GRÖSSTEN TELESKOPE DER WELT

(Spiegeldurchmesser)

1. Large Binocular Telescope (LBT)
   USA 11,8 m
2. Gran Telescopio Canarias
   Spanien 10,4 m
3. Keck I
   USA 10 m
4. Keck II
   USA 10 m
5. Southern African Large Telescope (SALT)
   Südafrika max. 10 m
6. Hobby-Ebberly Telescope (HET)
   USA 9,2 m
7. VLT I–IV
   Chile 8,2 m
8. Subaru Telescope
   USA/Hawaii 8,2 m
9. Gemini Northern Telescope
   Chile 8,1 m

KECK I UND KECK II

Mauna-Kea-Observatorium, Hawaii, USA
Spiegeldurchmesser je 10 m

Die drittgrößten optischen Teleskope der Welt wiegen jeweils 272 Tonnen und sind etwa so hoch wie ein achtstöckiges Haus. Ihre sechseckigen Spiegelsegmente können perfekt justiert werden.

HOBBY-EBERLAY TELESCOPE

McDonald Observatory, Texas, USA
Spiegeldurchmesser 9,2 m

Der Spiegel des 1980 Meter hoch gelegenen Teleskops auf dem Mount Fowlkes besteht aus 91 Segmenten und ist eine Meisterleistung technischer Präzision. Das HET ist führend im Bereich der Spektroskopie.

SOUTHERN AFRICAN LARGE TELESCOPE

Karoo, Südafrika
Spiegeldurchmesser 10 m

Das SALT blickt seit 2005 von der Halbwüste Karoo in die Tiefen des Alls. Es ist das größte optische Teleskop in der südlichen Hemisphäre und das leistungsfähigste im Ultraviolett- und Infrarotbereich.

VLT I-IV

Paranal–Observatorium, Chile
Spiegeldurchmesser 8,2 m

In der Atacamawüste blicken die vier Teleskope des Very Large Telescope (VLT) auf dem 2.635 Meter hohen Cerro Paranal in den Himmel. Für das Observatorio Paranal wurde sogar der Gipfel des Berges gesprengt.

SUBARU TELESCOPE

Mauna-Kea-Observatorium, Hawaii, USA
Spiegeldurchmesser 8,2 m

Gleich neben den beiden Keck-Teleskopen ist das von Japan gebaute Subaru Telescope seit 1999 vor allem für Entdeckungen im sichtbaren und im Infrarotbereich verantwortlich. Das gigantische Teleskop ermöglicht unter anderem die Erforschung von Schwarzen Löchern sowie fantastische Zeitreisen. So hat es etwa das Licht von weit entfernten Galaxien eingefangen, das vor knapp 13 Milliarden Jahren ausgesendet wurde – also weniger als eine Milliarde Jahre nach dem »Big Bang«.

LARGE BINOCULAR TELESCOPE

Über ein Dutzend wissenschaftliche Institutionen aus den USA, Italien und Deutschland haben kooperiert, um dieses rund 100 Millionen Euro teure Projekt zu stemmen. Das Large Binocular Telescope (LBT) steht seit 2008 im US-Bundesstaat Arizona auf dem 3.267 Meter

Eine der beiden Riesenspiegel.

hohen Mount Graham. Mit seinen zwei massiven Einzelspiegeln mit jeweils 8,4 Meter Durchmesser vollzieht es einen technischen Quantensprung: Die jeweils 16 Tonnen schweren Riesen sammeln im sogenannten binokularen Modus insgesamt so viel Licht wie ein Spiegel mit 11,8 Meter Durchmesser. Das ist bislang unangefochtener Weltrekord und macht das LBT zum größten und leistungsstärksten Einzelteleskop rund um den Globus. Mit diesem Teleskop der Superlative können Wissenschaftler weit in das Weltall blicken. Die ersten Bilder, die es lieferte, zeigten eine Spiralgalaxie, die 102 Millionen Lichtjahre von unserem Milchstraßensystem entfernt ist.

Mit zwei riesigen »Augen« blickt das binokulare Teleskop in das Weltall.

Eine Nahansicht der beiden mächtigen Hauptspiegel des LBT.

Das gigantische Large Binocular Telescope steht im US-Bundesstaat Arizona. Mithilfe dieses weltweit leistungsstärksten optischen Teleskops erforschen Wissenschaftler die Geschichte des Universums und das Entstehen von Sternen und Galaxien.

DIE GRÖSSTEN RADIOTELESKOPE DER WELT

Als der US-Physiker Karl Jansky 1932 entdeckte, dass aus dem Zentrum der Milchstraße Radiowellen ausstrahlten, begründete er die Radioastronomie. Dieser Zweig der Astronomie beschäftigt sich mit der Radio- und Röntgen-, Ultraviolett- und Infrarotstrahlung aus dem All – und dazu sind riesige Radioteleskope erforderlich. Diese mächtigen Anlagen empfangen nicht das Licht, das menschliche Augen sehen können, sondern unternehmen sozusagen den großen »Lauschangriff« auf die kosmische Strahlung. Praktischerweise sind sie deshalb nicht vom Wetter oder vom dunklen Nachthimmel abhängig. Die technischen Möglichkeiten dieser großen Superteleskope sind beeindruckend. Das Radioteleskop Effelsberg beispielsweise, ein stählerner 7000-Tonnen-Gigant mit einem sehr sensiblen technischen Innenleben, kann Radiowellen aus zwölf Milliarden Lichtjahren Entfernung empfangen. Derzeit noch ein Traum, vielleicht aber irgendwann einmal Realität: Ein Radioteleskop auf der stillen erdabgewandten Seite des Mondes könnte Strahlen empfangen, die im »Strahlentrubel« der Erde untergehen.

RATAN 600 – DAS GRÖSSTE RADIOTELESKOP DER WELT

Nördlicher Kaukasus, Russland
Spiegeldurchmesser 576 m

Seit dem Jahr 1974 empfängt das in Karatschai-Tscherkessien im nördlichen Kaukasus erbaute Radioteleskop Ratan 600 Signale aus dem All. Sein Reflektor besteht aus 895 verstellbaren Platten, die in einem Kreis mit einem Durchmesser von 576 Metern angeordnet sind. Die beeindruckende Einrichtung hält damit den Weltrekord. Ratan 600 ist das größte Radioteleskop der Welt und Teil des berühmten Selentschuk-Observatoriums. Zu dieser astrophysikalischen Forschungsstätte der Russischen Akademie der Wissenschaften gehört auch ein optisches Teleskop mit einem Sechs-Meter-Spiegel.

ARECIBO-OBSERVATORIUM – DAS ZWEITGRÖSSTE RADIOTELESKOP DER WELT

Arecibo, Puerto Rico
Spiegeldurchmesser 304,8 m

Das zweitgrößte Radioteleskop der Welt ist wohl das berühmteste seiner Art, nämlich als Kulisse für Action- und Science-Fiction-Filme. Seit 1963 empfängt man hier Signale aus dem All. 1974 sandte man hier erstmals die Arecibo-Botschaft in Form von Radiowellen aus. Seitdem hofft man auf Antwort von außerirdischen Lebensformen.

Großer Lauschangriff ins All.

GREEN BANK – DAS GRÖSSTE BEWEGLICHE RADIOTELESKOP DER WELT

Charlottesville, Virginia, USA
Spiegeldurchmesser 110 m

Das Green Bank Telescope (GBT) wurde im Jahr 2000 in Betrieb genommen. Dieses größte bewegliche Radioteleskop der Welt ist rund um den Globus auch das größte bewegliche Bauwerk, das sich auf dem Land befindet. Knapp 148 Meter ist die Anlage hoch. Die Platten des imposanten Spiegels werden mithilfe von über 2000 winzigen Motoren justiert. Entdeckt hat man mit dem Riesenohr bereits einige Pulsare – schnell rotierende Neutronensterne – und den Ophiuchus Superbubble, eine gigantische Wasserstoffblase, 23.000 Lichtjahre von der Erde entfernt.

EFFELSBERG – DAS ZWEITGRÖSSTE BEWEGLICHE RADIOTELESKOP DER WELT

Eifel, Deutschland
Spiegeldurchmesser 100 m

Das riesige Teleskop war 1971 das größte bewegliche Radioteleskop der Welt, bis es vom Green Bank Telescope abgelöst wurde. Die imposante Anlage im Ahrgebirge bei Bad Münstereifel steht etwas versteckt in einem Tal und ist dadurch vor störender Radiostrahlung geschützt. Sie ist zwar schon 40 Jahre alt, gehört aber immer noch zu den absolut besten Radioteleskopen der Welt. Der »weiße Riese« ist so leistungsstark, dass er selbst ein eingeschaltetes Handy auf dem Mond entdecken könnte. Mithilfe von 32 Rädern kann das Teleskop im Kreis gedreht werden – mit Blick auf die Milchstraße im Süden.

Hochsensibel und rotierend.

Das hochsensible Green Bank Telescope empfängt Wellen in einem Längenbereich zwischen drei Millimetern und 90 Zentimetern. Die Anlage steht in einer bergigen Region im Herzen der US National Radio Quiet Zone. Das Gebiet ist von störenden Funk- und Radiowellen weitgehend abgeschirmt, sodass das Teleskop selbst schwächste Signale aus dem Weltraum empfangen kann.

DIE GRÖSSTEN RADIOTELESKOPANLAGEN DER WELT

GIANT METREWAVE – DIE GRÖSSTE RADIOTELESKOP-ANLAGE DER WELT

Maharashtra, Indien
30 Einzelteleskope
Spiegeldurchmesser je 45 m

Im Westen von Indien steht bei Pune im Bundesstaat Maharashtra die derzeit größte Radioteleskopanlage der Welt. Das Giant Metrewave Radio Telescope besteht aus 30 beweglichen Teleskopen, deren Spiegel einen Durchmesser von 45 Metern aufweisen. 14 dieser mächtigen Antennen sind in einem rund ein Quadratkilometer großen Gebiet konzentriert, 16 verteilen sich an drei Armen, die sternförmig aus dieser Kernzone herausreichen und jeweils 14 Kilometer lang sind. Für den Empfang von Wellenlängen im Meterbereich ist das GMRT derzeit das leistungsstärkste Radioteleskop der Welt. Mit dem GMRT beobachten Wissenschaftler Galaxien, Pulsare und Supernovae. Auf der Spur von neutralem kosmischem Wasserstoff versuchen sie zudem den Zeitpunkt zu bestimmen, in dem sich im Universum Galaxien bildeten.

VERY LARGE ARRAY – DIE ZWEITGRÖSSTE RADIOTELESKOP-ANLAGE DER WELT

New Mexico, USA
27 Einzelteleskope
Spiegeldurchmesser je 25 m

Der VLA wurde 1980 eingeweiht und ist extrem leistungsstark.

Im US-Bundesstaat New Mexico befindet sich diese riesige Radioteleskopanlage auf einem Plateau in 2.124 Meter Höhe. Der Very Large Array (VLA) besteht aus insgesamt 27 Radioteleskopen mit jeweils 25 Meter Durchmesser. Mithilfe von drei Schienen, die sternförmig aufeinander zulaufen, können diese 209 Tonnen schweren Kolosse in verschiedenen vorgegebenen Positionen angeordnet werden. Die Daten der einzelnen Teleskope werden per Computer miteinander verbunden. In der Regel dauert ein Zyklus mit allen möglichen Standkombinationen 16 Monate. Nach einer umfassenden technischen Aufrüstung in den letzten zehn Jahren arbeitet er derzeit mit Wellen im Längenbereich von 0,7 bis 400 Zentimetern. Die Anlage dient zudem als Kontrollzentrum für den Very Long Baseline Array (VLBA). Seit 2012 heißt sie zu Ehren des Entdeckers der kosmischen Radiowellen Karl G. Jansky Very Large Array.

Die Summe macht's: Dank seiner 27 einzelnen Riesenantennen kann der Very Large Array auf einer Hochebene in New Mexico auch sehr schwache Signale in einem breiten Wellenbereich empfangen. Auf Schienen werden die Kolosse bewegt, um in zahlreichen Positionskombinationen bestmöglich in das Weltall zu lauschen.

SPORT UND FREIZEIT

STRAHOV-STADION DAS GRÖSSTE STADION EUROPAS

Prag, Tschechien

Sitzplätze 220.000

Das in Prags Stadtteil Strahov gelegene Stadion wurde 1926 errichtet und seitdem mehr-

Luftaufnahme des Strahov-Stadions.

mals erweitert und ausgebaut. Vor dem Fall des Eisernen Vorhangs wurde es für Massenveranstaltungen genutzt. Nach der Wende traten hier Bands wie die Rolling Stones oder Pink Floyd auf. Heute wird es von dem Fußballverein Sparta Prag als Trainingszentrum genutzt. In Tschechien wird über seine zukünftige Verwendung diskutiert.

DIE GRÖSSTEN STADIEN DER WELT

1. **Strahov-Stadion**
   Prag, Tschechien 220.000
2. **Stadion Erster Mai**
   Pjöngjang, Nordkorea 150.000
3. **Yuba Bharati Kriangan**
   Kolkata, Indien 120.000
4. **Michigan Stadium**
   Ann Arbor, USA 109.901
5. **Beaver Stadium**
   University Park, USA 107.282
6. **Aztekenstadion**
   Mexiko-Stadt, Mexiko 105.064
7. **Neyland Stadium**
   Knoxville, USA 102.455
8. **Ohio Stadium**
   Columbus, USA 102.329

Das neue Wembley-Stadion ist leicht zu erkennen an dem weiten Bogen, der es überspannt. Am seinem Scheitelpunkt erreicht er eine Höhe von genau 133 Metern.

DIE GRÖSSTEN STADIEN EUROPAS

1. **Strahov-Stadion**
   Prag, Tschechien 220.000
2. **Camp Nou**
   Barcelona, Spanien 99.354
3. **Wembley-Stadion**
   London, Großbritannien 90.000
4. **Olympiastadion Luschniki**
   Moskau, Russland 84.745
5. **Olympiastadion Rom**
   Rom, Italien 82.656
6. **Croke Park**
   Dublin, Irland 82.500
7. **Twickenham Stadium**
   London, Großbritannien 82.000
8. **Atatürk-Olympiastadion**
   Istanbul, Türkei 81.653
9. **Guiseppe-Meazza-Stadion**
   Mailand, Italien 81.389

CAMP NOU – DAS ZWEITGRÖSSTE STADION EUROPAS

Barcelona, Spanien

Sitzplätze 99.354

Das Heimstadion des FC Barcelona wurde 1957 eröffnet und hat seitdem viele bedeutende Fußball-Matches gesehen. Bis heute fanden in Camp Nou nicht nur vier Europapokal-Finals, sondern auch das Eröffnungsspiel der Weltmeisterschaft von 1982 und das Endspiel des olympischen Turniers von 1992 statt. 1999 schlug Manchester United den 1. FC Bayern München hier im Champions League Finale mit 2:1. Im November 1982 predigte Papst Johannes Paul II. in dem Stadion.

Das leere Stadion bei Nacht.

Voll besetzte Zuschauerränge.

Das neue Wembley-Stadion kann auch außerhalb der Spielzeiten besichtigt werden.

Spiel der englischen Nationalelf.

WEMBLEY – DAS DRITTGRÖSSTE STADION EUROPAS

London, Großbritannien Sitzplätze: 90.000

Der legendäre Austragungsort des umstrittenen Fußball-Weltmeisterschafts-Endspiels von 1966 wurde 2003 abgerissen und durch eine doppelt so große Arena ersetzt. Das neue Stadion entstand unter Federführung von Sir Norman Foster und wurde 2007 eingeweiht. Mittlerweile fanden hier mehrere Europapokal-Finals und das Endspiel des olympischen Turniers von 2012 statt. Die Arena wird vom englischen Fußballverband betrieben.

Beim olympischen Turnier 2012.

DIE GRÖSSTEN STADIEN ASIENS, AUSTRALIENS UND AFRIKAS

DIE GRÖSSTEN STADIEN ASIENS

1. **Stadion Erster Mai**
   Pjöngjang, Nordkorea 150.000
2. **Yuba Bharati Krirangan**
   Kolkata, Indien 120.000
3. **Nationalstadion Bukit Jalil**
   Kuala Lumpur, Malaysia 100.200
4. **Azadi-Stadion**
   Teheran, Iran 100.000
5. **Ranji Stadium**
   Kolkata, Indien 93.000
6. **Nationalstadion Beijing**
   Beijing, VR China 91.000
7. **Gelora-Bung-Kamo-Stadion**
   Jakarta, Indonesien 88.306
8. **Guangdong Olympiastadium**
   Guangdong, VR China 80.012

Außenansicht des Stadions.

Eine Arirang-Festival-Veranstaltung.

STADION ERSTER MAI – DAS GRÖSSTE STADION ASIENS

Pjöngjang, Nordkorea Sitzplätze: 150.000

Das Stadion wurde für die 13. Weltfestspiele der Jugend und Studenten, einer alle zwei Jahre vom Weltbund der demokratischen Jugend organisierten Veranstaltung, die 1989 in der nordkoreanischen Hauptstadt stattfand, errichtet. Es wird nicht nur für Sport-, sondern auch für Massenveranstaltungen genutzt. An den Tanz- und Gymnastikvorführungen des zweimal im Jahr stattfindenden Arirang-Festivals etwa sind mehr als 100.000 Menschen beteiligt. Sie zeichnen in groß angelegten Inszenierungen die Etappen der nordkoreanischen Geschichte nach und huldigen dabei der kommunistischen Partei des Landes und deren Führern. Das Spielfeld des Stadions umfasst eine Fläche von 22.500 Quadratmetern, die Zuschauerränge ziehen sich 60 Meter in die Höhe.

MELBOURNE CRICKET GROUND – DAS GRÖSSTE STADION AUSTRALIENS

Melbourne, Australien Sitzplätze: 100.000

Der Melbourne Cricket Ground ist kreisrund.

Das Stadion ist nicht nur das größte, sondern auch das traditionsreichste auf dem Roten Kontinent. Bereits 1854 wurde an gleicher Stelle ein Cricket-Match ausgetragen und dabei eine Holztribüne für die Mitglieder des Melbourne Cricket Club errichtet. Seitdem wurde das Stadion kontinuierlich erweitert und zu einer der größten Sportarenen der Welt ausgebaut. Der Melbourne Cricket Ground war Olympiastadion der Sommerspiele von 1956. 2000 fanden hier viele Spiele des olympischen Fußballturniers und 2006 Wettbewerbe der Commonwealth Games statt. 1986 hielt Papst Johannes Paul II. eine Messe in der Arena, die auch für Konzerte genutzt wird.

DIE GRÖSSTEN STADIEN AUSTRALIENS

1. **Melbourne Cricket Ground**
   Melbourne, Australien 100.000
2. **ANZ Stadium**
   Sydney, Australien 83.500
3. **Eden Park**
   Auckland, Neuseeland 60.000

DIE GRÖSSTEN STADIEN AFRIKAS

1. **First National Bank Stadium**
   Johannesburg, Südafrika 94.700
2. **Burj al'Arab**
   Alexandria, Ägypten 80.000
3. **Stade des Martyrs**
   Kinshasa, Kongo 80.000
4. **Cairo International Stadium**
   Kairo, Ägypten 74.100
5. **Moses Mabhida Stadium**
   Durban, Südafrika 69.957
6. **Stade 5 Juillet 1962**
   Algier, Algerien 66.000
7. **Stade 14. Janvier**
   Tunis, Tunesien 65.000

FNB STADIUM – DAS GRÖSSTE STADION AFRIKAS

Johannesburg, Südafrika **Sitzplätze: 94.700**

In dem 1989 eröffneten Stadion fanden das Eröffnungs- und das Endspiel der WM 2010 sowie sechs weitere Spiele des Turniers statt. Seine offizielle Bezeichnung lautet zwar »First-National-Bank-Stadium«, da die FIFA Sponsorennamen verbietet, wurde es für die Zeit der Weltmeisterschaft in »Soccer City« umbenannt.

Das Beijinger Nationalstadion wurde für die Olympischen Sommerspiele 2008 von dem Schweizer Architekturbüro Herzog & de Meuron unter Mitwirkung des chinesischen Künstlers und Dissidenten Ai Wei Wei errichtet. Wegen seiner Hülle aus ineinander verschlungenen Stahlbändern heißt es im Volksmund auch »Vogelnest«.

DIE GRÖSSTEN STADIEN NORD- UND SÜDAMERIKAS

DIE GRÖSSTEN STADIEN NORDAMERIKAS

1. **Michigan Stadium**
   Ann Arbor, USA 109.901
2. **Beaver Stadium**
   University Park, USA 107.282
3. **Estadio Azteca**
   Mexiko-Stadt, Mexiko 105.064
4. **Neyland Stadium**
   Knoxville, USA 102.455
5. **Ohio Stadium**
   Columbus, USA 102.329
6. **Bryant-Denny Stadium**
   Tuscaloosa, USA 101.821
7. **Texas Memorial Stadium**
   Austin, USA 100.119

DIE GRÖSSTEN STADIEN SÜDAMERIKAS

1. **Estádio do Maracanã**
   Rio de Janeiro, Brasilien 96.000
2. **Estádio Monumental »U«**
   Lima, Peru 80.093
3. **Mineirão**
   Belo Horizonte, Brasilien 75.783
4. **Estádio João Castelo**
   São Luís, Brasilien 75.263
5. **Parque do Sabiá**
   Uberlândia, Brasilien 72.000
6. **Fonte Nova**
   Salvador da Bahia, Brasilien 66.080
7. **El Monumental**
   Buenos Aires, Argentinien 65.645

MICHIGAN STADIUM – DAS GRÖSSTE STADION NORDAMERIKAS

Ann Arbor, Michigan, USA — Sitzplätze: 109.901

Diese Sportarena wurde 1927 speziell für American-Football-Kämpfe auf dem Gelände der Michigan University errichtet und wird von der Hochschule betrieben. Das zur National Collegiate Athletic Association, einem Sportverband amerikanischer Colleges und Universitäten, gehörende Team der Michigan Wolverines bestreitet hier seine Heimspiele. Außerdem wird das Stadion für Hockey-Spiele und Graduiertenfeiern der Universität genutzt. Die Arena wird auch »The Big House« genannt. Ein neuer Zuschauerrekord wurde am 10. September 2011 aufgestellt. 114.804 Fans strömten an diesem Tag zu einem Spiel der Wolverines.

Das Michigan Stadium verzeichnete ...

... 2010 einen neuen Zuschauerrekord.

BEAVER STADIUM – DAS ZWEITGRÖSSTE STADION NORDAMERIKAS

University Park, Pennsylvania, USA — Sitzplätze 107.282

Die Football-Arena wurde 1960 auf dem Gelände der Pennsylvania State University errichtet und wird von der Hochschule betrieben. Die Nittany Lions, das zur National Collegiate Athletic Association gehörende Football-Team der Uni, bestreiten hier ihre Heimspiele. Der am 14. September 2002 bei einem Match der Lions gegen das Team der Nebraska University aufgestellte Zuschauerrekord ist bis heute ungebrochen. 110.753 Fans sahen das Spiel.

American Football ist eine der beliebtesten Ballsportarten in den USA. Die Wettkämpfe finden in riesigen Football-Arenen statt. Die größten bieten mehr als 100.000 Menschen Platz. Das Bild zeigt ein Match im Beaver Stadium.

ESTADIO AZTECA – DAS GRÖSSTE CLUBSTADION DER WELT

Mexiko-Stadt, Mexiko Sitzplätze: 105 .064

Die Arena wurde 1966 als reines Fußballstadion errichtet und ist heute Heimspielort des Club América. Sie war Austragungsort vieler Spiele des olympischen Turniers von 1968 und zweier Weltmeisterschafts-Endspiele. Im Jahr 1970 holte sich Brasilien hier im Spiel gegen Italien den begehrten Cup, und 1986 gewann Argentinien gegen Deutschland das Finale. Auch das Viertelfinalspiel zwischen Argentinien und England während des Turniers von 1986 fand im Estadio Azteca statt. Maradona erzielte in der Begegnung ein Handtor, das als durch die »Hand Gottes« bewirkt in die Geschichte eingegangen ist.

Das Stadion aus der Vogelperspektive.

MARACANÃ – DAS GRÖSSTE FUSSBALLSTADION SÜDAMERIKAS

Rio de Janeiro, Brasilien Sitzplätze: 96.000

Das Maracanã-Stadion und die Mehrzweckhalle im Complejo Deportivo de Maracanã.

Die Fußballarena wurde für die Weltmeisterschaften des Jahres 1950 errichtet. Mit einem Fassungsvermögen von 200 000 Zuschauern war sie bei ihrer Eröffnung das größte Stadion der Welt. Obwohl die Zahl der Sitze im Zuge verschiedener Modernisierungsmaßnahmen halbiert wurde, belegt sie im Ranking der größten Sportstätten des Planeten immer noch einen vorderen Platz. Zurzeit wird das Maracanã-Stadion für die Fußballweltmeisterschaft 2014 umgebaut. 2016 sollen hier die Eröffnungs- und die Schlussfeier der Olympischen Spiele stattfinden.

Fußballfans im Maracanã-Stadion.

Der riesige Hangar der insolventen Cargolifter AG wurde 2003 von dem malaiischen Unternehmen Tanjong aufgekauft und in einen Freizeitpark mit Übernachtungsmöglichkeiten umgewandelt. In der Halle wurden ein tropischer Regenwald mit mehr als 50.000 verschiedenen Pflanzen, ein Tropendorf mit Nachbildungen von Südseehäusern und künstliche Lagunen angelegt. Es gibt Sauna- und Wellnessbereiche, Pools sowie Bars und Restaurants. Seit seiner Eröffnung im Dezember 2004 lockt dieses künstliche Paradies alljährlich fast eine Million Menschen an. Mittlerweile erzielt das Unternehmen, das in den ersten Jahren seines Bestehens große Verluste hinnehmen musste, durchaus ansehnliche Gewinne.

FREIZEITPARADIES IN DER GRÖSSTEN FREITRAGENDEN HALLE DER WELT

CARGOLIFTER-HALLE – DER EHEMALS GRÖSSTE HANGAR DER WELT

Die riesige Halle auf dem Gelände des 35 Kilometer südlich von Berlin gelegenen Flughafens Brand wurde von der 2002 in die Insolvenz gegangenen Cargolifter AG gebaut. Mit einer Höhe von 107, einer Länge von 360 und einer Breite von 210 Metern war sie bei ihrer Fertigstellung im Jahr 2000 der größte Hangar der Welt. Die Cargolifter AG wollte hier Luftschiffe mit einer Transportkapazität von bis zu 160 Tonnen entwickeln und bauen. Die meisten Projekte konnten jedoch nicht realisiert werden. Selbst das Vorzeigeobjekt des Unternehmens, das Luftschiff »Joey«, ein im Maßstab 1:8 gebautes Modell des geplanten, größeren Transportluftschiffs CL160, überzeugte trotz erfolgreich verlaufender Testflüge nicht und wurde im Zuge des Insolvenzverfahrens als nur bedingt flugtaugliches »Schauobjekt« für 13.500 Euro verkauft.

Mit dem Freizeitpark »Tropical Islands« entstand mitten im kühlen Europa auf einer Fläche von 66.000 Quadratmetern eine tropische Bilderbuchlandschaft mit Regenwald, Lagunen, feinsandigen Stränden und Temperaturen von ganzjährig 26° Celsius.

REGISTER

BILDNACHWEIS/IMPRESSUM

Abkürzungen: A = alamy, C = corbis, G = Getty, L = Laif, M = Mauritius.

S. 2/3 H. & D. Zielske, S. 4 G/Butler, S. 4/5 C/Benson, S. 6/7 C/Sohm, S. 8/9 C/Falzone, S. 10/11 M/Alamy, S. 12/13 C/Soltan, S. 13 NASA, S. 14/15 C/Kokoshkin, S. 15 G/Panoramic Images, S. 16/17 C/Hardy, S. 17 G/Baxter, S. 18/19 G/Harding, S. 19 C/SIME, S. 20/21 G/Higuchi, S. 21 G/Greuel, S. 22 G/stocktrek, S. 22/23 C/Zha Chunming, S. 24/25 C/ U.S. Department of Defense, S. 25 C/U.S. Navy/Handout, S. 25 C/Image Source, S. 25 M/Alamy, S. 26/27 G/Simonsen, S. 27 G/Borkoski, S. 28/29 C/ Guo Jian She, S. 29 G/Lawrence, S. 30/31 C/Creasource, S. 31 C/White, S. 31 C/Friedman, S. 31 G/Baxter, S. 32 G/German, S. 32/33 G/Esch-Collection, S. 33 C/Nir Elias, S. 33 C/Stringer Shanghai, S. 33 C/Car Culture, S. 33 C/Car Culture, S. 33 C/Car Culture, S. 33 C/China Daily, S. 34 C/O'Rear, S. 34 C/O'Rear, S. 34 C/Gail Mooney, S. 34/35 G/Hellier, S. 35 G/Sherman, S. 35 A/Navin Mistry, S. 36 C/Mendel, S. 36 G/Allard, S. 36/37 C/Lanting S. 38 A/Gainey, S. 38/39 C/Nomachi, S. 40 C/Sigheti, S. 40 C/Orsal, S. 40 A/CTK , S. 40/41 C/Lissac, S. 42 C/Bravo, S. 42 C/Reuters, S. 42/43 G/Gregory, S. 43 G/Solvain, S. 43 C/Copson, S. 43 C/Benedetti, S. 43 C/Hicks, S. 43 C/ Vidler, S. 43 G/SuperStock, S. 43 C/Cristofori, S. 44 G/Okon, S. 44/45 G/Nikada, S. 46 G, S. 46/47 L/Galli, S. 48 G/Hemis, S. 48 C/Brynn, S. 48 G/Travel Ink, S. 48/49 C/Vidler, S. 50 G/Pinto, S. 50 C/Stringer, S. 50/51 C/Taner, S. 51 G/Thornton, S. 51 Bildagentur Huber/Ripani Massimo S. 51 A/GeoTravel, S. 52 C/Borchi, S. 52 M/Alamy, S. 52 G/Baxter, S. 52/53 G/Leiva, S. 54 C/Grand Tour, S. 54 C/Dickman, S. 54 A/Pavlenko, S. 54/55 C/Fox, S. 55 C/Grand Tour, S. 55 C/Stubblemine, S. 55 C/Stubblemine, S. 55 A/Pegaz, S. 56 A/Phipp, S. 56/57 C/Demma, S. 57 A/Frazier, S. 57 A/Robert Harding, S. 58 L/Linke, S. 58 M/Keller, S. 58/59 C/Borchi, S. 59 H & D. Zielske, S. 59 G/Hemis, S. 59 A/Goldwater, S. 59 G/Noble, S. 59 C/Blythe, S. 60 C/Zuckerman, S. 60 G/Look/Greune, S. 60 A/imagebroker, S. 60/61 C/Damm, S. 61 A/Monheim, S. 62 C/Whiteside, S. 62 C/Ratner, S. 62 G/Souders, S. 62 G/Azouri, S. 62/63 C/Hicks, S. 64 G/Lissac, S. 64 C/Mooney, S. 64/65 C/Bognar, S. 65 A/Wareham, S. 65 A/ Jenkins, S. 65 A/Williams, S. 66/67 C/Nomachi, S. 67 C/Abu Turk, S. 68/69 C/Nomachi, S. 69 C/Jadallah, S. 70 C/Falzone, S. 70 C/Fuste Raga, S. 70 G/Gray, S. 70 A/JTB, S. 70/71 C/Nomachi, S. 71 C/ Attar, S. 71 C/Nomachi, S. 71 C/Nomachi, S. 71 A/Jon Arnold, S. 72 A/dbimages, S. 72/73 C/Nomachi, S. 74 G/Turner, S. 74 C/Nomachi, S. 74/75 C/Nomachi, S. 76 C/Nomachi, S. 76 C/Wood, S. 76/77 C/Nomachi, S. 78 M/Alamy, S. 78/79 C/Nomachi, S. 80 C/McQueen, S. 80/81 G/Hellier, S. 81 A/CuboImages, S. 81 A/Scenics & Science, S. 81 A/Asia Photopress, S. 81 C/ Zuckerman, S. 81 C/Horner, S. 82 A/Levy, S. 82/83 A/Levy, S. 84 G/Moos, S. 84 G/Marshall, S. 84 G/Mack, S. 84/85 M/ O'Brien, S. 85 C/Maisant, S. 86 C/ Atlantide Phototravel, S. 86/87 C/Ocean, S. 88 C/ Nomachi, S. 88 C/Soltan, S. 88 C/Godong, S. 88 C/Godong, S. 88/89 C/Nomachi, S. 89 G/Graham, S. 89 C/Sutherland, S. 89 C/Iorio, S. 89 C/Graham, S. 89 A/Picture Contact BV, S. 90 G/Gray, S. 90 A/Brown, S. 90/91 A/Tips Images, S. 91 C/Soltan, S. 91 A/Dinodia Photos, S. 92/93 C/Lehman, S. 93 C/Ocean, S. 94 G/Ombler, S. 94/95 G/Allen, S. 96 A/24BY36, S. 96/97 C/Trower, S. 97 G/Morandi, S. 98 A/Bagnall, S. 98/99 A/Mawson, S. 99 C/Churchill, S. 99 C/Sweeney, S. 100/101 C/Jupiterimages, S. 101 M/Alamy, S. 102/103 A/Aurora Photos, S. 103 A/Yue, S. 104 C/Aldo, S. 104 A/Preston, S. 104 A/CuboImages, S. 104 C/Boisvieux, S. 104/105 C/Photosindia, S. 105 A/Aurora Photos, S. 105 A/Plotkin, S. 105 A/Muratore, S. 106/107 G/Sarkis, S. 107 G/Delimont, S. 107 G/Hellier, S. 107 G/Wakem, S. 107 G/Allison, S. 107 G/Hall, S. 108 G/Martin, S. 108 G/Harris, S. 108/109 G/Ritterbach, S. 110 C/Howard, S. 110/111 C/Horner, S. 111 C/Yang Liu, S. 111 C/Howard, S. 111 C/Boisvieux, S. 112 C/Bognar, S. 112/113 G/Tan, S. 113 G/Gocher, S. 114 Imagestate, S. 114/115 C/Hicks, S. 116 G/Hellier, S. 116 C/Hicks, S. 116 A/mediacolor's, S. 116 A/Reddy, S. 116/117 G/Travel Ink, S. 117 G/Thompson, S. 117 A/Game, S. 117 A/Lacarbona, S. 118 G/Gellman, S. 118 G/Strachan, S. 118/119 C/John Stanmeyer, S. 120 C/Harrington III, S. 120/121 C/Falzone, S. 121 C/Bibikow, S. 121 C/Pyle, S. 121 A/Bognar, S. 121 A/Design Pics, S. 122/123 C/Leynse, S. 124 C/Woodhouse, S. 124/125 C/Hicks, S. 125 C/Woodhouse, S. 126/127 C/Ocean, S. 126/127 H. & D. Zielske, S. 127 C/Borchi, S. 128 C/Taner, S. 128/129 C/Taner, S. 128/129 C/Adams, S. 129 G/Sheombar, S. 129 G/Utech, S. 129 G/Travelpix, S. 130 Bildagentur Huber/Mirau, S. 130 G/Oliver, S. 130 G/Travelpix, S. 131 G/Slow Images, S. 131 L/ Galli, S. 131 G/Adams, S. 131 G/Layda, S. 132 G/Raga, S. 132 C/Soltan, S. 133 C/Bognar, S. 133 C/Taner, S. 133 C/asiaimages, S. 134/135 C/Atlantide Phototravel, S. 134/135 C/ Hicks, S. 135 A/Grant, S. 136 G/Flickr, S. 136/137 G/Dee, S. 138/139 C/Ocean, S. 138/139 C/Helios Loo, S. 139 C/Gibb, S. 140 G/Hemis, S. 140/141 G/Baxter, S. 141 C/Damm, S. 141 C/Hicks, S. 141 G/Henning, S. 142/143 C/Hardy, S. 142/143 G/Driendl, S. 143 G/Carrasco, S. 143 C/Woodhouse, S. 144 C/French, S. 144 C/Nowitz, S. 144 G/Panoramic Images, S. 145 C/Mahovlich, S. 145 C/Conlan, S. 145 C/Hardy, S. 145 C/Krist, S. 146 C/Fridman, S. 146/147 G/Vasconcellos, S. 147 G/Frerck, S. 148 G/Simonetti, S. 148 G/Kittner, S. 148 C/Damm, S. 149 C/Lehman, S. 149 G/Queiriga-Lumiar, S. 149 A/Wilson, S. 149 A/dbimages, S. 150/151 C/Mu Xiang Bin, S. 152/153 G/EschCollection, S. 153 G/Stoll, S. 154/155 G/Cocoroimages.de S. 155 G/OTHK, S. 156 G/Barbour, S. 156/157 C/Wallis, S. 158/159 G/Child, S. 159 G/Figueres, S. 160 C/Zumapress, S. 160/161 C/Copson, S. 161 G/Buena Vista, S. 162 ? S. 162/163 G/Mordvintsev, S. 163 G/Mordvintsev, S. 163 G/Bloomberg, S. 164 C/Harper, S. 164 A/Raftery, S. 164/165 C/Harper, S. 166 G/MacDougall, S. 166/167 G/Baxter, S. 167 C/Bentley, S. 168 G/Nureldine, S. 168 L/Malakawi, S. 168/169 C/Top Photo Corporation, S. 169 M/Alamy, S. 170 G/Eightfish, S. 170/171 C/Leynse, S. 172 G/Cheong, S. 172 G/Cheong, S. 172 A/Fairweather, S. 172/173 G/Vanderelst, S. 173 G/Bloomberg, S. 173 C/Trower, S. 173 A/ITPhoto, S. 174 C/Metaxas, S. 174/175 C/Leynse, S. 176 C/Sulgan, S. 176 A/Lattes, S. 176 M/Bognar, S. 176/177 C/Xiaoyang Liu, S. 178 C/Gollings, S. 179 G/Jumper, S. 179 C/Photolibrary, S. 179 G/Watson, S. 180 M/Alamy, S. 180/181 M/Alamy, S. 182 C/Blessing, S. 182/183 G/Pease, S. 183 G/Korzekwa, S. 184 C/Krist, S. 184/185 C/Koch, S. 186 C/Raga, S. 186/187 L/Heeb, S. 188 C/Boesl, S. 188 L/Tannenbaum, S. 188 C/Elder, S. 188 C/Yamashita, S. 188/189 C/Tetra Images, S. 189 C/Develo, S. 190 G/Pritchard, S. 190 G/Palmisano, S. 190 M/Alamy, S. 190/191 C/Setboun, S. 191 C/Andrew, S. 191 C/Cummins, S. 191 M/Alamy, S. 191 M/Alamy, S. 192 A/JJM Stock Photography, S. 192/193 C/Hicks, S. 193 C/Hicks, S. 193 C/Hicks, S. 194 C/Stephens, S. 194 C/Purcell, S. 194/195 C/Stephens, S. 195 C/Ibrahim, S. 195 G/Woodhouse, S. 196/197 C/Bowater, S. 197 G/Nureldine, S. 197 C/Raga, S. 197 C/lescourret, S. 197 C/Harrington III, S. 197 C/Harrington III, S. 198 C/Frei, S. 198/199 C/Koch, S. 200/201 G/Latitudestock, S. 201 C/Lindsay Hebberd, S. 201 G/Cavalli, S. 201 A/Prisma, S. 201 A/Asia Pixels, S. 201 A/Trower, S. 201 A/ Kober 1, S. 202 C/Hicks, S. 202/203 C/Hicks, S. 203 C/Copson, S. 204/205 C/Atlantide Phototravel, S. 206 A/Patrick, S. 206/207 C/Zumapress, S. 208 C/Wei Hui, S. 208/209 A/View Stock, S. 209 C/Liao Xueming, S. 210 C/Trower, S. 210 A/Chekalov, S. 210/211 C/Wallis, S. 211 G/Gallup Pix, S. 211 A/Lehne, S. 212/213 C/Simard, S. 213 C/Simard, S. 214 G/Wilkes, S. 214/215 G/Nikada, S. 215 China Tourism Press S. 215 G/T L Chua, S. 215 C/Nikozbazi, S. 215 A/Warburton-Lee, S. 215 A/Robert Harding, S. 216 C/ Axiom Photographic, S. 216 A/Robert Harding, S. 216/217 C/ Schlenker, S. 217 G/Bloomberg, S. 218 A/Gaertner, S. 218/219 G/Vanderelst, S. 219 C/Stringer, S. 219 A/Prisma, S. 220/221 C/Stulberg, S. 222 G/Dee, S. 222/223 G/Dee, S. 224/225 L/Meyer, S. 224/225 C/Ganci, S. 225 C/Sonnet, S. 226/227 G/Flickr RM, S. 226/227 C/Gould, S. 227 A/CuboImages, S. 228 G/Hemis, S. 228 C/Listri, S. 228/229 C/Listri, S. 230 C/Atlantide Phototravel, S. 230 C/Wallis, S. 230/231 C/ Redlink, S. 231 C/Sutherland, S. 231 C/Falzone, S. 231 C/Listri, S. 232 G/Min, S. 232/233 A/Willson, S. 234 C/Davies, S. 234/235 A/Ivanchenko, S. 236 C/Pearson, S. 236 A/Sutherland, S. 236 A/Kellerman, S. 236/237 A/Ammit, S. 237 G/Flaherty, S. 237 A/Robert Harding, S. 237 G/Gridley, S. 238 C/Dominguez, S. 238/239 C/Kiusalaas, S. 240/241 G/Everton, S. 241 G/Sanders, S. 242 C/Ocean, S. 242 C/Boisvieux, S. 242 A/Prisma, S. 242/243 A/Amana Images, S. 243 C/Glubish, S. 243 C/Ocean, S. 243 A/Pefley, S. 243 C/Allofs, S. 244/245 M/Alamy, S. 245 C/Darack, S. 245 A/Travelfile, S. 246 C/de Waele, S. 246 M/Alamy, S. 246/247 G/Ghiotti, S. 247 C/Sweeney, S. 247 G/Wonish, S. 247 M/Alamy, S. 247 M/Alamy, S. 248 M/Alamy, S. 248/249 M/Alamy, S. 249 A/Robert Harding, S. 249 M/Alamy, S. 249 M/Alamy, S. 249 M/Alamy, S. 249 M/Alamy, S. 249 M/Alamy, S. 250 A/Giffard, S. 250 A/Robert Harding, S. 250 A/imagebroker, S. 250 M/Alamy, S. 250 M/Alamy, S. 250/251 M/Alamy, S. 251 A/JTB, S. 251 M/Alamy, S. 251 M/Alamy, S. 252 M/Alamy, S. 252/253 G/Compion, S. 253 G/Baigrie, S. 253 G/Bibikow, S. 253 G/Matilde B, S. 253 A/Buzzard, S. 254 A/Aurora, S. 254/255 M/Alamy, S. 255 M/Alamy, S. 255 M/Alamy, S. 255 M/Alamy, S. 256/257 M/Alamy, S. 257 A/Brunker, S. 257 M/Alamy, S. 257 M/Alamy, S. 257 M/Alamy, S. 257 M/Alamy, S. 258 C/Car Culture, S. 258/259 G/Look, S. 259 G/Deveson, S. 259 A/Segre, S. 260 C/Car Culture, S. 260/261 C/ Benedict, S. 262 G/Taylor, S. 262 C/Bettmann, S. 262/263 C/Goddard, S. 263 C/ Nation, S. 263 C/Skyscan, S. 264/265 G/Radler, S. 266 C/ Ocean, S. 266 C/Kaehler, S. 266/267 C/Morandi, S. 268 C/Hoffmann, S. 268 A/Bennett, S. 268/269 C/Hoffmann, S. 269 G/Images, S. 269 C/Huey, S. 269 A/Bedford, S. 269 A/TAO Images, S. 270 C/Simard S. 270/271 C/Sciosia, S. 271 G/Firmhofer, S. 271 A/imagebroker, S. 272 C/He Junchang, S. 272 C/He Junchang, S. 272 C/Niu Yixin, S. 272 C/Qilai Shen, S. 272/273 C/Hufton & Crow, S. 273 C/Sun Can, S. 274 A/Ei Katsumata, S. 274 A/ Isaacson, S. 274 A/Mixa, S. 274/275 A/Ehlers, S. 276 A/Visions of America, S. 276 A/Visions of America, S. 276/277 C/Behnke, S. 277 G/EschCollection, S. 278/279 C/AStock, S. 279 C/Wang Dingchang, S. 279 C/Xinhua Press, S. 279 C/Chen Ang, S. 279 C/Niu Yixin, S. 280/281 C/Bowater, S. 281 C/Kessler, S. 281 C/Platiau, S. 282 G/Zu Sanchez, S. 282 G/Cosulich, S. 282 A/Wareham, S. 282/283 G/Slade, S. 283 C/Sunxin, S. 283 C/Niu Yixin, S. 283 G/Panoramic Images, S. 284 C/Hashimoto, S. 284 C/Nakao, S. 284/285 A/Willson, S. 286 C/Grand Tour, S. 286/287 C/Sciosia, S. 288 G/Knowles, S. 288 M/Alamy, S. 288/289 G/Yeowell, S. 290 C/Yuan Ruilun, S. 290/291 G/Pease, S. 292 C/Imaginechina, S. 292/293 C/Yan Runbo, S. 293 C/Xinhua, S. 293 A/Sarun T., S. 294/295 M/Alamy, S. 295 C/Lagerwall S. 295 A/Pereira, S. 296 C/Imaginechina, S. 296 C/Imaginechina, S. 296 A/Westheim, S. 296/297 C/JongBeom Kim, S. 297 C/Bibikow, S. 297 C/ Imaginechina, S. 298 C/Shoot, S. 298/299 A/Middle East, S. 299 A/Delimont, S. 300 C/Barrett & MacKay, S. 300 G/Theiss, S. 300 G/Theiss, S. 300 A/Goss Images, S. 300 A/Frazier, S. 300 C/Fleming, S. 300/301 C/Barrett & MacKay, S. 302 C/Imageplus, S. 302 A/StockBrazil, S. 302/303 M/Alamy, S. 303 C/Celoria, S. 303 C/Arthus-Bertrand, S. 304 C/Liu Jiling, S. 304 C/Mexico's Presidency S. 304 NN., S. 304/305 A/Foxx, S. 305 A/Saks, S. 306 C/Smith, S. 306/307 C/Kaminesky, S. 308 A/Jenny, S. 308/309 G/Stockbyte, S. 309 G/Campbell, S. 310/311 C/Imaginechina, S. 311 C/Jiang ren, S. 311 M/Alamy, S. 312/313 C/Souders, S. 313 C/Gibb, S. 314/315 C/Gyro, S. 316/317 C/Taner, S. 317 G/Mixa, S. 318 C/Falzone, S. 318 A/Foster, S. 318 A/Arco, S. 318 A/Brooke-Webb, S. 318/319 M/Alamy, S. 319 C/Cornish, S. 319 M/Alamy, S. 320 M/Alamy, S. 320/321 C/Trower, S. 321 M/Alamy, S. 322/323 C/Steinmetz, S. 323 G/Jumper, S. 323 A/Tetra Images, S. 323 C/Owaki - Kulla, S. 324 NN., S. 324/325 C/Mills, S. 326/327 L/Hemis, S. 328 A/Robertson, S. 328/329 A/Marka, S. 330 G/Schauer, S. 330/331 G/U.S. Coast Guard, S. 332/333 C/Pei Xin, S. 333 C/Shanghai Sanya, S. 333 C/Qilai Shen, S. 334/335 G/Eightfish, S. 336/337 G/Schulz, S. 337 G/Mandel, S. 338 C/AStock, S. 338/339 G/Eightfish, S. 339 G/Lee Man Yiu, S. 339 G/JS`s favorite things, S. 340/341 C/Ocean, S. 341 G/Woodhouse, S. 342/343 C/Richard Cummins, S. 344 M/Blossey, S. 344 M/Blossey, S. 344/345 A/imagebroker, S. 346/347 C/Hicks, S. 348 C/Hulton-Deutsch, S. 348 C/Hulton-Deutsch Collection, S. 348/349 G/Scott, S. 350 Bildagentur Huber / Gräfenhain S. 350/351 G/Haug, S. 352/353 C/Woodhouse, S. 353 C/Lehman, S. 354/355 C/Liu Liqun, S. 355 C/Xu Yu, S. 355 A/Arco, S. 356 G/Karl Johaentges, S. 356 NN., S. 356/357 LOOK/Johaentges, S. 358 C/Tepper, S. 358 C/Keren Su, S. 358 C/Zheng Jiayu, S. 358/359 A/Keren Su, S. 360 G/Delimont, S. 360 C/Orezzoli, S. 360/361 C/SPS, S. 362 G/Vest, S. 362/363 G/Kos, S. 364 C/CSP, S. 364 A/Strycula, S. 364/365 C/Sroczynski, S. 366 G/Ulander, S. 366 G/Handout, S. 366 C/Sandberg, S. 366/367 A/Williamson, S. 367 C/Charisius, S. 367 A/dbphots, S. 368/369 A/Bildagentur Hamburg, S. 369 C/Domingos, S. 370/371 A/Garnham, S. 371 G/Jannink, S. 372 C/ Imaginechina, S. 372 NN., S. 372/373 A/Picture Contact BV, S. 374/375 G/Wood, S. 375 NN., S. 375 A/Houghton, S. 376 A/Purestock, S. 376/377 G/Check Six, S. 377 C/Langevin, S. 377 G/Getty Images News, S. 378/379 G/Tokunaka, S. 379 C/Kaufman, S. 379 C/Kaufman, S. 380 A/ITAR-TASS, S. 380 G/Flood, S. 380/381 G/Breiehagen, S. 381 C/Bettmann, S. 382 A/Lonely Planet, S. 382/383 G/Sanger, S. 383 C/Bartruff, S. 384/385 C/Steinmetz, S. 386/387 A/JRC, S. 387 G/Williams, S. 388 C/Raga, S. 388 C/MacGregor, S. 388 C/HO, S. 388/389 C/Hawkes, S. 389 C/Johansson, S. 389 A/Caro, S. 390 G/TAO Images Limited, S. 390 G/Tanaka, S. 390/391 A/Bamber, S. 391 C/Borchi, S. 391 C/Kemp, S. 391 C/B.S.P.I., S. 391 A/Kevpix, S. 392 G/National Geographic, S. 392/393 A/Hancock, S. 393 G/Henning, S. 394 G/Stulberg, S. 394/395 G/Poulides/Thatcher, S. 395 G/Brown, S. 395 C/Stulberg, S. 395 A/Kord, S. 395 C/Cummins, S. 396/397 C/Griffith, S. 397 C/Hellier, S. 397 G/Cavalli, S. 398 Look/Johaentges, S. 398 C/Bettmann, S. 398/399 Look/Johaentges, S. 400 C/Nogues, S. 400 G/Niedenthal, S. 400/401 A/imagebroker, S. 402 M/Alamy, S. 402/403 M/Alamy, S. 403 C/Charisius, S. 403 C/Charisius, S. 404 G/Bloomberg, S. 404/405 C/Psihoyos, S. 406 G/Bridges, S. 406 G/NASA, S. 406 G/Apic, S. 406/407 G/Conger, S. 407 C/Smithsonian Institution, S. 408/409 G/Stocktrek, S. 409 C/Air Force, S. 409 G/Simonsen, S. 409 G/Simonsen, S. 410 C/NASA , S. 410 G/Time Life Pictures, S. 410 C/Jolly, S. 410/411 C/Wallick, S. 412/413 C/Cooper, S. 414 C/Bagla, S. 414 C/kyodo, S. 414 C/Oleg, S. 414/415 A/NASA, S. 415 C/Blevins, S. 415 C/ESA-CNES-Arianespace, S. 416 C/Imaginechina, S. 416 C/Wang Jianmin, S. 416/417 C/Xu haihan, S. 418 A/Caldwell, S. 418 C/Karrass, S. 418/419 C/Lehman, S. 419 A/Roberts, S. 419 C/Bettmann, S. 420 C/NASA, S. 420/421 C/NASA, S. 421 C/Ressmeyer, S. 422/423 C/Andrews, S. 423 C/Theiss, S. 423 C/Ressmeyer, S. 424/425 G/NASA, S. 425 G/Encyclopaedia Britannica, S. 425 G/Stocktrek, S. 426 G/NASA, S. 426/427 C/Collins, S. 427 C/NASA , S. 428 Schapowalow / Atlantide, S. 428/429 C/Barbier, S. 429 L/Kirchgessner, S. 429 G/Layma, S. 430/431 G/Grant, S. 431 G/Vogt, S. 432 C/Simard, S. 432/433 C/Lissac, S. 433 C/Liu Liqun, S. 433 C/Kennedy, S. 434 C/Brecelj, S. 434/435 A/Kaplan, S. 436/437 C/Chamberlain, S. 438 C/Chamberlain, S. 438 C/Harrington III, S. 438/439 A/Ball, S. 440 A/imagebroker, S. 440/441 C/Simard, S. 441 G/Baxter, S. 441 C/Listri, S. 441 Visum/Ridder, S. 442 C/Darbellay, S. 442 G/Roger Wright, S. 442/443 C/Darbellay, S. 443 C/Foeger, S. 443 G/Nebesky, S. 444 C/Alston, S. 444/445 C/Astock, S. 445 G/Gardel, S. 446 A/Foy, S. 446 C/Leder, S. 446/447 G/Layda, S. 447 C/Lewis, S. 447 G/Frerck, S. 448 C/Kemp, S. 448 C/Sohm, S. 448/449 C/Kemp, S. 449 C/Kemp, S. 449 C/Kemp, S. 450 C/Bryant, S. 450 C/Vidler, S. 450 C/Harper, S. 450/451 C/Sonnet, S. 451 C/Jon Arnold, S. 451 C/Krist, S. 451 C/Krist, S. 452 C/Sonnet, S. 452 C/B.S.P.I., S. 452/453 C/Kamineski, S. 453 C/Stulberg, S. 454 C/Clapp, S. 454 L/Gaasterland, S. 454/455 C/Grand Tour, S. 455 L/Sasse, S. 455 C/The Gallery Collection, S. 456 ddp/Michael Gottschalk, S. 456 Cordia Schlegelmilch, S. 456/457 L/Boening, S. 457 G/Higuchi, S. 457 L/Adenis, S. 457 L/Adenis, S. 457 L/Galli, S. 458 C/Ginter, S. 458 C/Ressmeyer, S. 458/459 C/Psihoyos, S. 460 A/Pearson, S. 460/461 A/Dallaglio S. 461 G/Coffrini, S. 462 C/Digfoto, S. 462/463 C/Jecan, S. 463 C/Stocktrek, S. 463 G/Sven Creutzmann, S. 463 A/Lemmens, S. 463 C/Ressmeyer, S. 464 A/Smith, S. 464/465 A/Smith, S. 465 G/McNally, S. 465 G/McNally, S. 466 G/van Ravenswaay, S. 466 C/Ressmeyer, S. 466/467 A/West, S. 468 A/Visions of America, S. 468/469 a/Jim West, S. 470 A/isifa Image Service s.r.o., S. 470 M/Alamy, S. 470 G/Barbour, S. 470/471 A/imagebroker, S. 471 C/Photo Kishmoto, S. 471 G/Forster, S. 471 M/Alamy, S. 472 L/Sinopix, S. 472 L/Le Figaro Magazine, S. 472 C/John Gollings, S. 472/473 C/Astock, S. 473 C/Sibeko, S. 474 C/Horwedel, S. 474 A/Sutton, S. 474/475 A/Weidman, S. 475 G/Pillitz, S. 475 C/HO, S. 475 M/Alamy, S. 476/477 Rainer Weisflog, S. 477 C/Derimais,

Genehmigte Sonderausgabe für Verlagsgruppe Weltbild GmbH,
Steinerne Furt, 86167 Augsburg

Königinstr. 11, 80539 München
Telefon +49.89.45 80 20-0
Fax +49.89.45 80 20-21
www.kunth-verlag.de
info@kunth-verlag.de

Umschlaggestaltung: Coverdesign Uhlig, www.coverdesign.net
Umschlagmotive: Vorderseite: © mauritius-images | age (Dubai); Rückseite: © fotolia.com | Mike Brown (Space Shuttle), © dreamstime.com | Mastroraf (Bugatti Veyron), © fotolia.com | Ollirg (Charilaos Trikoupis Brücke)

Texte: Dr. Maria Guntermann, Cornelia Heinrich, Georg Ledig, Dieter Löffler, Barbara Rusch, Eckard Schuster, Dr. Bianca Turtur.

Printed in Slovakia

ISBN 978-3-8289-3113-8
Einkaufen im Internet: *www.weltbild.de*